Handbibliothek

für das

Deutsche Genossenschaftswesen.

Herausgegeben

von

Dr. Hans Crüger,

Anwalt des Allgemeinen Verbandes der auf Selbsthilfe beruhenden deutschen Erwerbs- und Wirtschaftsgenossenschaften.

Dritter Band:

Handbuch für Konsumvereine.

Dritte umgearbeitete Auflage.

Berlin 1904.

J. Guttentag, Verlagsbuchhandlung,

G. m. b. H.

Handbuch für Konsumvereine.

Praktische Anweisung zu deren Einrichtung und Gründung

von

G. Oppermann und H. Häntschke.

Dritte umgearbeitete Auflage

fortgeführt von

Dr. Fritz Schneider.

Berlin 1904.
J. Guttentag, Verlagsbuchhandlung,
G. m. b. H.

Vorwort zur ersten Auflage.

Die Bearbeitung des dritten Bandes der „Genossenschaftlichen Handbibliothek", des vorliegenden Handbuches für Konsumvereine, wurde von den Unterzeichneten übernommen.

Das Bedürfnis nach einer neuen Anweisung zur Errichtung und Leitung von Konsumvereinen ist seit langem vorhanden; die älteren Handbücher geben auf die Fragen über gesetzliche Bestimmungen nicht mehr zutreffende Antwort, da das Genossenschaftsgesetz vom 1. Mai 1889 und die Novelle vom 12. August 1896 seit ihrem Erscheinen erlassen worden sind; auch über praktische, die innere Geschäftsführung der Konsumvereine betreffende Angelegenheiten sind auf Grund der Erfahrungen neue Ratschläge, neue Anweisungen mehrfach nötig geworden.

Diesem Bedürfnis soll durch das vorliegende Handbuch abgeholfen werden; das Buch soll ein Nachschlagebuch für die Leiter von Konsumvereinen sein, ein Lehrbuch für alle, die sich mit der Errichtung von Konsumvereinen, mit dem Konsumvereinswesen überhaupt beschäftigen.

Die Anordnung des Stoffes geschah in Anlehnung an diejenige des ersten Bandes der genossenschaftlichen Handbibliothek, der sechsten Auflage des Werkes „Vorschuß- und Kredit-Vereine als Volksbanken" von Schulze-Delitzsch, in der Neubearbeitung von Dr. Hans Crüger. Diese Anordnung hat sich in jeder Beziehung bewährt, so daß sie dem Handbuch für Konsumvereine von vornherein als Muster gegeben war; nur da fanden Abweichungen von ihr statt, wo solche durch die Behandlung der besonderen Genossenschaftsart, des Konsumvereins, nötig wurden.

Die Bearbeitung des vorliegenden Handbuches geschah in der Weise, daß G. Oppermann den I. Abschnitt des siebenten Kapitels (Wareneinkauf) und das vierzehnte Kapitel (Anleitung zur Buchführung) verfaßte und H. Häntschke das Manuskript der anderen Kapitel lieferte, einige Abschnitte unter Mitarbeit des Erstgenannten. Herr Anwalt Dr. Crüger, der die Herausgabe der „Genossenschaftlichen Handbibliothek" leitet, unterzog das ganze Manuskript der redaktionellen Durchsicht.

So möge denn dieses Handbuch seinen oben angedeuteten Zweck erfüllen, möge es allen Leitern von Konsumvereinen ein wahres Hilfsbuch sein zur gedeihlichen Weiterentwickelung ihrer Genossenschaften auf der durch die gesetzlichen Vorschriften, durch die genossenschaftlichen und die geschäftlichen Erfahrungen gegebenen Grundlage, — möge es auch dazu beitragen, Kenntnis von dem Wesen und Wirken der Konsumvereine in weitere Kreise zu tragen, damit dieser Genossenschaftsart und Wirtschaftsform eine bisher nicht selten versagte gerechtere Beurteilung zu Teil werde!

Magdeburg, Charlottenburg-Berlin,
im Februar 1898.

G. Oppermann,
Direktor des Verbandes der Konsumvereine der Provinz Sachsen und der angrenzenden Provinzen und Staaten

H. Häntschke,
Sekretär des Allgemeinen Verbandes der auf Selbsthilfe beruhenden deutschen Erwerbs- und Wirtschaftsgenossenschaften.

Vorwort zur dritten Auflage.

Der schnelle Absatz, den auch die zweite Auflage des „Handbuchs für Konsumvereine" gefunden hat, ist ein Beweis dafür, daß dasselbe wie bisher einem lebhaft gefühlten Bedürfnis entsprochen hat. Nachdem Herr Häntschke von der fernern Mitarbeit zurückgetreten war, habe ich es auf Wunsch des Herrn Anwalts Dr. Crüger übernommen, die dritte Auflage des Werkes zu bearbeiten. Der Entschluß dazu ist mir nicht schwer geworden: seitdem ich im Auftrage von Schulze-Delitzsch 1883 mein „Taschenbuch für Konsumvereine" veröffentlicht habe, hat zwar die Gesetzgebung viele neue Anforderungen an die Konsumvereine gestellt und auch ihre Organisation beeinflußt, wie dies auch die vorliegende dritte Auflage des „Handbuchs" wieder beweist, aber die wirtschaftlichen und sozialen Grundlagen der Vereine und die wesentlichen Grundsätze für ihre Geschäftsführung, die von jeher in diesem „Handbuch" aufgestellt waren, sind dieselben geblieben, welche schon Schulze-Delitzsch gelehrt hat, und welche ich in meinem „Taschenbuch" vertreten hatte. Es gilt, auf diesem festen Grunde weiterzubauen.

Möge auch die vorliegende dritte Auflage des „Handbuchs" sich als ein nützlicher Ratgeber für die gesunde Fortentwickelung der deutschen Konsumvereine bewähren.

Potsdam, Januar 1904.

Dr. Fritz Schneider.

Inhaltsverzeichnis.

Sechstes Kapitel.

Siebentes Kapitel.

Achtes Kapitel.

Neuntes Kapitel.

Einige Formulare für den Verkehr mit dem Gericht.

Anhang.

Auszüge aus Gesetzen, Verordnungen, Bundesratsbeschlüssen 2c.

Erstes Kapitel.

I. Zwecke und Bedeutung des Konsumvereins.

Unter einem Konsumverein wird eine Genossenschaft zum gemeinschaftlichen Einkauf von Lebens- und Wirtschaftsbedürfnissen im großen und Ablaß im kleinen verstanden; der Zweck des Konsumvereins ist es, den Mitgliedern bei ihren Einkäufen solcher Bedürfnisse die Vorteile des Großbezugs — billigere Preise, bessere Qualität — zu verschaffen.

Der Nutzen des Konsumvereins für die Mitglieder wird in den Ersparnissen sichtbar, die die Mitglieder auf diese Weise erzielen. Verschiedene Umstände steigern diese Ersparnisse. Die ausreichende und feste Kundschaft, die der Konsumverein in seinen Mitgliedern hat, erleichtern ihm die Vorausberechnung seines Warenbedarfs und verringern dadurch die Gefahr, daß er „Ladenhüter" auf Lager behält. Verschiedene Unkosten, die auf dem Zwischenhandel lasten, werden bei dem Konsumverein vermieden: dahin gehören die Unkosten für teure, elegant eingerichtete Verkaufsräume, für Reklame, für verdorbene Ausstellungswaren; auch das Risiko aus der Gewährung von Warenkredit kommt hier in Betracht, das im gut geleiteten Konsumverein infolge des daselbst herrschenden Grundsatzes der Barzahlung fortfällt.

Die Überschüsse, welche sich nach Deckung aller Verwaltungskosten, der Zuschreibungen zu den Reservefonds und der Abschreibungen auf das Inventar usw., bei manchen Vereinen auch nach Gewährung einer kleinen Kapitaldividende auf die Geschäftsguthaben der Mitglieder, aus dem Verkaufe der Waren zu Tagespreisen*) ergeben, gelangen unter die Mitglieder als Einkaufsdividende nach Verhältnis ihres Warenbezugs zur Verteilung.

Durch die Dividenden sammeln die Mitglieder zunächst ein kleines Kapital in Gestalt des Geschäftsguthabens an; haben sie den statutengemäßen Geschäftsanteil erreicht, so wird ihnen ihre Dividende ausgezahlt. Dadurch kommen die Mitglieder in die Lage, ohne sich Entbehrungen auferlegt zu haben, Anlagen bei der Sparkasse machen, oder Ausgaben zum Verbessern ihres Haushalts, ihrer Wirtschaft oder ihres Gewerbes bestreiten zu können.

Barzahlung beim Einkaufe der Waren durch den Konsum-

*) Unter „Tagespreisen" werden die Preise verstanden, welche im Kleinhandel an dem Orte des Konsumvereins üblich sind, insoweit sie auch im Kleinhandel als angemessen betrachtet werden können.

verein und Barzahlung beim Verkaufe der Waren an die Mitglieder sind wichtige Grundsätze des Konsumvereins. Der erstere führt zum billigen Einkauf, der letztere weckt Ordnungsliebe und Sparsamkeit bei den Mitgliedern. Die Erfahrungen langer Jahre haben gelehrt, daß es auch dem Arbeiter, der bei dem Kleinhändler nicht aus den Schulden herauskam, möglich wird, mit Hilfe des Konsumvereins bar zu bezahlen, was im Haushalt gebraucht wird. Die in Form der Einkaufsdividende erzielten Ersparnisse bieten die Mittel dazu. Groß sind die wirtschaftlichen und sittlichen Vorteile der Barzahlung, die dahin führt, daß die Ausgaben für Lebensmittel, für die Bedürfnisse der Wirtschaft mit den Einnahmen in Einklang gebracht werden; der Warenborg wird um so verhängnisvoller, je beschränkter die Vermögenslage ist.

Der Konsumverein ist ferner den Mitgliedern, die im Vorstande und Aufsichtsrat Ämter bekleiden, eine Schule für die Behandlung geschäftlicher Angelegenheiten, und selbst die nicht jenen Organen angehörenden Mitglieder haben in den Generalversammlungen mannigfache Gelegenheit, Blicke in die Geschäftsleitung des Unternehmens zu tun, geschäftliche Kenntnisse zu sammeln.

Hoch zu veranschlagen ist die soziale Bedeutung, die sich aus der Vereinigung von Angehörigen aller Berufsstände in dem Konsumverein ergibt; dadurch besonders, daß im Vorstande und Aufsichtsrate Angehörige verschiedener Berufe sich kennen und schätzen lernen, trägt der Konsumverein zu einem Ausgleich der Klassengegensätze bei. Der Beamte lernt das Streben des Arbeiters, seine materielle und sittliche Lage zu verbessern, kennen und würdigen; der Lehrer erfährt den Wert schnellen kaufmännischen Entschließens und scharfen kaufmännischen Blickes, der Kaufmann tritt dem Beamten näher, dessen Tätigkeit er vielleicht öfter nicht genügend gewürdigt hat — er lernt jetzt ihren Wert schätzen; der strebsame Arbeiter lernt die Pflichten und Obliegenheiten, die Sorgen dieser Stände kennen, er erweitert und schärft seinen Blick im Verkehr mit Angehörigen dieser Berufsstände in den Verwaltungsorganen der Genossenschaft.

Fassen wir die Aufgaben und die Wirkungen des Konsumvereins zusammen, so sehen wir als solche

1. Erzielung von Ersparnissen an Ausgaben für Lebensmittel und Wirtschaftsbedürfnisse;
2. Bezug guter unverfälschter Waren;
3. Erziehung der Mitglieder zu geordneter Wirtschaft vermittelst des Grundsatzes der Barzahlung;
4. Hebung des Verständnisses für die Behandlung geschäftlicher Angelegenheiten;
5. Abschwächung der Klassengegensätze durch Zusammenwirken der Angehörigen verschiedener Berufsklassen.

Es muß im allgemeinen den Konsumvereinen empfohlen werden, ihre Geschäftstätigkeit auf diese Zwecke zu beschränken, sie nicht auf andere Aufgaben auszudehnen; die Erbauung von Wohnhäusern, die

Kreditgewährung z. B. sind Aufgaben, die nicht im Rahmen des Konsumvereins gelöst werden sollen, hierfür sind besondere Genossenschaften mit besonderer Verwaltung zu errichten.

Die Erfordernisse zur Leitung der Geschäfte von Konsumvereinen, Baugenossenschaften und Kreditgenossenschaften sind voneinander so verschieden wie die Aufgaben dieser Genossenschaften, und es kommt gewiß nur in seltenen Fällen vor, daß die Leiter eines Konsumvereins diese Eigenschaften gleichzeitig in sich vereinen. Ferner ist zu berücksichtigen, daß das Risiko dieser verschiedenen Genossenschaftsarten ein sehr verschiedenartiges ist, und auch deswegen ist eine Verbindung derselben nicht zweckmäßig.

II. Entwickelung der Konsumvereine in Deutschland und ihr Stand Ende 1902.

Die deutschen Konsumvereine sind nach dem Beispiel der englischen Genossenschaften dieser Gattung, fast ausschließlich nach dem Muster der Genossenschaft der „redlichen Pioniere von Rochdale" errichtet worden. Der erste deutsche nach diesem Muster — Verkauf zu Tagespreisen, Verteilung der Überschüsse als Dividende nach Höhe der Einkäufe — errichtete Konsumverein war der zu Eilenburg (Provinz Sachsen), der unter Mitwirkung von Schulze-Delitzsch im Jahre 1850 ins Leben trat. Als Vorläufer der Konsumvereine in Deutschland können die sogenannten Liedtkeschen Sparvereine betrachtet werden. Es waren dies Vereine, die durch Behörden oder einzelne wohldenkende Männer geschaffen waren, bei welchen unbemittelte Arbeiter „bei guter Jahreszeit Beisteuern in eine gemeinschaftliche Kasse entrichteten, aus welcher Vorräte im großen eingekauft und ihnen alsdann zum Engrospreise abgelassen wurden". Genossenschaften im eigentlichen Sinne waren dies natürlich nicht, denn sie bestanden nicht selbständig durch die eigene Kraft der Konsumenten, es lag ihnen aber der Gedanke der Konsumvereinsbildung zugrunde und sie haben großen Nutzen gestiftet.*)

Die Entwickelung der deutschen Konsumvereine war bis gegen die Mitte der sechziger Jahre eine schwache; dann ist ein Anwachsen ihrer Zahl zu bemerken. Trotz mannigfacher Hindernisse, die den Konsumvereinen in den Weg gelegt worden sind, die gerade in den letzten Jahren durch die genossenschaftliche Gesetzgebung geschaffen wurden, ist die Vermehrung der Zahl der Konsumvereine eine stetige.

Das Jahrbuch**) des Allgemeinen Verbandes der auf Selbsthilfe beruhenden deutschen Erwerbs- und Wirtschaftsgenossenschaften***)

---

*) Dr. Crüger: Die Erwerbs- und Wirtschaftsgenossenschaften in den einzelnen Ländern. Jena, 1892.

**) Jahrbuch des Allgemeinen Verbandes der auf Selbsthilfe beruhenden deutschen Erwerbs- und Wirtschaftsgenossenschaften für 1902. (Des Jahresberichts neue Folge.) I. Jahrgang. (44. Folge des Jahresberichts.) Herausgegeben von Dr. Hans Crüger, Anwalt. Berlin, J. Guttentag. 1903.

***) Der Allgemeine Verband der auf Selbsthilfe beruhenden

weist Ende April 1903 1847 Konsumvereine nach; es enthält statistische Mitteilungen über eine Anzahl von Konsumvereinen, welche zum

---

deutschen Erwerbs- und Wirtschaftsgenossenschaften ist im Jahre 1859 von Schulze-Delitzsch ins Leben gerufen.

Die Zwecke des Allgemeinen Verbandes sind:

a) die Förderung des Genossenschaftswesens im allgemeinen;
b) die Fortbildung der Verfassung und der Einrichtungen der verbundenen Genossenschaften;
c) die Wahrnehmung gemeinsamer Interessen mit vereinten Mitteln und Kräften;
d) die Anknüpfung gegenseitiger Geschäftsbeziehungen.

Der Allgemeine Verband ist in 29 Unterverbände gegliedert, welche die Genossenschaften bezirksweise oder nach Gattungen umfassen, sich über ganz Deutschland erstrecken, die Wahrnehmung der Sonderinteressen ihrer Genossenschaften, die Vermittelung mit der Zentralstelle zu ihrer Aufgabe haben und welche gleichzeitig als Revisionsverbände nach dem Gesetz, betr. die Erwerbs- und Wirtschaftsgenossenschaften, errichtet worden sind.

Die Organe des Allgemeinen Verbandes sind:

1. der Anwalt,
2. der engere Ausschuß,
3. der Gesamtausschuß,
4. die Unterverbände,
5. der Allgemeine Genossenschaftstag.

Indem die Unterverbände als Revisionsverbände nach §§ 54 ff. des Genossenschaftsgesetzes errichtet sind, gewähren sie den in ihnen vereinigten Genossenschaften die Wohltat einer genossenschaftlich durchgebildeten, auf praktischen Erfahrungen beruhenden Verbandsrevision durch einen außerhalb der Genossenschaft stehenden, von dem Verbande angestellten Revisor.

Der Allgemeine Verband hat eine eigene Zeitung, die „Blätter für Genossenschaftswesen", welche jetzt im 51. Jahrgange erscheinen; in diesem Organe werden alle wichtigen Vorkommnisse auf genossenschaftlichem Gebiete, Organisations-, Gesetzes- und den sonstigen geschäftlichen Betrieb der Genossenschaften betreffende Fragen behandelt; die „Blätter für Genossenschaftswesen" sind ein wertvolles Hilfsmittel zur Belehrung der Vorstands- und Aufsichtsratsmitglieder der Genossenschaften.

In dem alljährlich erscheinenden umfangreichen von dem Anwalte des Allgemeinen Verbandes (z. Zt. Dr. jur. Hans Crüger in Charlottenburg) herausgegebenen „Jahrbuche" des Allgemeinen Verbandes werden wertvolle statistische Erhebungen veröffentlicht.

Dem Allgemeinen Verbande der auf Selbsthilfe beruhenden deutschen Erwerbs- und Wirtschaftsgenossenschaften gehören zurzeit 1887 Genossenschaften aller Gattungen — Kreditgenossenschaften, Magazin-, Rohstoff-, Werk-, Produktiv-, Baugenossenschaften und Konsumvereine — an, darunter 269 Konsumvereine von 1847 nach den Listen des „Jahrbuchs" des Anwalts bestehenden Genossenschaften dieser Gattung.

Der Allgemeine Verband hat im Jahre 1886 die „Hilfskasse deutscher Erwerbs- und Wirtschaftsgenossenschaften" errichtet, deren Fond z. Zt. rund 175000 Mk. beträgt; aus derselben werden Unterstützungen an hilfsbedürftige Vorstandsmitglieder und sonstige im Dienste von Genossenschaften stehende Personen, sowie an Hinterbliebene derselben gewährt und Zuschüsse zu den Prämienbeiträgen für die im Jahre 1899 eröffnete „Ruhegehaltskasse deutscher Erwerbs- und Wirtschaftsgenossenschaften" geleistet Seit Errichtung der Hilfskasse im Jahre 1886 sind 82141 Mk. Unterstützungen gezahlt worden. Der Ruhegehaltskasse sind bisher 560 Mitglieder mit einem versicherten Diensteinkommen von 1210800 Mk. beigetreten und wird dieselbe im nächsten Jahr voraussichtlich mit einem Kapitalgrundstock von rund 415000 Mk. ausgerüstet sein.

Im Anschluß an die Ruhegehaltskasse darf demnächst die Eröffnung

größten Teile dem Allgemeinen Verbande angehören; nachstehende Tabelle ist ein Auszug aus jener Statistik:

1	2	3	4	5	6	7	8	9
Rechnungsjahr	Zahl der bestehenden Konsumvereine	Zahl der Konsumvereine, die ihren Abschluß eingeschickt haben	Mitgliederzahl	Summe des Verkaufs-Erlöses im Jahre Mk.	Geschäfts-Guthaben der Mitglieder Mk.	Reserve-fonds Mk.	Aufgenommene Anlehen Mk.	Rein-gewinn Mk.
1864	96	38	7,709	802,767	64,299	14,736	50,853	25,401
1865	158	84	6,647	925,383	66,678	8,301	49,587	28,215
1870	354	111	45,761	9,007,860	818,805	151,224	546,378	451,085
1875	618	179	98,055	22,704,963	2,912,265	503,409	2,429,586	1,258,090
1880	645	195	94,366	30,359,000	3,177,329	1,036,153	2,884,583	2,042,523
1885	682	162	120,150	85,136,555	3,819,098	1,735,746	2,891,867	3,026,795
1890	984	263	215,420	57,043,537	4,300,831	2,236,555	4,105,855	5,078,085
1895	1400	460	292,077	82,681,043	6,957,304	3,228,884	7,446,206	8,214,002
1900	1528	568	522,116	126,970,187	10,842,265	4,856,624	12,335,707	12,743,520
1901	1683	638	630,785	155,684,048	12,942,796	5,889,959	15,731,033	15,188,616
1902	1847	332	300,721	69,337,136	5,169,314	2,654,892	4,827,945	7,044,889

Die Mitgliedschaft der Konsumvereine setzt sich, wie schon oben erwähnt wurde, aus allen Berufsklassen zusammen; zu einer besonderen Mitgliederstatistik des Jahrbuches des Allgemeinen Verbandes

---

der Witwen- und Waisenpensionskasse deutscher Erwerbs- und Wirtschaftsgenossenschaften erwartet werden, da die von dem Aufsichtsamt für Privatversicherungen verlangte Teilnahme von 200 Mitgliedern nach dem erfreulichen Anfang der Ruhegehaltskasse wohl wird in einiger Zeit nachgewiesen werden können.

Durch Verträge mit verschiedenen Versicherungs-Gesellschaften hat der Allgemeine Verband für seine Genossenschaften und für die denselben angehörenden Mitglieder Vorzugsbedingungen bei Abschluß von Haftpflicht- und Unfall-Versicherungen, sowie von Lebensversicherungen erlangt.

Von den 29 Unterverbänden des Allgemeinen Verbandes sind zurzeit sechs solche, welche Konsumvereine umfassen; es sind dies:

1. Konsumvereins-Verband von Brandenburg, Pommern und angrenzenden Provinzen und Staaten. — Verbandsdirektor Herr A. Krüger, Berlin N., Müllerstraße 3b. — 12 Konsumvereine.
2. Der Verband der Konsumvereine der Lausitz und der angrenzenden Provinzen und Landesteile. — Verbandsdirektor Herr Jordan, Görlitz. — 23 Konsumvereine.
3. Der Verband Rheinisch-Westfälischer Konsumvereine. — Verbandsdirektor Herr Fabrikant E. Nolte, Lüdenscheid. — 30 Konsumvereine.
4. Der Verband der Konsumvereine der Provinz Sachsen und der angrenzenden Provinzen und Staaten. — Verbandsdirektor Herr G. Oppermann, Magdeburg, Moltkestr. 3. — 151 Konsumvereine.
5. Der Verband der Konsumvereine der Provinz Schlesien. — Verbandsdirektor Herr J. Kringel, Breslau, Moltkestraße 4. — 15 Konsumvereine.
6. Der Verband der Konsumvereine in Bayern, Württemberg und Baden. — Verbandsdirektor Herr Magistratsrat O. Feierabend in München, Lindwurmstraße 64. — 7 Konsumvereine.

der deutschen Erwerbs- und Wirtschaftsgenossenschaften für 1902 berichteten 321 Konsumvereine; die Mitglieder derselben verteilten sich auf die einzelnen Berufsklassen wie folgt:

I.	Selbständige Landwirte, Gärtner, Förster, Fischer	12 037 =	4,36 %	der Mitgl.
II.	Gehilfen und Arbeiter bei der Land-, Forstwirtschaft, Gärtnerei und Fischfang	12 504 =	4.53	„ „ „
III.	Fabrikanten, Bergwerksbesitzer und Bauunternehmer	4 878 =	1,76	„ „ „
IV.	Selbständige Handwerker	35 213 =	12,75	„ „ „
V.	Fabrikarbeiter, Bergarbeiter, Handwerksgesellen	99 436 =	36,00	„ „ „
VI.	Selbständige Kaufleute und Händler	13 724 =	4,97	„ „ „
VII.	Handlungs-Kommis und sonstige kaufmännische Gehilfen	4 677 =	1,69	„ „ „
VIII.	Fuhrherren, Schiffseigentümer, Gast- und Schankwirte	8 672 =	3,14	„ „ „
IX.	Briefträger, untere Eisenbahn-, Telegraphen- oder Postbeamte, Eisenbahnarbeiter, unselbständige Schiffer, Kellner	32 084 =	11,62	„ „ „
X.	Dienstmänner, Dienstboten	4 400 =	1,59	„ „ „
XI.	Ärzte, Apotheker, Lehrer, Künstler, Schriftsteller, Staats- und Gemeinde-Beamte	25 839 =	9,35	„ „ „
XII.	Rentiers, Pensionäre und andere Personen ohne Berufsübung	22 747 =	8,24	„ „ „
		276 211		

Auf die abhängigen Arbeiter ꝛc. in den Klassen II, V, IX, X entfallen 53,74 % des Gesamt-Mitgliederbestandes zu Anfang 1903. Darauf folgen die selbständigen Handwerker in Klasse IV.

In Nr. 50 der „Blätter für Genossenschaftswesen“ von 1896 hat Dr. Hirschberg Berechnungen des Verhältnisses der Bevölkerung des deutschen Reiches nach ihren Berufsarten im Vergleich mit dem Berufe der Genossenschafter angestellt; er schätzt danach die Mitgliederzahl der Konsumvereine auf rund 500 000 und berechnet, daß auf 1000 Erwerbstätige des Deutschen Reiches in 1896 22 Konsumvereinsmitglieder entfielen (gegen 11 in 1883). Rechnet man zu den 500 000 Konsumvereinsmitgliedern 1,2 pro Mitglied Angehörige hinzu, was ein sehr mäßiger Zuschlag sein dürfte, so ergibt sich, daß damals in Deutschland eine Bevölkerung von rund 1 100 000 Einwohner von den Konsumvereinen Nutzen zog. Inzwischen ist die Zahl der an den Konsumvereinen beteiligten Einwohner offenbar weiter gewachsen und zwar verhältnismäßig wohl mehr als die Bevölkerung. Ob in der Verteilung der Mitglieder auf die hauptsächlichsten Berufsarten eine Verschiebung stattgefunden hat, entzieht sich einer sichern Schätzung, nachdem nur 12 % der bestehenden Konsumvereine für 1902 sich an dieser Statistik beteiligt haben.

Von den 7 044 889 Mk. Überschüssen, welche nach obiger Aufstellung die für 1902 berichtenden 332 Konsumvereine hatten, wurden 6 565 397 Mk. als Einkaufsdividende, 198 903 Mk. als

Kapitaldividende den Mitgliedern zurückgewährt; 68 276 Mk. wurden den Reservefonds, 61 189 Mk. den Hausbaufonds überwiesen. Für Bildungs- und gemeinnützige Zwecke wurden 13 498 Mk. verwendet und für besondere Zwecke, wie Jubiläen der Vereine, Abhaltung von Verbandstagen u. dergl., sind 52 696 Mk. verausgabt worden; 84 930 Mk. wurden auf neue Rechnung übertragen.

Grundbesitz hatten Ende 1902 von den 332 berichtenden Konsumvereinen 136; derselbe stand Ende 1902 mit 6 167 063 Mk. zu Buch, er hat aber einen bedeutend höheren Wert, da er infolge von regelmäßigen Abschreibungen meist sehr niedrig in die Bilanzen der Konsumvereine eingestellt wird.

Produktion — meist Bäckerei — wurde im Jahre 1902 von 41 der zum Jahrbuch berichtenden Konsumvereine betrieben.

Zweites Kapitel.

Errichtung eines Konsumvereins als eingetragene Genossenschaft nach den Bestimmungen des Gesetzes betreffend die Erwerbs- und Wirtschaftsgenossenschaften.

I. Vorbereitende Schritte. — Konstituierende Versammlung.

An die Errichtung eines Konsumvereins soll erst nach reiflicher Erwägung gegangen werden, nachdem man sich darüber klar geworden ist, daß die Voraussetzungen für die Entwickelung eines solchen Vereins, auch die für die Leitung geeigneten Männer vorhanden sind; sehr zu wünschen ist es, daß erst ein kleiner Fonds durch Beiträge derer, die Mitglieder des Vereins werden wollen, angesammelt wird, um die Kosten der Einrichtung der Genossenschaft baar bezahlen zu können.

Es kann natürlich bei Auswahl der als Vorstands- und Aufsichtsratsmitglieder an die Spitze der Genossenschaft zu stellenden Männer nicht darauf ankommen, daß dieselben mit der Einrichtung und Leitung eines Konsumvereins bereits vertraut sind, erwünscht ist es aber, daß sie einige kaufmännische Kenntnisse oder doch geschäftliche Erfahrung haben, welche sie zur Leitung eines Konsumvereins geschickt erscheinen lassen; unbedingt müssen sie von erprobtem rechtlichen Charakter sein, so daß man zu ihnen das Vertrauen hegen darf, daß sie die Interessen der Genossenschaft nach bestem Wissen vertreten werden.

Die Auswahl der Person des Lagerhalters, des Verkäufers der Genossenschaft, erfordert ebenso große Sorgfalt; zuweilen sind junge Genossenschaften an der Unfähigkeit oder Unredlichkeit ihrer Lagerhalter gescheitert.

Zur Aufbringung der Gelder, die für die Anschaffung der Inventarienstücke des zu errichtenden Konsumvereins und der ersten Warenvorräte erforderlich sind, werden Ersparnisse derer, die die Genossenschaft errichten wollen, dienen; unter den aus allen Berufsklassen zusammengesetzten Mitgliedern werden stets einige sein, die im Besitz von erspartem Gelde sind und die damit den jungen Verein — indem sie ihre Geschäftsanteile sofort voll einzahlen und noch Beträge darüber hinaus als Darlehen geben — zu unterstützen bereit sind.

Nicht zu empfehlen ist es, Kautionen der Vorstandsmitglieder oder Lagerhalter als Betriebskapital zu verwenden, da die Benutzung der Kautionen als Betriebsmittel die jungen Vereine in eine Abhängigkeit von ihren Angestellten 2c. bringt. Immerhin ist diese Abhängigkeit weniger bedenklich, als wenn man versuchen wollte, den Verein auf der Grundlage des Lieferantenkredits zu errichten, denn durch diesen Kredit verliert er sein freies Selbstbestimmungsrecht beim Einkauf der Waren.

Die Vorbereitungen zur Errichtung der Genossenschaft sind in einem Kreise gleichgesinnter Männer zu treffen, die sich zu Beratungen vereinigen und zu den weiteren Vorbereitungen, einen aus mehreren Männern — drei oder fünf — bestehenden Ausschuß einsetzen müssen, in welchen in erster Linie natürlich solche berufen werden, die später für den Aufsichtsrat oder Vorstand der neuen Genossenschaft in Aussicht zu nehmen sind. Es empfiehlt sich, keine Ankündigungen über den Plan der Errichtung der Genossenschaft in die Öffentlichkeit gelangen zu lassen, um störende Einflüsse fern zu halten.

Zu den Vorbereitungen gehören die Entwürfe eines Statuts für die Genossenschaft, der Geschäftsanweisungen für Vorstand, Aufsichtsrat, Lagerhalter, der Anstellungsverträge mit dem Vorstande und dem Lagerhalter (vgl. Formulare 1, 8, 9, 10, 11, 12).

Sind alle Vorbedingungen zur Errichtung des Konsumvereins erfüllt, so kann an die Einberufung der konstituierenden Versammlung gegangen werden. Zu derselben sind alle einzuladen, die ihre Bereitwilligkeit zum Eintritt in die zu errichtende Genossenschaft erklärt haben. Der Obmann des vorbereitenden Ausschusses hat die Versammlung zu eröffnen und zu leiten; er muß zunächst einen Protokollführer ernennen; dieser hat über die Verhandlung ein Protokoll aufzunehmen (Form 3). Nach dem Bericht des Obmannes über die geschehenen vorbereitenden Schritte ist der Entwurf des Statuts des zu errichtenden Konsumvereins (Form. 1) zur Beratung und Beschlußfassung zu stellen. Dieses Statut kann gedruckt vorgelegt werden; es empfiehlt sich, den Satz stehen zu lassen, um später noch etwaige Änderungen, z. B. solche, die der Richter mit Recht verlangt, ohne Aufwendung größerer Kosten vornehmen zu können.

Nachdem das Statut von der Versammlung angenommen worden ist, haben die Anwesenden, die dem Konsumverein beitreten wollen, dasselbe zu unterzeichnen. Auf die Abfassung des Status ist die größte Aufmerksamkeit zu verwenden, denn würde die Eintragung beanstandet und müßten Änderungen vorgenommen werden, so könnten diese nur von denen beschlossen werden, die das Statut unterzeichnet haben.

Mit der Unterzeichnung des Statuts ist die Genossenschaft errichtet, die Unterzeichner des Statutes*) haben Pflichten als Mitglieder der Genossenschaft übernommen, sie haben als solche Rechte zu beanspruchen und die Ausübung eines Rechtes, des Wahlrechtes ist ihre nächste Handlung.

Die Mitglieder der neu errichteten Genossenschaft müssen nach den Bestimmungen des soeben beschlossenen Statuts zunächst den Aufsichtsrat wählen (§ 15 des Statuts). In den vorbereitenden Versammlungen müssen die Männer bereits bezeichnet worden sein, die als geeignet betrachtet werden, in dieses Organ der Genossenschaft gewählt zu werden, und man muß sich auch ihrer Bereitwilligkeit, eine auf sie fallende Wahl anzunehmen, versichert haben.

Die nach vollzogener Wahl durch den Leiter der Versammlung herbeizuführende Erklärung der Gewählten über die Annahme der Wahl muß eine unbedingte sein; sie ist, ebenso wie der ganze Wahlakt, besonders die Zahl der abgegebenen und auf die einzelnen Gewählten entfallenen Stimmen, sorgfältig zu protokollieren. Die Versammlung muß darauf die Wahl des Vorstandes vornehmen.

Nach dem Statut (§ 4) hat die Wahl der Vorstandsmitglieder auf Vorschlag des Aufsichtsrates stattzufinden (vgl. viertes Kapitel). Bei der Wahl der ersten Vorstandsmitglieder der neuerrichteten Genossenschaft in der konstituierenden Versammlung tritt der soeben gewählte Aufsichtsrat zum ersten Male in Tätigkeit. Vor der Wahl der Vorstandsmitglieder wird eine Unterbrechung der Versammlung erforderlich, damit der neugewählte Aufsichtsrat eine Sitzung abhalten kann, in der er seinen Vorsitzenden, dessen Stellvertreter, den Schriftführer und dessen Stellvertreter wählt, und in der protokollarisch festgestellt wird, welche Vorschläge der Aufsichtsrat der Versammlung für die Besetzung der Vorstandsstellen zu machen beabsichtigt. Diese Unterbrechung der Versammlung wird nur eine kurze sein, da die Sitzung des Aufsichtsrates eine vollständig vorbereitete sein muß; auch das Protokoll derselben muß schon vor der Sitzung aufgesetzt

*) Es ist darauf zu achten, ob nach den Landesgesetzen das Statut zu verstempeln ist; es muß dies, wenn überhaupt erforderlich, vor der Einreichung bei Gericht (S. 11) geschehen; in Preußen z. B. muß das Statut spätestens binnen zwei Wochen nach dem Tage der Errichtung der Genossenschaft mit einem Stempel von 1 Mk. 50 Pfg. versehen sein.

werden, so daß es nach schneller Erledigung der Formalitäten bald geschlossen werden kann; sowohl über den Vorsitzenden und den Schriftführer des Aufsichtsrates, als über die Kandidaten für die Vorstandsämter muß schon vorher Übereinstimmung geschaffen, es muß auch die Übernahme der Ämter durch die für dieselben in Aussicht genommenen Personen gesichert sein.

Nach Wiedereröffnung der Versammlung muß der Vorsitzende des Aufsichtsrates die Vorschläge für die Vorstandswahl der Versammlung unterbreiten und die Wahl hat nunmehr stattzufinden.

Es sind der Geschäftsführer, der Kassierer und der Kontrolleur zu wählen, und zwar in getrennten Wahlakten, nach absoluter Stimmenmehrheit mittelst Stimmzettel (§ 4 des Statuts).

Die Zahl der abgegebenen und der auf die einzelnen Kandidaten entfallenden Stimmen ist, für jeden Wahlgang besonders, genau zu protokollieren, damit unzweifelhaft feststeht, daß die Gewählten die absolute Stimmenmehrheit, d. h. mehr als die Hälfte der Stimmen, erhalten haben; ebenso muß bei jedem der Gewählten im Protokoll die Dauer seiner ersten Wahlperiode vermerkt werden.

Es wird in den meisten Fällen eine Erklärung über die Annahme der Wahl in der konstituierenden Versammlung von den neugewählten Vorstandsmitgliedern herbeigeführt und protokolliert werden können; gesetzlich erforderlich ist dieses nicht, weil die Annahme der Wahl dadurch festgestellt wird, daß die Vorstandsmitglieder die erforderlichen Anmeldungen machen. Bei den Anmeldungen müssen die Vorstandsmitglieder zugleich ihre Unterschriften vor dem Gerichte zeichnen oder die Zeichnung in beglaubigter Form einreichen.

Sorgfältig ist jedoch darauf zu achten, daß sämtliche in der konstituierenden Versammlung gewählten Aufsichtsrats- und Vorstandsmitglieder das Statut der neuerrichteten Genossenschaft unterzeichnet haben, denn darauf erstreckt sich die Prüfung des Richters bei der Eintragung der Genossenschaft und der Mitglieder des Vorstandes, sowie bei der Kontrolle bezüglich der erfolgten Bestellung des ersten Aufsichtsrates. Sind die Gewählten in der konstituierenden Versammlung nicht zugegen, so müssen sie das Statut unterzeichnen, bevor dasselbe an das Gericht zur Eintragung abgegeben wird.

Damit sind die Aufgaben der konstituierenden Versammmlung erledigt, dieselbe kann geschlossen werden, das Protokoll ist den Bestimmungen des Statuts entsprechend zu unterzeichnen (§ 36 des Statuts).*).

---

*) Es bestehen mehrfach noch Konsumvereine, die keine Rechtspersönlichkeit haben, nicht eingetragene Genossenschaften sind; wollen diese sich dem Genossenschaftsgesetz unterstellen, so kann es nur in der Weise geschehen, daß der Verein in Liquidation tritt und daß die Neuerrichtung eines Konsumvereins als eingetragene Genossenschaft in der gleichen Weise wie in obigem Abschnitt dargestellt ist,

II. Anmeldung der Genossenschaft zum Genossenschaftsregister.

Die Anmeldung behufs der Eintragung liegt dem Vorstande ob (§ 11 des Ges.); sie ist durch sämtliche Mitglieder des Vorstandes entweder persönlich zu bewirken oder in beglaubigter Form einzureichen (§ 157 Abs. 1 des Ges.; § 6 Ausführungs-Verordnung). Der Anmeldung (Form 25) sind beizufügen:

1. das Originalstatut, welches von den Genossen unterzeichnet und eine einfache, unbeglaubigte Abschrift desselben sein muß; das Originalstatut, wie auch die „Abschrift" können durch Druck hergestellt sein; die Abschrift braucht nicht unterschrieben zu sein;
2. eine Liste der Genossen, welche das Statut unterzeichnet haben; es ist zweckmäßig, die Liste der Genossen nach dem Formular aufzustellen, welches der Bekanntmachung betr. die Führung des Genossenschaftsregisters vom 1. Juli 1899, beigegeben ist; jedes Mitglied ist mit Vor- und Zunamen und Wohnort aufzuführen;
3. eine einfache unbeglaubigte Abschrift des Protokolls über die Wahlen der Vorstands- und Aufsichtsratsmitglieder.

Geschieht die Anmeldung persönlich, so müssen sämtliche Mitglieder des Vorstandes zugleich ihre Unterschriften vor dem Gericht zeichnen.

Bei schriftlicher Anmeldung müssen sämtliche Vorstandsmitglieder ihre Unterschriften zu der Anmeldung zeichnen, die Unterschriften müssen beglaubigt werden; die Beglaubigung kann durch den Ge-

---

erfolgt. Die Aktiva und Passiva des alten Vereins werden zweckmäßig, zur Erleichterung der Abwickelung der Geschäfte, von der neuerrichteten eingetragenen Genossenschaft übernommen werden.

Infolge verschiedener Bestimmungen des von 1900 ab in Kraft getretenen Bürgerlichen Gesetz-Buches, sowie des § 50 der abgeänderten Zivilprozeßordnung — wonach die bisher vielfach von den Gerichten anerkannte Klageberechtigung des Vorstandes solcher nicht eingetragenen Genossenschaften ohne Rechtspersönlichkeit unmöglich gemacht worden ist —, werden jene Vereine die Frage der Unterstellung unter das Genossenschaftsgesetz ernstlich zu erwägen haben. Muß wegen der vielfachen Vorteile der Unterstellung unter das Genossenschaftsgesetz — Erwerbung der Rechtspersönlichkeit, Abschwächung der Haftpflicht u. a. m. — grundsätzlich solchen nicht eingetragenen Vereinen empfohlen werden, sich in oben angedeuteter Weise aufzulösen und sich als eingetragene Genossenschaft nach den Bestimmungen des Genossenschaftsgesetzes neu zu errichten, so sollen doch die Schwierigkeiten nicht verkannt werden, die dem für manchen jener Vereine — für die mit sehr großer Mitgliederzahl — heute entgegenstehen. Wollen solche Vereine auch weiter als nicht eingetragene Genossenschaften bestehen, so sind für sie die Bestimmungen der §§ 705 ff. B.G.B. über „die Gesellschaft" maßgebend. Nach §§ 723 und 727 das. wird die „Gesellschaft" durch die Kündigung und durch den Tod eines Gesellschafters aufgelöst; § 736 läßt indes statutarische Bestimmungen zu, durch welche vorgesehen wird, daß dadurch nicht die Auflösung der „Gesellschaft" herbeigeführt wird; solche Bestimmungen haben also jene Konsumvereine, die jetzt als nicht eingetragene Genossenschaften ohne Rechtspersönlichkeit bestehen, in ihr Statut einzufügen, wenn sie in der alten Form weiter arbeiten wollen.

meindevorsteher oder die Polizeibehörde erfolgen.*) Von der erfolgten Eintragung der Genossenschaft wird dem Vorstande durch das Gericht Nachricht gegeben, und die mit der Bescheinigung der Eintragung und mit der Beglaubigung der Übereinstimmung mit dem Originalstatut versehene Abschrift des Statuts wird gleichzeitig damit an die Genossenschaft zurückgesandt.

Die Akten über den Verkehr mit dem Gericht, insbesondere die Benachrichtigungen über die erfolgten Eintragungen der Zu- und Abgänge in die Liste der Genossen bei Gericht müssen sorgfältig aufbewahrt werden.

Der Vorstand hat ein Verzeichnis der Genossen zu führen und dasselbe mit der bei Gericht geführten Liste der Genossen in Übereinstimmung zu halten (§ 30 des Ges.). Dieses Verzeichnis ist nach dem Formular anzulegen, welches in der Bekanntmachung, betr. Führung des Genossenschaftsregisters vom 1. Juli 1899, für die Gerichte vorgeschrieben ist. In dieses Verzeichnis sind die Mitglieder unter den Nummern einzutragen, unter denen sie von dem Gericht eingetragen sind, und welche von dem Gericht der Genossenschaft mitgeteilt werden.

Außer diesem Verzeichnis muß der Vorstand noch ein alphabetisch geordnetes Verzeichnis der Mitglieder anlegen, um das Auffinden der einzelnen Mitglieder zu erleichtern. Dieses Verzeichnis wird namentlich bei Vereinen von größerer Mitgliederzahl am besten auf Kartonblättern (ähnlich wie die Blätter für die Volkszählungen) angelegt, die in alphabetischer Reihenfolge in Pappkästen aufbewahrt werden.

Drittes Kapitel.

Haftpflicht der Mitglieder. — Übergang der Genossenschaft von der unbeschränkten Haftpflicht zur beschränkten Haftpflicht. — Mitgliedschaft.

I. Die Haftpflicht der Mitglieder.

Die älteren von Schulze-Delitzsch errichteten Genossenschaften beruhten auf der unbeschränkten Solidarhaft ihrer Mitglieder. „Die

*) Für den Verkehr mit dem Gericht ist den Genossenschaften die Anschaffung des „Formularbuches ꝛc.“ von Ludolf Parisius und Dr. jur. Hans Crüger (Berlin, J. Guttentag) zu empfehlen. Einige Formulare aus demselben sind im 15. Kapitel dieses Buches mitgeteilt.

Mitglieder waren in direkter, solidarischer und unbeschränkter, sogar prinzipaler Weise den Gläubigern verhaftet. Jeder einzelne Genosse konnte statt der Genossenschaft selbst sofort von den Gläubigern derselben in Anspruch genommen werden." (Kommentar von Parisius und Crüger, IV. Aufl., S. 39.) Nachdem die Bestrebungen Schulze-Delitzsch', für die Genossenschaften die gesetzliche Anerkennung zu erlangen, von Erfolg gekrönt worden waren, nachdem in den Jahren 1867, 1868, 1869 in verschiedenen deutschen Staaten Genossenschaftsgesetze erlassen und das Gesetz, betreffend die privatrechtliche Stellung der Erwerbs- und Wirtschaftsgenossenschaften für den Norddeutschen Bund vom 4. Juli 1868 in Kraft getreten und später Reichsgesetz geworden war, wurde die unbeschränkte Solidarhaft der Mitglieder bei den eingetragenen Genossenschaften wesentlich dadurch gemildert, daß die Gläubiger nur wegen des im Konkurse der Genossenschaft erlittenen Ausfalles an ihren Forderungen die Mitglieder in Anspruch nehmen konnten — aus der unbeschränkten Solidarhaft war eine Solidarbürgschaft geworden.*)

Durch das Genossenschaftsgesetz vom 1. Mai 1889 wurden neben Genossenschaften mit unbeschränkter Haftpflicht solche mit beschränkter Haftpflicht und mit unbeschränkter Nachschußpflicht zugelassen.

Das Rechtsverhältnis der Mitglieder bei den nach dem Genossenschaftsgesetz vom 1. Mai 1889**) eingetragenen Genossenschaften mit unbeschränkter Haftpflicht bezüglich ihrer solidaren Haftpflicht ist das folgende: Die Mitglieder haften der Genossenschaft und den Gläubigern solidarisch für die Verbindlichkeiten der Genossenschaft mit ihrem ganzen Vermögen. Diese persönliche, solidare Haftpflicht tritt in Wirksamkeit, wenn ein Mitglied ausscheidet und sich eine Unterbilanz herausstellt, in welchem Falle der Ausscheidende nach § 73 des Ges. den ihn treffenden Anteil am etwaigen Verluste an die Genossenschaft zu zahlen hat, — ferner, sobald der Konkurs über das Vermögen der Genossenschaft eröffnet ist; in diesem Falle sind die Mitglieder im Wege des Umlageverfahrens (§§ 105 ff. des Ges.) zur Deckung der Verbindlichkeiten durch die Genossenschaft heranzuziehen.

Sind die Gläubiger nach Ablauf von drei Monaten seit dem Termine, in welchem die im Umlageverfahren aufgestellte Nachschußberechnung für vollstreckbar erklärt worden ist, nicht für ihre Forderungen gänzlich befriedigt, so sind sie berechtigt, für das, was sie noch zu fordern haben, die einzelnen Genossen in Anspruch zu nehmen (§ 122 Abs. 2 des Ges.).

---

*) Vgl. Note zu S. 11.

**) Vom 1. Januar 1900 ab führt dieses Gesetz nach der Neufassung gemäß Bekanntmachung des Reichskanzlers vom 20. Mai 1898 — Reichs-Gesetzbl. Nr. 250 — die Bezeichnung „Gesetz betreffend die Erwerbs- und Wirtschaftsgenossenschaften".

Ausgeschiedene Mitglieder bleiben noch zwei Jahre — die Frist beginnt mit dem Tage des Ausscheidens — haftbar. Wird die Genossenschaft binnen sechs Monaten nach dem Ausscheiden des Genossen aufgelöst, so gilt das Ausscheiden als nicht erfolgt (§ 75 des Ges.).

Die Mitglieder, deren Ausscheiden länger als sechs Monate, von der Eröffnung des Konkurses ab gerechnet, zurückliegt, können nicht zum Nachschußverfahren herangezogen werden, sie können aber, wenn ihr Ausscheiden nicht länger als zwei Jahre von diesem Termine ab zurückliegt, von den Gläubigern in Anspruch genommen werden nach Ablauf von sechs Monaten seit dem Termine, in welchem die Nachschußberechnung für vollstreckbar erklärt worden ist, und zwar nur wegen der bis zu dem Zeitpunkte ihres Ausscheidens von der Genossenschaft eingegangenen Verbindlichkeiten (§ 125 des Ges.).

Die eingetragene Genossenschaft mit unbeschränkter Nachschußpflicht unterscheidet sich von der eingetragenen Genossenschaft mit unbeschränkter Haftpflicht dadurch, daß im Konkursverfahren nicht der einzelne Genosse direkt von den Gläubigern in Anspruch genommen werden kann, daß aber auf Grund einer besonderen Berechnung von den innerhalb der letzten achtzehn Monate vor der Eröffnung des Konkurses ausgeschiedenen Genossen die gesamten noch nicht befriedigten Forderungen aller Gläubiger im Umlageverfahren beigetrieben werden (vgl. § 114 des Ges.), dabei bleibt es gleich, ob die zu deckenden Verbindlichkeiten der Genossenschaft vor oder nach dem Ausscheiden dieser Mitglieder entstanden sind. Diese letztere Bestimmung, welche es zuläßt, daß die Haftpflicht der Ausgeschiedenen für Handlungen der Genossenschaft während eines langen Zeitraumes in Anspruch genommen wird, währenddessen den Ausgeschiedenen kein Einfluß auf diese Handlungen zustand, lassen die Anwendung der unbeschränkten Nachschußpflicht nicht ratsam erscheinen; in der Tat ist die Zahl der Genossenschaften, welche sich seit Inkrafttreten des Genossenschaftsgesetzes vom 1. Mai 1889 als eingetragene Genossenschaften mit unbeschränkter Nachschußpflicht gebildet haben, eine geringe, von 1847 Ende April 1903 bestehenden Konsumvereinen hatten diese Haftform nur vier angenommen.

Genossenschaften mit beschränkter Haftpflicht waren bereits durch das sächsische Gesetz vom 15. Juni 1868 und das bayrische Gesetz vom 29. April 1869 zugelassen, durch die Einführung des Genossenschaftsgesetzes vom 4. Juli 1868 in das ganze Gebiet des Deutschen Reiches wurde jedoch die weitere Bildung von Genossenschaften auf Grund jener Gesetze ausgeschlossen und nur wenige der auf Grund derselben errichteten Genossenschaften mit beschränkter Haftpflicht blieben bestehen.

Schon in den 70er Jahren machte sich eine Bewegung auf reichsgesetzliche Zulassung von Genossenschaften mit beschränkter Haftpflicht neben solchen mit unbeschränkter Haftpflicht bemerkbar, doch gerade in den Kreisen der Genossenschaften forderte man die Beibehaltung der ausschließlichen Geltung der unbeschränkten Haftpflicht. Es war dies geboten sowohl mit Rücksicht auf die Notwendigkeit einer einheitlichen Entwickelung des Genossenschaftswesens, wie auch durch den Stand des deutschen Genossenschaftswesens, das fast ausschließlich durch Genossenschaften gebildet wurde, die den Kredit in weitem Maße in Anspruch nahmen. Als sich dies dann änderte und insbesondere die Arten von Genossenschaften zahlreicher wurden, die nur mit geringem Kredit arbeiten und für deren Entwickelung und Ausbreitung die Herabminderung der Haftpflicht wesentlich war, trat Schulze-Delitzsch für die Zulassung von Genossenschaften mit beschränkter Haftpflicht neben Genossenschaften mit unbeschränkter Haftpflicht ein, allerdings unter gewissen Bedingungen, die sich auf den Umfang der Haftpflicht bezogen.

Das Genossenschaftsgesetz vom 1. Mai 1889 wurde jenen Forderungen gerecht, indem es in § 2 bestimmte: Die Genossenschaften können errichtet werden: .... 3. dergestalt, daß die Haftpflicht der Genossen für die Verbindlichkeiten der Genossenschaft sowohl dieser wie unmittelbar den Gläubigern gegenüber im voraus auf eine bestimmte Summe beschränkt ist (eingetragene Genossenschaft mit beschränkter Haftpflicht).

Die Haftpflicht der Mitglieder der eingetragenen Genossenschaften mit beschränkter Haftpflicht beschränkt sich nicht auf das angesammelte Geschäftsguthaben, sondern die Mitglieder haften für die von der Genossenschaft eingegangenen Verbindlichkeiten über das Geschäftsguthaben, bezw. — nach Volleinzahlung — den Geschäftsanteil hinaus bis zu einem durch das Statut bestimmten Betrage, in Höhe der „Haftsumme", welche letztere nicht niedriger sein darf, als der durch das Statut festgesetzte Geschäftsanteil (§ 131 Abs. 1 des Ges.).

Die Mitglieder haften, wie bei der Genossenschaft mit unbeschränkter Haftpflicht, solidarisch; während aber bei der unbeschränkten Haftpflicht die Solidarhaft dahin führen kann, daß das Mitglied unter Umständen sein ganzes Vermögen für die Verbindlichkeiten der Genossenschaft opfern muß, ist bei der Genossenschaft mit beschränkter Haftpflicht dieses solidare Eintreten von vornherein auf einen bestimmten, im Statut festgesetzten Höchstbetrag begrenzt. Die Bestimmungen des Genossenschaftsgesetzes über den Haftvollzug, die Geltendmachung der beschränkten Haftpflicht, sind dieselben wie die vorstehend bei den eingetragenen Genossenschaften mit unbeschränkter Haftpflicht aufgeführten, nur mit der Beschränkung, daß die persönliche Haftpflicht der Mitglieder in der Haftsumme ihre Grenze hat.

Bei der Genossenschaft mit beschränkter Haftpflicht kann durch das Statut die Beteiligung des Genossen auf mehrere Geschäftsanteile, unter Festsetzung der höchsten Zahl derselben, gestattet werden (§ 134 des Ges.); im Falle der Erwerbung mehrerer Geschäftsanteile durch ein Mitglied erhöht sich die Haftpflicht des betreffenden Mitgliedes auf das der Zahl der Geschäftsanteile entsprechende Vielfache der Haftsumme, die durch das Statut festgesetzt ist (§ 135 des Ges.).

Weiter ist zu erwähnen die abweichende Bestimmung des § 140 des Gesetzes, wonach bei eingetragenen Genossenschaften mit beschränkter Haftpflicht bei bestehender Genossenschaft das Konkursverfahren außer im Falle der Zahlungsunfähigkeit in dem Falle der Überschuldung stattfindet, sofern diese ein Viertel des Betrages der Haftsummen aller Genossen übersteigt, während die Genossenschaft mit unbeschränkter Haftpflicht (und unbeschränkter Nachschußpflicht) auch bei der größten Überschuldung fortbestehen kann.

Zu denjenigen Genossenschaften, welche Kredit nur in geringem Umfange bedürfen und die ihren wenigen Gläubigern auch mit der beschränkten Haftpflicht der Mitglieder die erforderliche Garantie in genügendem Maße bieten, gehören in erster Linie die Konsumvereine.

Nur in der ersten Zeit ihres Bestehens, zu ihrer Errichtung, werden gut geleitete Konsumvereine fremde Gelder, für die sie nicht besondere Sicherheit zu bieten vermögen, als Betriebskapital nötig haben; zumeist werden sie dieselben aus dem Kreise ihrer Mitglieder aufbringen. Halten die Konsumvereine an dem Grundsatze der Barzahlung fest und führen sie die statutarischen Bestimmungen über die Bildung des Geschäftsanteils auch sorgfältig durch, so werden ihnen in ganz kurzer Zeit die eigenen Mittel zum Betriebe des Vereinsgeschäftes im vollsten Umfange zur Verfügung stehen, und nach den ersten Abschlüssen, nach Zuschreibung der Einkaufsdividenden zu den Geschäftsguthaben der Mitglieder, werden diese Genossenschaften in der Lage sein, die in der ersten Zeit von den Mitgliedern oder auch von Dritten aufgenommenen Anlehen oder sonstigen Einlagen zurückzuzahlen.

Die Konsumvereine haben die größere Belastung der Mitglieder mit der unbeschränkten Haftpflicht nicht nötig, für diese Genossenschaften ist die beschränkte Haftpflicht vollkommen ausreichend, zumal wenn Geschäftsanteil und Haftsumme auf einen, einem gesunden Geschäftsbetriebe entsprechenden Betrag festgesetzt werden, der aber immerhin nicht so hoch zu sein braucht, daß nicht auch die Angehörigen der mindestbegüterten Klassen ihn aufbringen könnten, ohne sich zugrunde zu richten.

Dann werden alle, wohlhabende wie wenig bemittelte, mit größerer Ruhe dem Konsumverein beitreten; sie wissen, bis zu welchem Betrage sie im schlimmsten Falle zur Deckung von Forderungen der Gläubiger der Genossenschaft herangezogen werden können.

Aus diesen Gründen ist für die Konsumvereine die Annahme der beschränkten Haftpflicht zu empfehlen.

Die größere Zahl der in Deutschland bestehenden Konsumvereine hat diese Haftpflicht auch angenommen, von 1847 Konsumvereinen beruhten am 30. April 1903 1527 auf der Grundlage der beschränkten Haftpflicht.

II. Umwandlung eines Konsumvereins mit unbeschränkter Haftpflicht in einen solchen mit beschränkter Haftpflicht.

Nach der im vorigen Abschnitte den Konsumvereinen gegebenen Empfehlung der beschränkten Haftpflicht soll nachstehend das Verfahren dargestellt werden, welches bei der Umwandlung einer eingetragenen Genossenschaft mit unbeschränkter Haftpflicht in eine solche mit beschränkter Haftpflicht stattzufinden hat.

Die Umwandlung erfolgt im Wege der Statutenänderung unter Beobachtung der Bestimmungen, welche für die Verteilung des Genossenschaftsvermögens im Falle der Auflösung maßgebend sind (§ 143 des Ges.). Die Umwandlung ist in der Generalversammlung der Genossenschaft zu beschließen; die Tagesordnung der ordnungsgemäß zu berufenden Generalversammlung muß die „Umwandlung in eine Genossenschaft mit beschränkter Haftpflicht" als Gegenstand der Beratung und Beschlußfassung ankündigen. Zu dem Beschlusse bedarf es der durch das Gesetz für Änderungen des Statuts (§ 16 Abs. 2 des Ges.) vorgesehenen Mehrheit von drei Vierteilen der erschienenen Genossen, sofern nicht das Statut andere Erfordernisse aufstellt, die erleichternd oder erschwerend sein können. Das Musterstatut (Form. 1, § 35) schreibt für Statutenänderungen nur die Mehrheit von drei Vierteilen der in der Generalversammlung erschienenen Mitglieder vor. Der Beschluß der Generalversammlung ist von dem Vorstande der Genossenschaft zu drei verschiedenen Malen, zugleich mit der Aufforderung an die Gläubiger, ihren etwaigen Widerspruch gegen die Umwandlung bei der Genossenschaft anzumelden, in den Blättern, die nach dem Statut für die Bekanntmachungen der Genossenschaft bestimmt sind, zu veröffentlichen. Die Gläubiger, welche infolge dieser Aufforderung binnen einem Jahre nach Veröffentlichung der dritten Bekanntmachung sich melden, sind von dem Vorstande auf Ansuchen wegen ihrer Forderungen zu befriedigen oder sicher zu stellen. Die Umwandlung hat ebensowenig wie die Auflösung zur Folge, daß die Forderungen fällig werden, es sind daher nur fällige Forderungen zu befriedigen, alle anderen sicher zu stellen — falls die Gläubiger hierauf Anspruch erheben. Im Laufe des Sperrjahres, vor der Anmeldung der Umwandlung, müssen die durch die letztere notwendig werdenden Statutenänderungen durch die Generalversammlung der Genossenschaft beschlossen werden: die Änderung der Firma, die Änderung der Bestimmungen bezüglich der Haftpflicht der Mitglieder und die Festsetzung der Haftsumme. Zulässig ist es natürlich auch, daß diese Änderungen bereits in der Generalversammlung beschlossen werden, die über die „Umwandlung" zu beschließen hat.

Nach Ablauf eines Jahres von der dritten Bekanntmachung ab gerechnet ist der Umwandlungsbeschluß durch den Vorstand zum Genossenschaftsregister anzumelden; der Anmeldung muß die schriftliche Versicherung des Vorstandes beigefügt werden, daß die Gläubiger, welche sich gemeldet haben, befriedigt oder daß deren Forderungen sicher gestellt sind, oder daß sich Gläubiger überhaupt nicht gemeldet haben; ferner müssen derselben je zwei einfache Abschriften der Beschlüsse, welche sich auf die Umwandlung der Genossenschaft und auf die vorgenommenen Statutenänderungen beziehen, sowie die Blätter, in welchen die vorgeschriebenen Bekanntmachungen veröffentlicht worden sind, beigefügt werden.

Mit der Eintragung in das Genossenschaftsregister tritt der Umwandlungsbeschluß in Wirksamkeit, die Genossenschaft ist von diesem Zeitpunkte an eine eingetragene Genossenschaft mit beschränkter Haftpflicht. Bis zur Eintragung des Umwandlungsbeschlusses behält die Genossenschaft die bisherige Haftform bei, die in dieser Zeit ausgestellten Beitrittserklärungen müssen daher auch die dieser Haftform entsprechende Erklärung enthalten.

III. Erlangung und Endigung der Mitgliedschaft bei der eingetragenen Genossenschaft.

a. Beitritt und Aufnahme.

Im ersten Kapitel ist bereits darauf hingewiesen worden, daß die Mitgliedschaft der Konsumvereine sich aus Angehörigen aller Berufsstände zusammensetzen soll. Es gibt allerdings auch Konsumvereine, welche für besondere, abgegrenzte Kreise errichtet sind — Beamtenkonsumvereine, Arbeiterkonsumvereine — ihre Zahl ist indes nicht groß und eine besondere Zweckmäßigkeit oder gar Notwendigkeit einer solchen Begrenzung hat sich im Laufe der langen Jahre des Bestehens und Wirkens der deutschen Konsumvereine nicht herausgestellt, diese Begrenzung ist nicht zu empfehlen, wo sie eingeführt und innegehalten worden ist, sind zumeist lokale Verhältnisse die Ursache gewesen. Es ist im Gegenteil anzuraten, Angehörige aller Berufsklassen als Mitglieder in den Konsumverein aufzunehmen und ihre Aufnahme so wenig als möglich zu erschweren, die Bedingungen so einfach als möglich zu gestalten, um dem größten Kreise von Konsumenten den Beitritt zu dem Konsumvereine zu erleichtern. Das schließt nicht aus, beim Eintritt sogleich ein kleines Eintrittsgeld für den Reservefonds und eine geringe Einzahlung auf das Geschäftsguthaben zu verlangen. Das Statut läßt auch die Mitgliedschaft von Gesellschaften, Korporationen, verpflichtungsfähigen Vereinen zu, um kleineren Konsumvereinen u. dgl. die Möglichkeit zu geben, sich größeren zum Zwecke vorteilhafteren Warenbezuges anzuschließen (Form. 1, § 38); es bestimmt, daß zum Erwerbe der Mitgliedschaft die Aufnahme durch den Vorstand und die Ausstellung einer unbedingten schriftlichen Beitrittserklärung erforderlich ist. Es werden Fälle vorkommen, in welchen Ehefrauen dem Konsumvereine als Mitglieder beizutreten wünschen, gerade bei Konsumvereinen kann der Beitritt der Ehefrau sogar bisweilen als das normale angesehen werden; bei der beschränkten Handlungsfähigkeit der Ehefrauen sind aber die Ansichten der Gerichte, auch der Landgerichte darüber geteilt, und eine höhere Instanz hat die Frage m. W. noch nicht entschieden, ob nicht den gesetzlichen Anforderungen erst dadurch genügt werde, daß der Ehemann seine Genehmigung zu der Beitrittserklärung der Ehefrau abgibt. In dem Falle des Beitritts von Vereinen 2c. sind die Beitrittserklärungen unter der Firma und in der Form auszustellen, in der die betreffende Genossenschaft, Gesellschaft, der Verein 2c. ihre Willenserklärungen abgeben.

Dadurch, daß nach dem Statut (§ 38) der Erwerb der Mitgliedschaft an die Aufnahme durch den Vorstand geknüpft ist, wird die Möglichkeit geboten, Anträge wegen Aufnahme in die Genossenschaft abzulehnen; es ist dem Vorstande eine freie Beurteilung der Würdigkeit des Aufnahmesuchenden zugewiesen. Aber es sollte auch eine förmliche Beschlußfassung des Vorstandes über die Aufnahme nicht unterlassen oder die Aufnahme nicht für selbstverständlich angesehen werden, wenn auch nur in Ausnahmefällen eine Zurückweisung begründet sein wird.

Gegen die Abweisung des Aufnahmeantrages durch den Vorstand dem Abgewiesenen die Berufung an die Generalversammlung offen zu lassen.

§ 15 des Ges. bestimmt: „Nach der Anmeldung des Statuts zum Genossenschaftsregister bedarf es zum Erwerbe der Mitgliedschaft einer von dem Beitretenden zu unterzeichnenden, unbedingten Erklärung des Beitritts."

Es ist also nicht etwa, wie vor der Anmeldung der Genossenschaft zum Genossenschaftsregister, das Statut der Genossenschaft zu unterzeichnen, sondern der Beitretende hat eine besondere schriftliche Beitrittserklärung abzugeben; die Unterzeichnung dieser Beitrittserklärung hat bei physischen Personen (um welche es sich zumeist handeln wird) mit Vor- und Zunamen, unter Angabe des Berufes, des Wohnortes und der Wohnung zu geschehen, bei Gesellschaften durch deren Vertreter in rechtmäßiger, rechtsverbindlicher Form.

Für die Beitrittserklärungen muß der Konsumverein gedruckte Formulare (Form. 19) vorrätig halten, die am zweckmäßigsten aus je einem Doppelformular von gleichem Wortlaute bestehen; beide Formulare sind von dem Aufnahmesuchenden auszufüllen und zu unterzeichnen. Das eine Exemplar der Beitrittserklärung ist zur Einreichung an das Gericht bestimmt, das andere bleibt bei den Akten der Genossenschaft, um dieser als Belag zu dienen.*)

*) Für den Beitritt von Personen, welche des Lesens und Schreibens nicht kundig sind und die Beitrittserklärung durch Handzeichen unterzeichnen, sind die nachstehenden Bestimmungen des Bürgerl. Gesetzbuches über die Willenserklärung und des Gesetzes über die Angelegenheiten der freiwilligen Gerichtsbarkeit zu beachten:

§ 126 B.G.B. Abs. 1: Ist durch Gesetz schriftliche Form vorgeschrieben, so muß die Urkunde von dem Aussteller eigenhändig durch Namensunterschrift oder

Zur Vereinfachung des Aufnahmeverfahrens werden gedruckte Formulare zu Beitrittserklärungen dem Lagerhalter übergeben, der sie — natürlich mit Ausnahme der Fälle, in welchen es sich um Analphabeten, des Lesens und Schreibens Unkundige, handelt — von dem Aufnahmesuchenden sofort ordnungsmäßig ausfüllen und unterschreiben läßt und der dem Vorstande dann diese Beitrittserklärungen zur Beschlußfassung über die Aufnahme vorlegt.

Die Beitrittserklärungen der Genossenschaften mit beschränkter Haftpflicht (Form. 19a) brauchen nicht einen Zusatz bezüglich der Höhe der Haftsumme zu enthalten. Die Beitrittserklärungen der Genossenschaften mit unbeschränkter Haftpflicht (Form. 19b) müssen die ausdrückliche Bemerkung enthalten, daß die einzelnen Genossen für die Verbindlichkeiten der Genossenschaft dieser, sowie unmittelbar den Gläubigern derselben nach Maßgabe des Gesetzes mit ihrem ganzen Vermögen haften (§ 120 des Ges.). Die Beitrittserklärungen der Genossenschaften mit unbeschränkter Nachschußpflicht müssen die ausdrückliche Bemerkung enthalten, daß die einzelnen Genossen mit ihrem ganzen Vermögen verpflichtet sind, der Genossenschaft die zur Befriedigung der Gläubiger derselben erforderlichen Nachschüsse nach Maßgabe des Gesetzes zu leisten.

b. Das Ausscheiden.

Die Endigung der Mitgliedschaft kann eine freiwillige, sie kann eine erzwungene sein; sie kann

1. infolge Aufkündigung des Mitgliedes (§ 65 des Ges.),
2. infolge Übertragung des Geschäftsguthabens (§ 76 des Ges.) erfolgen; sie kann
3. unter bestimmten Voraussetzungen durch die Ausübung des Kündigungsrechtes seitens eines Gläubigers des betreffenden Mitgliedes (§ 66 des Ges.) herbeigeführt werden;
4. durch den Ausschluß des betreffenden Mitgliedes aus den im Gesetz oder Statut vorgesehenen Gründen (§ 68 des Ges.),
5. infolge schriftlicher Austrittserklärung ohne Kündigungsfrist zum Schlusse des Geschäftsjahres stattfinden, wenn durch das Statut die Mitgliedschaft an den Wohnsitz innerhalb eines bestimmten Bezirks geknüpft ist (§ 8 Nr. 2 des Ges.) und der Genosse seinen Wohnsitz in dem Bezirke aufgibt (§ 67 des Ges.);
6. sie kann schließlich durch den Tod des persönlichen Mitgliedes erfolgen.

Ausscheiden infolge Aufkündigung des Mitgliedes. — Jeder Genosse hat das Recht, mittelst Aufkündigung seinen Austritt

---

mittelst gerichtlich oder notariell beglaubigten Handzeichens unterzeichnet werden.

§ 167 Ges. über die Angelegenheiten der freiw. Gerichtsbarkeit: Für die gerichtliche Beurkundung eines Rechtsgeschäfts, sowie für die gerichtliche Beglaubigung eines Handzeichens sind die Amtsgerichte zuständig.

aus der Genossenschaft zu erklären (§ 65 Abs. 1 des Ges.). Das Gesetz bestimmt, daß die Aufkündigung nur zum Schlusse eines Geschäftsjahres stattfindet und daß sie mindestens drei Monate vorher schriftlich erfolgen muß. Durch das Statut kann eine längere, jedoch höchstens zweijährige Kündigungsfrist festgesetzt werden. Das Statut sieht eine dreimonatliche Kündigungsfrist vor; früher eingehende Aufkündigungen gelten als Aufkündigung zum Schluß des laufenden Geschäftsjahres, später eingehende Aufkündigungen dürfen nicht mehr für den Schluß des laufenden Geschäftsjahres berücksichtigt werden, sie gelten für das nächste Geschäftsjahr. Die Kündigungserklärung hat von dem betreffenden Mitgliede selbst oder von dessen gesetzlichem Vertreter auszugehen (Form. 21). Die Bezeichnung „Geschäftsjahr" in § 65 des Ges. ist gleichbedeutend mit „Geschäftsperiode".*)

Bei Konsumvereinen, die in kürzeren als jährlichen Zwischenräumen Geschäftsabschlüsse machen — in halbjährlichen oder vierteljährlichen — findet danach die Aufkündigung zum Schlusse der betreffenden Geschäftsperioden statt; es steht dem nichts im Wege, die Kündigungsfrist durch Statut länger als eine Geschäftsperiode festzusetzen (Kommentar Parisius und Crüger, IV. Aufl., S. 393).

Ausscheiden infolge Übertragung des Geschäftsguthabens. — Ein Genosse kann zu jeder Zeit, auch im Laufe des Geschäftsjahres, sein Geschäftsguthaben mittelst schriftlicher Übereinkunft einem anderen übertragen und hierdurch aus der Genossenschaft ohne Auseinandersetzung mit ihr austreten, sofern der Erwerber an seiner Stelle Genosse wird oder sofern derselbe schon Genosse ist und dessen bisheriges Guthaben mit dem ihm zuzuschreibenden Betrage den Geschäftsanteil nicht übersteigt, oder, bei eingetragenen Genossenschaften mit beschränkter Haftpflicht, sofern dessen bisheriges Guthaben mit dem ihm zuzuschreibenden Betrage die der höchsten Zahl der Geschäftsanteile entsprechende Gesamtsumme nicht übersteigt (§ 138 des Ges.). Das Statut kann eine solche Übertragung ausschließen, oder an weitere Voraussetzungen knüpfen (§ 76 Abs. 1 des Ges.).

Das Statut hat die Übertragung des Geschäftsguthabens zugelassen, sie aber an die Genehmigung durch Vorstand und Aufsichtsrat gebunden (§ 41 des Statuts). Es ist für Konsumvereine, bei welchen ein häufigerer Wechsel der Mitgliedschaft stattfindet, die Gestattung des Ausscheidens durch Übertragung des Geschäftsguthabens zu empfehlen. Der Ausscheidende ist dadurch in die Lage versetzt, sein Guthaben bei dem Konsumvereine sofort zu versilbern, zu einem Zeitpunkte, wo er, vielleicht infolge Umzugs nach einer anderen Stadt, größere Ausgaben zu bestreiten hat. Die Übertragung des Geschäftsguthabens eines Mitgliedes auf eine Person, die bisher nicht Mitglied der Genossenschaft war, ist mit der Bedingung des Erwerbes der

*) Die Dauer eines Geschäftsjahres darf zwölf Monate nicht überschreiten (§ 39 Abs. 2 Handels-Gesetzbuch), sie kann aber kürzer sein.

Mitgliedschaft für die letztere gemäß den Bestimmungen des Gesetzes und des Statuts verknüpft.

Ausscheiden infolge Aufkündigung seitens eines Gläubigers. — Findet die Aufkündigung durch den Gläubiger eines Mitgliedes im Falle des § 66 Abs. 1 des Ges. statt, so müssen der Aufkündigung beigefügt werden: 1. beglaubigte Abschrift der Urkunden über fruchtlose Zwangsvollstreckung in das Vermögen des Mitgliedes; 2. beglaubigte Abschrift des rechtskräftigen Schuldtitels; 3. Pfändung und Überweisung des dem Mitgliede bei der Auseinandersetzung mit der Genossenschaft zukommenden Guthabens (C.-P.-O. § 829). Diese Urkunden rechtfertigen das Kündigungsrecht des Gläubigers, sie sind rechtzeitig vor Ablauf der Kündigungsfrist beizubringen, sonst gilt das gleiche, wie bei Nichteinhaltung der Kündigungsfrist (Kommentar Parisius und Crüger, IV. Aufl., S. 396), d. h. die Aufkündigung selbst gilt erst für den Schluß des nächsten Geschäftsjahres. Die Aufkündigung durch den Konkursverwalter im Konkurse des Mitgliedes hat auch unter Beobachtung der im Statut vorgeschriebenen Kündigungsfristen zu erfolgen.

Ausschluß. — Der Ausschluß eines Mitgliedes kann aus den im Gesetz (§ 68) und im Statut festgesetzten Gründen erfolgen. Weder durch Gesetz, noch durch das Musterstatut ist ein Zwang zum Ausschlusse für bestimmte Fälle geschaffen; es unterliegt vielmehr der freien Erwägung des für den Ausschluß zuständigen Organes, ob aus den im Statut aufgeführten Gründen der Ausschluß stattfinden soll oder nicht — Gesetz und Musterstatut besagen: er kann stattfinden. Als Gründe, aus welchen der Ausschluß erfolgen kann, führt das Gesetz (§ 68) an: Verlust der bürgerlichen Ehrenrechte, Mitgliedschaft bei einer anderen Genossenschaft, welche an demselben Orte ein gleichartiges Geschäft betreibt; das Statut (§ 39) fügt diesen Gründen hinzu: Nichterfüllung der statutenmäßigen Verpflichtungen, Nichtbenutzung der Genossenschaft bei der Warenentnahme, Schädigung des Interesses der Genossenschaft, Konkurseröffnung über das Vermögen des Mitgliedes. Die Beschlußfassung über den Ausschluß eines Mitgliedes ist durch das Statut teils dem Vorstande und Aufsichtsrate überwiesen teils der Generalversammlung vorbehalten. Früher wurde allgemein der Grundsatz festgehalten, daß nur die Generalversammlung das geeignete Organ hierfür sei. Insbesondere hat Schulze-Delitzsch stets entschieden diesen Standpunkt vertreten; er ging dabei von der Ansicht aus, daß die Mitglieder sich um so mehr bemühen würden, allen statutarischen Verpflichtungen pünktlich nachzukommen, wenn ihnen anderenfalls eine Verhandlung über ihre Statutenverletzung in der Generalversammlung drohte. Schulze-Delitzsch wollte so einen erzieherischen Einfluß auf die Mitglieder ausüben, die zur Unpünktlichkeit und Lässigkeit geneigt sein möchten. Dann aber schwebte Schulze-Delitzsch die Gefahr vor Augen, daß ein gewissenloser Vorstand, dem der Aufsichtsrat zu Willen wäre, eine berechtigte, ja im Interesse des Vereins vielleicht dringend notwendige Opposition und Kritik sich leicht vom Halse schaffen könne, wenn nicht die Generalversammlung, der doch die Gründe für den Ausschluß vorgetragen werden müßten, über denselben zu entscheiden habe, sondern der Vorstand und Aufsichtsrat. Auch bei Konsumvereinen ist diese Gefahr nicht zu unterschätzen, und sie wird dadurch nicht beseitigt, daß der vom Vorstand und Aufsichtsrat Ausgeschlossene Berufung an die Generalversammlung einlegen kann, da nach dem Gesetz (§ 68) der Ausgeschlossene von dem Zeitpunkte der Absendung des eingeschriebenen Briefes an, welcher ihm die Ausschließung mitteilt, nicht mehr berechtigt ist, an der Generalversammlung teilzunehmen, dort also sich nicht einmal selbst verteidigen könnte. Dadurch wird der Wert dieses Rechtsmittels gegen die Entscheidung des Vorstandes und Aufsichtsrates sehr eingeschränkt.

Andererseits gibt es Ausschließungsgründe, über die erst in der Generalversammlung zu verhandeln weder im Interesse des Vereins liegt, noch dem Auszuschließenden selbst erwünscht sein wird, d. i. wenn der Ausschluß erfolgt wegen Verlustes der bürgerlichen Ehrenrechte, oder weil das Mitglied in Konkurs geraten ist, oder weil es während zweier aufeinander folgender Jahre keine Waren aus dem Verein entnommen hat. Erfolgt aus einem dieser Gründe die Ausschließung durch Vorstand und Aufsichtsrat, ohne daß der Ausschließungsgrund tatsächlich vorliegt, so dürfte die einfache schriftliche Feststellung des Tatbestandes genügen, um die Generalversammlung zu veranlassen, der Berufung Folge zu geben, ohne daß eine mündliche Verteidigung des Ausgeschlossenen nötig wäre. Anders, wenn der Ausschluß geschieht, weil das Mitglied einem andern Konsumverein am Orte beigetreten ist, oder weil er die Genossenschaft in Schaden gebracht oder sonst gegen ihr Interesse gehandelt haben soll, oder weil es die Einzahlung auf den Geschäftsanteil nicht rechtzeitig geleistet hat. Dann ist ein wirksamer Schutz gegen Schikanen eines böswilligen Vorstands und Aufsichtsrats wohl am Platze, und deshalb ist in diesen Fällen die Entscheidung über den Ausschluß der Generalversammlung vorbehalten.

Der Beschluß, durch welchen der Genosse ausgeschlossen worden ist, ist diesem von dem Vorstande ohne Verzug mittelst eingeschriebenen Briefes mitzuteilen (§ 68 Abs. 3 des Ges.). Es werden gerade in Konsumvereinen häufig Fälle vorliegen, in welchen der derzeitige Wohnort des Ausgeschlossenen nicht genau bekannt ist; in solchen Fällen genügt es, den eingeschriebenen Brief an den letzten bekannt gewordenen Wohnort zu richten; der als unbestellbar zurückgelangende Brief muß bei den Akten der Genossenschaft aufbewahrt werden. Von dem Zeitpunkte der Absendung des eingeschriebenen Briefes an kann der Genosse nicht mehr an der Generalversammlung teilnehmen, auch nicht Mitglied des Vorstandes oder des Aufsichtsrats sein (§ 68 Abs. 4 des Ges.). Es liegt deshalb und auch wegen des Beginns des Laufes der Berufungsfrist wo eine Berufung in Frage ist, im Interesse der Genossenschaft, daß der Ausschluß dem Mitgliede *sofort* nach gefaßtem Beschluß mitgeteilt wird.

Über den in gemeinsamer Sitzung von Vorstand und Aufsichtsrat gefaßten Beschluß auf Ausschließung eines Mitgliedes ist ein Protokoll aufzunehmen (Form. 7), ebenso natürlich auch über die Ausschließung in der Generalversammlung selbst.

Ausscheiden infolge Verlegung des Wohnsitzes. — Die Bestimmung, daß Erwerb und Fortdauer der Mitgliedschaft an den Wohnsitz innerhalb eines bestimmten Bezirks geknüpft wird (§ 8 Nr. 2 des Ges.), wird bei Konsumvereinen sehr selten sein, sie hat keine Bedeutung für diese Art von Genossenschaften, denen es nur lieb sein könnte, wenn auch Mitglieder, die nicht in ihrem Bezirk wohnen, ihre Lebensbedürfnisse bei ihnen befriedigten. Nur der Vollständigkeit halber ist deshalb hier diese Art des Ausscheidens erwähnt. Die Zulassung des Ausscheidens durch Übertragung des Geschäftsguthabens bietet für derartige Fälle einen vollkommenen Ersatz.

Ausscheiden der physischen Personen durch Tod. — Im Falle des Todes eines Genossen gilt dieser mit dem Schlusse des Geschäftsjahres, in welchem der Tod erfolgt ist, als ausgeschieden. Bis zu diesem Zeitpunkte wird die Mitgliedschaft des Verstorbenen durch den Erben desselben fortgesetzt. Für mehrere Erben kann das Stimmrecht durch einen Bevollmächtigten ausgeübt werden (§ 77 Abs. 1 des Ges.). Die Bestimmung über die Fortsetzung der Mitgliedschaft des Verstorbenen durch den Erben bis zum Schlusse des Geschäftsjahres muß für einen Konsumverein so verstanden werden, daß derjenige Erbe, welcher den Haushalt des Verstorbenen weiter führt, bis zu dem genannten Zeitpunkte noch Waren aus dem Vereine entnehmen kann. Ein Erbe kann das Stimmrecht in der Generalversammlung ausüben, er kann es nur persönlich ausüben; sind mehrere Erben vorhanden, so können sich dieselben in der Generalversammlung durch einen Bevollmächtigten vertreten lassen, der schriftliche Vollmacht beizubringen hat (§ 77 des Ges.).

IV. Auseinandersetzung mit dem Ausgeschiedenen, und mit den Erben des Verstorbenen.

In den Fällen der Kündigung, des Ausschlusses und des Todes eines Mitgliedes findet eine Auseinandersetzung zwischen der Genossenschaft und dem Ausgeschiedenen, oder den Erben eines verstorbenen Mitgliedes auf Grund der Bilanz statt (§ 73 des Ges.). Das Geschäftsguthaben des Mitgliedes ist festzustellen, wie es sich nach der Vermögenslage der Genossenschaft zur Zeit des Ausscheidens des Mitgliedes ergibt. Das Geschäftsguthaben des ausgeschiedenen Genossen ist demselben, oder den Erben des Verstorbenen, binnen sechs Monaten nach dem Ausscheiden auszuzahlen (§ 73 des Ges.). Die Bilanz, auf Grund welcher das Geschäftsguthaben festgestellt wird, ist diejenige am Schlusse des Geschäftsjahres (der Geschäftsperiode), da das Ausscheiden infolge Kündigung, Ausschlusses oder Todes nur am Schlusse des Geschäftsjahres (der Geschäftsperiode) stattfinden kann (§§ 65, 68, 77 des Ges.). Falls die Bilanz eine Überschuldung der Genossenschaft ergibt und die Geschäftsguthaben der Mitglieder und der Reservefonds zur Deckung der Schulden nicht ausreichen, so hat der Ausgeschiedene oder der Erbe des Verstorbenen bei der Auseinandersetzung den ihn treffenden Anteil des Fehlbetrages an die Genossenschaft zu zahlen; der Anteil wird in Ermangelung einer anderen Bestimmung des Statuts nach der Kopfzahl der Mitglieder berechnet. Bei der Genossenschaft mit beschränkter Haftpflicht ist dieser zu zahlende Betrag durch die Höhe der Haftsumme begrenzt. Im vollen Betrage könnte die Haftsumme nur im Konkurse in Anspruch genommen werden, da der Konkurs angemeldet werden muß, wenn die Überschuldung ein Viertel des Betrags der Haftsummen aller Genossen übersteigt (§ 140 des Ges.).

Nicht abgehobene Geschäftsguthaben ausgeschiedener und verstorbener Mitglieder sind von der Genossenschaft zwei Jahre zur Verfügung der Empfangsberechtigten zu halten; nach §§ 74 und 77 des Gesetzes verjährt die Klage des ausgeschiedenen Genossen und der Erben eines verstorbenen Genossen auf Auszahlung des Geschäftsguthabens in zwei Jahren. Nach Ablauf dieser Frist kann die Genossenschaft dieses nicht abgehobene Geschäftsguthaben dem Vermögen des Vereins, dem Reservefonds, zuschreiben. Die Verjährung beginnt mit Ablauf von sechs Monaten nach dem Ausscheiden.*)

Im Falle der Übertragung des Geschäftsguthabens auf einen anderen, der an Stelle des Ausgeschiedenen Mitglied wird oder der schon Mitglied ist, findet eine Auseinandersetzung mit dem Ausscheidenden auf Grund einer Bilanz nicht statt, die Übertragung des nach den Büchern der Genossenschaft sich ergebenden Geschäftsguthabens kann zu jeder Zeit im Laufe des Geschäftsjahres stattfinden, es sind nur die in § 76 des Gesetzes getroffenen Bestimmungen bezüglich der Wirksamkeit der Übertragung dabei zu beachten, auf welche im nächsten Abschnitt verwiesen werden wird; als Tag der Endigung der Mitgliedschaft gilt im Falle der Übertragung des Geschäftsguthabens der Tag der Eintragung in die Liste der Genossen bei Gericht.

Es soll noch einiger besonderer Fälle gedacht werden, die von Einfluß auf die Auseinandersetzung mit dem Ausgeschiedenen sind und sich bei Genossenschaften nicht selten ereignen.

Hat die Genossenschaft eine Forderung an das ausscheidende Mitglied, so steht ihr das Recht zu, diese Forderung auf das Ge-

*) Bei Verjährung der Dividendenansprüche des Ausgeschiedenen auf Grund der Auseinandersetzung ist Kapital- und Einkaufsdividende auseinanderzuhalten. Die Kapitaldividende, die Dividende auf die Geschäftsguthaben, verjährt wie das Geschäftsguthaben nach zwei Jahren (§ 224 B.G.B.), die Einkaufsdividende unterliegt der Bestimmung in § 195 Bürgerl. Gesetz-Buchs über Verjährung von Ansprüchen, wonach die regelmäßige Verjährungsfrist 30 Jahre beträgt; nach § 225 Bürgerl. Gesetz-Buch ist eine Abkürzung der Verjährungsfrist zulässig, es kann also durch das Statut eine Frist bestimmt werden, innerhalb welcher der Reingewinn abgehoben werden muß, andernfalls er dem Reservefonds überwiesen wird.

schäftsguthaben und ebenso auf die Dividende des Mitgliedes aufzurechnen,*) d. h. hiervon in Abzug zu bringen (§ 387 ff. Bürgerl. Gesetz-Buch). Solche Mitglieder aber pflegen meist verschiedene Gläubiger zu haben, die dann auch alle pfändbaren Objekte suchen; zu diesen gehört auch das Geschäftsguthaben und die Dividende; ist nun die Pfändung seitens eines Gläubigers des Mitgliedes erfolgt, so hat die Genossenschaft — für die Auseinandersetzung mit dem Mitgliede — das Recht, ihre Forderung zur Aufrechnung zu bringen, insoweit dieselbe vor der Pfändung entstanden ist. Hat die Genossenschaft vor jener Pfändung dem Mitgliede Warenkredit gegeben, so kann sie diese Forderung noch zur Aufrechnung bringen; gibt sie aber nach der Pfändung noch Kredit, so geht der Anspruch des Gläubigers dem ihrigen vor. Die Genossenschaft ist, wenn sie eine solche Pfändung erhält, verpflichtet, dem Gläubiger mitzuteilen, ob und inwieweit sie Geschäftsguthaben — oder auch Dividende — zu ihrer Befriedigung in Anspruch nimmt. Dabei ist wohl zu beachten, daß diese Aufrechnung erst nach dem Ausscheiden erfolgen kann, denn bei bestehender Mitgliedschaft darf das Geschäftsguthaben nicht ausgezahlt, also auch nicht aufgerechnet werden. Was nun weiter die Wirkung der Pfändung anlangt, so darf der Betrag an das Mitglied nicht mehr ausgezahlt werden, die Genossenschaft muß den Betrag zurückhalten, bis er endgültig dem Gläubiger überwiesen oder die Pfändung aufgehoben ist.

Bei der Behandlung des Geschäftsguthabens im Konkurse eines Mitgliedes ist zu beachten, ob der Genosse bereits ausgeschieden ist, oder ob er zwar noch Mitglied ist, ob jedoch schon einer der Gründe für Beendigung der Mitgliedschaft vorliegt, oder ob er noch Mitglied ist und kein Grund für die Beendigung der Mitgliedschaft vorliegt. Ist der Genosse bereits ausgeschieden, hat er aber das Geschäftsguthaben noch nicht ausgezahlt erhalten, so ist dasselbe an die Konkursmasse zu zahlen, nachdem die Genossenschaft ihre Forderungen nach dem oben mitgeteilten Grundsatze aufgerechnet hat. Ist der Genosse noch nicht ausgeschieden, hat dagegen die ordnungsmäßige Kündigung oder der Ausschluß stattgefunden oder liegt sonst einer der Gründe für die Beendigung der Mitgliedschaft vor, so muß das Ende des Geschäftsjahres und die Auseinandersetzung abgewartet werden, bevor an die Konkursmasse das Geschäftsguthaben gezahlt werden kann. Die Genossenschaft muß das Vorhandensein des Geschäftsguthabens zur Konkursmasse anzeigen, gleichzeitig damit auch die Höhe ihrer etwaigen Forderung, unter der Mitteilung, daß sie dieselbe zur Aufrechnung bringen wird. Übersteigen in diesen beiden Fällen die Forderungen der Genossenschaft das Geschäftsguthaben, so sind die nach der Aufrechnung noch verbleibenden Forderungen zur Konkursmasse anzumelden. Es kann aber der dritte

*) Die Auszahlung der Dividende und die Aufrechnung mit derselben ist selbstverständlich nicht von dem Ausscheiden des Mitgliedes abhängig.

Fall vorliegen, daß der Gemeinschuldner noch Mitglied der Genossenschaft ist und keiner der Gründe für die Beendigung der Mitgliedschaft bereits eingetreten ist. Hat die Genossenschaft keine Forderung an das Mitglied, so zeigt sie das Vorhandensein des Geschäftsguthabens an und überläßt das Weitere dem Konkursverwalter; hat sie aber eine Forderung an das Mitglied, so muß sie sehen, daß dasselbe ausgeschlossen wird, damit sie die Forderung zur Aufrechnung frei bekommt, für die dann die vorstehenden Grundsätze gelten. § 39 Ziffer 5 des Musterstatuts (Form. 1) bestimmt deshalb, daß Konkurs über das Vermögen des Genossen ein Ausschließungsgrund sein kann.

V. Gesetzliche Regelung von Erwerb und Verlust der Mitgliedschaft.

„Der Vorstand hat die Beitrittserklärung im Falle der Zulassung des Beitretenden behufs Eintragung desselben in die Liste der Genossen dem Gerichte einzureichen" (§ 15 Abs., 2 des Ges.). Die Einreichung wird am besten schriftlich erfolgen in welchem Falle den einzureichenden Beitrittserkärungen ein Begleitschreiben (Form. 26) beizufügen ist, welches der Vorstand in der Weise zu unterzeichnen hat, die durch Gesetz und Statut für die Willenserklärungen des Vorstandes vorgeschrieben ist. Es ist durch das Gesetz keine Vorschrift darüber gegeben, in welchen Fristen die Beitrittserklärungen dem Gerichte einzureichen sind; nicht erforderlich ist es, die Beitrittserklärungen sofort nach ihrem Eingange einzureichen. „Sofern nicht etwa der Schluß des Geschäftsjahres oder die Abhaltung einer Generalversammlung bevorsteht, oder sonstige Gründe eine größere Beschleunigung erforderlich machen, wird der Regel nach wohl die Einrichtung genügen, daß der Vorstand in jedem Monat einmal an einem bestimmten Tage die eingegangenen Beitrittserklärungen dem Gericht einreicht. Hierdurch wird weder für die Genossenschaften noch für die Gerichte eine besondere Belastung veranlaßt werden." Der Allgemeine Genossenschaftstag in Freiburg in Baden, 1890, hat den Genossenschaften empfohlen, die ordnungsmäßig vollzogenen Beitrittserklärungen mindestens einmal in jedem Monate dem Gerichte an einem mit dem Gerichte vereinbarten Tage einzureichen. Es wird sich ohne Schwierigkeit mit dem Registerrichter ein Abkommen darüber treffen lassen, an welchem bestimmten Tage im Monate der Vorstand die Beitrittserklärungen einreicht; ebenso wie dem Vorstande, wird auch dem Gerichte durch eine solche Vereinbarung die Arbeit erleichtert, denn „die Eintragung ist unverzüglich vorzunehmen" (§ 15 Abs. 2 des Ges.); es muß dem Richter daher erwünscht sein, in größeren bestimmten Zwischenräumen eine Sammlung von Eintrittserklärungen eintragen zu können, nicht vielleicht alltäglich oder doch in kurzen Zwischenräumen nur vereinzelte. Andererseits ist es aber auch nicht ratsam, die Beitrittserklärungen erst in längere

Zwischenräume, vielleicht zwei- oder gar dreimonatlich dem Gerichte einzureichen, weil vor der Eintragung in die gerichtliche Liste die Beigetretenen noch nicht die Rechte der Mitglieder haben, und insbesondere ist es zu vermeiden, daß die Eintragung in die gerichtliche Liste sich etwa bis in die nächstfolgende Geschäftsperiode verzögert, weil dadurch der Anspruch dieser Mitglieder auf Dividende für die Geschäftsperiode in Frage gestellt würde, in welcher sie die Beitrittserklärung unterschrieben haben.

Durch die Eintragung, welche auf Grund der Erklärung und deren Einreichung stattfindet, entsteht die Mitgliedschaft des Beitretenden (§ 15 Abs. 3 des Ges.). Von der Eintragung hat das Gericht den Genossen und den Vorstand zu benachrichtigen (§ 15 Abs. 4 des Ges.). Ein Verzicht des Genossen auf diese Benachrichtigung etwa in der Beitrittserklärung ist rechtlich wirkungslos.

Die neu beigetretenen und in die Liste der Genossen bei Gericht eingetragenen Mitglieder sowohl, als der Vorstand der Genossenschaft erhalten von der erfolgten Eintragung eine Benachrichtigung durch das Gericht, wofür die Portoauslagen von der Genossenschaft dem Gerichte zu erstatten sind. Schreibgebühren hierfür darf das Gericht nicht berechnen.

Der Vorstand ist verpflichtet, die Aufkündigung des Genossen oder des Gläubigers mindestens sechs Wochen vor dem Ende des Geschäftsjahres, zu dessen Schlusse sie stattgefunden hat, dem Gerichte zur Liste der Genossen einzureichen. Er hat zugleich die schriftliche Versicherung abzugeben, daß die Aufkündigung rechtzeitig erfolgt ist (§ 69 des Ges.). Die Aufkündigung des Mitgliedes bezw. des Gläubigers des Mitgliedes (§ 66 des Ges.) muß im Original dem Gerichte eingereicht werden; die Aufkündigungen sind aber nicht einzeln einzusenden, sondern sie sind vom Vorstande der Genossenschaft zu sammeln und mindestens sechs Wochen vor dem Ende des betreffenden Geschäftsjahres dem Gerichte zuzustellen; es ist auch anzuraten, mit der Einreichung bis zum letzten Termine zu warten, um den Mitgliedern, die ihren Entschluß geändert haben und die Aufkündigungen zurücknehmen wollen, solange als angängig die Möglichkeit dazu zu lassen. Wie die Einreichung der Beitrittserklärungen, hat auch die Einreichung der Aufkündigungen bei Gericht zweckmäßig schriftlich zu geschehen. Das Begleitschreiben muß die Versicherung enthalten, daß die Aufkündigungen rechtzeitig erfolgt sind (Form 27).

Bei Übertragung des Geschäftsguthabens nach § 76 des Gesetzes hat der Vorstand die Übereinkunft dem Gerichte ohne Verzug einzureichen (Form. 29 und 30) und, falls der Erwerber schon Genosse ist, zugleich die schriftliche Versicherung (Form. 22) abzugeben, daß dessen bisheriges Guthaben mit dem zuzuschreibenden Betrage den Geschäftsanteil (§ 76 Abs. 2 des Ges.) bezw. bei eingetragenen Genossenschaften mit beschränkter Haftpflicht — für den Fall, daß mehrere Geschäftsanteile zugelassen sind — die der höchsten Zahl entsprechende Gesamtsumme nicht übersteigt (§ 138 des Ges.). Die

Übereinkunft (Form. 22) ist im Original oder in beglaubigter Abschrift einzureichen. Falls bei eingetragenen Genossenschaften mit beschränkter Haftpflicht die Zuschreibung des zu übertragenden Geschäftsguthabens zu dem Guthaben des betreffenden Genossen einen höheren Betrag, als den des Geschäftsanteiles ergibt, so muß auch die unbedingte Erklärung des Erwerbers des zu übertragenden Geschäftsguthabens dem Gerichte überreicht werden, daß derselbe sich mit einem zweiten usw. Geschäftsanteile beteiligen wolle, vorausgesetzt, daß überhaupt durch das Statut der Genossenschaft die Erwerbung mehrerer Geschäftsanteile zugelassen ist.

Wird das Geschäftsguthaben auf eine Person übertragen, die bisher nicht Mitglied der Genossenschaft war, so ist außer obenerwähnter Übereinkunftsurkunde die Beitrittserklärung desjenigen beizufügen, auf den das Geschäftsguthaben übertragen wird.

Bei Ausschließung von Mitgliedern ist Abschrift des Ausschließungsbeschlusses dem Gerichte einzureichen (Form. 28); die Einreichung hat wie die der Aufkündigungen, mindestens sechs Wochen vor dem Ende des Geschäftsjahres, und, wenn der Beschluß später erfolgt, „ohne Verzug" zu geschehen (§ 69 Abs. 2 des Ges.). Mit Rücksicht auf das Recht des Ausgeschlossenen, binnen vier Wochen bei der Generalversammlung Berufung einzulegen, (§ 40 Abs. 3 des Statuts), ist mit der Einreichung des Ausschließungsbeschlusses, wenn derselbe vom Vorstand und Aufsichtsrat gefaßt ist, bei Gericht zweckmäßig vier Wochen zu warten.

Von dem Tode eines Genossen hat der Vorstand dem Gerichte ohne Verzug eine Anzeige zur Liste der Genossen einzureichen (§ 77 Abs. 2 des Ges.). Diese Anzeige hat der Vorstand zu erstatten, sobald ihm Kenntnis von dem Todesfalle geworden ist; der Anzeige ist als Urkunde eine von den Angehörigen des Verstorbenen veröffentlichte oder der Genossenschaft erstattete Anzeige beizufügen, und mangels einer solchen die Erklärung des Genossenschaftsvorstandes, daß der Todesfall eingetreten ist (Ausführungsverordnung zum Genoss.-Ges. § 31 Nr. 6). Auf welche Weise der Vorstand sich in letzterem Falle Kenntnis von dem Tode des Mitgliedes verschafft, bleibt ihm überlassen, er hat nur zu erklären, daß er diese Kenntnis erlangt hat. Der Vorstand hat, wenn möglich, Jahr und Tag des Todes — wenn dieselben nicht schon in den bezeichneten Urkunden enthalten sein sollten — in seiner Anzeige anzugeben; Fälle, in welchen ihm dies unmöglich wird, hat das Gericht zu berücksichtigen, es muß sich in solchen Fällen mit der Erklärung des Vorstandes, daß der Tod eingetreten ist, ohne Angabe des Jahres und Tages begnügen. Die Erben des Verstorbenen dem Gerichte anzugeben, ist zu empfehlen, wenn und soweit sie bei der Genossenschaft bekannt sind, da das Gericht die Erben von der Löschung des Mitgliedes zu benachrichtigen hat; es besteht jedoch für die Angabe der Erben keine gesetzliche Verpflichtung.

Bei Wiederverheiratung von Witwen, die dem Konsumverein als Mitglieder angehören, ist es erforderlich, dem Gerichte die Namensveränderung zur Kenntnis zu bringen.

Auf Grund der Benachrichtigungen der Gerichte über die in der Liste der Genossen vorgenommenen Eintragungen — erst nach Eingang dieser Benachrichtigungen — müssen von dem Vorstande des Konsumvereins die erforderlichen Eintragungen in das Mitgliederverzeichnis sorgfältig gemacht werden, damit das Mitgliederverzeichnis mit der Liste der Genossen bei Gericht genau übereinstimmt. Die Benachrichtigungen des Gerichts sind aufzubewahren (vgl. S. 12).

Viertes Kapitel.

Die Organe des Konsumvereins und ihre Befugnisse.

Zur Ordnung seiner inneren Angelegenheiten und zur außergerichtlichen sowie gerichtlichen Vertretung hat der Verein Organe nötig. Das Genossenschaftsgesetz bestimmt die Generalversammlung (§ 43 ff.) als das gesetzgebende, — den Vorstand (§ 24 ff.) als das geschäftsführende, — den Aufsichtsrat (§ 36 ff.) als das die Geschäftsführung kontrollierende Organ.

I. Die Generalversammlung.

Während die Aktiengesellschaft auf dem Aktienkapital beruht, bilden die wirtschaftliche Grundlage der Genossenschaft die Mitglieder, die Personen. Dies bringt u. a. auch § 43 Abs. 2 des Gesetzes zum Ausdruck mit der Bestimmung: „Jeder Genosse hat eine Stimme." Jeder Genosse hat eine und kann nur eine Stimme haben. Die Mitglieder üben ihre Rechte in der Generalversammlung aus (§ 43 des Ges.) und die Generalversammlung hat infolge der besonderen Personal-Natur der Genossenschaft — im Gegensatz zum kapitalistischen Charakter der Aktiengesellschaft — auch eine größere Bedeutung für die Genossenschaft und die Mitglieder, als die Generalversammlung anderer Gesellschaftsformen. Das Gesetz weist der Generalversammlung nur einige wenige Obliegenheiten zu, wie z. B. die Festsetzung und Abänderung des Statuts, die Genehmigung der Bilanz, die Verteilung von Gewinn und Verlust, die Wahl der Aufsichtsratsmitglieder, die Amtsenthebung der Vorstands- und Aufsichtsratsmitglieder, die Beschlußfassung über den Höchstbetrag der aufzunehmenden fremden Gelder und der zu gewährenden Kredite, die Beschlußfassung über den Fortbestand der Genossenschaft. Die Festsetzung der weiteren Obliegenheiten ist Sache des Statuts und hier kommen insbesondere in Betracht die Obliegenheiten für die Regelung des inneren Geschäftsverkehrs. Es folgt aus § 27 des Gesetzes, daß der Generalversammlung auch nach dieser Richtung hin Befugnisse eingeräumt werden können. Unbeschadet der Selbständigkeit der Verwaltung und Geschäftsführung, die in den Händen des Vorstandes bleiben muß, sind der Generalversammlung vorzubehalten:

1. die oberste konstituierende und normgebende — gesetzgebende — Gewalt, d. h. die Bestimmung über die rechtliche und geschäftliche Grundlage, den Zweck und die Ausdehnung der Genossenschaft;
2. die Festsetzung der maßgebenden Grundsätze für die Verwaltung und die oberste Aufsicht über dieselbe.

Wollte man die Zuständigkeit der Generalversammlung zu sehr einschränken, so würde man den Teil der Aufgaben der Genossenschaft vernachlässigen, der darin besteht, daß die Mitglieder mit dem Geschäftsgange eines großen wirtschaftlichen Unternehmens vertraut werden. Die Selbstverwaltung der Genossenschaft soll durch die Anteilnahme der Mitglieder in der Generalversammlung zum klaren Ausdruck gebracht werden. Die rege Beteiligung der Mitglieder an der Generalversammlung liegt ganz besonders im Interesse des Konsumvereins, denn die Beteiligung an der Generalversammlung wird unzweifelhaft die rege Teilnahme an den Zwecken der Genossenschaft im Gefolge haben, sie wird die Mitglieder zur Benutzung der Einrichtungen des Konsumvereins anregen und sie veranlassen, in ihren Kreisen für die Genossenschaft werbend tätig zu sein. In der Generalversammlung liegt der Schwerpunkt des Konsumvereins; gelingt es, die Mitglieder zu einem stetig regen Besuche der Generalversammlungen herbeizuziehen, so wird dies das Gedeihen des Konsumvereins wesentlich fördern.

Es sollen, um die Mitglieder zu einem zahlreichen Besuche der Generalversammlung anzuregen, nicht nur die eigenen geschäftlichen Angelegenheiten der Genossenschaft in derselben verhandelt, sondern auch Angelegenheiten von allgemeinem genossenschaftlichen Interesse mitgeteilt und besprochen werden. Stoff zu solchen Besprechungen bieten die „Blätter für Genossenschaftswesen", das „Jahrbuch" des Allgemeinen Genossenschaftsverbandes, die Berichte über die Verhandlungen der Allgemeinen Genossenschaftstage und der Unterverbandstage. Vorträge über die Bedeutung des Genossenschaftswesens auf anderen wirtschaftlichen Gebieten werden dazu dienen, die Mitglieder des Konsumvereins über weitere Vorteile, die ihnen die genossenschaftliche Organisation bieten kann, aufzuklären, und mit den Zwecken und Aufgaben der Kreditgenossenschaften, der Handwerkerrohstoff-, Werk- und Magazin-, der Bau- und der Produktivgenossenschaften, der genossenschaftlichen Organisationen für die Landwirtschaft auch die Mitglieder des Konsumvereins bekannt zu machen

Diese Empfehlungen befinden sich in Übereinstimmung mit dem Beschluß des Allgemeinen Genossenschaftstages zu Eisenach, 1878, welcher es den Vorständen und Aufsichtsräten zur Pflicht machte, die Beschlüsse und Verhandlungen der Allgemeinen Genossenschaftstage und der Unterverbandstage in jeder nach denselben stattfindenden Generalversammlung zur Kenntnis und Besprechung der Mitglieder zu bringen und mit dem des Allgemeinen Genossenschaftstages zu Karlsruhe in Baden, 1885, der die Besprechung allgemeiner genossenschaftlicher Angelegenheiten empfahl.

Eine weitere Anregung zum lebhafteren Besuche der Generalversammlungen liegt in dem Heranziehen der Frauen. Auf der Teilnahme der Frauen, auf dem Verständnis derselben für die Zwecke des Konsumvereins beruht hauptsächlich das Gedeihen dieser Wirtschaftsgenossenschaft, denn die Frauen sind es zumeist, die in das Verkaufslager des Konsumvereins gehen, um die Waren für ihren Haushalt zu entnehmen, die die eigentlichen Geschäftsbeziehungen mit der Genossenschaft unterhalten und deren Ansicht über den Konsumverein entscheidend ist für Erwerb und Aufgabe der Mitgliedschaft, für das Gedeihen, die Ausbreitung der Genossenschaft. Man lade die Frauen der Mitglieder, wenn die Frauen nicht etwa selbst schon Mitglieder sind, zum Besuche der Generalversammlungen ein und wecke ihre Teilnahme, schärfe ihr Verständnis für die Aufgaben des Konsumvereins, des Genossenschaftswesens. In Erkenntnis der Bedeutung der Beteiligung der Frauen an der genossenschaftlichen Arbeit in dem Konsumverein wurde in der Sonderversammlung der Vertreter der Konsumvereine auf dem Allgemeinen Genossenschaftstage in Rostock, 1897, beschlossen: „Es ist den Konsumvereinen zu empfehlen, die Frauen mehr als bisher zur Beteiligung an der genossenschaftlichen Arbeit heranzuziehen.“ Selbstverständlich sind die Frauen nur dann in der Generalversammlung stimmberechtigt, wenn sie Mitglieder sind.

Endlich sei auch noch auf die Erstattung guter Geschäftsberichte, die den Mitgliedern vor der Generalversammlung zugestellt werden müssen, zur Belebung des Interesses für den Verein hingewiesen.

Die Einberufung der Generalversammlung steht nach § 44 des Ges. dem Vorstande zu, soweit nicht nach dem Statut oder Gesetze auch andere Personen dazu befugt sind; und § 38 des Ges. macht ausdrücklich dem Aufsichtsrate die Einberufung der Generalversammlung zur Pflicht, wenn dies im Interesse der Genossenschaft erforderlich ist. Da nun Vorstand und Aufsichtsrat zur Einberufung befugt sind, so ist es notwendig, daß das Statut die Reihenfolge festsetzt, in der die Berufung durch diese Organe zu erfolgen hat. Nach der Stellung, die der Aufsichtsrat in der Genossenschaft einnimmt, erscheint es angemessen, ihm die Einberufung der Generalversammlung in erster Reihe zu übertragen und ihm dieselbe zur Pflicht zu machen, wenn eine bestimmte Zahl von Mitgliedern — nach § 45 des Ges.

der zehnte Teil oder der im Statut hierfür bezeichnete geringere Teil — oder der Vorstand darauf antragen; dem Vorstande wird für den Fall die selbständige Einberufung der Generalversammlung übertragen, daß der Aufsichtsrat dieselbe verzögert, was nicht ausschließt, daß der Vorstand kraft seiner gesetzlichen Befugnis jederzeit berechtigt bleibt, eine Generalversammlung zu berufen.

Als Frist für die Einladung schreibt das Gesetz (§ 46) den Zeitraum von mindestens einer Woche vor, es kann das Statut eine längere, aber keine kürzere Frist bestimmen. Von vielen Gerichten ist die Fristbestimmung dahin ausgelegt worden, daß volle sieben Tage zwischen der Einladung zur Generalversammlung und der Abhaltung derselben liegen müssen; danach würde z. B., wenn die Generalversammlung am Dienstag stattfinden soll, die Einladung spätestens am Montag der vorhergehenden Woche stattfinden müssen. Wenn die Einladung, wie dies die Regel ist, durch Zeitungen erfolgt, so ist für die Berechnung der siebentägigen Frist der Tag maßgebend, welcher als Ausgabetag darauf gedruckt ist, auch wenn tatsächlich die Ausgabe schon früher geschieht.

Die Generalversammlung muß regelmäßig zu den im Statut bestimmten Zeiten, sie kann aber durch Aufsichtsrat und Vorstand jederzeit berufen werden, wenn es von diesen Organen für nötig und zweckdienlich gehalten wird. Aber auch dem zehnten oder dem etwa im Statut bestimmten geringeren Teil der Mitglieder steht es zu, schriftlich und unter Angabe des Zweckes und der Gründe die Berufung einer Generalversammlung zu beantragen. Wird diesem von den Genossen unterschriebenen Antrage keine Folge gegeben, so können sich die Genossen an das Gericht wenden, welches dieselben zur Berufung der Generalversammlung ermächtigen kann (§ 45 des Ges.); es unterliegt der Prüfung des Richters, ob er nach der Sachlage die Ermächtigung erteilen will. Der Richter ist berechtigt, den Vorstand zu hören und nach Befinden den Antrag der Mitglieder abzulehnen.

Die Art der Berufung der Generalversammlung ist durch das Statut zu bestimmen (§ 6 Ziffer 3 des Ges.); sie wird zweckmäßig durch das für die Bekanntmachungen der Genossenschaft bestimmte Blatt erfolgen, es kann jedoch auch durch Statut bestimmt werden, daß die Einladung durch Aushang im Geschäftslokale der Genossenschaft zu erfolgen hat; für kleinere Konsumvereine ist letzteres zu empfehlen (Form. 1, Statut § 28).

Die Leitung der Verhandlungen in der Generalversammlung wird man am besten einem Mitgliede desjenigen Organs übergeben, durch das die Berufung erfolgt. Die Generalversammlung kann jedoch selbständig jederzeit den Vorsitzenden bestimmen, ohne daß ein Antrag hierüber auf die Tagesordnung gebracht werden müßte (§ 46 des Ges.). Erfolgt die Einberufung selbständig durch die Mitglieder, so haben diese zunächst den Vorsitzenden zu bestimmen, bis die Generalversammlung über den Vorsitz Beschluß faßt (Form. 1, Statut § 33).

Die Tagesordnung ist von demjenigen Organe aufzustellen, von welchem die Berufung der Generalversammlung ausgeht. Der Zweck der Generalversammlung, die Tagesordnung, soll bei der Berufung der Generalversammlung bekannt gemacht werden; doch können Anträge noch zur Verhandlung zugelassen werden, welche später, aber mindestens drei Tage vor der Generalversammlung in der durch Statut oder durch § 45 Abs. 3 des Ges. (bei gerichtlicher Ermächtigung der Mitglieder zur Einberufung der Generalversammlung) vorgesehenen Weise angekündigt sind. Über nicht ordnungsmäßig bekannt gegebene Verhandlungsgegenstände können Beschlüsse nicht gefaßt werden; hiervon sind jedoch Beschlüsse über die Leitung der Versammlung, sowie über Anträge auf Berufung einer außerordentlichen Generalversammlung ausgenommen (§ 46 Abs. 2 des Ges.). Zur Stellung von Anträgen und zu Verhandlungen ohne Beschlußfassung bedarf es der Ankündigung nicht (§ 46 Abs. 3 des Ges.). Es wird zweckmäßig sein, die Aufnahme der im Laufe der Generalversammlung zu stellenden Anträge und Amendements von der Unterstützung einer bestimmten Zahl der Anwesenden, etwa 10 %, abhängig zu machen und dies in der Geschäftsordnung für die Generalversammlung festsetzen zu lassen. Die für Beschlüsse erforderliche Mehrheit ist in der Regel die absolute, d. h. eine Mehrheit, die größer ist als die Hälfte der abgegebenen Stimmen. Das Gesetz schreibt bereits für eine Anzahl Fälle als Mindesterfordernis eine Dreiviertelmehrheit vor, nämlich bei der Beschlußfassung

1. über die Abänderung des Gegenstandes des Unternehmens (§ 16 des Ges.);
2. über die Erhöhung des Geschäftsanteiles (§ 16 des Ges.);
3. über den Widerruf der Bestellung zum Mitgliede des Aufsichtsrates (§ 36 des Ges.);
4. über die Auflösung der Genossenschaft (§ 78 des Ges.);
5. über die Erhöhung der Haftsumme bei Genossenschaften mit beschränkter Haftpflicht (§ 132 des Ges.);
6. über Umwandelung einer Genossenschaft mit unbeschränkter Nachschußpflicht in eine solche mit unbeschränkter Haftpflicht oder einer Genossenschaft mit beschränkter Haftpflicht in eine solche mit unbeschränkter Haftpflicht oder mit unbeschränkter Nachschußpflicht (§ 144 des Ges.).

In den Fällen zu 1, 2, 4, 5, 6 kann das Statut noch weitere Erschwernisse bestimmen, bei 3 ist dies nicht zuläßig. Eine Erleichterung der Beschlußfassung ist in allen Fällen ausgeschlossen.

Zu sonstigen Änderungen des Statuts bedarf es einer Mehrheit von drei Vierteilen der erschienenen Genossen, sofern nicht das Statut andere Erfordernisse aufstellt, d. h. Erleichterungen oder Erschwerungen schafft (§ 16 Abs. 2 des Ges.). Bei besonders wichtigen Beschlüssen ist es zweckmäßig, zur Gültigkeit der Beschlüsse die Anwesenheit einer bestimmten Anzahl Mitglieder, z. B. eines Dritteils aller Mitglieder, in der Generalversammlung zu fordern; so schreibt dies das Statut (§ 35 Form. 1) vor in den Fällen

1. über die Abänderung des Gegenstandes des Unternehmens,
2. über die Auflösung der Genossenschaft;

es bestimmt dann aber weiter, daß, wenn das erforderliche Dritteil der Mitglieder in der Generalversammlung nicht anwesend ist, eine zweite Generalversammlung mit einem Zwischenraum von mindestens acht Tagen und höchstens vier Wochen zur Erledigung derselben Tagesordnung anberaumt wird, welche ohne Rücksicht auf die Zahl der anwesenden Genossen gültig beschließen kann. Dieser Zusatz ist erforderlich, soll nicht eine gültige Beschlußfassung unter Umständen ausgeschlossen sein.

Die Art der Abstimmung ist durch Statut zu bestimmen; sie erfolgt zweckmäßig durch Aufheben der Hände, nur bei Wahlen muß an der geheimen Abstimmung, der Zettelwahl, festgehalten werden, desgleichen bei der Abstimmung über die Ausschließung eines Mitgliedes auf dessen Berufung oder ohne dieselbe. Wenn einzelne Vereine auch die Wahlen durch Handaufheben vornehmen lassen, so mag dies seine Erklärung finden, in dem eigenartigen Charakter dieser Vereine als Wohlfahrtseinrichtungen, aber zur Nachahmung ist eine solche Einrichtung gewiß nicht zu empfehlen. Jeder Genosse hat eine Stimme, die persönlich abzugeben und nicht übertragbar ist. Ausnahmen finden nur statt bei mehreren Erben verstorbener Mitglieder, welche durch einen Bevollmächtigten vertreten werden können (§ 77 des Ges.), ebenso bei Handelsgesellschaften, Genossenschaften, Korporationen, Personenvereinen, welche durch die von deren gesetzlichen Vertretern bevollmächtigte Person vertreten werden (§ 43 Abs. 4 des Ges.). Ein Bevollmächtigter kann nicht mehr als einen Genossen vertreten. Er kann aber, wenn er Mitglied ist, gleichzeitig sein und des Vollmachtgebenden Stimmrecht ausüben. Weibliche Mitglieder können ihr Stimmrecht einem Bevollmächtigten übertragen, wenn das Statut die Teilnahme von Frauen an der Generalversammlung ausschließt (§ 43 Abs. 4 des Ges.); wie schon oben ausgeführt, ist indes die Teilnahme von Frauen an den Generalversammlungen der Konsumvereine sehr erwünscht, es sollte niemals eine solche ausschließende Bestimmung in dem Statut eines Konsumvereins enthalten sein.

Das Stimmrecht kann keinem Mitgliede entzogen werden; nur der Ausgeschlossene verliert es mit dem Zeitpunkte der Absendung des eingeschriebenen Briefes, durch welchen ihm der Beschluß des Ausschlusses mitgeteilt wird.

Mitglieder (des Vorstandes z. B.), die durch die Beschlußfassung entlastet oder von einer Verpflichtung befreit werden sollen, müssen sich für diesen Fall der Abstimmung enthalten.

Nach § 6 Nr. 3 des Ges. muß das Statut Bestimmungen über die Beurkundung der Beschlüsse der Generalversammlung enthalten: es sind die Beschlüsse der Generalversammlung in ein Protokollbuch (§ 47 des Ges.) einzutragen (Form. 4); die Protokolle dürfen nicht auf lose Blätter geschrieben werden; das Protokollbuch ist mit allen Anlagen, den Belägen über ordnungsmäßige Einladung, der Tagesordnung und den sonst rechtzeitig eingegangenen Anträgen sorgfältig aufzubewahren. Bei der Protokollierung ist mit der größten Sorgfalt zu verfahren, es müssen insbesondere die sich bei der Abstimmung ergebenden Stimmverhältnisse angegeben werden, was z. B. stets dann notwendig ist, wenn die Gültigkeit der Beschlußfassung von einer gewissen Mehrheit abhängig ist. Dagegen ist nicht notwendig, eine Präsenzliste zu führen, nur wenn die Gültigkeit der Beschlußfassung von der Anwesenheit einer bestimmten Anzahl Mitglieder abhängig ist, ist die Zahl der Anwesenden im Protokoll anzugeben. Durch eine Kontrolle am Eingang des Versammlungssaals wird diese Zahl leicht festzustellen sein.

Über die zweckmäßigerweise der Beschlußfassung der Generalversammlung durch das Statut zu überweisenden Angelegenheiten vgl. § 37 des Statuts (Form. 1).

Eine der wichtigsten Angelegenheiten, welche auch nach dem Gesetz der Generalversammlung nicht entzogen werden darf, ist unzweifelhaft die Wahl des Aufsichtsrats und weiterhin die Wahl des Vorstandes, die zwar nicht nach dem Gesetz, aber doch nach den Statuten der meisten Vereine der Generalversammlung vorbehalten ist, wenn dabei auch dem Aufsichtsrat ein Vorschlagsrecht oder — richtiger — eine Vorschlagspflicht zugesprochen ist. Daß diese Wahlen wirklich die Willensmeinung der Mehrheit der Mitglieder zum Ausdruck bringen, ist für die gedeihliche Entwickelung jeder Genossenschaft offenbar von großer Bedeutung, und deshalb auf die starke Beteiligung der Mitglieder an denselben erhebliches Gewicht zu legen. Daß man die bei der Wahl abwesenden Mitglieder als zustimmend annimmt, ist ein Notbehelf, der meist unentbehrlich sein wird, um überall Wahlen zustande zu bringen, aber dieser Notbehelf verliert doch dann und insoweit seine Berechtigung, als die Abwesenheit der Mitglieder nicht auf ihrem freien Entschluß beruht, sondern auf der physischen Unmöglichkeit an der Wahl teilzunehmen wegen der Unzulänglichkeit des Versammlungssaals. Wenn von einer Genossenschaft von 1000 Mitgliedern im größten Saale des Ortes nur 500 Platz haben, so ist es der Hälfte der Mitglieder auch beim besten Willen nicht möglich, ihr Wahlrecht auszuüben, wenn diese Wahlen in der bisher gebräuchlichen Weise so stattfinden, daß die Wähler alle gleichzeitig im Wahllokale anwesend sein müssen. Hier hat die Vereinsleitung die Pflicht, um nicht die Hälfte der Mitglieder ihres Wahlrechts für die wichtigsten Stellen in der Genossenschaft zu berauben, Vorkehrungen zu treffen, die allen Mitgliedern die Teilnahme an der Wahl möglich machen. Dies geschieht durch die Verteilung der Wahl auf mehrere Stunden des Tages, ähnlich wie bei der Reichstagswahl. Es wäre ja erwünscht, auch wie bei der Reichstagswahl die Wahl gleichzeitig in mehreren Lokalen vornehmen zu lassen, das würde aber mit dem

Wesen einer „Generalversammlung" unvereinbar sein, die zu derselben Zeit nur an einem Orte stattfinden kann, und die nach dem Gesetz das gegebene Organ für diese Wahlen ist.

Das Statut (Form. 1) schließt nicht aus, mehrere Stunden der Generalversammlung im voraus für die Wahl zu bestimmen, und es bedarf daher auch zu diesem Zwecke einer Abänderung des Statuts nicht, aber es ist ein Wahlverfahren, das bisher nur bei wenigen Genossenschaften Eingang gefunden hat, und das deshalb auch durch die Generalversammlung geordnet werden muß. Das geschieht am besten durch die „Geschäftsordnung für die Generalversammlung" (Formular 8a), deren §§ 15—17 die nötigen Vorschriften hierüber enthalten. Es ist dort dem Ermessen des Aufsichtsrates überlassen, wann er dieses Wahlverfahren in Anwendung bringen will, weil nicht nur die physische Unmöglichkeit für alle Mitglieder einen ausreichenden Saal zu beschaffen dasselbe rechtfertigt, sondern auch andere Gründe, z. B. die Ausdehnung des Vereins über einen großen Flächeninhalt, der vielen Mitgliedern den Besuch der Generalversammlung sehr erschwert u. dergl. Diese Fälle in der Geschäftsordnung einzeln aufzuführen ist nicht möglich und deshalb bleibt nichts übrig, als hierin dem Aufsichtsrat freie Hand zu lassen, der schon den rechten Zeitpunkt dafür finden wird.

Wenn der Aufsichtsrat die Berufung der Generalversammlung verzögert, wird man auch dem Vorstand, der nach dem Gesetz ebenfalls zur Berufung der Generalversammlung berechtigt, und wenn es das Interesse der Genossenschaft erfordert, verpflichtet ist, das Recht zugestehen müssen, seinerseits das Wahlverfahren nach den §§ 15—17 der „Geschäftsordnung" (Form. 8a) anzuordnen.

II. Das Verhältnis zwischen Vorstand und Aufsichtsrat.

Die Geschäftsführung der Genossenschaft liegt dem Vorstande ob; er vertritt die Genossenschaft gerichtlich und außergerichtlich (§ 24 des Ges.), berechtigt und verpflichtet dieselbe (§ 26 des Ges.). Die Überwachung, die Kontrolle der Geschäftsführung des Vorstandes in allen Zweigen der Verwaltung ist die Aufgabe des Aufsichtsrates (§ 38 des Ges.). Es mußte zur Ermöglichung eines einfachen, sicheren und ununterbrochenen Geschäftsganges dem Vorstande der Genossenschaft Dritten gegenüber unbeschränkte und unbeschränkbare Befugnis der Vertretung der Genossenschaft übertragen werden, denn nach § 17 des Ges. gelten Genossenschaften als Kaufleute im Sinne des Handelsgesetzbuches.

Diese weitgehende Befugnis des Vorstandes wirksam zu überwachen, den Mißbrauch derselben zu verhindern, ist die Aufgabe des Aufsichtsrates.

Wenn nun § 27 des Ges. Beschränkungen des Vorstandes der Genossenschaft gegenüber zuläßt, so ergibt sich daraus, daß der Vorstand für gewisse geschäftliche Maßnahmen an die Genehmigung anderer Organe, z. B. des Aufsichtsrates, gebunden werden kann. Der Aufsichtsrat soll der Verwaltung auch nicht gänzlich fern stehen, es muß ihm durch das Statut — das die weiteren Obliegenheiten des Aufsichtsrates zu bestimmen hat (§ 38 Abs. 3 des Ges.) — eine Art Einspruchsrecht in bestimmten Fällen gegen geschäftliche Maßnahmen des Vorstandes eingeräumt werden — oder anders ausgedrückt, der Vorstand muß für gewisse Fälle angewiesen sein, sich der Zustimmung des Aufsichtsrates zu vergewissern, widrigenfalls er durch seine Handlungen der Genossenschaft schadensersatzpflichtig wird.

Die Rechte und Pflichten des Vorstandes und des Aufsichtsrates sind daher von einander verschieden, sie dürfen nicht mit einander vermischt werden, und es ist insbesondere streng daran festzuhalten, daß dem Aufsichtsrate kein Teil an der Geschäftsführung, der Verwaltung der Genossenschaft gegeben wird, denn Geschäftsführung und Kontrolle derselben können nicht in einer Hand vereinigt werden. Ausdrücklich schreibt daher auch z. B. das Gesetz in § 37 vor, daß Vorstandsmitglieder nicht zugleich Mitglieder des Aufsichtsrates sein dürfen, ebensowenig wie umgekehrt, — ferner, daß Mitglieder, die aus dem Vorstande ausscheiden, nicht vor erteilter Entlastung in den Aufsichtsrat gewählt werden dürfen, — und endlich, daß ein zum Stellvertreter eines Vorstandsmitgliedes bestelltes Aufsichtsratsmitglied während dieses Zeitraumes und bis zur erhaltenen Entlastung eine Tätigkeit als Mitglied des Aufsichtsrates nicht ausüben darf. Aber auch in diesen Fällen, in welchen dem Aufsichtsrate ein gewisser Einfluß auf die Verwaltung zugestanden wird, ist streng zu beachten, daß der Aufsichtsrat niemals eine Verwaltungsmaßregel *anordnen, selbständig durchsetzen* kann. In dem Falle, daß der Vorstand die Genehmigung des Aufsichtsrates einholen muß (vgl. § 25 des Statuts), kann der Aufsichtsrat seinen Einspruch gegen ihm bedenklich erscheinende Verwaltungsmaßregeln einlegen, der Vorstand ist dann an der Ausführung verhindert. Bei den der Beschlußfassung in gemeinsamer Sitzung von Vorstand und Aufsichtsrat (vgl. § 26 des Statuts) überwiesenen Angelegenheiten soll der Aufsichtsrat niemals den Vorstand zwingen dürfen, eine Verwaltungsmaßregel auszuführen, welche dem Vorstande bedenklich erscheint; es ist deshalb die Abstimmung in gemeinsamer Sitzung von Vorstand und Aufsichtsrat getrennt vorzunehmen, so daß ein Antrag nur dann angenommen ist, wenn er sowohl die Mehrheit der Stimmen des Aufsichtsrates, als die Mehrheit der Stimmen des Vorstandes gefunden hat (vgl. Form 7). Es wäre unzulässig, in den gemeinsamen Sitzungen nach Köpfen der Gesamtheit beider Organe abstimmen zu lassen, da dann die Majorisierung des Vorstandes durch den Aufsichtsrat erfolgen könnte, die zu einer Verschiebung der Stellung des Aufsichtsrates in der Verwaltung und damit auch der Verantwortung führen müßte.

Die Einholung der Genehmigung des Aufsichtsrates zu Verwaltungsmaßnahmen durch den Vorstand sieht das Statut (§ 25) nur in dem Falle vor, wo es sich um Wareneinkäufe in größeren Beträgen handelt. Es soll dadurch der Spekulation in Waren vorgebeugt werden.

Die Angelegenheiten, die nach dem Statut (§ 26) der Beschlußfassung in gemeinsamer Sitzung von Vorstand und Aufsichtsrat überwiesen sind, betreffen allgemeine Grundsätze der Verwaltung, Abschluß von Verträgen, Aufstellung von Geschäftsanweisungen, Anstellung von Beamten, Anschluß an Genossenschaftsverbände, Einführung neuer, längere Zeit nicht geführter Verkaufsartikel usw. — Angelegenheiten, bei denen ihrer Natur nach sowohl dem Vorstand als dem Aufsichtsrate die Initiative überlassen werden kann; beide Organe können in solchen Angelegenheiten Anträge stellen.

Aus diesen Ausführungen erhellt die Stellung beider Organe, des geschäftsführenden Vorstandes, des überwachenden Aufsichtsrates zur Genüge; nicht etwa eine Unterordnung des einen Organes unter das andere liegt in diesem Verhältnis, sondern beide Organe sind vollständig einander gleichberechtigte, neben einander wirkende.

Neben dem Vorstand und Aufsichtsrat oder auch über denselben haben neuerdings einzelne Vereine als ein besonderes Organ, das im Gesetz nicht vorgesehen ist, eine Beschwerdekommission mit unklar begrenzter Zuständigkeit eingesetzt. Dieselbe soll die vom Vorstand nicht erledigten, nach ihrer Ansicht aber berechtigten Beschwerden vor die Generalversammlung bringen. Ihre, wenn auch unbeabsichtigte Wirkung wird sein, Unfrieden und Streit im Verein zu begünstigen und dem Vorstand und Aufsichtsrat das Leben sauer zu machen. Wenn Vorstand und Aufsichtsrat ihre Schuldigkeit nicht tun, so wähle man die für die Beschwerdekommission eventuell in Aussicht genommenen Personen in den Vorstand und Aufsichtsrat, dann haben dieselben auch eine ihrer Machtvollkommenheit entsprechende Verantwortlichkeit, aber nur eine Kommission für das „Allesbesserwissen" einzusetzen ohne Verantwortlichkelt kann keinen Nutzen stiften, aber um so mehr schaden, je größeren Tätigkeitsdrang die Kommission entfaltet.

III. Der Vorstand.

Die Mitglieder des Vorstandes müssen Genossen sein (§ 9 des Ges.), damit ist nicht gesagt, daß sie aus der Mitte der Genossen gewählt sein müssen; die Wahl kann vielmehr auch auf Personen fallen, die zur Zeit der Wahl noch nicht Mitglieder der Genossenschaft sind, sie müssen jedoch, falls sie die auf sie fallende Wahl annehmen, der Genossenschaft als Mitglieder beitreten.

Der Vorstand muß mindestens aus zwei Mitgliedern bestehen (§ 24 des Ges.), durch das Statut kann eine höhere Zahl festgesetzt werden, und zweckmäßig ist es, den Vorstand aus drei Personen bestehen zu lassen, aus Geschäftsführer, Kassierer und Kontrolleur, denn da nach dem Gesetz (§ 25), mindestens zwei Vorstandsmitglieder für den Verein zeichnen müssen, so könnte bei plötzlicher Behinderung des einen — durch Krankheit — die Geschäftsführung des Vereins ins Stocken geraten, wenn nur zwei Mitglieder den Vorstand bilden. Es wird aber auch in allen Fällen die Dreizahl genügen, weil diese Zahl von Vorstandsmitgliedern für die ordnungsmäßige Führung der Geschäfte ausreicht und eine größere Zahl die Geschäftsführung schwerfällig macht und die Verwaltungskosten erhöht. Insbesondere ergeben sich dann die größten Schwierigkeiten, um für die Warenbestellungen immer die Unterschriften der Mehrheit des Vorstands zu erhalten, die schon der allgemeine Genossenschaftstag von 1869 für alle eine Genossenschaft verpflichtende Willenserklärungen unbedingt verlangt hat.

Nach dem Gesetz § 24 soll der Vorstand von der Generalversammlung gewählt werden, doch kann das Statut eine andere Art der Bestellung festsetzen. Die weitgehenden Befugnisse, welche dem Vorstande übertragen sind, lassen es als richtig erscheinen, die Wahl des Vorstandes der Generalversammlung zu überweisen; die letztere soll über die Personen entscheiden, die sie zur Führung der Geschäfte des Vereins, zu seiner Vertretung berufen will. Es würde nicht zweckmäßig sein, den Vorstand durch den Aufsichtsrat wählen zu lassen, denn es würde sich dadurch einerseits die Gefahr eines Abhängigkeitsverhältnisses des ersteren von letzterem einstellen, und andererseits würde der Aufsichtsrat mit einer zu großen Verantwortlichkeit der Genossenschaft gegenüber belastet werden. Allerdings soll aber auch nicht der Generalversammlung ein vollständig freies Wahlrecht in der Weise zugebilligt werden, daß ein jedes Mitglied derselben Vorschläge für die Wahlen zum Vorstande machen könnte. Wollte man die Generalversammlung ganz unbeschränkt wählen lassen, so könnten infolge von Stimmenzersplitterungen, Mißgriffen und Agitationen, wie dies in der Tat mehrfach vorgekommen ist, leicht ungeeignete Personen zum schweren Nachteil der Genossenschaft gewählt werden. Es muß vielmehr dem Aufsichtsrate die Vorbereitung der Wahl des Vorstandes in der Art übertragen werden, daß er sich nach geeigneten Personen für diese verantwortliche Stellung umsieht, die Fähigkeiten der in Betracht kommenden Kandidaten genau prüft und der Generalversammlung die zu wählenden Personen vorschlägt; zu den Vorbereitungen gehört selbstverständlich auch, daß er sich der Bereitwilligkeit der von ihm als Vorstandsmitglied für geeignet erachteten Person, die Stellung anzunehmen, versichert, falls die Wahl der Generalversammlung auf dieselbe entfallen würde.

Der Aufsichtsrat hat, wenn ihm das Statut das Vorschlagsrecht gibt (§ 4 des Statuts) nur einen Kandidaten für jede im Vorstande zu besetzende Stelle vorzuschlagen, damit Stimmenzersplitterung vermieden wird. Die Generalversammlung kann in der geheimen Wahl nur über je einen Vorschlag abstimmen, indem die Stimmberechtigten entweder „ja" oder „nein" auf die Stimmzettel schreiben; Stimmen, welche auf andere Personen als den Vorgeschlagenen entfallen, sind ungültig und zählen daher für die Abstimmung, ebenso wie unbeschriebene Stimmzettel, nicht mit. Wird der Vorschlag des Aufsichtsrates von der Generalversammlung abgelehnt, so hat der Aufsichtsrat weitere Vorschläge zu machen. Es wird dies in der Regel zweckmäßig nicht in derselben Generalversammlung, sondern in einer folgenden, außerordentlichen Generalversammlung geschehen, um die Angelegenheit inzwischen aufs neue sorgfältig erwägen und prüfen zu können. Der Aufsichtsrat kann dann den abgelehnten Kandidaten aufs neue der Generalversammlung zur Wahl vorschlagen; er wird dies tun, wenn er nach bestem Wissen für den Vorgeschlagenen glaubt eintreten zu können, und wenn er der Überzeugung ist, daß die erste Ablehnung ohne Grund, durch Zufälligkeiten veranlaßt, stattfand. Im Falle einer wiederholten Ablehnung des Vorgeschlagenen würden die weiteren Entschließungen des Aufsichtsrates von den Umständen abhängen, eine allgemeine Anweisung für solche Fälle kann nicht gegeben werden.

Die Beschlüsse der allgemeinen Genossenschaftstage von 1873 und 1884 empfehlen den Genossenschaften, in den Statuten Bestimmungen zu treffen, wonach die Vorstandsmitglieder abwechselnd einer Neuwahl unterliegen, damit ein gleichzeitiges Ausscheiden sämtlicher Vorstandsmitglieder vermieden wird. Diese Beschlüsse gehen von der Voraussetzung aus, daß die Wahlen der Vorstandsmitglieder für eine bestimmte Wahlperiode gelten, wie auch in der Tat bisher die Mehrzahl der Konsumvereine die Vorstandsmitglieder auf drei Jahre wählten. Dagegen konnten diese Beschlüsse dort nicht im Statut durchgeführt werden, sondern nur als Empfehlung für die Praxis gelten, wo die Vorstandsmitglieder auf gegenseitige Kündigung gewählt werden, wie sich das bei entwickelteren Vereinen entschieden bewährt hat. Hier können die Vorstandsmitglieder nicht mehr im Nebenamt diese Stellung ausfüllen, sondern müssen ihre ganze Arbeitskraft dem Verein widmen und demgemäß ihre bisherige Berufstätigkeit aufgeben. Das drängte dahin, die dreijährigen Wahlperioden, die die Vorstände der Gefahr aussetzte, nach Ablauf der Wahlzeit ohne ihr Verschulden nicht wiedergewählt zu werden, und dann schleunig einen anderen Erwerb suchen zu müssen, zu ersetzen durch eine Wahl auf dreimonatliche Kündigung, die tüchtigeren Vorstandsmitgliedern eine gesichertere Stellung gab und dadurch ihre Berufsfreudigkeit erhöhte.

Es sprechen Gründe dafür diese Art der Wahl allgemeiner, auch in kleineren Vereinen zur Anwendung zu bringen. Auch diese Vereine haben ein Interesse daran, tüchtige Vorstandsmitglieder möglichst lange festzuhalten, was ihnen durch die Wahl auf Kündigung erfahrungsgemäß leichter gelingt. Aber sie haben auch ein Interesse daran, Vorstandsmitglieder, die für diesen Posten ungeeignet sind, nicht eine dreijährige Wahlperiode durchschleppen zu müssen, sondern früher ersetzen zu können, ohne ihnen für ihren Rücktritt eine Abfindung gewähren zu müssen. Auch für die Vorstandsmitglieder, die sich in ihrer Stellung nicht gefallen, oder denen sich anderswo eine günstigere Gelegenheit für ihr Fortkommen bietet, sind durch die dreijährige Wahlperiode in lästiger Weise gebunden, während die Wahl auf dreimonatliche Kündigung ihnen viel eher die Möglichkeit gewährt, sich ihnen bietende Aussichten schleunigst auszunützen und ihren Fähigkeiten entsprechend vorwärts zu kommen. Für beide Teile also, für den Verein und für das Vorstandsmitglied ist die Wahl auf Kündigung der Wahl auf eine bestimmte Zeit, die man in der Regel doch nicht auf weniger als drei Jahre festsetzen könnte, vorzuziehen.

Die Kündigung seitens der Genossenschaft muß entsprechend der Wahl auf Antrag des Aufsichtsrats durch die Generalversammlung erfolgen.

Die Frage ist noch, ob drei Monate gerade für eine angemessene Kündigungsfrist zu halten ist. Bisweilen zeigt sich Neigung für eine kürzere, z. B. sechswöchentliche Frist. Es können aber die Vorbereitungen für die Neuwahlen seitens des Aufsichtsrats erst nach erfolgter Kündigung begonnen werden; diese Vorbereitungen machen zunächst Verhandlungen mit einzelnen Personen nötig, die für die Vorstandschaft in Aussicht genommen werden, es bedarf einer Verständigung mit ihnen über die Bedingungen, dann muß eine Generalversammlung berufen werden zur Vornahme der Wahl, und, wenn der erste Vorschlag von der Generalversammlung abgelehnt wird, eventuell noch eine zweite, je mit einer Berufungsfrist von einer Woche. Alles dies erfordert Zeit, so daß man eine Kündigungsfrist von drei Monaten nicht für zu lange halten kann. Andererseits aber erscheint diese Frist auch ausreichend, und würde eine Verlängerung z. B. auf sechs Monate leicht zu einem unleidlichen Verhältnis zwischen dem Verein und dem abgehenden Vorstandsmitglied führen, auch für letzteres die Vorteile der Wahl auf Kündigung illusorisch machen, da in den für diese Kreise in Betracht kommenden Stellungen nicht sechs Monate anf die Wiederbesetzung gewartet wird.

Der Zeitpunkt der Wahlen für ausscheidende Vorstandsmitglieder ist so zu bestimmen, daß die Wahlen vor Ablauf der Wahlperiode stattfinden, da anderenfalls der unzulässige Zustand eintreten kann, daß die Geschäfte der Genossenschaft von Personen geführt werden, die rechtlich nicht mehr dazu befugt sind. Dort, wo an einer festbegrenzten Wahlperiode festgehalten wird, empfiehlt es sich im Statut, die Wahlperiode mit dem Geschäftsjahre zusammenzulegen und die Wahlen in der letzten Generalversammlung vor Ablauf des Geschäftsjahres vorzunehmen — oder die Wahlen in der ersten Generalversammlung des Geschäftsjahres vorzunehmen und die Wahlperiode von dieser Generalversammlung ab bis zu der entsprechenden Generalversammlung des letzten Jahres der Wahlzeit laufen zu lassen. Es würde das Vorstandsmitglied, dessen Wahlperiode abläuft, dann auch noch als solches die Bilanz des letzten Geschäftsjahres aufstellt und in der Generalversammlung, in welcher für dasselbe Neuwahl oder Wiederwahl stattfindet, zu vertreten haben.

Die Bestellung der Vorstandsmitglieder*) ist zu jeder Zeit durch die Generalversammlung widerruflich, unbeschadet der Entschädigungsansprüche aus bestehenden Verträgen (§ 24 Abs. 3 des Ges.). Zur Enthebung von Vorstandsmitgliedern von ihren Geschäften ist der Aufsichtsrat nach seinem Ermessen befugt, die endgültige Entscheidung hat jedoch die ohne Verzug zu berufende Generalversammlung zu treffen (§ 40 des Ges.).

Bezüglich der Anmeldung der Wahlen der Vorstandsmitglieder bei Gericht gilt das Seite 11 Ausgeführte. Die Anmeldung erfolgt durch sämtliche Mitglieder des Vorstandes persönlich oder schriftlich in beglaubigter Form (§§ 28, 157 des Ges.); in letzterem Falle sind die Unterschriften zu beglaubigen, was durch den Gemeindevorsteher oder die Polizeibehörde geschehen kann (Form. 31). Die Anmeldung hat durch die im Amte verbliebenen und durch die neuhinzugetretenen Mitglieder zu erfolgen. Nur die Neuwahlen — nicht aber Wiederwahlen — sind zur Eintragung in das Genossenschaftsregister anzumelden (§ 28 des Ges., von der alten abweichende neue Fassung.)

Zur Zeichnung für den Verein sind alle Vorstandsmitglieder gleichberechtigt, es ist gesetzlich unzulässig, ein Vorstandsmitglied auf die Zeichnung für gewisse Rechtshandlungen durch Statut zu beschränken; dagegen kann einem Vorstandsmitgliede vom Vorstande Vollmacht zur Vertretung des Vereins in besonderen Angelegenheiten — z. B. in Grundbuchangelegenheiten bei Gericht — erteilt werden.

Die Zeichnung für den Verein hat nach dem Gesetz durch mindestens zwei Vorstandsmitglieder zu geschehen; ist bei einem mehrgliedrigen Vorstande nicht durch das Statut bestimmt, in welcher Form der Vorstand seine Willenserklärungen abzugeben hat, so müssen diese Erklärungen und die Zeichnung durch sämtliche Mitglieder des Vorstandes erfolgen.

Dem Vorstande liegt die Leitung aller inneren und äußeren Geschäfte und Angelegenheiten, die gerichtliche und außergerichtliche Vertretung der Genossenschaft ob.

Es muß eine Verteilung der Geschäfte unter die Vorstandsmitglieder durch eine Geschäftsanweisung vorgenommen werden (Form. 9). Im allgemeinen wird die Verteilung zweckmäßig in folgender Art stattfinden:

der Geschäftsführer besorgt die Einkäufe der Waren und den Briefwechsel, er besonders hat die Kontrolle des Warenlagers und führt die Lagerhalterbücher; er nimmt die gerichtlichen Geschäfte wahr, soweit sie nicht mit der Mitgliederliste zusammenhängen, und bringt die Beschlüsse des Vorstandes zu Protokoll, er übernimmt auch einen

*) Vorstandsmitglieder können nur physische Personen sein. Auch Frauen und Jungfrauen können in den Vorstand gewählt werden; dasselbe gilt für die Wahlen in den Aufsichtsrat. Als Muster für ein Wahlprotokoll vgl. Formular 4 und 4a.

Teil der Buchführung, zieht die Bilanzen und bereitet die Geschäftsberichte vor:

der Kassierer besorgt die Einnahme und Ausgabe der Gelder, führt das Kassenbuch und andere besondere Bücher, er wirkt bei Aufstellung des Geschäftsabschlusses mit; ihm liegt die Verwaltung des Markenbestandes, die Führung des Markenkontos mit dem Lagerhalter in den Vereinen ob, welche Dividendenmarken haben;

der Kontrolleur hat die Kontrolle der Kassenführung und des Wareneinganges, er führt die Mitgliederliste und den darauf bezüglichen Verkehr mit dem Gericht; auch er hat bei dem Jahresabschluß mitzuwirken.

Diese allgemeinen Bestimmungen werden je nach der Entwickelung des Konsumvereins Abänderungen, Erweiterungeu erfahren; in jedem Falle sind diese Verhältnisse durch eine Geschäftsordnung zu regeln, welche die Vorstandsmitglieder zu unterschreiben, als verbindlich anzuerkennen haben.

Die Geschäftsführung des Vorstandes ist eine kollegialische; es müssen regelmäßige Sitzungen des Vorstandes stattfinden; in denselben müssen alle laufenden Geschäfte erledigt werden; hier müssen die Wareneinkäufe besprochen, die Preise der zu verkaufenden Waren festgesetzt, Beschwerden erledigt, kurzum, alles das muß verhandelt werden, was eine ordentliche Geschäftsleitung erforderlich macht. Nur hierdurch wird es möglich, alle Mitglieder des Vorstandes zur Geschäftsführung zu befähigen.

Die Beschlüsse sind mit Stimmenmehrheit zu fassen und in ein Protokollbuch (Form. 5) einzutragen. Das Protokoll ist zu unterschreiben. Mitglieder, welche mit Beschlüssen nicht einverstanden sind, haben solches zu Protokoll zu erklären, so daß zu erkennen ist, wen die Verantwortlichkeit für eine Maßregel trifft.

Die Mitglieder des Vorstandes haben die Sorgfalt eines ordentlichen Geschäftsmannes anzuwenden. Mitglieder, welche ihre Obliegenheiten verletzen, haften der Genossenschaft persönlich und solidarisch für den dadurch entstandenen Schaden (§ 34 des Ges.). Durch das Gesetz sind dem Vorstande wegen Unterlassung der Befolgung gewisser Vorschriften des Gesetzes und der Erfüllung seiner Pflichten Strafen angedroht. Es kommen zunächst die Strafbestimmungen der §§ 146 ff. des Ges. in Betracht. Mitglieder des Vorstandes machen sich strafbar, wenn sie absichtlich zum Nachteile der Genossenschaft handeln (§ 146); wenn sie in den von ihnen dem Gericht (§ 10) zu bewirkenden Anmeldungen, Anzeigen und Versicherungen wissentlich falsche Angaben machen, oder in ihren Darstellungen, ihren Übersichten über den Vermögensstand der Genossenschaft, über die Mitglieder und die Haftsummen, oder in den in der Generalversammlung gehaltenen Vorträgen den Stand der Verhältnisse der Genossenschaft wissentlich unwahr darstellen (§ 147); wenn sie entgegen den Vorschriften in den §§ 99, 140 den Antrag auf Eröffnung des Konkursverfahrens unterlassen haben (§ 148); wenn ihre Handlungen auf andere als die im

§ 1 erwähnten geschäftlichen Zwecke gerichtet sind, oder wenn sie in der Generalversammlung die Erörterung von Anträgen gestatten oder nicht hindern, welche auf öffentliche Angelegenheiten gerichtet sind, deren Erörterung unter die Gesetze über das Versammlungs- und Vereinsrecht fällt (§ 149 des Ges.).

Die Mitglieder des Vorstandes haben ganz besondere Sorgfalt auf die Buch- und Rechnungsführung, auf die Ziehung einer richtigen Bilanz zu verwenden, § 33 des Gesetzes legt ihnen die Verpflichtung dazu auf. Auch nach den Vorschriften des Handelsgesetzbuches haben sie diese Pflicht zu erfüllen, denn Genossenschaften gelten als Kaufleute im Sinne des Handelsgesetzbuches, soweit das Genossenschaftsgesetz keine abweichenden Vorschriften enthält (§ 17 des Ges.). Die §§ 38—44 des Handelsgesetzbuches enthalten die Bestimmungen über Buchführung, Inventur und Bilanz. Das Verfahren bei der Buchführung, bei der Inventur und der Aufstellung der Bilanz ist im vierzehnten Kapitel eingehend dargestellt. Die Unterlassung der Erfüllung dieser Pflichten zieht nicht nur zivilrechtliche, sondern auch strafrechtliche Folgen nach sich; es ist dabei gleichgültig, ob nach dem Statut und der Geschäftsanweisung die Erfüllung dieser Pflichten oder eines Teiles derselben einem bestimmten Mitgliede des Vorstandes übertragen war; sämtliche Vorstandsmitglieder sind verantwortlich und jedes einzelne Mitglied unterliegt gegebenenfalls den Strafbestimmungen aus den §§ 239—240 der Reichskonkursordnung, wonach Vorstandsmitglieder von Genossenschaften, welche ihre Zahlungen eingestellt haben, wegen einfachen Bankerotts mit Gefängnis bestraft werden — selbst dann, wenn nicht betrügerische Absicht vorliegt — „wenn sie Handelsbücher zu führen unterlassen haben ꝛc. ꝛc., oder sie so unordentlich geführt haben, daß sie keine Übersicht ihres Vermögenszustandes gewähren; oder es gegen die Bestimmung des Handelsgesetzbuchs unterlassen haben, die Bilanz ihres Vermögens in der vorgeschriebenen Zeit zu ziehen". Liegt betrügerische Absicht vor, so tritt Zuchthausstrafe wegen betrügerischen Bankerotts ein.

Eine Aufstellung weiterer allgemeiner Obliegenheiten des Vorstandes lassen wir hier noch folgen:

1. die Versicherung der Waren, des Inventars, des Hausbesitzes gegen Feuersgefahr in genügender Höhe;
2. die Anmeldung der versicherungspflichtigen Lagerhalter und sonstiger Beamten zur Invaliditäts- und Altersversicherung;
3. die Aufbewahrung der Handelsbücher während zehn Jahre seit der letzten Eintragung, ebenso der Handelsbriefe, Inventuren und Bilanzen;
4. die Anmeldung des Statuts und jeder Änderung desselben beim Gericht behufs Eintragung in das Genossenschaftsregister;
5. die Anmeldung der Vorstandsmitglieder und jeder Änderung im Vorstande;
6. die Einreichung der schriftlichen Beitrittserklärungen neuer Mitglieder und der Austrittserklärungen in Urschrift, sowie der Anzeigen bezüglich der ausgeschlossenen Mitglieder;
7. die Führung eines Verzeichnisses der Genossen in Übereinstimmung mit der gesetzlich vorgeschriebenen Liste des Gerichtes;

8. die Veröffentlichung der Bilanz in dem durch Statut bestimmten Blatte, sowie der Bewegung des Mitgliederbestandes, bei beschränkter Haftpflicht auch der Mitteilung über Vermehrung oder Verminderung der Geschäftsguthaben und Haftsummen, sowie der Gesamthaftsumme aller Mitglieder und Einreichung dieses Blattes an das Gericht innerhalb sechs Monaten nach dem Rechnungsabschluß;
9. die Auslegung der Bilanz und der Gewinn- und Verlustrechnung zur Einsicht der Mitglieder mindestens eine Woche vor der Generalversammlung;
10. der Antrag auf Bestellung eines Revisors, wenn die Genossenschaft einem Revisionsverbande nicht angehört;
11. die Vorlage der Bücher und der auf die Geschäftsführung bezüglichen Drucksachen, Schriften 2c. gelegentlich der durch das Genossenschaftsgesetz vorgeschriebenen Revisionen und die Einreichung der Revisionsbescheinigungen an das Gericht;
12. die Anmeldung bei Gericht im Falle der Auflösung, die Bekanntmachung der Auflösung;
13. die Beobachtung der für den Fall der Liquidation und des Konkurses durch das Genossenschaftsgesetz gegebenen Vorschriften;
14. die Beantragung des Konkurses bei Genossenschaften mit beschränkter Haftpflicht, wenn die Überschuldung ein Viertel des Betrages der Haftsumme aller Genossen übersteigt;
15. die Einberufung der Generalversammlung bei Überschuldung bei eingetragenen Genossenschaften mit unbeschränkter Haftpflicht und unbeschränkter Nachschußpflicht;
16. der Erlaß der Legitimationsanweisung nach den Bestimmungen des Genossenschaftsgesetzes (§ 31).*)

Für den Verkehr mit dem Gericht sind die Formvorschriften des § 157 des Ges. zu beobachten; insofern das Gesetz von einer Anmeldung zum Genossenschaftsregister spricht, haben sämtliche Mitglieder des Vorstandes mitzuwirken, und zwar hat die Anmeldung entweder persönlich oder schriftlich in beglaubigter Form zu erfolgen (Seite 11, 43). Im sonstigen schriftlichen Verkehr mit dem Gericht, bei Einreichung von Beitritts- und Austrittserklärungen, Anzeigen, Einreichung von Bescheinigungen über die vollzogenen Revisionen 2c., hat sich der Vorstand der gewöhnlichen Form zu bedienen, er hat die Zeichnung zu der Firma der Genossenschaft unter allen schriftlichen Eingaben von derjenigen Anzahl von Vorstandsmitgliedern vollziehen zu lassen, welche nach dem Statut zur rechtsverbindlichen Zeichnung der Genossenschaft erforderlich sind, nach dem Gesetz mindestens von zwei.

Die Anstellungsverträge mit den Vorstandsmitgliedern sind von dem Aufsichtsrat — vertreten durch seinen Vorsitzenden — im Namen der Genossenschaft abzuschließen (Form 8).

Die Besoldung der Vorstandsmitglieder hat nach dem bei den Genossenschaften geltenden Grundsatze von Leistung und Gegenleistung zu erfolgen, sie wird sich im allgemeinen nach dem Umfange der von den Vorstandsmitgliedern geforderten Arbeiten richten und soll in der Regel in einem festen Grundgehalte nebst einem Anteil

---

*) Die bezüglich der Legitimationsanweisung zu beobachtenden Vorschriften sind im siebenten Kapitel, II. Abschnitt unter i. ausführlich behandelt.

am Reingewinn bestehen; durch letzteren soll die Tätigkeit der Vorstandsmitglieder einen Ansporn erfahren. Es ist deshalb zweckmäßig, die Tantièmen vom Reingewinn zu berechnen und nicht vom Umsatze, weil in der Regel durch den erzielten Reingewinn am deutlichsten die Umsicht und Dispositionsfähigkeit des Vorstandes zum Ausdruck gelangt. Die Tantièmensätze sind bei den einzelnen Konsumvereinen, welche zur Zeit Tantièmen gewähren, sehr verschiedene, und es läßt sich eine feste Norm dafür nicht angeben. Es dürften Tantièmen zwischen 1—5% des Reingewinns (§ 59 des Statuts) angemessen sein; dabei ist jedoch eine Unterscheidung zwischen dem aus dem Geschäft im eigenen Lager und dem aus dem Lieferantengeschäft erzielten Gewinn zu machen. Zur Erzielung des ersteren hat der Vorstand bedeutend größere Sorgfalt, Mühe und Arbeit aufzuwenden, als zur Erreichung des Gewinnes aus dem Lieferantengeschäft. Es wird daher in Erwägung zu ziehen sein, ob nicht die Tantième auf ersteren Gewinn zu beschränken ist. Bei Vereinen, welche die ganze Arbeitskraft des Vorstandsmitgliedes für sich in Anspruch nehmen, muß das Grundgehalt ausreichen, um davon zu leben nach den Ansprüchen, welche solche kaufmännische Geschäftsleiter den örtlichen Verhältnissen gemäß zu erheben berechtigt sind.

Die Stellung einer Kaution wird bei Konsumvereinen nur von demjenigen Mitgliede des Vorstandes zu verlangen sein, welches die baren Mittel der Genossenschaft aufzubewahren hat, von dem Kassierer; von diesem Vorstandsmitgliede soll eine Kaution gefordert werden, deren Höhe sich nach dem Umfange des durchschnittlichen Kassenbestandes richten wird; es ist dabei nicht erforderlich, die Kaution auf die Höhe des Kassenbestandes selbst festzusetzen, nur als Norm soll letzterer dienen; die Kaution soll einen Bruchteil — zweckmäßig die Hälfte — des durchschnittlichen Kassenbestandes betragen. Die beiden anderen Vorstandsmitglieder — Geschäftsführer und Kontrolleur — sind nicht direkt mit der Aufbewahrung von Wertgegenständen der Genossenschaft befaßt (die Verantwortlichkeit für die Warenbestände tragen die Lagerhalter der einzelnen Lager bezw. die Verwalter der Zentrallager, von welchen Kaution zustellen ist), es wird daher von der Stellung von Kautionen seitens dieser Vorstandsmitglieder abgesehen werden können.

Schon im zweiten Kapitel unter Abschnitt I ist gesagt worden, daß die Kautionen in der Regel nicht zur Verstärkung der Betriebsmittel des Konsumvereins dienen sollen; sie sollen gesondert angelegt werden — in Effekten oder bei Sparkassen oder Banken —, um stets bei der Hand zn sein, falls ihre Rückzahlung erforderlich wird.

Über die Versicherungspflicht der Vorstandsmitglieder vgl. fünftes Kapitel, III. Abschnitt.

IV. Der Aufsichtsrat.

Der Aufsichtsrat besteht, sofern nicht das Statut eine höhere Zahl festsetzt, aus drei von der Generalversammlung zu wählenden Mitgliedern (§ 36 des Ges.). Je nach dem Geschäftsumfange der

Genossenschaft wird diese Zahl erhöht werden, sie ist in der Praxis auf 5, 7, 9, 15 und in einigen Fällen, bei sehr großen Vereinen, noch höher festgesetzt worden, die Zahl, welche sich für kleine, mittlere und auch noch größere, als zweckmäßig bewährt hat, ist 9.

Unter dieser größeren Zahl der durch ihre Tätigkeit im Aufsichtsrate mit der Geschäftsführung der Genossenschaft vertraut gemachten Mitglieder wird es möglich sein, leichter Ersatz für ausscheidende Vorstandsmitglieder heranzubilden

Die Wahlperioden sind, wie sich als zweckmäßig herausgestellt hat, auf drei Jahre zu bemessen und ist Vorsorge zu treffen, daß ein abwechselndes Ausscheiden der Mitglieder des Aufsichtsrates stattfindet, damit stets geschäftserfahrene Aufsichtsratsmitglieder im Amte verbleiben (Statut § 16).

Eine Wiederwahl der Aufsichtsratsmitglieder ist zulässig, und die meisten Statuten schließen die Wiederwahl auch nicht aus.

Für die Vornahme der Wahlen gelten die gleichen Grundsätze, wie für die Wahlen in den Vorstand bei denjenigen Vereinen, die den Vorstand auf eine bestimmte Wahlperiode wählen. Wenn die Wahlperiode mit dem Geschäftsjahre zusammenfällt, so haben die Wahlen in der letzten Generalversammlung vor Schluß des Geschäftsjahres stattzufinden; geht die Wahlperiode von Generalversammlung zu Generalversammlung, so wird in derjenigen Generalversammlung gewählt, in welcher die Wahlperiode zu Ende geht. Die Wahl findet durch die Generalversammlung (§ 36 des Ges.) nach absoluter Mehrheit statt; es soll dadurch vermieden werden, daß infolge Stimmenzersplitterung Personen in den Aufsichtsrat gelangen, welche von der großen Mehrheit der Mitglieder für ungeeignet gehalten werden. Die Wahl ist in einem Wahlgange vorzunehmen; nicht wie beim Vorstande handelt es sich um Besetzung bestimmter Stellen mit bestimmten Obliegenheiten bei den Wahlen in den Aufsichtsrat, sondern die Aufsichtsratsmitglieder nehmen gleichmäßig an allen Geschäften des Aufsichtsrates teil, und wo die Bildung von besonderen Kommissionen zur Ausübung besonderer Obliegenheiten des Aufsichtsrates — Lagerkontrolle, Markenrevision, Kassenrevision usw. — stattfindet, da sollten abwechselnd alle Mitglieder des Aufsichtsrates in diese Kommissionen eintreten. Der Aufsichtsrat wählt seinen Vorsitzenden und dessen Stellvertreter, den Schriftführer und dessen Stellvertreter baldigst nach seiner Wahl bezw. nach den alljährlich stattfindenden Neu- bezw. Wiederwahlen.

Nur die ersten Mitglieder des Aufsichtsrates der neuerrichteten Genossenschaft sind dem Gericht bei der Anmeldung der Genossenschaft anzugeben; es ist bei dieser Gelegenheit eine Abschrift der Urkunde über die Bestellung des Aufsichtsrates einzureichen; bei späteren Wahlen haben solche Einreichungen nicht stattzufinden.

Die Erledigung der Geschäfte des Aufsichtsrates muß eine kollegialische sein; es müssen regelmäßige Sitzungen des Aufsichtsrates stattfinden; außerordentliche Sitzungen hat der Vorsitzende des

Aufsichtsrates zu berufen, wenn er dieses für erforderlich hält oder wenn der Vorstand oder ein bestimmter Teil der Mitglieder des Aufsichtsrates solches unter schriftlicher Angabe der Beratungsgegenstände verlangen (§ 18 des Statuts). Die zu einer Beschlußfaßung erforderliche Zahl von Mitgliedern des Aufsichtsrates ist durch das Statut zu bestimmen (§ 36 des Ges.). Über die Sitzungen des Aufsichtsrates müssen Protokolle aufgenommen werden (Form. 6). Die Protokolle haben zu enthalten:

1. die Namen der in der Sitzung anwesenden Mitglieder des Aufsichtsrates und die Feststellung der Beschlußfähigkeit;
2. die Aufführung der entschuldigt Fehlenden;
3. bei außerordentlichen Sitzungen den Nachweis der ordnungsmäßigen Berufung;
4. die Beschlüsse in genauer Fassung.

Die Feststellnng dieser Punkte ist wegen der Verantwortlichkeit des Aufsichtsrates von Wichtigkeit, in besonderen Fällen wird dadurch auch seine Legitimation geführt; die für die Beschlußfassung und die Abfassung und Unterzeichnung der Protokolle zu beobachtenden Formen sind deshalb durch das Statut festzusetzen (§§ 17—20 des Statuts). Die Protokolle müssen durch alle Anwesenden unterzeichnet werden.

Die Bestellung zum Mitgliede des Aufsichtsrates kann auch vor Ablauf des Zeitraumes, für welchen dasselbe gewählt ist, durch die Generalversammlung widerrufen werden. Der Beschluß bedarf einer Mehrheit von drei Vierteilen der erschienenen Genossen (§ 36 des Ges.). Erschwernisse oder Erleichterungen für diesen Beschluß durch das Statut einzuführen, ist unzulässig. Der Antrag auf Enthebung kann vom Vorstande, vom Aufsichtsrate oder von den Mitgliedern (wenn der zehnte Teil oder der durch Statut bezeichnete geringere Teil den Antrag stellt) ausgehen. Durch den Austritt von Mitgliedern des Aufsichtsrates werden Nachwahlen für den Rest der Wahlperiode des Ausgeschiedenen erforderlich, wenn der Aufsichtsrat in seiner Zahl so geschwächt wird, daß die Erfüllung seiner Obliegenheiten dadurch gefährdet ist, wenn z. B. die Kommissionsbildung erschwert wird; jedenfalls auch dann, wenn die Majorität der durch Statut festgesetzten Zahl der Aufsichtsratsmitglieder infolge des Ausscheidens nicht mehr vorhanden ist.

Die Obliegenheiten des Aufsichtsrates bestehen, wie schon im II. Abschnitt dieses Kapitels ausgeführt wurde, in der Überwachung des Vorstandes bei seiner Geschäftsführung (§ 38 des Ges.), nicht in der Geschäftsführung selbst. Seine Mitwirkung bei letzterer darf die a. a. O. bezeichneten Grenzen nicht überschreiten. Die Begrenzung der Zuständigkeiten des Aufsichtsrates und des Vorstandes und das Ineinandergreifen der Tätigkeit beider ist an jener Stelle bereits dargestellt. Nur in den im § 39 des Ges. vorgesehenen beiden Fällen hat der Aufsichtsrat eine Vertretung für den Verein zu übernehmen: bei der Abschließung von Verträgen mit den Vorstandsmitgliedern und bei der von der Generalversammlung beschlossenen Prozeßführung gegen den Vorstand.

Es ist bereits hervorgehoben, daß der Aufsichtsrat bis zur Entscheidung der ohne Verzug zu berufenden Generalversammlung berechtigt ist, Vorstandsmitglieder von ihren Ämtern zu entheben und wegen einstweiliger Fortführung der Geschäfte derselben das Erforderliche zu veranlassen. Aber auch in diesen Fällen kann der Aufsichtsrat nicht die Geschäftsführung übernehmen, sondern er hat nur für die Stellvertretung, für den Ersatz an Stelle des seines Amtes enthobenen Vorstandsmitgliedes Sorge zu tragen und in sonst angemessener Weise die ordnungsmäßige Weiterführung der Geschäfte zu sichern. Wird aus der Mitte des Aufsichtsrats ein Stellvertreter für das enthobene oder in anderer Weise im Laufe der Wahlperiode ausgeschiedene Vorstandsmitglied bestellt, so kann dies nicht dauernd sein, sondern nur für einen im voraus begrenzten Zeitraum, und während dieses Zeitraumes, sowie bis zur erteilten Entlastung des Vertreters darf der letztere eine Tätigkeit als Mitglied des Aufsichtsrates nicht ausüben (§ 37 des Ges.).

Für die Erfüllung der Obliegenheiten des Aufsichtsrates sind demselben durch das Gesetz weitgehende Befugnisse erteilt.

Zur Ausübung dieser Befugnisse ist die Aufstellung einer G e s c h ä f t s - a n w e i s u n g (Form. 10) für den Aufsichtsrat erforderlich, von welcher die Aufsichtsratsmitglieder durch Unterschrift Kenntnis zu nehmen haben; zweckmäßig ist es, jedem Aufsichtsratsmitgliede eine Abschrift oder einen Abdruck derselben auszuhändigen.

Die Zuziehung der Mitglieder des Vorstandes zu den Sitzungen des Aufsichtsrates zum Zwecke der Auskunftserteilung ist eine Folge der Kontrollbefugnisse des Aufsichtsrates. Die Einberufung und Leitung der gemeinsamen Sitzungen von Vorstand und Aufsichtsrat liegt aus demselben Grunde dem Vorsitzenden des Aufsichtsrates ob, dem Vorstande ist nur das Recht zuzusprechen, jederzeit unter Angabe der Gegenstände der Verhandlung eine gemeinsame Sitzung zu beantragen. Über die Art der Erledigung der Angelegenheiten in gemeinsamer Sitzung besagt der II. Abschnitt (S. 38) dieses Kapitels das Erforderliche.

Die hauptsächlichsten Obliegenheiten in der Erfüllung der Aufgabe des Aufsichtsrates, der Überwachung der Geschäftsführung des Vorstandes, sind:

1. Vornahme von außerordentlichen Kassenrevisionen;
2. Prüfung aller Bücher einschließlich der Lagerhalterrechnung;
3. Teilnahme bei ordentlichen und außerordentlichen Warenınventuren;
4. Prüfung des Rechnungsabschlusses und der Bilanz;
5. Beaufsichtigung der Lager, Revisionen des Inventars;
6. Vornahme von Markeninventuren, wo das Dividendenmarkensystem angenommen ist;
7. Mitwirkung bei den nach §§ 53 ff. des Ges. vorzunehmenden zweijährigen Revisionen.

Die Vornahme außerordentlicher Kassenrevisionen ist erforderlich, um mit Sicherheit festzustellen, ob der Kassierer die Kasse und die

Kassenbücher mit der notwendigen Sorgfalt führt, und ob Bücher und Kasse stets in Ordnung sind. Bei der Prüfung der Bücher genügen Stichproben nicht, sondern es sind sämtliche Kassenbeläge für die Einnahme und Ausgabe einzusehen und mit dem Kassenbuche zu vergleichen, alle Einträge und Überträge auf ihre Richtigkeit zu untersuchen, die Wareninventuren nach- und aufzurechnen. Durch die Teilnahme an den Inventuren soll sich der Aufsichtsrat die Überzeugung verschaffen, daß die aufgezeichneten Waren nach Maß und Gewicht vorhanden sind und nur Waren in guter Qualität sich auf dem Lager befinden.

Die Jahresrechnung, die Bilanzen und die Vorschläge zur Verteilung von Gewinn und Verlust sind vom Aufsichtsrate sorgfältig zu prüfen, er hat darüber der Generalversammlung vor Genehmigung der Bilanz Bericht zu erstatten.

Die Lager der Genossenschaft sind von den Mitgliedern des Aufsichtsrates häufig zum Zwecke der Kontrolle der Sauberkeit, der sorgfältigen Aufbewahrung der Waren, des richtigen Gewichtes der abgewogenen Waren, der prompten Abfertigung der kaufenden Mitglieder zu besuchen und das Inventar ist daraufhin zu revidieren, daß es vollzählig vorhanden ist und zweckmäßig benutzt, sorgfältig behandelt wird.

Markeninventuren sind in kurzen Zwischenräumen, möglichst allmonatlich, da vorzunehmen, wo Dividendenmarken eingeführt, nicht Quittungsbücher in Anwendung sind; diese Inventuren dienen zur Kontrolle darüber, ob die Ablieferung der Kassenerlöse des Lagerhalters an den Kassierer mit dem nach der Markenausgabe festzustellenden Soll übereinstimmt (vgl. S. 59 ff.).

Zu den nach § 53 ff. des Ges. in mindestens jedem zweiten Jahre vorzunehmenden R e v i s i o n e n d e r E i n r i c h t u n g e n d e r G e n o s s e n s c h a f t u n d d e r G e s c h ä f t s f ü h r u n g derselben in allen Zweigen der Verwaltung durch einen der Genossenschaft nicht angehörigen, sachverständigen Revisor ist der Aufsichtsrat zuzuziehen (§ 63 des Ges.). Es ist nicht nötig, daß der Aufsichtsrat vollzählig bei der Revision erscheint, er muß sich jedoch durch abgeordnete Mitglieder vertreten lassen, die er in einer Sitzung dazu bestimmt. In den meisten Genossenschaften, die den Unterverbänden des Allgemeinen Verbandes der deutschen Erwerbs- und Wirtschaftsgenossenschaften angehören, findet nach vollendeter Revision eine gemeinschaftliche Sitzung von Vorstand und Aufsichtsrat statt und in dieser Sitzung muß der Aufsichtsrat möglichst vollzählig erscheinen, um den Bericht des Revisors über den Ausfall der Revision entgegenzunehmen (vgl. dreizehntes Kapitel).

Der Aufsichtsrat hat nach § 63 des Ges. die Pflicht, in der Generalversammlung „sich über das Ergebnis der Revision zu erklären". Dem Vorsitzenden des Aufsichtsrates fällt diese Aufgabe zu. Es ist über das Ergebnis der Revision zu berichten, nicht der Revisionsbericht vorzutragen; nur auf Beschluß der Generalversammlung würde letzterer zu verlesen sein. Eine wissentlich falsche Darstellung bezüglich des Ergebnisses der Revision würde nach § 147 des Ges. strafbar sein (vgl. auch dreizehntes Kapitel).

Zur Ausführung aller dieser Obliegenheiten muß sich der Aufsichtsrat in Kommissionen teilen, deren Mitglieder nach bestimmten Perioden einem Wechsel unterliegen; dabei ist jedoch auch die Befähigung der einzelnen Mitglieder für die einzelnen Kommissionen zu berücksichtigen. Kommissionen sind z. B. für die Lager-Kontrolle, für die Kassen-, Bücher- und Rechnungs-Prüfung zu bilden. Die Mitglieder letzterer Kommission sollten eine Kenntnis der Buchführung haben oder doch in der Lage sein, sich eine solche zu erwerben; in manchen jüngeren Konsumvereinen werden im Aufsichtsrate in dieser Beziehung allerdings Lücken vorhanden sein. Ist der Aufsichtsrat nicht in der Lage, die richtige und zweckmäßige Einrichtung und Besorgung der Buchführung und des ganzen Rechnungswerkes zu verbürgen, so steht dem nichts entgegen, daß er einen sachverständigen Bücherrevisor oder eine andere im Rechnungswesen erfahrene Person zur Ausführung solcher Prüfungen herbeizieht, deren Entschädigung aus der Vereinskasse zu bewirken ist. Es wird empfohlen, daß die Konsumvereine sich in solchen Fällen mit den Vorständen der Revisionsverbände, welche die geeigneten Kräfte zur Verfügung haben, in Verbindung setzen.

Über die Verantwortlichkeit der Mitglieder des Aufsichtsrates bestimmt § 41 des Ges.: „Die Mitglieder des Aufsichtsrates haben die Sorgfalt eines ordentlichen Geschäftsmannes anzuwenden. Mitglieder, welche ihre Obliegenheiten verletzen, haften der Genossenschaft persönlich und solidarisch für den dadurch entstandenen Schaden. Insbesondere sind sie in den Fällen des § 34 Abs. 3 zum Ersatze der Zahlung verpflichtet, wenn diese mit ihrem Wissen und ohne ihr Einschreiten erfolgt ist. Die Ansprüche auf Grund der vorstehenden Bestimmungen verjähren in fünf Jahren."

Die Art der Haftbarkeit ergibt sich aus der kollegialischen Tätigkeit der Aufsichtsratsmitglieder. Die Haftbarkeit ist eine solidarische; dies ist so zu verstehen, daß die Regreßpflicht sich sowohl auf die Mitglieder des Aufsichtsrats erstreckt, die an den der Genossenschaft verderblichen Handlungen teilgenommen haben, als auch auf die, welche in schuldhafter Weise die Abwendung der schädigenden Handlung unterlassen haben.

Bezüglich der Tätigkeit der Mitglieder der Kommissionen des Aufsichtsrates liegt die Haftbarkeit in der Regel bei den betreffenden Kommissionsmitgliedern, wenn die Kommissionen durch Statut oder Generalversammlung ein für allemal eingesetzt worden sind.

Mitglieder des Aufsichtsrates, welche mit Beschlüssen und Maßnahmen des Aufsichtsrates nicht einverstanden sind, können ihren Widerspruch zu Protokoll erklären und sich auf diese Weise gegen die Inanspruchnahme aus der solidarischen Haftbarkeit schützen.

Die Mitglieder des Aufsichtsrates müssen sich ihrer großen Verantwortlichkeit der Genossenschaft gegenüber bewußt sein; sie sollen deshalb auf dieselbe durch die Geschäftsanweisung besonders verwiesen werden, damit sie die Pflichten, welche ihnen das Gesetz überträgt, mit Sorgfalt erfüllen; stets muß der Aufsichtsrat sich erinnern, daß ein gut Teil des Gedeihens der Genossenschaft von der strengen Erfüllung seiner Pflichten abhängt, und daß er für Schädigungen der Genossenschaft verantwortlich ist, wobei, wie Schulze-Delitzsch ausführte, daran festzuhalten ist, „daß die bei den fraglichen Akten Beteiligten, ebenso wie diejenigen, welche sich dabei pflichtgemäß hätten beteiligen sollen, dies aber ohne hinreichenden Grund unterlassen haben, in gleichem Maße regreßpflichtig sind".

Die Entschädigung des Aufsichtsrates für seine Tätigkeit wird bei Konsumvereinen nur eine geringe sein können; die Aufsichtsratsmitglieder werden in der Regel im unbesoldeten Ehrenamte ihre Kräfte dem Wohle der Genossenschaft widmen, nur eine Entschädigung für Zeitverlust und Kosten wird ihnen zugebilligt werden können. Diese Entschädigung darf keine im Voraus nach dem Geschäftsergebnis bemessene Vergütung (Tantieme) sein (§ 36 des Ges.), damit nicht etwa der Einfluß des Aufsichtsrates dazu gemißbraucht werden könnte, das Geschäftsergebnis durch Spekulationen zu erhöhen. Die Entschädigung wird am besten nach der Beteiligung an den Arbeiten des Aufsichtsrates in seinen Gesamtsitzungen und in den einzelnen Kommissionen vorzunehmen sein; die Generalversammlung bestimmt den Gesamtbetrag der Entschädigung für den Aufsichtsrat und die Verteilung des Betrages an die einzelnen Mitglieder erfolgt nach dem angedeuteten Verhältnis.

Fünftes Kapitel.

Lagerhalter und andere Angestellte des Konsumvereins.

Neben dem Organ, welchem die Geschäftsführung der Genossenschaft obliegt, dem Vorstande, muß der Konsumverein Angestellte haben, deren Zahl und Tätigkeit je nach dem Umfange des Betriebes eine verschiedene ist. Es müssen Handlungs- und Gewerbegehilfen vorhanden sein, die den Verkauf im Vereinslager besorgen, alle damit und mit der Instandhaltung des Lagers verbundenen Arbeiten ausführen, bei größerem Betriebe die Buchführung besorgen usw., die in Konsumvereinen mit Produktion, z. B. eigener Bäckerei, als Meister diesen Betrieben vorstehen.

Einen Einfluß auf die Verwaltung der Genossenschaft haben alle diese Angestellten nicht, sie führen lediglich die Anweisungen des verwaltenden Organes, des Vorstandes, aus, dem sie niemals angehören sollen. Ihr Verhältnis zur Genossenschaft ergibt sich aus § 42 des Ges., welcher lautet: „Der Betrieb von Geschäften der Genossenschaft sowie die Vertretung der letzteren in bezug auf diese Geschäftsführung kann auch sonstigen Bevollmächtigten oder Beamten der Genossenschaft zugewiesen werden. In diesem Falle bestimmt sich die Befugnis derselben nach der ihnen erteilten Vollmacht; sie erstreckt sich im Zweifel auf alle Rechtshandlungen, welche die Ausführung derartiger Geschäfte gewöhnlich mit sich bringt."

Es kann danach niemals die Geschäftsführung des Vereins solchen Beamten oder Bevollmächtigten der Genossenschaft zugewiesen werden, sondern nur der Betrieb von einzelnen Geschäftszweigen, wozu diese Beamten durch den Vorstand bevollmächtigt werden. Die Bestellung von Prokuristen oder von Handlungsbevollmächtigten zum gesamten Geschäftsbetriebe ist verboten (§ 42 Abs. 2 des Ges.).

I. Der Lagerhalter.

Einer der wichtigsten Angestellten des Konsumvereins ist der Lagerhalter; ihm ist ein großer Teil des Vermögens des Konsumvereins, welcher in den Warenbeständen steckt, anvertraut, und aus diesem Grunde muß seine Geschäftshandhabung einer fortwährenden Beaufsichtigung seitens des Vorstandes und Aufsichtsrates unterliegen. Er darf daher auch unter keinen Umständen Mitglied des Vorstandes sein. Seine Stellung ist die eines der eben erwähnten Bevollmächtigten der Genossenschaft, der die Waren an die Mitglieder nach den vom Vorstande festgesetzten Preisen zu verkaufen und das Geld dafür in Empfang zu nehmen hat. Er ist nicht berechtigt, Handlungen vorzunehmen, die über den Rahmen dieser Tätigkeit hinausgehen und es sollen ihm solche möglichst nicht übertragen werden; insbesondere darf ihm kein Einfluß auf den Wareneinkauf eingeräumt werden, er ist nicht etwa gar zu berechtigen, Waren einzukaufen, und unter keinen Umständen darf zugelassen werden, daß der Lagerhalter irgend welche Artikel auf eigene Rechnung anschafft und wieder verkauft. Einzahlungen auf Geschäftsanteile darf er in der Regel nicht entgegennehmen; wird das letztere gestattet, so sollte dazu doch stets eine vom Vorstande gehörig ausgestellte besondere schriftliche Vollmacht gegeben werden.

Der Vorstand hat bei solcher Bevollmächtigung die Beschränkungen einzuhalten, welche ihm durch Statut oder Generalversammlungsbeschluß vorgeschrieben sind.

Ob es zweckmäßig ist, die Stellung eines Lagerhalters durch einen Mann oder durch eine verheiratete oder unverheiratete Frau zu besetzen, wird in den einzelnen Vereinen sorgfältiger Erwägung bedürfen. Die Erfahrung hat gelehrt, daß Frauen sich gut als Lagerhalterinnen bewährt haben.

Der Anstellung eines Lagerhalters muß stets eine genaue Erkundigung über seine persönlichen Verhältnisse, sein Vorleben, seine Tüchtigkeit im Schreiben und Rechnen voraufgehen. Eine Person, an deren Redlichkeit und Charakterfestigkeit Makel haften, eignet sich niemals zur Stellung eines Lagerhalters.*)

Anstellung des Lagerhalters überläßt man am zweckmäßigsten dem Vorstande und Aufsichtsrate in der Weise, daß diese Organe in gemeinschaftlicher Sitzung hierüber beschließen (d. h. sowohl vom Vorstande als vom Aufsichtsrate können bezügliche Anträge gestellt werden; § 26 des Statuts); die Ausführung des gefaßten Beschlusses — Vertragsschließung 2c. — liegt dem Vorstande ob.

Es wird so vermieden, daß gegen den Willen des Vorstandes eine Person zum Lagerhalter bestellt wird, die der Vorstand nicht für geeignet hält, dieses Amt zu bekleiden; der Vorstand, dem in erster Linie die Verantwortung für die Tätigkeit des Lagerhalters zufällt, muß stets mit der Person des anzustellenden Lagerhalters einverstanden sein. Andererseits wird durch die Mitwirkung des Aufsichtsrates bei der Besetzung dieser wichtigen Stelle dem Vorstande eine Entlastung bezüglich seiner Verantwortlichkeit gegenüber der Generalversammlung zuteil.

Der Generalversammlung die Wahl zu überlassen, wäre durchaus verkehrt, da man dadurch Wahlumtrieben und Durchstechereien Tür und Tor öffnet, indem der Kandidat alle Mittel anwenden wird, sich die Gunst einzelner einflußreicher Mitglieder zu verschaffen und, wenn er gewählt ist, zu erhalten. Die Genossenschaft würde den Schaden davon haben. Diese Erwägungen sprechen auch dagegen, daß der Lagerhalter Vorstandsmitglied ist; seine Stellung muß eine vom Vorstande völlig abhängige sein. Über den mit dem Lagerhalter abzuschließenden Vertrag vgl. Form. 11.**)

Es wird in den meisten Fällen wünschenswert sein, daß dem Lagerhalter in seinen Familienangehörigen — Ehefrau, Kindern oder

---

*) Der Allgemeine Genossenschaftstag in Neustadt a. d. Haardt, 1898, faßte folgenden Beschluß:

In Erwägung, daß

1. das Gedeihen der Konsumvereine zum nicht geringen Teil durch sachgemäße und gewissenhafte Tätigkeit des **Lagerhalters** bedingt ist, und
2. Vorstand und Aufsichtsrat für die Folgen der Außerachtlassung der nötigen Sorgfalt bei der Auswahl des Lagerhalters und der Kontrolle verantwortlich sind,

erklärt der Allgemeine Genossenschaftstag es für geboten, daß

a) nur eine solche Person als Lagerhalter angestellt wird, die nach Charakter und Fähigkeiten für die Erfüllung der dem Lagerhalter obliegenden Pflichten Gewähr bietet, die beiderseitigen Rechte und Pflichten durch einen besonderen Vertrag geregelt werden;
b) die Geschäftsführung des Lagerhalters unter strenger und andauernder Kontrolle des Vorstandes und Aufsichtsrates steht.

) Für die Regelung des Dienstverhältnisses zwischen dem Konsumverein und dem Lagerhalter, sowie allen vom **Vereine angestellten **Handlungsgehilfen** gelten die Vorschriften der §§ 59 ff. des Handelsgesetzbuchs, für die Kündigungsfristen besonders die §§ 66, 67.

sonstigen Verwandten — Hilfskräfte zur Seite stehen, die im Falle des Bedarfes für ihn eintreten, ihn im Erkrankungsfalle vertreten können. Bei dem Betriebe von Lagern mit lebhaftem Geschäftsverkehr werden weitere Angestellte, Verkäufer oder Verkäuferinnen nötig werden; geschieht die Anstellung und Besoldung der Verkäufer durch den Verein selbst, so haben Vorstand und Aufsichtsrat in gemeinsamer Sitzung darüber zu beschließen, stellt der Lagerhalter die Verkäufer an und liegt die Besoldung ihm ob, wie dies vielfach gebräuchlich ist, so sind die Auswahl und die sonstigen Vereinbarungen selbstverständlich Sache des Lagerhalters; aber auch in diesem Falle haben manche, namentlich große Vereine sich die Zustimmung zu den vom Lagerhalter angestellten Personen und zwar auf Widerruf vorbehalten. Andererseits spricht eine gewisse Billigkeit dafür, auch im Falle der Anstellung der Verkäufer durch den Verein selbst, den Lagerhalter über die Personen der Anzustellenden zu hören, da ihm aus der Anstellung ungeeigneter Hilfskräfte, für deren Handlungen er die Verantwortung übernehmen muß, erhebliche Nachteile erwachsen könnten.

Die Entlassung des Lagerhalters selbst ebenso wie seine Anstellung der gemeinsamen Beschlußfassung des Vorstands und Aufsichtsrats zu überweisen, würde zu bedenklichen Folgen führen, wenn der Vorstand die Entlassung für nötig hält, der Aufsichtsrat sie aber ablehnt, weil dann der Lagerhalter gegen den Willen des Vorstandes in seiner Stellung verbleiben würde. Das ist unvereinbar mit der Verantwortlichkeit des Vorstandes für die gesamte Verwaltung. Es muß deshalb die Entlassung des Lagerhalters dem Vorstand allein anheim gegeben werden, was nicht ausschließt, daß der Vorstand seinen diesbezüglichen Entschluß dem Aufsichtsrate beizeiten mitteilt.

Der Lagerhalter hat eine Kaution zu stellen, die sich nach der Höhe der Bestände des von ihm zu verwaltenden Lagers richtet, in der Weise, daß sie einen Bruchteil des durchschnittlichen Warenbestandes — vielleicht die Hälfte — beträgt; die Kaution kann in barem Gelde, in Sparkassenbüchern, in guten, leicht realisierbaren Wertpapieren gestellt werden; auch die Kautionsversicherung bei Versicherungsgesellschaften ist zulässig, wenn der Verein für allen aus der Geschäftsführung des Lagerhalters möglichen Schaden dadurch gedeckt wird. Die Kaution sollte beim Abschluß des Anstellungsvertrages, sie muß jedenfalls aber gestellt werden, bevor der Lagerhalter das von ihm zu verwaltende Lager übernimmt. Herauszugeben ist die Kaution erst, wenn durch eine in Anwesenheit des Lagerhalters vom Vorstande aufgenommene Inventur die etwaigen Ansprüche der Genossenschaft an den Lagerhalter festgestellt und auch befriedigt sind.

Der Lagerhalter muß eine seinen Leistungen und der Verantwortlichkeit seiner Stellung entsprechende Entlohnung erhalten. Der Allgemeine Genossenschaftstag in Kassel, 1881, beschloß, es sei dem Lagerhalter „ein festes Gehalt nur von der Höhe zu gewähren, daß dasselbe allein noch nicht ausreicht mit etwaigen Nebenbezügen (Wohnung 2c.) zusammen seinen Lebensunterhalt in auskömmlicher

Weise zu sichern, vielmehr muß der Lagerhalter dazu noch auf eine Verkaufsprovision angewiesen sein, welche aber so zu normieren ist, daß damit zugleich eine durch zunehmenden Umsatz erwachsende Mehrarbeit angemessen honoriert wird". Durch letztere soll der Lagerhalter angespornt werden, zur Weiterentwickelung des Konsumvereins, durch sorgfältige Behandlung der Warenbestände, aufmerksame und schnelle Bedienung der Mitglieder, überhaupt durch treue Erfüllung der ihm obliegenden Pflichten beizutragen. Bei einer Entlohnung lediglich mit festem Tagelohn würde der Lagerhalter kein Interesse daran haben, den Umsatz zu steigern und dadurch seine Arbeitslast zu erhöhen, sondern würde, ohne daß man ihm daraus einen Vorwurf machen könnte, nur grade seine Schuldigkeit tun. Nicht zweckmäßig erscheint es aber andererseits, nur durch Verkaufsprovision den Lagerhalter entlohnen zu wollen, da der höhere Umsatz nicht allein von der Tätigkeit des Lagerhalters abhängt, sondern noch durch andere Umstände bewirkt wird, auf die der Lagerhalter keinen Einfluß hat; das Einkommen muß aber jedenfalls doch so bemessen sein, daß der Lagerhalter davon leben kann. Nicht dringend genug kann hier empfohlen werden, den Lagerhalter für seine Leistungen angemessen zu bezahlen. Sparsamkeit an dieser Stelle könnte die Genossenschaft schwer schädigen, denn der schlecht bezahlte Lagerhalter ist auf Veruntreuungen angewiesen, zu denen ihm die in seiner Verwahrung befindlichen Waren leicht Gelegenheit bieten. Dazu kommt noch, daß der Konsumverein seine Aufgabe nur erfüllt, wenn er auch den Angestellten gegenüber es an sozialer Fürsorge nicht fehlen läßt.

Die Mankoentschädigung des Lagerhalters ist eine der wichtigsten Fragen in der Verwaltung eines Konsumvereins. Es wird auch dem mit der größten Sorgfalt arbeitenden Lagerhalter nicht möglich sein, für die ihm überwiesenen Waren genau den Wertbetrag von den kaufenden Mitgliedern des Konsumvereins zu vereinnahmen, mit welchem er für dieselben belastet worden ist. Billigerweise muß der Lagerhalter für das entschädigt werden, was ohne sein Verschulden an dem Maß und Gewicht der Waren, die ihm überwiesen worden sind, verloren geht. Man nennt dies Mankovergütung. Dahin gehört natürlich nicht der Verlust an Waren auf dem Transporte in das Lager, denn der Lagerhalter wird für die Waren erst verantwortlich, wenn sie von ihm abgenommen worden sind. Auch eine Zurücksetzung der Preise gehört nicht zu den Mankovergütungen, dieselben hat der Vorstand gesondert an den betreffenden Artikeln auf Lagerhalterkonto abzuschreiben, sobald eine solche stattgefunden hat. Mehrtara an Fässern, an Umhüllungen, z. B. bei Brotzucker, ist auch besonders von dem Konto des Lagerhalters abzuschreiben, sobald die Feststellung erfolgt.

Das eigentliche Manko, um welches es sich bei obiger Frage handelt, ist das durch Ausmessen, Auswiegen, Eintrocknen entstehende. Hierbei kann nach der Natur der davon betroffenen Verkaufsartikel, nach der Art des Verkaufes usw., nicht eine Abschreibung auf jeden einzelnen Artikel und auf jedes Quantum eines bestimmten Artikels, der dem Lagerhalter zum Verkauf überwiesen worden ist, stattfinden, sondern es muß dem Lagerhalter eine angemessene Durchschnittsvergütung gewährt werden. Der Allgemeine Genossenschaftstag in Karlsruhe, 1885, beschloß: 1. Ein Anspruch auf Mankovergütung ist nur zulässig bei den nach Maß und Gewicht zu verkaufenden Waren. Zählwaren jeder Art sind von der Mankovergütung auszuschließen und von den Wiege- und Meßwaren getrennt auf den Lagerkonten zu buchen. 2. Für die Wiegewaren ist der Lagerhalter nach festzustellendem Eingangsnettogewicht zu belasten; ebenso ist die Ware beim Verkauf netto (ohne Papier) zu verwiegen. 3. Für alle Wiege- und Meßwaren ist ein nach Prozenten vom Umsatz festzustellendes Durchschnittsmanko zuzulassen. 4. Dieses zulässige Manko kann zwar nach den besonderen Verhältnissen der Vereine ein verschieden hohes sein, doch sollte dasselbe über $1\frac{1}{2}\%$ des mankoberechtigten Warenausgangs nicht hinausgehen. 5. Das über die vertragsmäßige Grenze hinausgehende, auf Grund einer Inventur berechnete Manko hat der Lagerhalter zu ersetzen. 6. Lagerhalter, welche die Mankogrenze wiederholt überschreiten, sollten trotz der Ersatzgewährung nicht im Dienste belassen werden.

Der für die Mankovergütung festgesetzte Prozentsatz soll lediglich zur Bestimmung der Grenze dienen, bis zu welcher eine Vergütung stattfindet, es soll nicht etwa dem Lagerhalter ein Recht auf Gewährung dieser Vergütung unter allen Umständen zugesprochen werden; bleibt das Manko des Lagerhalters unter dem für den Höchstfall zugebilligten Prozentsatz, so hat der Lagerhalter keinen Anspruch auf Gewährung der Differenz in barem Gelde. Ebenso erscheint es unzulässig, eine Aufrechnung unter den Ergebnissen verschiedener Geschäftsperioden vorzunehmen, so daß der Lagerhalter berechtigt wäre, das Mindermanko der einen Periode auf das Mehrmanko der folgenden (oder vorhergehenden) zu verrechnen.

In Vereinen mit Zentrallager wird das Manko in den einzelnen Verkaufsstellen insofern verringert, als der durch das Lagern der Waren entstehende Gewichtsverlust im wesentlichen das Zentrallager trifft, in den Verkaufsstellen die Waren nur kurze Zeit zu liegen pflegen. Einzelne größere Vereine geben teils deshalb, teils weil sie einen Ausgleich für das Manko in der Preissteigerung finden, die bei dem Verkauf kleiner Warenmengen durch die Abrundung der Preise nach oben zugunsten des Lagerhalters entsteht, überall keine Mankovergütung.

Mit der Mankovergütungsfrage steht die Warenentnahme des Lagerhalters aus den Beständen des Lagers für seinen eigenen Gebrauch in Verbindung. Zur Kontrolle über diese Entnahmen ist es zweckmäßig, daß ein Kontrollbuch geführt wird, in welches der Lagerhalter alle für seinen eigenen Bedarf entnommenen Waren einzutragen hat; für die Beträge dieser Waren wird er besonders belastet, er hat dieselben dem Vereine zu vergüten und es wird ihm auf dieselben die ihm als Mitglied des Vereins zustehende, sich nach dem Abschluß ergebende Einkaufsdividende gewährt. Diese Warenentnahmen des Lagerhalters müssen also vor der Berechnung seines Mankos festgestellt und in der angedeuteten Weise ihm belastet werden. In einigen Konsumvereinen wird für den Warenverbrauch durch den Lagerhalter ein auf Erfahrung beruhender bestimmter Betrag angenommen, in welchen Fällen die Führung eines Entnahmekontrollbuches nicht stattfindet. Einige Vereine gestatten dem Lagerhalter, für seine Warenentnahme aus dem Vereinslager sich auch Dividendenmarken zu entnehmen und üben nur eine allgemeine Kontrolle aus, daß der von ihm abgelieferte Dividendenmarkenbetrag mit seinen wirtschaftlichen Verhältnissen in Einklang steht.

In der großen Mehrzahl der Konsumvereine ist die Ausgabe von Quittungs(Dividenden)marken in Höhe der Beträge für die gekauften Waren eingeführt (vgl. siebentes Kapitel II. Abschnitt). Diese Quittungsmarken haben den Wert der nach dem Ergebnisse des Abschlusses der betreffenden Rechnungsperioden festzusetzenden Dividende, ihre Einlösung erfolgt von der Genossenschaft nach Festsetzung der Dividende. Es ist deshalb erforderlich, zu kontrollieren, daß das Soll der Markenausgabe stets mit den an den Kassierer abgelieferten Kassenbeträgen der Lagerhalter übereinstimmt. Diese Markenkontrolle ist in möglichst kurzen Zwischenräumen, etwa allmonatlich, durch eine Kommission des Aufsichtsrates, auch in gewissen Zwischenräumen außerdem durch den Vorstand vorzunehmen. Ergibt sich, daß mehr Marken ausgegeben sind, als den abgelieferten Beträgen für verkaufte Waren entspricht, so hat der Lagerhalter unordentlich gearbeitet, oder er hat Geldbeträge hinter sich, die er hätte abliefern müssen.

Die Markenkontrolle ist in der Art auszuführen, daß zunächst der Bestand der Lagerkasse aufgenommen wird, danach sind die sämtlichen in den Händen des Lagerhalters befindlichen Dividendenmarken sorgfältig nach ihren Wertbeträgen festzustellen, sodann ist aus dem Kassenablieferungsbuch des Lagerhalters, bezw. aus dem Kassenbuch des Kassierers festzustellen, welche Beträge der Lagerhalter im Laufe der Geschäftsperiode an den Kassierer des Vereins abgeführt hat; die Summe dieser drei Beträge — Lagerkassenbestand, Markenbestand und abgeführte Lagerkassenbeträge — muß der Summe der Beträge gleich sein, in deren Höhe der Lagerhalter Dividendenmarken vom Vorstande erhalten hat; ist die Summe dieser drei Beträge geringer, so ist ein Markenmanko vorhanden, mit anderen Worten, der Lagerhalter hat um den betreffenden Mankobetrag zu viel Dividendenmarken verausgabt, oder zu wenig Kassenlosung an den Kassierer des Vereins abgeführt.

In welcher Höhe die Genossenschaft für ein Dividendenmarkenmanko Ersatz vom Lagerhalter zu fordern hat, ergibt sich erst am Schluß der Geschäftsperiode, bei Aufnahme der Warenbestände bezw. bei außerordentlichen Wareninventuren. Mit der Aufnahme der Warenbestände muß die Aufnahme der Dividendenmarkenbestände verbunden werden. Ist das vom Lagerhalter zu ersetzende Warenmanko höher als das Markenmanko, so ist auf letzteres ein Ersatz vom Lagerhalter nicht zu leisten, denn mit der Begleichung des höheren Warenmankos zu den belasteten Verkaufspreisen der Waren hat der Lagerhalter dem Konsumvereine bereits diejenigen Aufschläge erstattet, aus welchen die Dividenden gegen die von den Mitgliedern zurückzuliefernden Dividendenmarken gezahlt werden.

Anders würde es liegen, wenn der Lagerhalter ausweislich der Inventur ein das zu ersetzende Warenmanko übersteigendes Marken-Manko hätte; dann müßte er den Betrag dem Vereine vergüten, der sich bei der Dividendenberechnung auf denjenigen Betrag des Markenmankos ergibt, der das zu ersetzende Warenmanko übersteigt.

Stellt sich bei der Aufnahme der Warenbestände ein Warenmanko heraus, welches innerhalb der Grenzen der dem Lagerhalter zugebilligten Mankoentschädigung liegt — so daß der Lagerhalter keinen Warenmankoersatz zu leisten hat —, und ergibt sich auch ein Markenmanko, so muß der Lagerhalter den auf das Markenmanko entfallenden Dividendenbetrag ebenso wie in dem vorletzten Falle ersetzen, denn der Verein selbst muß die darauf entfallende Dividende bei Einlieferung der Marken durch die Mitglieder zahlen.

Einige Vereine gewähren den Lagerhaltern eine Mankovergütung auf Dividendenmarken, so der Breslauer Konsumverein 10 Pfg. auf 100 Mark.

Von einigen Vereinen ist die Bestimmung getroffen, daß der Lagerhalter auf das Dividendenmarkenmanko, welches sich bei den oben empfohlenen Markenkontrollen im Laufe der Geschäftsperioden ergibt, sofort Zahlung in Höhe der Durchschnittsbeträge der Dividenden früherer Jahre zu leisten hat. Eine solche Belastung des Lagerhalters kann freilich nicht als Ersatz eines dem Vereine fehlenden Betrages angesehen werden, sie müßte in dem Vertrage mit dem Lagerhalter ausdrücklich vereinbart werden (vgl. Form. 11 u. 12).

Ergeben sich wiederholt erhebliche Markenmankos bei den Revisionen im Laufe der Geschäftsperioden, so ist die Entlassung des Lagerhalters anzuraten, da dann unzweifelhaft Unehrlichkeit — Hinterziehung vereinnahmter Kassenbeträge — vorliegt.

Auch bei den Konsumvereinen, die die Einschreibebücher beim Warenverkauf eingeführt haben, ist eine Kontrolle des Lagerhalters auf richtige Abführung der Lagerkassenbeträge zu üben. Die Nummer des Einschreibebuches und der Betrag der gekauften Waren wird in ein Lagerkassenbuch eingetragen und die Summe der abgelieferten Kassenbeträge muß mit der Summe des Kassenbuches übereinstimmen; allerdings werden hier Unterschleife schwerer zu entdecken sein, denn erst dann könnten dieselben genau festgestellt werden, wenn am Schlusse der Geschäftsperiode die auf die einzelnen Buchnummern vereinnahmten

Beträge aus dem Lagerkassenbuch ausgezogen und mit den in den Einschreibebüchern der Mitglieder gebuchten Beträgen verglichen werden würden.

Die Fehlbeträge, die bei der Inventur nach Abrechnung der Mankovergütung sich ergeben, hat der Lagerhalter, wie bereits oben angedeutet, zu ersetzen. Für dieses zu begleichende Manko hat er einen Anspruch auf Dividende nicht, da angenommen werden muß, daß er bereits die Dividendenmarken dafür ausgegeben hat. Dagegen hat der Lagerhalter Anspruch auf die Umsatzprovision von dem ganzen Betrage des Verkaufserlöses, einschließlich des Betrages der von ihm entnommenen Waren und des von ihm ersetzten Warenmankos.*)

Mit dem Lagerhalter ist, wie bemerkt, ein Vertrag (Form. 11) abzuschließen, der sein Verhältnis zum Konsumverein genau regelt; eine besondere Geschäftsanweisung soll dem Lagerhalter als Richtschnur für die Erfüllung aller seiner Obliegenheiten dienen (Form. 12). Auf eine sorgfältige Ausarbeitung des Vertrages ist großes Gewicht zu legen; sind in demselben nicht die beiderseitigen Rechte und Pflichten genau festgesetzt, so ergeben sich bei dem Abgang des Lagerhalters erfahrungsgemäß leicht Streitigkeiten, die nicht selten zu Verlusten für die Genossenschaft führen. Dabei sei noch auf die Notwendigkeit aufmerksam gemacht, sowohl bei Antritt der Stelle wie bei Austritt des Lagerhalters in seiner Gegenwart eine sorgfältige Inventur aufzunehmen und das Inventurprotokoll von ihm unterschreiben zu lassen (vgl. achtes Kapitel), damit die Genossenschaft für spätere Ansprüche auf Ersetzung von Manko ohne Schwierigkeiten den Beweis erbringen kann, welche Waren der Lagerhalter erhalten und welche er zurückgegeben hat. Vgl. auch im siebenten Kapitel Abschnitt II über das Verfahren bei der regelmäßigen Übergabe der Waren an den Lagerhalter zum Verkauf.

II. Andere Angestellte.

Mit der größeren Entwickelung eines Konsumvereins wird sich die Zahl der Angestellten vermehren, es werden weitere Hilfskräfte herangezogen werden müssen; außer den Lagerhaltern und den Ver-

---

*) Der allgemeine Genossenschaftstag in Neustadt a. d. Haardt, 1898, faßte folgenden Beschluß:

Die sorgfältige Marken- und Wareninventur im Lager des Konsumvereins gehört zu den wesentlichsten Obliegenheiten von Vorstand und Aufsichtsrat.

Die Marken- und Wareninventur muß auf den Schluß der Geschäftsperiode vorgenommen werden und hat außerdem bei den Genossenschaften, deren Geschäftsjahr mehr als $^1/_2$ Jahr umfaßt, auch während des Geschäftsjahres zu erfolgen.

Für die Inventur gelten die in Nr. 32 der Blätter für Genossenschaftswesen von 1898 bekannt gegebenen Grundsätze. (Diese Grundsätze sind im obigen niedergelegt.)

käufern werden Buchhalter, Kassenbeamte, Zentrallagerverwalter anzustellen sein. Konsumvereine, die eigene Produktion betreiben, müssen Werkstattsleiter und Arbeiter anstellen.

Was über die Stellung der Lagerhalter als Bevollmächtigten des Konsumvereins gesagt worden ist, gilt auch für die anderen Angestellten, insofern sie als Handlungs- oder Gewerbegehilfen zu betrachten sind; ihnen steht eine Einwirkung auf die Geschäftsführung nicht zu, sie haben nur den Betrieb von den besonderen Geschäften der Genossenschaft zu besorgen, die ihnen übertragen werden; auch mit diesen Angestellten sind durch den Vorstand besondere Verträge abzuschließen, ihre Anstellung erfolgt infolge Beschlusses von Vorstand und Aufsichtsrat,*) während die Entlassung auch durch den Vorstand allein, ohne Zustimmung des Aufsichtsrats erfolgen kann. Die Kautionsbestellung ist je nach der Art der Geschäfte der Einzelnen von ihnen zu fordern.

Annahme und Entlassung von Arbeitern für die Verkaufs- und Zentrallager, von Haus- und Kontordienern muß indes dem Vorstande selbständig überlassen bleiben. Die Annahme von Handwerkern und Arbeitern für die Produktionsbetriebe ist zweckmäßig dem Leiter dieser Produktionsbetriebe zu übertragen, selbstverständlich unter Verständigung mit dem Vorstande über die Zahl der Einzustellenden, Löhnung derselben usw.

III. Invaliditäts- und Altersversicherung, Krankenversicherung der Lagerhalter und anderen Angestellten. Unfall- und Haftpflichtversicherung.

Nach der Bestimmung in § 1 des Invaliditäts- und Altersversicherungsgesetzes vom 13. Juli 1899 sind vom vollendeten 16. Lebensjahre auf Grund dieses Gesetzes zu versichern: Personen, welche als Arbeiter, Gehilfen, Gesellen, Lehrlinge oder Dienstboten gegen Lohn oder Gehalt beschäftigt werden, ferner Betriebsbeamte, Werkmeister und Techniker sowie Handlungsgehilfen und -Lehrlinge, welche Lohn oder Gehalt beziehen, deren regelmäßiger Jahresarbeitsverdienst an Lohn oder Gehalt 2000 Mark nicht übersteigt. Die Lagerhalter, Bureau-, Kassen-, Magazin- und die als Handlungsgehilfen und Betriebsbeamte zu betrachtenden Angestellten eines Konsumvereins sind also nur in letzterem Falle, Arbeiter aber in jedem Falle zu versichern.

Die Beiträge zur Versicherung sollen nach dem Gesetz vom Arbeitgeber und von dem Versicherten zu gleichen Teilen getragen werden;

*) Die verantwortlichen Angestellten in gewerblichen Betrieben von Konsumvereinen (Werkstattsleiter ꝛc.) sind nicht als Handlungsgehilfen oder Handlungsbevollmächtigte zu betrachten, sondern als Gewerbegehilfen; auf die Anstellung dieser Beamten eines Konsumvereins treffen nicht die §§ 59 ff. des Handelsgesetzbuches, sondern die Bestimmungen der §§ 105 ff. der Reichsgewerbe-Ordnung, Tit. VII. gewerbliche Arbeiter (Gesellen, Gehilfen, Lehrlinge, Betriebsbeamte, Werkmeister, Techniker, Fabrikarbeiter), zu.

es muß jedoch den Konsumvereinen empfohlen werden, die Beiträge in ganzer Höhe aus der Vereinskasse zu zahlen, ihren versicherungspflichtigen Angestellten diese Beträge als einen kleinen Zuschuß zu ihrem Einkommen zu gewähren.

Nach der Anleitung des Reichs-Versicherungsamtes vom 31. Oktober 1890, Nr. XVIII, muß angenommen werden, daß das nicht vom Verein selbst, sondern vom Lagerhalter angestellte und entlohnte Hilfspersonal ebenso zu versichern ist, wie die vom Verein selbst Angestellten; die Versicherungsbeiträge für jene sind daher ebenso wie für letztere vom Verein, nicht vom Lagerhalter, zu entrichten, da der Verein der eigentliche Arbeitgeber ist.

Familienangehörige des Lagerhalters über 16 Jahre, die im Vereine tätig sind, sind versicherungspflichtig, wenn sie regelmäßig beschäftigt werden und entsprechenden Barlohn erhalten; sie werden auch dann als versicherungspflichtig zu betrachten sein, wenn sie zwar nicht einen entsprechenden Barlohn erhalten, wenn aber mit Rücksicht auf ihre Hilfeleistung dem Lagerhalter, dem Familienoberhaupte, ein höheres Gehalt vom Verein gezahlt wird; § 3 Ziffer 2 des Invaliditäts- und Altersversicherungsgesetzes bestimmt zwar, daß eine Beschäftigung, für welche als Entgelt nur freier Unterhalt gewährt wird, nicht als eine die Versicherungspflicht begründende Beschäftigung gilt, indem der Verein dem Lagerhalter aber für die Hilfeleistung seiner Angehörigen ein höheres Gehalt zahlt, tritt das Moment der Versicherungspflicht ein — der Verein ist der Arbeitgeber, er zahlt Barlohn.

Bezüglich der Vorstandsmitglieder der Konsumvereine ist zu bemerken, daß nach einer auch heute noch maßgebenden Entscheidung des Reichsversicherungsamtes vom 29. September 1898 über den Rentenanspruch eines versichert gewesenen Vorstandsmitgliedes einer Genossenschaft, Vorstandsmitglieder von Genossenschaften als Betriebsbeamte für versicherungspflichtig betrachtet worden sind, wenn ihr Gehalt 2000 Mark nicht übersteigt. Bei denjenigen Konsumvereinen — den meisten bestehenden —, deren Vorstandsmitglieder im Nebenamte tätig sind, wird die Frage der Versicherungspflicht der letzteren nicht in Betracht kommen, da sie in ihrem Hauptberuf versichert sein werden, wenn sie in diesem versicherungspflichtig sind.

Es kommt jedoch für die Versicherungspflicht der Vorstandsmitglieder, Lagerhalter und sonstigen kaufmännischen Gehilfen — nicht aber der Arbeiter, die versicherungspflichtig sind, auch wenn sie mehr als 2000 Mk. Verdienst haben — nicht nur der Arbeitsverdienst bei der Genossenschaft in Betracht, sondern der Gesamtarbeitsverdienst dieser Personen, auch der aus etwaiger anderer Beschäftigung;*) dagegen kommt nicht die Einnahme aus Vermögensbesitz in Betracht.

*) Nr. XVI der Anleitung des R.-V.-A.: . . . . Ist ein Betriebsbeamter rc. gleichzeitig bei mehreren Arbeitgebern beschäftigt und bezieht hierfür insgesamt an Lohn oder Gehalt regelmäßig mehr als 2000 Mk., so ist derselbe nicht versicherungspflichtig.

Der Krankenversicherung unterliegen nach § 1 und § 2b des Krankenversicherungsgesetzes Personen, welche im Handelsgewerbe beschäftigt sind, wenn ihr Gehalt 2000 Mark für das Jahr nicht übersteigt.

Die im Produktionsbetriebe von Konsumvereinen gegen Gehalt oder Lohn beschäftigten Personen sind versicherungspflichtig.

Für die Versicherungspflicht kommt auch der nachstehende § 75 des Krankenversicherungsgesetzes in Betracht, in welchem es heißt: „Mitglieder der auf Grund des Gesetzes über die eingeschriebenen Hilfskassen errichteten Kassen sind von der Verpflichtung, der Gemeindekrankenversicherung oder einer nach Maßgabe dieses Gesetzes errichteten Krankenkasse anzugehören, befreit, wenn die Hilfskasse, welcher sie angehören, allen ihren versicherungspflichtigen Mitgliedern, oder doch derjenigen Mitgliederklasse, zu welcher der Versicherungspflichtige gehört, im Krankheitsfalle mindestens diejenigen Leistungen gewährt, welche nach Maßgabe der §§ 6 und 7 von der Gemeinde, in deren Bezirk der Versicherungspflichtige beschäftigt ist, zu gewähren sind." — Vorstandsmitglieder sind in dieser Stellung nach den Bestimmungen des Krankenversicherungsgesetzes nicht versicherungspflichtig.

Es ist der Fall zu berücksichtigen, in welchem Lagerhalter, deren Einkommen bei der Genossenschaft mehr als 2000 Mk. jährlich beträgt, aus diesem Einkommen Hilfskräfte — Verkäufer, Arbeiter — zu entlohnen haben, so daß durch diese Entlohnungen das Einkommen der Lagerhalter unter 2000 Mk. sinkt: sie sind als Handlungsgehilfen zu betrachten, deren jährliches Einkommen 2000 Mk. nicht übersteigt.

Die versicherungspflichtigen, nicht einer Hilfskasse angehörenden Personen sind spätestens am dritten Tage nach Beginn der Beschäftigung zur Versicherung anzumelden und spätestens am dritten Tage nach Beendigung derselben wieder abzumelden. Die Anmeldungen erfolgen, wo Ortskrankenkassen bestehen, bei den durch Statut dieser Kassen bestimmten Stellen, im übrigen bei der Gemeindebehörde oder einer von dieser zu bestimmenden Meldestelle. Die Beiträge zu der Krankenversicherung sind unter verschiedenen Voraussetzungen festgesetzt; die von der Gemeinde zu erhebenden Versicherungsbeiträge sollen, solange nicht etwas anderes festgesetzt ist, $1\frac{1}{2}$ % des ortsüblichen Tagelohnes nicht übersteigen. Die Beiträge zur Krankenversicherung entfallen bei versicherungspflichtigen Personen zu zwei Dritteln auf diese, zu einem Drittel auf ihre Arbeitgeber; die Arbeitgeber sind verpflichtet, die Beiträge für die von ihnen beschäftigten Personen bei der betreffenden Geschäftsstelle einzuzahlen. Auch diese Versicherungsbeiträge werden die Konsumvereine aus ihren Mitteln in ganzer Höhe bestreiten.

Schließlich ist den Konsumvereinen der Abschluß von Unfallversicherungsverträgen für ihre Vorstandsmitglieder und Angestellten, sowie von Haftpflichtversicherungsverträgen für die Genossenschaft selbst zu empfehlen. Die Konsumvereine mit Speicherei-

(Zentrallager, Kohlenlager) oder Kellereibetrieb (Weinkeller) sind verpflichtet, ihre in diesen Betrieben beschäftigten Arbeiter bei der Berufsgenossenschaft für Speditions-, Speicher- und Kellereibetrieb gegen Schädigungen an ihrer Erwerbsfähigkeit infolge von Unfällen zu versichern*) und ebenso die Konsumvereine, die in ihren Produktionsbetrieben — z. B. Bäckerei — mindestens zehn Arbeiter beschäftigen, oder die irgend einen Maschinenbetrieb haben — z. B. einen Gasmotor zum Betriebe von Teigknet- und Wirkmaschinen, Kaffee- und Gewürzmühlen und dgl. —, die in jenen Betrieben Beschäftigten. Zur Versicherung der nicht dem Unfallversicherungszwange unterliegenden Vorstandsmitglieder und Angestellten, der Lagerhalter, Verkäufer und Verkäuferinnen, der Arbeiter besteht aber gewiß eine moralische Verpflichtung für die Konsumvereine; die Konsumvereine können sich nicht der Sorge für ihre Angestellten entziehen, die in treuer Ausübung ihres Berufs bei der Genossenschaft zu Schaden gekommen sind, und sie würden, wenn sie nicht für dieselben eine Unfallversicherung eingehen, diese Sorge selbst tragen müssen, während sie ihnen durch die Versicherung abgenommen wird. Vielfach können die Ursachen solcher Unfälle sein; bei der Handhabung schwerer Kisten, Fässer, Säcke pflegen sie sich zuzutragen, ohne daß der von ihnen Betroffene eine Schuld daran zu haben braucht. Gegen die Schädigungen an ihrer Gesundheit und ihrer Erwerbsfähigkeit sollte deshalb die Genossenschaft auch die nicht der gesetzlichen Unfallversicherung unterliegenden Angestellten versichern, die in den Geschäftszweigen tätig sind, die sie solchen Unfällen aussetzen. Vom Vorstande wird in der Regel bei kleinen und mittleren Vereinen nur der Geschäftsführer gegen Unfall zu versichern sein, da dieser teilweise im Lager, Keller, auf dem Vorratsboden des Vereins beschäftigt sein muß, wo er Unfällen ausgesetzt ist, während der Kassierer und der Kontrolleur bei solchen Vereinen ihre Tätigkeit auf Kontorarbeiten beschränken. Aufsichtsratsmitglieder werden gegen die Schädigungen durch Unfälle zu versichern sein, die sich während ihrer Teilnahme an den Inventuraufnahmen ereignen können. Die Unfallversicherung erstreckt sich auf Krankheit, Invalidität und auf Tod, sämtlich infolge von Unfällen im Bereiche des Betriebes des Konsumvereins, wobei es gleichgültig ist, ob der Unfall mit oder ohne Schuld des von demselben Betroffenen eingetreten ist.

Eine Haftpflicht besteht für die Konsumvereine für allen Schaden an der Gesundheit von Personen, welcher durch irgend eine Verschuldung im Geschäftsbetriebe der Konsumvereine verursacht wird; so hat der Konsumverein diese Haftpflicht vor allem als Arbeitgeber gegenüber den Angestellten, die in den Geschäftsräumen, Lagern, Magazinen usw. der Genossenschaft durch eine Fahrlässigkeit in den Betriebseinrichtungen zu Schaden kommen; es kann die Genossen-

*) Entscheidung des Reichsversicherungsamtes vom 22. September 1898 in Sachen des Konsumvereins Rathenow, e. G. m. b. H.

schaft auch dritten fremden Personen gegenüber für sich und ihre Angestellten und Beauftragten haftpflichtig gemacht werden aus Schädigungen jener, die gleichen Ursachen entspringen. Der Konsumverein haftet ferner als Hausbesitzer, wenn infolge mangelhafter Treppenbeleuchtung, schadhafter Aufgänge, fehlender Treppengeländer, offenstehender Kellertüren und sonstiger Öffnungen, infolge nicht ordnungsmäßiger Reinigung des Bürgersteiges (letzteres namentlich im Winter bei Glatteis), des Herabfallens von Dachziegeln, Mörtelstücken, Schnee usw., Personen getötet oder verletzt werden; er kann haftpflichtig gemacht werden, wenn durch Explosionen von Gaseinrichtungen, Heizungsröhren usw. Verletzungen dritter Personen herbeigeführt werden und wenn durch seinen Fuhrwerksbetrieb Angestellte des Vereins oder dritte fremde Personen Schaden erleiden. Der Allgemeine Verband der Deutschen Erwerbs- und Wirtschaftsgenossenschaften hat sowohl bezüglich der Unfall- als auch der Haftpflichtversicherung Verträge mit dem Allgemeinen Deutschen Versicherungs-Verein in Stuttgart abgeschlossen, durch welche den Konsumvereinen des Allgemeinen Verbandes Vorzugsbedingungen bei Eingehen solcher Versicherungen gewährt werden. Versicherungsbedingungen und Antragsformulare stellt die Geschäftsstelle des Allgemeinen Verbandes zur Verfügung.

Es ist erfreulich, feststellen zu können, daß die freiwillige Unfallversicherung bei den Konsumvereinen mehr und mehr Eingang findet, aber es muß auch darauf hingewiesen werden, wie dies aus den vorhergehenden Ausführungen schon ersichtlich ist, daß die Haftpflichtversicherung der Lagerhalter und Angestellten die Unfallversicherung derselben nicht ersetzen kann, wie dies irrtümlich bisweilen angenommen wird.

Sechstes Kapitel.

Betriebsmittel des Konsumvereins.

Die Beschaffung des ersten Betriebskapitals des Konsumvereins, das zur Eröffnung des Geschäftsbetriebes erforderlich ist, ist eine der ersten Aufgaben derer, die sich zur Errichtung eines Konsumvereins zusammengetan haben. Es ist bereits bei Besprechung der vorbereitenden Schritte (S. 8) darauf hingewiesen worden, in welcher Weise die Beschaffung dieses Kapitals vor sich gehen soll, und es ist davor gewarnt worden, Warenkredit bei den Lieferanten zur Errichtung der Genossenschaft zu benutzen und, soweit es sich vermeiden läßt, die vom Lagerhalter und von Vorstandsmitgliedern hinterlegten Kautionen als Betriebskapital zu verwenden.

Gar zu gern wird von den Lieferanten jungen Genossenschaften Warenkredit angeboten; wie schädlich dieser Kredit wirken muß, wird im folgenden Kapitel des Näheren dargelegt werden; gegen allgemeine genossenschaftliche Grundsätze, welche die Beseitigung des Warenkredits im weiteren volkswirtschaftlichen Interesse anstreben, verstoßen die Genossenschaften, die den Warenkredit der Lieferanten als Betriebsmittel in Anspruch nehmen, und sie schädigen die Interessen der Genossenschaft selbst schwer. Auch die Kautionen sollen nicht als Betriebskapital benutzt werden; denn sie sollen jederzeit frei sein zur Sicherung der Genossenschaft gegen etwaige Schädigungen durch den betreffenden Angestellten oder zur Rückgabe an den Kautionssteller bei Auflösung des Vertragsverhältnisses. Demgemäß ist auch in den Sonderverhandlungen der Konsumvereine auf dem Allgemeinen Genossenschaftstage in Augsburg, 1895, der Beschluß gefaßt worden: „Den Vereinen wird dringend empfohlen, die Kautionen der Vorstandsmitglieder und Lagerhalter nicht als Betriebskapital zu verwenden."

Ist die Genossenschaft mit Mitteln errichtet, die in Form von Darlehen aufgenommen oder als Einzahlungen auf den Geschäftsanteil gebildet sind, und sind damit die Anschaffungen der ersten Warenvorräte und des Inventars durch bare Zahlung bestritten, so wird es dem neuen Konsumvereine bald nicht an genügendem eigenen Betriebskapital mangeln, wenn er an dem Grundsatze der Barzahlung beim Warenverkauf festhält, — wenn er sich nicht von zudringlichen Geschäftsreisenden schwer oder gar nicht verkäufliche Waren aufdrängen läßt, — und wenn er schließlich darauf achtet, daß sein Warenbestand stets in einem richtigen Verhältnis zum Warenabsatze steht, d. h. ein nicht zu großer ist, worüber das nächste Kapitel ausführlich handeln wird.

Durch die Barzahlung der Mitglieder beim Warenverkauf in dem Konsumvereine gehen Beträge ein, aus welchen die Warenbestände ergänzt werden können; die Einzahlungen auf die Geschäftsguthaben und die Ansammlungen der Dividenden dienen zu gleichen Zwecken, sie sind eigene Mittel der Genossenschaft, die allmählich sich so verstärken werden, daß auch die als Darlehen bei Errichtung der Genossenschaft aufgenommenen fremden Gelder zurückgezahlt werden können.

Die Wichtigkeit des raschen Umsatzes des Lagers ist für die Flüssigkeit der Betriebsmittel des Konsumvereins von größter Bedeutung, und wird deshalb auch namentlich in den ersten Jahren eines Vereins soviel als möglich davon absehen lassen, Waren anzuschaffen, die sich ihrer Natur nach nur langsam umsetzen lassen oder von derselben Ware mehr als die gangbarsten Sorten zu beziehen. In welcher Höhe die zur Errichtung der Genossenschaft notwendigen Mittel anzusammeln sind, hängt natürlich ganz von dem voraussichtlichen Umfange des Geschäftes, welcher wiederum nach der Zahl und der Konsumtionskraft derer zu berechnen ist, die den Verein bilden wollen, ab.

Der Allgemeine Genossenschaftstag in Eisenach, 1878, hat den Konsumvereinen dringend empfohlen, darauf zu achten, daß das Warenlager mindestens fünfmal im Jahre umgesetzt werde. Danach und nach geschehener Schätzung des Jahresverkaufserlöses, sowie nach Berücksichtigung der Kosten des Inventars, ist der Betrag zu berechnen, der zur Eröffnung des Betriebes eines Konsumvereins erforderlich ist.

Die Betriebsmittel des neu errichteten Konsumvereins werden, wie oben gesagt, durch sein eigenes Vermögen und durch die angeliehenen fremden Gelder gebildet. Das eigene Vermögen besteht aus den Geschäftsguthaben der Mitglieder und aus den Reservefonds. Zu den angeliehenen fremden Geldern gehören die Spareinlagen der Mitglieder und die aufgenommenen Anlehen.

I. Eigenes Vermögen.

a) Geschäftsanteil.

Nach dem Genossenschaftsgesetz muß das Statut einer eingetragenen Genossenschaft bestimmen:

den Betrag, bis zu welchem sich die einzelnen Genossen mit Einlagen beteiligen können (Geschäftsanteil),

sowie die Einzahlungen auf den Geschäftsanteil, zu welchen jeder Genosse verpflichtet ist; dieselben müssen bis zu einem Gesamtbetrage von mindestens einem Zehnteile des Geschäftsanteils nach Betrag und Zeit bestimmt sein (§ 7 Nr. 2 des Ges.).

Geschäftsanteil bedeutet den Höchstbetrag, bis zu dem sich ein Mitglied mit Mitgliedereinlagen beteiligen kann, — mit Geschäftsguthaben wird der jeweilige, sich aus Einzahlungen, zugeschriebenen Dividenden (bezw. nach abgeschriebenen Verlusten) ergebende Betrag bezeichnet, den das Einlagekonto der Mitglieder erreicht hat.

Es fragt sich zunächst, welcher Betrag für Konsumvereine durch das Statut als Geschäftsanteil festzusetzen ist. Es muß hierbei auf das oben Gesagte zurückgegriffen werden; derselbe Maßstab, der dort angegeben ist für die Aufbringung der Mittel zur Errichtung der Genossenschaft, — derselbe Maßstab ist anzulegen für die Festsetzung der Höhe des Geschäftsanteils durch das Statut, um allmählich durch die Ansammlung der Geschäftsanteile das Betriebskapital der Genossenschaft gänzlich durch die eigenen Mittel der Genossenschaft zu bilden, die aufgenommenen Anlehen abzustoßen. Wenn wir als Maßstab für die Mittel, die zur Eröffnung der Genossenschaft erforderlich sind, einen mindestens fünfmaligen Umsatz des Lagers im Jahre annahmen, so werden wir doch hier zwei Momente berücksichtigen können, erstens, daß mit Bezug auf den Umsatz allmählich ein Fortschritt eintreten wird, wenn die Genossenschaft gut geleitet ist, so daß sich der Umsatz des Lagers auf das sieben-, achtfache und noch mehr erhöhen wird, zweitens, daß der Teil der Eröffnungsmittel, der zur Anschaffung des Inventars, als Anlagekapital benutzt werden mußte, allmählich aus dem sich bildenden Reservefonds — wovon weiter unten — ersetzt werden wird.

Wir werden daher für die Bestimmung des Betrages des Geschäftsanteils einen höheren Umsatz, als einen fünffachen annehmen können; nach den statistischen Erhebungen über die Geschäftsergebnisse der Konsumvereine ist der Umsatz des Lagers im Durchschnitt ein etwa achtmaliger; hält man an diesem Umsatz nach den obigen Ausführungen fest und nimmt man an, was auch durch die Statistik über die deutschen Konsumvereine bestätigt wird, daß jedes Mitglied im Durchschnitt jährlich fü rund 240 Mark Waren aus dem Lager des Konsumvereins kauft, hält man dann an dem Grundsatz fest, daß die Genossenschaft dahin gelangen soll, nur mit eigenem Betriebskapital zu arbeiten, so ergibt sich als Betrag des durch Statut festzusetzenden Geschäftsanteils der Betrag von 30 Mark — der Quotient von 8 : 240. Es wird diese Berechnung unter Umständen eine Änderung erfahren, nämlich dann, wenn der Konsumverein schwerer verkäufliche Waren, außer Material- und Kolonialwaren, führen will, z. B. Schnittwaren; dann könnte es erwünscht sein, den Betrag des Geschäftsanteils höher zu nehmen. Im allgemeinen wird jedoch der Betrag von 30 Mark genügen, er sollte jedenfalls niemals niedriger bestimmt werden, um die Genossenschaft bald auf eine ganz von fremden Betriebskapital unabhängige Grundlage zu stellen. Der Allgemeine Genossenschaftstag in Stettin, 1893, hat deshalb beschlossen, den Konsumvereinen zu empfehlen, den Geschäftsanteil dem Geschäftsverkehr entsprechend hoch und in Konsumvereinen mit beschränkter Haftpflicht niemals unter 30 Mark festzusetzen (§ 44 des Statuts.)

Der Geschäftsanteil kann von den Mitgliedern entweder sogleich beim Eintritt voll eingezahlt werden, er kann auch allmählich angesammelt werden. Die Ansammlung geschieht durch einzelne Einzahlungen und durch Zuschreibung der auf das Mitglied entfallenden Gewinnanteile. Um einem möglichst weiten Kreise, um auch den am wenigsten Bemittelten den Eintritt in den Konsumverein zu erleichtern, sollen die auf den Geschäftsanteil zu leistenden Einzahlungen niedrig festgesetzt werden; das Statut bestimmt in § 44, daß beim Eintritt sogleich mindestens 1 Mark und im Verlaufe von weiteren drei Monaten noch mindestens 2 Mark eingezahlt sein müssen. Damit ist der gesetzlichen Bestimmung genügt, daß bis zu einem Gesamtbetrage von mindestens einem Zehnteile des Geschäftsanteiles die zu leistenden Einzahlungen nach Betrag und Zeit bestimmt sein müssen. Indem von den Mitgliedern sofort eine Einzahlung beansprucht wird, wird auch der wirtschaftlichen Anforderung genügt, daß sie mit einer wenn auch nur kleinen Summe am Risiko des Geschäfts beteiligt sind und ein größeres Verantwortlichkeitsgefühl für das gemeinsame Unternehmen haben. 1 Mark ist auch, wie die Erfahrung lehrt, kein Beitrag, der nicht auch von unbemittelten Leuten geleistet werden könnte. Verlangen doch manche Vereine sogleich 2 oder 3 Mark, ohne daß darunter das Wachstum ihrer Mitgliederzahl gelitten hätte. Es genügt aber, die weiteren 2 Mark in den nächsten drei Monaten einzahlen zu lassen. Weitere Einzahlungen vorzuschreiben scheint nicht notwendig, denn wie sogleich ausgeführt werden wird, werden die Gewinnanteile des Mitgliedes dem Geschäftsanteil zugeschrieben, wodurch das Mitglied in ein bis zwei Jahren in den Besitz des Geschäftsanteils gelangt, ohne sich weitere Entbehrungen aufzuerlegen, allein durch die beim Warenbezug erzielten Ersparnisse.

Die im Statut festgesetzten Einzahlungen aber müssen auch eingezogen werden, sie dürfen insbesondere nicht erlassen werden (§ 22 des Ges.). Zur Erfüllung des Geschäftsanteiles werden am Schlusse der Geschäftsperioden die Gewinnanteile — Dividenden — des Mitgliedes auf das Konto des Geschäftsanteiles überschrieben. Es ist zu empfehlen, die Gewinnanteile so lange nicht zur Auszahlung zu bringen, bis der Geschäftsanteil erreicht ist (§ 19 des Ges.), um, wie schon oben ausgeführt wurde, die eigenen Betriebsmittel der Genossenschaft sobald als möglich auf die erforderliche Höhe zu bringen.

Für das Geschäftsguthaben dürfen Zinsen von bestimmter Höhe nicht vergütet werden (§ 21 Abs. 1 des Ges.), jedoch ist die Zuweisung einer Kapitaldividende auf die Geschäftsguthaben aus dem Reingewinn gesetzlich statthaft. Der Unterschied liegt darin, daß eine in Aussicht gestellte Verzinsung gewährt werden müßte, auch wenn kein Reingewinn erzielt wäre — die Zahlung einer Kapitaldividende setzt aber den entsprechenden Reingewinn voraus.

Das Geschäftsguthaben eines Genossen darf, solange der Genosse nicht ausgeschieden ist, von der Genossenschaft nicht ausgezahlt oder im geschäftlichen Betriebe zum Pfande genommen werden (§ 22 Abs. 2 des Ges.). Das Geschäftsguthaben des ausgeschiedenen Genossen ist demselben binnen sechs Monaten nach dem Ausscheiden auszuzahlen. Es ist hierüber auf Seite 24 das Nähere behandelt.

Bei Genossenschaften mit beschränkter Haftpflicht ist der Erwerb mehrerer Geschäftsanteile zulässig (§ 45 des Statuts, Anmerkung); das Statut muß in diesem Falle eine besondere, diese Beteiligung zulassende Bestimmung enthalten, unter Festsetzung der höchsten Zahl der zu erwerbenden Geschäftsanteile. Wie Seite 15 bei den Ausführungen über die Grundsätze der beschränkten Haftpflicht schon gesagt worden ist, erhöht sich die Haftung eines Genossen, welcher auf mehr als einen Geschäftsanteil beteiligt ist, auf das der Zahl der Geschäftsanteile entsprechende Vielfache der Haftsumme (§ 135 des Ges.), die durch das Statut festgesetzt ist (Anmerkung zu § 45 des Statuts). Bevor aber der erste Geschäftsanteil erreicht ist, darf die Beteiligung des Genossen auf einen zweiten Geschäftsanteil seitens der Genossenschaft nicht zugelassen werden und das gleiche gilt von der Zulassung zu jedem weiteren Geschäftsanteile (§ 136 des Ges.). Will sich ein Genosse mit einem weiteren Geschäftsanteile beteiligen, so muß er eine von ihm zu unterzeichnende, unbedingte Erklärung (Form. 20) abgeben. Diese Erklärung ist von dem Vorstande nach der Zulassung des Genossen zu dem weiteren Geschäftsanteile behufs Eintragung des letzteren in die Liste der Genossen dem Gerichte einzureichen. Zugleich muß der Vorstand schriftlich versichern, daß die übrigen Geschäftsanteile des Genossen erreicht seien (§ 137 des Ges., Form. 32). Die Erklärung zur Beteiligung auf einen weiteren Geschäftsanteil braucht nicht ohne Verzug eingereicht zu werden; es kann dies an den für die Einreichung der Beitrittserklärungen festgesetzten Tagen geschehen.

Es ist indes die Zulassung des Erwerbes mehrerer Geschäftsanteile bei den Konsumvereinen in der Regel nicht erforderlich, sie ist entbehrlich, da durch genügend hoch normierten Geschäftsanteil die Ansammlung des eigenen Betriebskapitals in genügender Weise erfolgt. Wegen der Übertragung des Geschäftsguthabens an einen anderen zum Zwecke des Ausscheidens aus der Genossenschaft sei auf die Ausführungen auf Seite 21, 25 hingewiesen, wegen der Pfändung des Geschäftsguthabens, des Rechts der Genossenschaft, mit dem Geschäftsguthaben aufzurechnen und wegen der Verjährung der Frist auf Auszahlung des Geschäftsguthabens auf Seite 24—26.

b) Reservefonds.

Zu dem eigenen Vermögen des Konsumvereins gehört der Reservefonds. Nach dem Genossenschaftsgesetz muß das Statut die Bildung eines Reservefonds bestimmen, welcher zur Deckung eines aus der Bilanz sich ergebenden Verlustes zu dienen hat (§ 7 Nr. 4 des Ges.). Der gesetzlich erforderliche Reservefonds darf also zu Abschreibungen erst herangezogen werden, wenn die Geschäftserträgnisse der Geschäftsperiode zur Deckung von Verlusten nicht ausreichen; zu den Verlusten gehören auch Abschreibungen an Waren, die durch Verderben, durch Unverkäuflichkeit usw. notwendig werden.

Das Statut muß Bestimmungen enthalten über die Art der Bildung des Reservefonds, wieviel z. B. vom Reingewinn dem Reservefonds zu überweisen ist, und über die Höhe des Reservefonds (§ 7 Nr. 4 des Ges.). Über die Höhe des Reservefonds haben auf früheren Genossenschaftstagen — Leipzig 1868, München 1875, Weimar 1884, Karlsruhe 1885, Kolberg 1886 — eingehende Verhandlungen stattgefunden; man einigte sich dahin, daß sich diese Höhe allein nach den Gefahren richten müsse, denen der Verein bei seinem Geschäftsbetriebe ausgesetzt ist, und man sah von dem Vorschlag eines bestimmten Verhältnisses ab; auf dem Allgemeinen Genossenschaftstage in Kolberg, 1886, wurde beschlossen, den Genossenschaften zu empfehlen, bei der Festsetzung der Höhe des Reservefonds zu berücksichtigen, ob der Verein

a) nur leicht verkäufliche Lebensbedürfnisse oder auch der Mode und starken Wertveränderungen unterworfene Schnitt- oder andere Waren führt,
b) zur eigenen Produktion übergegangen ist,
c) Grundbesitz oder
d) starke Warenschulden und ein ungenügendes eigenes Betriebskapital hat.

Verluste können den Konsumvereinen hauptsächlich aus dem Warengeschäfte entstehen; es ist deshalb richtig, zunächst die durchschnittlichen Warenbestände zur Bemessung des Höchstbetrages des Reservefonds heranzuziehen. Es wird dabei wohl zu berücksichtigen sein, welcher Art diese Warenbestände sind; schwerer verkäufliche, der Mode oder starken Wertveränderungen unterworfene Warenvorräte bedingen höhere Reserven. Ebenso laufen Vereine, die zur eigenen Produktion übergegangen sind, größeres Risiko, ihre Reserven werden höhere sein müssen.

Das Statut bestimmt nun in § 51, daß der Reservefonds im Verhältnis zum **Gesamtbetriebskapital** stehen soll, denn dem Gesamtbetriebskapital stehen die Risiken im wesentlichen in gleicher Höhe gegenüber, und auf die Risiken nach dem Kolberger Beschluß bei Bemessung der Höhe der Reserven Rücksicht zu nehmen; das Statut setzt das Verhältnis des Reservefonds zum Gesamtbetriebskapital daher auf 5% fest. Gleichzeitig aber muß empfohlen werden, für Geschäftszweige, aus welchen den Konsumvereinen besonderes Risiko erwächst, **Spezialreservefonds** zu bilden.

Solche **Spezialreservefonds** sind zweckmäßig für **Schnitt-** und **Modewaren** anzulegen, für **Produktionszweige**, wenn solche eingeführt werden, und für **Grundbesitz**; aus ihnen werden Verluste gedeckt, welche in diesen Geschäftszweigen entstehen, bei Grundbesitz eventuell auch Mietsverluste, ohne daß der Ertrag der betreffenden Geschäftsperiode hierzu herangezogen zu werden braucht; wie oben gesagt, kann der gesetzliche Reservefonds erst nach Abschreibung der Erträge der betreffenden Geschäftsperiode zur Deckung von Verlusten verwendet werden. Die Höhe dieser Spezialreservefonds muß sich nach dem Umfange des betreffenden Geschäftszweiges richten, das oben für den gesetzlichen Reservefonds angedeutete Verhältnis wird auch hier als Maßstab dienen können. Über die besonderen Zwecke dieser Reserven Bestimmungen im Statut zu treffen, ist nicht erforderlich, es genügt, wenn dies durch Generalversammlungsbeschluß geschieht.

Die Bildung des gesetzlichen, des Hauptreservefonds, über welchen das Statut Bestimmungen zu treffen hat, geschieht durch Zuführung von Teilen des Reingewinnes, der Eintrittsgelder neuer Mitglieder und sonstiger besonderen, durch die Generalversammluug beschlossenen Überweisungen, auch nicht abgehobene Geschäftsguthaben Ausgeschiedener sind nach eingetretener Verjährung (S. 25) dem Reservefonds zu überweisen, nicht etwa mit dem Geschäftsertrage zur Verteilung zu bringen.

Das Statut überläßt die Höhe der aus dem Reingewinn dem Reservefonds zu überweisenden Beträge der Bestimmung der einzelnen Vereine; es werden mindestens 5—10% des Reingewinns jeder Geschäftsperiode dem Reservefonds überwiesen werden müssen, um möglichst bald das oben erwähnte Verhältnis herzustellen.

Der Betrag des Eintrittsgeldes der dem Vereine neu beitretenden Mitglieder, welches dem Reservefonds überwiesen werden soll, gleichsam als ein nachträglicher Beitrag der neu Beitretenden zu dem, was die alten Mitglieder aus ihrem Reingewinn bereits angesammelt haben, ist möglichst niedrig zu bestimmen, damit Unbemittelten der Eintritt erleichtert wird. Das Statut (§ 49) setzt das Eintrittsgeld deshalb auf 50 Pfg. fest.

Über die Bildung der Spezialreserven und über die Zuweisungen zu denselben hat die Generalversammlung nach § 59 des Statuts („oder zu anderen Zwecken verwendet wird") zu beschließen; die Höhe dieser Zuweisungen wird nicht durch Statut bestimmt, sie kann je nach dem Erträgnisse des betreffenden Geschäftsjahres größer oder kleiner sein.

Zu den Spezialreservefonds kann man auch, obgleich ihre Bedeutung eine wesentlich andere als die oben geschilderte ist, die Fonds rechnen, die angesammelt werden, um aus ihnen gelegentliche oder regelmäßige Aufwendungen für Volksbildungs-, Wohltätigkeits- oder sonstige Zwecke — zur Feier von Gedenktagen des Vereins usw. — zu machen, die sogenannten Dispositionsfonds. Die Bildung solcher Fonds aber sollte stets nur durch die Generalversammlung beschlossen werden, da ihre Aufnahme in das Statut schon zu Weitläufigkeiten bei der Eintragung geführt hat.

Bau- und Hausreservefonds empfiehlt sich aus dem Reingewinn anzusammeln, wenn der Verein beabsichtigt, Neubauten vorzunehmen oder ein Haus zu erwerben; er braucht dann nicht Gelder zu diesem Zwecke anzuleihen, sondern kann aus seinen Ersparnissen die Kosten des Baues, den Erwerb des Hauses, oder, falls die angesammelten Beträge nicht ausreichen, doch einen mehr oder weniger großen Teil derselben damit bestreiten.

Die Anlage der Reservefonds außerhalb des Geschäftes ist nicht erforderlich; sie sollen solange als nur möglich mit im Geschäfte arbeiten, da sie auf diese Weise am besten verwendet werden und den größten Ertrag bringen. Können die Mittel des Vereins nicht mehr im eigenen Geschäft untergebracht werden, so muß die Genossenschaft auf eine andere, möglichst vorteilhafte, aber unbedingt sichere Anlage bedacht sein, bei welcher zu berücksichtigen ist, daß die Zinsvergütung nicht eine niedrigere ist, als die Kapitaldividende, welche die Genossenschaft den Mitgliedern auf die Geschäftsguthaben zahlt, weil andernfalls eine Schädigung der Genossenschaft die Folge sein würde. Es wird auch bei dauerndem Geldüberfluß aus eigenem Vermögen mit Vorsicht zu erwägen sein, ob die Genossenschaft mit der Einführung von Produktion in ihrem Geschäftsbetrieb vorgehen kann.

Der Bestand des Reservefonds verbleibt der Genossenschaft bis zu deren Auflösung; früher ausscheidende Mitglieder haben an den Reservefonds und an das sonstige Vermögen der Genossenschaft, also auch an die Spezialreservefonds, keinen Anspruch (§ 73 Abs. 2 des Ges.).

Stille Reserven, die in der Bilanz nicht als solche erkennbar sind, sammeln manche Vereine an in Gestalt besonders starker Abschreibungen vom Inventar oder von ihrem Grundbesitz oder von dem nach der Inventur sich ergebenden Warenbestand. Auch solche Abschreibungen vom Warenbestand können wohl begründet sein durch die rückläufige Konjunktur auf dem Warenmarkt.

II. Fremde Gelder.

Die Annahme fremder Gelder erfolgt zu verschiedenen Zwecken; in der ersten Zeit des Bestehens der Genossenschaft werden, wie bereits auf Seite 8 ausgeführt worden ist, fremde Gelder als Betriebskapital zur Beschaffung des Inventars und der Warenvorräte angeliehen werden müssen. Eine allmähliche Abstoßung dieser als Betriebskapital aufgenommenen fremden Gelder findet mit der fortschreitenden Bildung der Geschäftsanteile und der Reserven statt. Die zu dem genannten Zwecke aufgenommenen fremden Gelder werden in der Regel in größeren Beträgen, aus einer Hand, dem Konsumverein zufließen; oft sind es aber auch die kleinen Ersparnisse derer, die den Verein errichten wollen. Für diese Darlehen wird der Verein Schuldscheine ausstellen; es ist für dieselben eine Verzinsung, die den üblichen Sparkassenzinsfuß um $1/2 = 1\,\%$ übersteigt, und eine Kündigungsfrist von nicht weniger als drei Monaten zu vereinbaren. Etwas anders verhält es sich mit den Spareinlagen der Mitglieder. Es können die Spareinlagen der Mitglieder durch bare Einzahlungen gebildet werden, sie können auch durch Ansammlung der Gewinnanteile entstehen, welche die Mitglieder nach Erfüllung ihres Geschäftsanteils im Vereine belassen. In den weitaus meisten Fällen wird der Konsumverein eine Verwendung von solchen Spareinlagen als Betriebskapital nicht haben, nachdem er einige Zeit bestanden und nach den bewährten genossenschaftlichen Grundsätzen seinen Geschäftsbetrieb eingerichtet hat. Wie schon an anderer Stelle ausgeführt, wird ihm sein Betriebskapital allmählich durch die Ansammlung der Geschäftsanteile und des weiteren der Reserven erwachsen, er wird der Spareinlagen nicht bedürfen, sie können ihm unter Umständen sogar lästig werden, weil er Sorge tragen muß, mindestens so hohe Zinsen mit denselben herauszuwirtschaften, wie er auf die Spareinlageu vergütet. Eine besondere Sparkasse zur Entgegennahme von kleinen Sparbeträgen der Mitglieder einzurichten, wird nur bei solchen Konsumvereinen angebracht sein, die ein genügendes Beamtenpersonal haben, um die mit der Vereinnahmung und Auszahlung solcher Beträge, mit der Buchung und Zinsberechnung verbundene Arbeit bewältigen zu können, und die auch Gelegenheit haben, solche Spareinlagen, für die in der Regel im Geschäftsbetriebe des Konsumvereins keine Verwendung sein wird, außerhalb desselben durchaus sicher und zu etwas höherem Zinsfuße, als die Genossenschaft den Einlegern berechnet, unterzubringen. Es sind nur in wenigen Fällen solche Sparkassen mit Konsumvereinen verbunden; die Spargelegenheit ist in Deutschland eine so häufige — auch die meisten deutschen Kreditgenossenschaften nehmen Spareinlagen in kleinen Beträgen an, um dieselben in ihrem Geschäftsbetriebe zu verwenden —, daß die Konsumvereine nur noch in Ausnahmefällen solche Einrichtungen treffen werden, für die ihnen die größte Vorsicht angeraten werden muß. In einigen Vereinen, wo man nach der Eigenart der Bevölkerung die Barzahlung beim Warenverkauf nicht meinte streng durchführen zu können, werden Spareinlagen angenommen, und in den Grenzen dieser Einlagen den Einlegern Waren auf Kredit verkauft. Die Spareinlagen füllen also hier die Lücke im Betriebskapital aus, die durch die Gewährung von Warenkredit entsteht, und sind Warenkautionen. Die Einleger würden in Form dieser Kautionen ihre Warenentnahme im voraus bezahlen, wenn sie nicht für die Spareinlagen ununterbrochen Zinsen bezögen, während sie den Warenkredit unentgeltlich genießen. Das ist eine unbillige Begünstigung des Warenverkaufs auf Borg, die nicht Nachahmung verdient. Aber es ist allerdings auf diese Weise Kapitalverlusten aus dem Warenborg vorgebeugt.

Unter keinen Umständen sollten Spareinlagen, die nur auf kurze Fristen dem Vereine belassen werden, für welche die Kündigung eine acht-, vierzehntägige oder vierwöchentliche ist — je nach der Höhe der Abhebungen — als Anlagekapital verwendet werden, etwa zum Erwerb von Grundstücken, zur Erbauung von Geschäftshäusern, zur Einrichtung eigener Produktion. Dazu gehören langbefristete Gelder, die der Konsumverein sich auf andere Weise beschaffen muß.

Entschieden zu warnen ist auch vor der Verbindung der Darlehnsgewährung an Mitglieder mit dem Konsumverein. Es ist dabei zu berücksichtigen, daß diese Erweiterung des Geschäftsbetriebes in der Regel eine Änderung des Gegenstandes des Unternehmens bedeutet, die nur im Wege der Statutenänderung erfolgen kann. Dann aber kommt auch noch in Betracht, daß die Darlehnsgewährung oft mit nicht unerheblichem Risiko verbunden ist, während gerade der Betrieb eines Konsumvereins ein weit geringeres Risiko mit sich bringt; es liegt hier also eine sehr ungleichartige Verbindung vor, die den Interessen der Mitglieder zuwiderläuft.

Werden Spareinlagen in einem Konsumverein angenommen bezw. angesammelt, so muß dieser Geschäftszweig durch eine besondere Anweisung, durch eine Sparordnung geregelt werden (Form. 17); es müssen in derselben die Kündigungsfristen für die verschiedenen Beträge, die zur Abhebung gelangen sollen, es müssen die Geschäftstage, die Verzinsung der Einlagen usw. festgesetzt werden.

Für gewisse Zwecke bedarf der Konsumverein lang befristeter, womöglich durch Amortisation abzutragender fremder Gelder, ganz besonders, wenn es sich um den Erwerb von Grundbesitz, um die Errichtung von Baulichkeiten für den Geschäftsbetrieb des Konsumvereins handelt. Diese fremden Gelder erlangt er entweder durch Aufnahme von Hypotheken, oder durch Bildung von sogenannten Hausanteilen der Mitglieder. Im elften Kapital — Erwerb von Grundbesitz — werden diese Anlehen noch besonders behandelt werden.

Nach § 49 Nr. 1 des Ges. hat die Generalversammlung den Höchstbetrag zu bestimmen, den sämtliche die Genossenschaft belastenden Anleihen und Spareinlagen zusammen nicht überschreiten dürfen (Statut § 37 Nr. 10.) Dieser Höchstbetrag wird je nach den Verhältnissen des betreffenden Konsumvereins ein verschiedener sein; er wird sich unter Umständen ganz besonders durch die Anlehen erhöhen, die zu den angedeuteten besonderen Zwecken — Grundstückserwerb, Hausbau — aufgenommen werden müssen.

Siebentes Kapitel.

Geschäftsbetrieb des Konsumvereins.

I. Wareneinkauf.

a) Gegenstände des Vereinsgeschäfts.

Bei der Einrichtung des Warenlagers des Konsumvereins wird zunächst zu überlegen sein, welche Waren zu führen sind. In der Regel werden, wie in den früheren Abschnitten schon angedeutet ist, die Betriebsmittel im Anfange knapp sein, da sich das Vermögen in Geschäftsanteilen und Reserven nur allmählich ansammelt. Aus diesem Grunde ist Vorsicht geboten und der Betrieb sollte zunächst nur die nötigsten Lebensbedarfsartikel umfassen. Als solche sind die Gegenstände des täglichen Verbrauchs, wie Material-, Kolonialwaren und Brot zu bezeichnen. Es sind hierbei die Bedürfnisse und Ansprüche der Mitglieder genau zu prüfen und es ist auch zu berechnen, wie sich der Bedarf nach der Zahl der beteiligten Mitglieder stellen wird; ein Anhalt für diese Berechnung ist im vorigen Kapitel gegeben, Dabei wird man sich auch davor hüten, daß man nicht von derselben Ware zu viele Sorten auf Lager nimmt, die nachher zum Teil als Ladenhüter liegen bleiben. Nicht gangbare Sorten sollten möglichst schnell zu herabgesetzten Preisen wieder verkauft werden. Viele Waren, wie Butter, Käse, Gries ꝛc., sind bei längerer Lagerung dem Verderben ausgesetzt, sie können nur für den nächstliegenden Bedarf beschafft werden.

Erst wenn größere Mittel angesammelt sind, kann zur Erweiterung des Geschäftskreises übergegangen werden, aber auch dann ist stets ernstlich zu prüfen, ob die zu beschaffenden Waren nicht ein zu bedeutendes Kapital erfordern, ob sie Abnehmer finden werden und ob sie nicht durch ein langes Lagern mehr Zinsverlust verursachen, als sie Aufschlag auf den Verkaufspreis vertragen. Ganz besonders ist davor zu warnen, das Geschäft auf solche Waren, die der wechselnden Mode unterworfen sind, wie Schnitt- und Manufakturwaren, Kleiderstoffe u. dgl. in unvorsichtiger Weise auszudehnen. Die damit gemachten Erfahrungen sind keineswegs ermunternd und haben selbst gut situierte Vereine in schweren Schaden gebracht. Bei Konsumvereinen in kleinen Städten und Dörfern, da, wo anderweitige Gelegenheit zum Einkaufe fehlt, tritt bald Nachfrage nach solchen Waren ein; aber niemals sollte der Verein sich verleiten lassen, leichtfertig über Artikel des täglichen Bedarfs hinauszugehen. Zu letzteren gehören auch Garn, Zwirn, Nadeln, Stoffe zu Arbeitskleidern für Frauen und fertige Arbeitsanzüge für Männer. Von Kurz- und Eisenwaren würden in jenen Vereinen auch nur solche zu führen sein, die der Landmann täglich nötig hat. Einige Vereine decken auch den Bedarf ihrer Mitglieder an Kartoffeln und Brennmaterial, aber meist nur auf vorherige Bestellungen, die zu geeigneter Zeit gesammelt werden; diese Artikel werden, ohne daß sie das Lager des Vereins berühren, sofort nach Ankunft von den Mitgliedern abgenommen.

b) Bezug der Waren. — Ermittelung bester Quellen. — Anlehnung an benachbarte größerere Konsumvereine; Börsentage.

Der Wareneinkauf erfordert Umsicht und Sachkenntnis; doch wird die Gefahr der Schädigung durch minderwertige Einkäufe dadurch bald gehoben, daß die Konkurrenz der Lieferanten und deren Vertreter eine Kontrolle der Güte der im Lager des Vereins befindlichen Waren schafft, daß auch die Mitglieder selbst durch Lob oder Tadel des Preises und der Qualität der Ware den Vorstand bald auf den richtigen Weg führen.

Die vorteilhaftesten Bezugsquellen der Waren zu ermitteln, ist eine der ersten Pflichten des Vorstandes. Er sollte es sich zur Aufgabe machen, nur mit Handelshäusern, die als reell und leistungsfähig allgemein bekannt sind, zu arbeiten. Unzweckmäßig ist es, nur mit *einer* Firma in Verbindung zu treten, es muß vielmehr geraten werden, beim Kaufe einer Ware sich von mehreren Lieferanten Preise und Muster einzufordern. Die vorteilhafteste Offerte ist zu benutzen, wobei aber auch zu berücksichtigen ist, inwiefern Unkosten, Frachten usw. die Waren verteuern. Nicht immer ist der Bezug von großen Handelsplätzen der billigste; die Entfernung, die höheren Frachten sprechen hier mit. Warenberichte, Mitteilungen über den voraussichtlichen Preislauf, Preiskurante soll der Vorstand zu Vergleichen benutzen. Den Bedarf auf lange Zeit hinaus zu decken, ist unzulässig, da dies den Charakter der Spekulation trägt, die in jedem Falle zu vermeiden ist.

Allen kleineren Vereinen kann nicht dringend genug geraten werden, sich bezüglich des Wareneinkaufs von erfahrenen, größeren Vereinen Rat und Hilfe zu erbitten; stets wird ihnen beides bereitwillig erteilt werden.

Die Börsentage der Unterverbände der Konsumvereine, welche in verschiedenen Bezirken von Zeit zu Zeit abgehalten werden, wirken sehr erheblich mit, vorteilhafte Einkäufe der Waren zu ermöglichen. Hier erweitert sich die Warenkenntnis, die erfahrenen, älteren Geschäftsführer wissen über die Lage der Artikel Auskunft zu geben, sie können die geforderten Preise beurteilen, und wenn sich die Leiter neu errichteter Konsumvereine ihren oft bedeutenden Käufen anschließen, so erlangen sie oft wesentliche Vorteile gegen den Einzelkauf in geringeren Quantitäten.

Kein kleiner Verein sollte die Kosten der Reise zu solchen Börsentagen scheuen, sie werden durch die billigeren, vorteilhaften Einkäufe wieder eingebracht. Die Leiter der Börsentage werden auch schriftliche Aufträge auf Bestellung von Waren, welche von den Vereinen erteilt werden, entgegennehmen, wenn die Ansprüche an Preis und Qualität der Waren genau angegeben und Muster eingesendet werden, soweit dies überhaupt möglich ist. Je mehr Waren auf diesen Börsentagen von mehreren Vereinen in einem Posten gekauft werden können, um so billiger wird sich der Preis stellen.

Es läßt sich auch dadurch eine wesentliche Ersparung der Transportkosten erzielen, daß sich mehrere Vereine zum gemeinsamen Bezuge der Waren vereinigen und letztere in ganzen Wagenladungen beziehen; sie vermeiden dadurch die teure Stückgutfracht. Etwas anderes ist es, wenn ein einzelner Verein von mäßigem Geschäftsumfang nur, um an den Transportkosten zu sparen, Bezüge macht, die über seinen normalen Bedarf hinausgehen und durch das längere Lagern, was sie mit sich bringen, viel mehr an Zinsen kosten, als an Frachten erspart worden ist.

c) Verbindung mit landwirtschaftlichen Produktiv-(Molkerei- 2c.) Genossenschaften. — Handwerker als Lieferanten ihrer Erzeugnisse zum Verkauf im Lager der Genossenschaft.

Die landwirtschaftlichen Produktivgenossenschaften, besonders die Molkereigenossenschaften haben eine bedeutende Ausbreitung erfahren, und bei ihren Einrichtungen sind sie in der Lage, gute Erzeugnisse zu annehmbaren Preisen zu liefern; es ist den Konsumvereinen zu empfehlen, diese Genossenschaften beim Einkaufe zu berücksichtigen; die Konsumvereine werden sich dadurch neue Freunde erwerben und eine gerechtere Beurteilung in weiteren Kreisen sichern; den Genossenschaften von Landwirten zur Fabrikation von Sauerkraut, den Obstverwertungsgenossenschaften, Weinbaugenossenschaften und, soweit sie Produkte, die im Lager des Konsumvereins geführt werden, herstellen, auch den gewerblichen Produktivgenossenschaften sollten die Konsumvereine ihre Kundschaft zuwenden. Die Genossenschaften aller Gattungen haben große Ursache, sich einander zu nähern und sich gegenseitig zu unterstützen. Wie wiederholt auf den allgemeinen Genossenschaftstagen von Konsumvereinsvertretern berichtet wurde, sind auch schon fruchtbare Verbindungen dieser Art zwischen Konsumvereinen und landwirtschaftlichen Genossenschaften, namentlich Molkereigenossenschaften angeknüpft worden, aber unzweifelhaft könnten diese Verbindungen zahlreicher sein und mehr gepflegt werden, auch von kleineren Konsumvereinen in ihrem Interesse wie in dem der landwirtschaftlichen Genossenschaften. In der Regel wird sich dabei allerdings nur ein Geschäftsverkehr mit solchen landwirtschaftlichen Genossenschaften empfehlen, die ins Genossenschaftsregister eingetragen sind oder eine andere handelsrechtlich anerkannte Gesellschaftsform angenommen haben.

Die Handwerkerkreise der Orte, an welchen Konsumvereine bestehen, sind vorzugsweise bei Einkäufen von Erzeugnissen zu berücksichtigen, die von jenen hergestellt und in dem Lager des Konsumvereins zum Verkauf geführt werden; dadurch wird der Konsumverein sich die günstige Meinung der Handwerker erhalten und sie auch zu Mitgliedern gewinnen, wie dies in großem Umfange bereits geschehen ist (vgl. S. 6); auch der kommissionsweise Verkauf der Erzeugnisse der Handwerker des Ortes in den Vereinslagern ist zu empfehlen.

d) Warenuntersuchungen. — Beanstandung von Warenlieferungen.

Die Vereine müssen bestrebt sein, nur Waren von unzweifelhaft guter Qualität zu führen, sie müssen die Lieferung solcher Waren ausdrücklich bei ihren Lieferanten ausbedingen. Wenn die Beschaffenheit der Waren nicht äußerlich erkennbar ist oder zu Zweifeln und Klagen Veranlassung gegeben hat, so sollte eine Untersuchung durch einen Nahrungsmittelchemiker stattfinden. Über die mit der Verbandsrevision in Verbindung stehende Prüfung der Waren vgl. dreizehntes Kapitel.*)

Von den Lieferanten muß gefordert werden, daß die gelieferten Waren in ihrer Beschaffenheit den Bestimmungen der Gesetze entsprechen; es sind in dieser Beziehung die Bestimmungen des Handels-

*) Vgl. „Die Untersuchung der Nahrungs- und Genußmittel“ von Dr. Willy Meyer (Guttentag-Berlin).

gesetzbuches zu beachten. Wenn der Kauf für **beide** Teile ein Handelsgeschäft ist, d. h. wenn auch der Lieferant des Konsumvereins **Kaufmann** ist — der Konsumverein hat diese Eigenschaft als eingetragene Genossenschaft —, so hat der Käufer die Waren **unverzüglich** nach der Ablieferung durch den Verkäufer, soweit dies nach ordnungsmäßigem Geschäftsgange tunlich ist, zu untersuchen und, wenn sich ein Mangel zeigt, dem Verkäufer **unverzüglich** Anzeige zu machen. Unterläßt der Käufer die Anzeige, so gilt die Ware als genehmigt, es sei denn, daß es sich um einen Mangel handelt, der bei der Untersuchung nicht erkennbar war. Zeigt sich später ein solcher Mangel, so muß die Anzeige unverzüglich nach der Entdeckung gemacht werden; andernfalls gilt die Ware auch in Ansehung dieses Mangels als genehmigt. Zur Erhaltung der Rechte des Käufers genügt die rechtzeitige Absendung der Anzeige. Hat der Verkäufer den Mangel arglistig verschwiegen, so kann er sich auf diese Vorschriften nicht berufen (§ 377 Handelsgesetzbuch).*)

Wenn die Voraussetzungen des Handelsgesetzbuchs § 377 nicht zutreffen, wenn der Lieferant des Konsumvereins kein Kaufmann ist (wenn kein Handelsgeschäft für den einen Teil vorliegt), so kommen die Bestimmnngen des § 459 ff. des Bürgerl Gesetzbuchs über Gewährleistung wegen Mängel der Sache in Anwendung; der Schadensersatzanspruch verjährt dann binnen sechs Monaten (§ 477 Bürgerl. Gesetzbuch).

Bei einem Kaufe **nach Probe** oder **nach Muster** sind die Eigenschaften der Probe oder des Musters als zugesichert anzusehen (§ 494 Bürgerliches Gesetzbuch). Für die Bemängelung sind die obigen Vorschriften von § 377 H.G.B., bezw. § 459 ff. B.G.B. maßgebend.

Bei Beanstandungen von gelieferten Waren hat der Käufer wenn für **beide** Teile ein Handelsgeschäft vorliegt, für deren einstweilige Aufbewahrung zu sorgen, wenn sie ihm von einem anderen Orte übersendet sind (§ 379 H.G.B.). Er kann die Ware, wenn sie dem Verderb ausgesetzt und Gefahr im Verzuge ist, unter Beobachtung der Vorschriften des § 373 H.G.B. verkaufen lassen (§ 379 H.G.B.) Bei Beanstandungen, denen **Platzgeschäfte** und **einseitige Handelsgeschäfte** zugrunde liegen, muß die im Verkehr erforderliche Sorgfalt angewendet werden; der Empfänger hat Vorsatz und Fahrlässigkeit zu vertreten (§ 276 B.G.B.).

Auch die Bestimmungen des Gesetzes, betreffend den Verkehr mit Nahrungs- und Genußmitteln ꝛc. vom 14. Mai 1879 mit der Ab-

*) Es soll besonders darauf aufmerksam gemacht werden, daß diese Bestimmung des neuen Handelsgesetzbuchs **zwei** Abweichungen von den Bestimmungen des alten Handelsgesetzbuchs enthält: die Pflicht der unverzüglichen Untersuchung und Anzeige galt bisher nur für Distanzgeschäfte, d. h. für Waren, die aus einem andern Orte bezogen wurden, sie ist jetzt auch auf **Platzgeschäfte**, d. h. für Waren, die von demselben Orte bezogen sind, **ausgedehnt** — sie ist andererseits **beschränkt** auf den Verkehr von Kaufmann zu Kaufmann, während bisher auch Nichtkaufleute die Vorschrift beachten mußten.

änderung vom 1. Februar 1891 sind beim Wareneinkauf für die Konsumvereine von Bedeutung; im zehnten Kapitel werden dieselben besonders besprochen werden. Um sich vor Schädigungen zu schützen, müssen die Konsumvereine in jedem Falle sich von den Lieferanten die Zusicherung geben lassen, daß die gelieferten Waren den gesetzlichen Vorschriften entsprechen.*)

e) Barzahlung beim Einkauf.

Ein vorteilhafter Kauf der Waren hängt stets von einer pünktlichen Zahlung ab. Der Verkäufer wird besser und preiswerter liefern, wenn er sofortige Zahlung erlangt und seine Barmittel sogleich wieder anderen Unternehmungen zuwenden kann.

Der Vorteil, welcher dem Verein beim Bareinkauf erwächst, ist ein bedeutender und er ist, wie im ersten Kapitel bereits und dann wiederholt gesagt wurde, Hauptgrundsatz der Konsumvereine. Ein neu errichteter Konsumverein, dessen eigene Mittel noch gering sind, soll deshalb zunächst zur Ermöglichung der Barzahlung beim Einkauf fremde Gelder anleihen, er wird dadurch einen erheblich höheren Gewinn erzielen, als die zu zahlenden Zinsen betragen, und er sichert sich seine Unabhängigkeit von den Lieferanten, die prompte Bedienung durch die Lieferanten. Wie die Konsumvereine die Barzahlung beim Warenverkaufe an die Mitglieder zu ihrem Grundsatz machen sollen, um ihre Mitglieder zu Ordnung und Sparsamkeit, zur wirtschaftlichen Selbständigkeit zu führen, so müssen auch die Vereine diesen Grundsatz bei ihren Warenverkäufen mit aller Beharrlichkeit anstreben und alle Aufmerksamkeit auf die Ansammlung von ausreichenden Mitteln in Geschäfsguthaben und Reserven verwenden, um diesen Grundsatz durchzuführen; die gedeihliche Entwickelung der Genossenschaft ist dadurch bedingt.

II. Warenverkauf im eigenen Lager des Konsumvereins.

a) Lage und Einrichtung der Verkaufsstelle.

Bei der Auswahl der Verkaufsstelle für einen zu errichtenden Konsumverein braucht nicht das Hauptgewicht darauf gelegt zu werden, daß dieselbe in einer vom Verkehr besonders bevorzugten Gegend des Ortes sich befindet. Die Mitglieder, welche den Verein gründen, werden in das Verkaufslager des Vereins gehen,

*) Die dem Allgemeinen Verbande angehörenden Konsumvereine haben in neuerer Zeit die gemeinsame Untersuchung der bezogenen Waren auf ihre Güte und Reinheit angestrebt. Größere Vereine lassen ihre Waren regelmäßig daraufhin untersuchen; die Unterverbände streben sie an.

Der Allgemeine Genossenschaftstag in Neustadt a. d. Haardt, 1898, faßte folgenden Beschluß: „Der A. G. empfiehlt den Unterverbänden, Maßregeln zu ergreifen, um die von den Konsumvereinen geführten Waren auf ihre Preiswürdigkeit und Reinheit zu prüfen."

auch wenn es in einer Seitenstraße liegt, und besonders wird es in kleineren und mittleren Orten dorthin verlegt werden können, ohne daß die Entwickelung der Genossenschaft gehemmt wird. Man soll nur darauf achten, daß das Lager möglichst in diejenige Gegend gelegt wird, in welcher die größere Zahl der Mitglieder wohnt. In größeren Städten, in denen die Entfernungen bedeutendere sind, auch die Bevölkerung in den einzelnen Stadtteilen einem größeren Wechsel unterworfen ist, besonders die, aus der sich der Hauptbestandteil der Mitgliedschaft der Konsumvereine zusammensetzt — die Arbeiterbevölkerung —, ist es erfahrungsgemäß allerdings angebracht, das Verkaufslager nicht zu versteckt anzulegen, damit es von einem größeren Teile von Vorübergehenden bemerkt und der durch Wegzug der Mitglieder aus dem Bezirk bedingte Abgang wieder durch die Zuziehenden ersetzt wird. Ist der Fortschritt der Genossenschaft einmal begründet, dehnt sich die Genossenschaft so aus, daß sie an die Errichtung mehrerer Lager gehen kann, daß die Zahl der letzteren sich fortdauernd vermehrt, so braucht auch in größeren Städten nicht mehr auf die Lage der Verkaufsstellen Rücksicht genommen zu werden; die Kenntnis von der Genossenschaft ist dann in alle die Kreise gedrungen, die sich ihrer bedienen sollen, die interessierten Kreise der Bevölkerung der großen Städte werden dann das Lager des Konsumvereins zu finden wissen, auch wenn es nicht an belebten Straßen, an der Straßenfront, sondern an Hofräumen liegt.

Läßt es sich irgend vermeiden, so soll das Lager des Konsumvereins nicht in das eigene Haus des Lagerhalters verlegt werden. Oft haben die Konsumvereine erfahren, daß sie besser getan hätten, sich nicht in die damit verbundene Abhängigkeit vom Lagerhalter zu begeben. Es ereignet sich schon unter normalen Verhältnissen im Geschäftsbetriebe der Konsumvereine, daß der Vorstand der Genossenschaft öfter in Gegensätze zum Lagerhalter gerät, daß die Interessen des Lagerhalters als eines Angestellten des Konsumvereins mit denen des Lagerhalters als des Hausbesitzers in Widerstreit geraten; hier schon übt das Mietsverhältnis einen Einfluß aus, es führt ganz von selbst zu einer größeren, oft nicht angebrachten Rücksichtnahme auf den Lagerhalter. Es sind aber auch nicht wenige Fälle zu verzeichnen, in denen der Lagerhalter, in dessen Haus sich die Verkaufsstelle des Konsumvereins befand, es geradezu systematisch und in raffinierter Weise zur Auflösung des Vereins gebracht hat, entweder um sich für ihm vermeintlich zugefügtes Unrecht zu rächen oder auch um ein Privatgeschäft in seinen Räumen zu eröffnen. Daß hieran die Schwäche der Vorstands- und Aufsichtsratsmitglieder eine Mitschuld trug, ist zuzugeben, aber viel leichter würde sich die Beseitigung des ungeeigneten oder des böswilligen Lagerhalters unzweifelhaft gestaltet haben, wenn der Verein nicht durch das Mietsverhältnis in eine Abhängigkeit vom Lagerhalter geraten wäre.

Allerdings liegen bei Konsumvereinen in ländlichen Gemeinden oft die Verhältnisse so, daß dies sehr schwer möglich ist; unter Berücksichtigung dieser Verhältnisse hat der Allgemeine Genossenschaftstag in Rostock, 1897, geglaubt, nur beschließen zu können: „Den Konsumvereinen ist im allgemeinen zu widerraten, im Hause eines Lagerhalters einen Laden zu mieten." Die oben geschilderten Übelstände wurden jedoch anerkannt. Und inzwischen hat auch die Erfahrung gelehrt, daß auch in ländlichen Gemeinden durch die Aufgabe des Mietsverhältnisses beim Lagerhalter und durch den Bau eines eigenen Vereinshauses der Entwickelung des Geschäfts wesentlich Vorschub geleistet worden ist.

Was die Ausstattung der Verkaufs- und Lagerräume des neuerrichteten Vereins mit Einrichtungsstücken — Ladentisch, Repositorien, Wagen, Gewichten, Maßen, Gefäßen usw. — anlangt, so wird natürlich hieran ein ganz verschiedenes Maß von Ansprüchen, je nach den Verhältnissen und Bedürfnissen, zu stellen sein. Die Einrichtung wird nach den örtlichen Gewohnheiten bei dem Verkaufe von Material-, Kolonial- und sonstigen Waren, die die Vereine zunächst meist ausschließlich zu führen beabsichtigen, eine verschiedene sein. Jedenfalls ist darauf zu halten, daß sie unter allen Umständen einen gefälligen, sauberen Eindruck macht. In größeren Städten ist das kaufende Publikum an elegante Ladeneinrichtungen gewöhnt, während in kleineren Orten in dieser Beziehung größere Einfachheit herrscht. Der Konsumverein hat es nicht nötig, seine Kundschaft durch luxuriöse Einrichtung des Lagers auf sich aufmerksam zu machen, es würde dies geradezu ein Verstoß gegen den Grundsatz des Konsumvereins, die Übung der Sparsamkeit, die Vermeidung unnötiger Nebenunkosten, sein; ein Konsumverein in einer großen oder mittleren Stadt wird aber den Gewohnheiten seiner Käufer doch anders Rechnung zu tragen haben, als ein Konsumverein in einer kleinen Gemeinde, seine Einrichtung kann nicht eine nur ganz einfache, sie muß immerhin etwas besser sein.

Das Inventar muß, ebenso wie die Warenbestände, gegen Feuersgefahr versichert werden.

In einer Beziehung hat der Konsumverein sich den herrschenden Gewohnheiten unbedingt nicht anzuschließen, d. i. bezüglich der Schaustellung von Waren. Die sogen. „Dekorierung" von Schaufenstern fällt bei den Konsumvereinen ganz weg, sie ist nicht erforderlich und der Konsumverein erspart dadurch wiederum Ausgaben — den Verlust von durch die Ausstellung verdorbenen Waren. Der Verein legt entweder ein Schaufenster für sein Verkaufslager bei Einrichtung desselben überhaupt nicht an, oder er läßt, wo ein solches vorhanden ist, eine Inschrift, eine Vorsatztafel oder dgl. am Schaufenster oder hinter demselben anbringen, welche in leicht erkennbaren Buchstaben die Firma der Genossenschaft trägt, und auf welcher — es ist dies sehr zu empfehlen — die Grundsätze der Genossenschaft in kurzen, aber bezeichnenden Worten kund gegeben werden. Eine solche Tafel 2c. würde z. B. zweckmäßig folgende Inschrift tragen:

Konsum-Verein zu X.,
eingetragene Genossenschaft mit beschränkter Haftpflicht.

Verkauf nur an Mitglieder.
Barzahlung im
Einkauf und Verkauf.

Die Überschüsse werden am Schlusse der Geschäftsperioden als Dividenden auf die Einkäufe der Mitglieder zurückgewährt.

* * *

Im Lager selbst sind auch zweckmäßig Plakate mit dieser Inschrift anzubringen.

Ferner wird ein Warenverzeichnis mit den bei der Aufführung der einzelnen Artikel vermerkten Preisen, deren Abänderung stets sofort zu notieren ist, im Verkaufslager auszuhängen sein. Weitere Plakate innerhalb des Lagers betreffen die nach § 31 des Gesetzes darüber zu erlassende Anweisung, auf welche Weise sich die Vereinsmitglieder oder deren Vertreter den Warenverkäufern gegenüber zu legitimieren haben (Form. 23; vgl. S. 101ff.).

Ferner haben die Konsumvereine, die denaturierten Spiritus verkaufen, nach der Bestimmung des Bundesrates vom 27. Februar 1896 einen Abdruck oder eine Abschrift des Verbotes (Anhang 2), denaturierten Branntwein, dessen Stärke weniger als 80 Gewichtsprozente beträgt, zu verkaufen oder feil zu halten 2c., in ihren Verkaufsstellen an einer deutlich sichtbaren Stelle auszuhängen.

Ein Beschwerdekasten für den Gebrauch der Mitglieder darf in keinem Konsumvereine fehlen; derselbe muß verschlossen sein; den Schlüssel dazu hat der Geschäftsführer des Vereins, welcher den Inhalt des Kastens zu entnehmen hat, in Verwahrung; die Erledigung der eingegangenen Beschwerden erfolgt durch den Vorstand; dem Aufsichtsrate ist nötigenfalls von der Beschwerde und dem Bescheide Kenntnis zu geben (Form. 9, § 7 Nr. 11).

b) Vorsicht bei Errichtung weiterer Verkaufslager.

Nicht zu selten werden in mittleren und größeren Städten die leitenden Organe neuerrichteter Konsumvereine, besonders wenn Fortschritte in der Entwicklung zu verzeichnen sind, von Mitgliedern bald gedrängt, weitere Verkaufslager zu eröffnen, natürlich in solchen Gegenden der Stadt, in welchen jene Mitglieder ihre Wohnung haben. Solchen Anregungen sollte indes nur mit der größten Vorsicht nachgegeben werden. Die Folgen unüberlegter Eröffnung neuer Verkaufsstellen sind Konsumvereinen öfter verhängnisvoll geworden; es muß in Erwägung gezogen werden, daß der Konsumverein nicht in der Weise für den Absatz seiner Waren tätig sein kann und darf, wie ein Privathändler, daß er nicht Reklame durch Ankündigungen in den Zeitungen, durch Plakate, durch andere ähnliche Mittel machen kann, um Kundschaft heranziehen.

Wenn an die Erwägung der Eröffnung eines zweiten Lagers und weiterer Lager gegangen wird, so ist mit der Zahl der bisher vorhandenen Mitglieder zu rechnen. Es ist zu ermitteln, wieviel Mitglieder in der Stadtgegend, in welcher die Eröffnung des neuen Lagers beabsichtigt wird, wohnen und wie groß die bisherige Warenentnahme dieser Mitglieder ist, wobei die Annahme gestattet ist, daß die durchschnittliche Entnahme des einzelnen Mitgliedes sich etwas vergrößern wird, weil ihm der Einkauf im Konsumvereine durch das neue Lager erleichtert werden wird. Festzustellen ist ferner, ob die Unkosten des neuen Lagers durch die Warenabsätze an die bereits vorhandenen, sich des neuen Lagers bestimmt bedienenden Mitglieder gedeckt werden und auch, ob beim Verkauf zu Tagespreisen trotz der vergrößerten Unkosten dieselben Überschüsse wie bisher erzielt werden können. Damit ist die Prüfung zu verbinden, ob das alte Lager durch Entziehung von Kundschaft nicht zu sehr geschwächt wird. Man wird sich jedenfalls darauf gefaßt machen müssen, daß nach Ablauf der nächsten, auf die Errichtung des neuen Lagers folgenden Geschäftsperiode die erzielten Überschüsse etwas geringer werden, die Einkaufsdividende $^1/_2$—1 % niedriger ausfallen wird.

Freilich gibt es Vereine, die sehr schnell die Anzahl ihrer Lager vermehren konnten und einen reichlichen Zuwachs von kaufenden Mitgliedern in jedem neuen Lager erhielten, aber wir haben mehr Beispiele dafür, daß die Unkosten der weiter errichteten Lager von Vereinen, die mit einer oder zwei Verkaufsstellen gut gediehen und ihrer wirtschaftlichen Aufgabe in vollem Maße genügten, die Erträge des Gesamtbetriebes verschlangen. Die Folgen waren: dauernde Unrentabilität, Rückgang der Einkäufe der Mitglieder, Rückgang der Mitgliederzahl, in nicht wenigen Fällen Auflösung der Genossenschaft.

Es bedarf der ernstesten Erwägungen von Vorstand und Aufsichtsrat, ob und wann der geeignete Zeitpunkt der Errichtung neuer Lager gekommen ist, denn die Begeisterung für die ungemessene Ausdehnung des Vereins verfliegt schnell, wenn der Erfolg hinter den Erwartungen zurückbleibt. Vor allen Dingen ist es gewagt, wenn Vereine, deren Leiter mit der kaufmännischen Buchführung nicht vertraut sind, und die deshalb auch keine Rentabilitätsberechnung für die einzelnen Lager aufzustellen verstehen, die Zahl derselben schnell vermehren.

Zweckmäßig ist es, die Räume für eine neue Verkaufsstelle zunächst auf nicht zu lange Zeit zu mieten, um das Lager bei Unrentabilität wieder aufgeben zu können; wenn angängig, sollte die Errichtung eines zweiten Lagers auch eine gewisse, nicht zu lange Zeit vor Ablauf des Mietsvertrages des alten erfolgen, so daß, falls das neue Lager die größte Zahl der Mitglieder des alten als Käufer aufnimmt und der Umsatz im alten bedeutend und anhaltend zurückgeht, das alte Lager zeitig genug aufgegeben werden kann, um Schädigungen des Vereins zu vermeiden.

Mit derselben Vorsicht, unter Berechnung der Rentabilität des

Lagers, wird bei Errichtung von besonderen Lagern für einzelne Warenartikel — für Schnittwaren, Schuhwaren, Brennmaterial, Brot etc. vorgegangen werden müssen.

c) Zentrallager.

Konsumvereine mit zwei oder drei Verkaufslagern werden die Errichtung eines Zentrallagers noch nicht nötig haben. Bei einer solchen Anzahl von Verkaufslagern läßt sich die direkte Überführung der Waren vom Lieferanten in die einzelnen Lager noch ohne zu große Schwierigkeiten für den Vorstand bewerkstelligen, die zuverlässige Kontrolle der Lieferungen und die Ausübung aller damit verbundenen Geschäfte ist noch zu bewältigen. Mit der weiteren Vermehrung der Verkaufslager wird jedoch die Anlage eines Zentrallagers erforderlich. Es vereinfacht den Verkehr mit den Lieferanten, die jetzt nur an einer Stelle ihre Waren abzuliefern haben — statt an drei oder mehr —, es lassen sich dadurch Differenzen leichter vermeiden, ihre Aufklärung ist leichter zu erledigen; der Vorstand hat das Einlieferungsgeschäft ganz in der Hand, während die Abnahme der Waren früher durch die einzelnen Lagerhalter geschehen mußte; die Lagerhalter werden von Arbeit entlastet, sie können sich mehr dem Verkaufsgeschäft widmen und der Warenumsatz in den einzelnen Lagern kann schließlich ein schnellerer werden, indem von dem Zentrallager aus die einzelnen Verkaufslager mit kleineren Quantitäten Waren versorgt werden können, als der Lieferant bisher bei direkter Versorgung der einzelnen Verkaufslager lieferte.

Die Verwaltung von Konsumvereinen mit Zentrallagern erfordert Genossenschafter im Hauptberuf, Vorstandsmitglieder, von denen einige — mindestens aber einer, der Geschäftsführer — sich ganz dem Geschäfte widmen müssen. Es wird auch meist die Haltung von Fuhrwerk damit verbunden sein, um die Waren schnell in die einzelnen Verkaufslager befördern zu können; gewisse Einrichtungen zur Bearbeitung und Veränderung der Waren — Kaffeerösterei, Weinkeller zur Pflege der Weine und auch wohl Weinkelterei, Gurkeneinlegeraum, Essig- und Mostrichfabrikation, auch Destillation — werden im Gebäude, in welchem das Zentrallager sich befindet, untergebracht werden, und meist führt die Entwickelung der Genossenschaft zu solchem Betriebe auch zur eigenen Produktion — Bäckerei — und zum Erwerb von Grundbesitz.

d) Lagerung der Waren.

Für die Lagerung der Waren sind dem Lagerhalter durch den Vorstand bestimmte Anweisungen zu geben; am zweckmäßigsten ist es für neuerrichtete Vereine, dem Lagerhalter das unter Beihilfe eines erfahrenen Fachmannes — der sich in der Person des Geschäftsführers eines benachbarten Konsumvereins leicht finden lassen wird — vollständig eingerichtete Lager zu übergeben und den Lagerhalter zu verpflichten, die ihm zur Ergänzung der Bestände zugehenden Waren stets wieder an derselben Stelle zu lagern.

Die Geschäftsanweisung für den Lagerhalter (vgl. Form. 12, § 10) bestimmt, daß der Lagerhalter die ihm übergebenen Waren in den Lagerräumen, Kellern ꝛc. nach Anweisung des Vorstandes aufzubewahren und sorgfältig darauf zu achten hat, daß die Waren nicht dem Verderben ausgesetzt sind. In den größeren Konsumvereinen sind meist Lagerhalter und Verkäufer angestellt, die ihre Lehrzeit in Materialwarengeschäften bestanden haben, die fachmännisch ausgebildet sind und mit der Behandlung der Waren genau Bescheid wissen. In kleinen Vereinen — jedoch auch heute noch in einigen großen — wird aber oft das Lager von Lagerhaltern geführt, denen zunächst eine Kenntnis der Waren und ihrer Behandlung vollständig abgeht, die sich erst mühsam, und vielleicht mit Verlusten für sich und die Genossenschaft, eine solche Kenntnis aneignen müßten, wenn ihnen nicht durch erfahrene Geschäftsführer eine Anleitung zuteil werden würde und wenn ihnen nicht eine geschriebene oder gedruckte Anweisung zur Aufbewahrung und Behandlung der Waren gegeben würde. Die sorgsame Aufbewahrung erfordert für viele Warenarten ganz besondere Vorsicht und Aufmerksamkeit. Im allgemeinen sind in erster Linie fast durchgehends gut zu lüftende und trockene Räume zu empfehlen, da Feuchtigkeit und unreine Luft nicht nur allen Metallwaren wegen des leichteren Rostens, sondern auch anderen Stoffen wegen der Schimmelbildung nachteilig werden kann. Manche Waren, z. B. Sämereien, vegetabilische Drogen ꝛc, müssen auch gegen das Licht abgeschlossen sein, am besten in Holzkästen, da hermetischer Verschluß in Glas- und Blechgefäßen die Keimfähigkeit schädigt. Niedrige Temperatur ist in der Regel empfehlenswert, namentlich bei allen tierischen Produkten, bei Getränken und alkoholhaltigen Flüssigkeiten, bei Sirupen, Extrakten ꝛc. Die Lagerräume und ihre Wandungen sind gegen schädliche Bildungen, insbesondere gegen Mauersalpeter und Ammoniakgase, zu hüten, welche letztern nicht selten aus benachbarten Kanälen oder Gruben eindringen."*) Große Schädigungen entstehen öfter durch Ratten- und Mäusefraß, dem durch rechtzeitige Maßregeln vorzubeugen ist.

Wir bringen im Anhange eine gedrängte Aufstellung einer Anzahl der wichtigsten Warenartikel eines Konsumvereins mit kurzen Notizen über ihre Behandlung und Aufbewahrung (Form. 14). Diese Anleitung ist keine erschöpfende, da das vorliegende Buch kein Lehrbuch der Warenkunde sein kann; es müssen die Geschäftsführer von jungen Konsumvereinen darauf verwiesen werden, sich bei ihren älteren und erfahrenen Kollegen Rat in dieser Beziehung zu holen.

---

*) L. Rothschilds Taschenbuch für Kaufleute. Leipzig, G. A. Gloeckner. — Den Leitern der Konsumvereine kann geraten werden, dieses bereits in 30 Auflagen erschienene Werk für die Vereinsbibliotheken anzuschaffen.

e) Höhe der Lagerbestände. — Umsatz.

Bereits im sechsten Kapitel (S. 68) ist des Beschlusses des Allgemeinen Genossenschaftstages zu Eisenach, 1878. gedacht worden, durch welchen den Konsumvereinen empfohlen worden ist, ein möglichst geringes Warenlager zu halten und das eigene Lager in Kolonial- und Materialwaren, nach dem Verkaufspreise berechnet, höchstens ein Fünfteil vom Warenerlöse des letzten Jahres betragen zu lassen. Es wurde auch ausgesprochen, daß dies eine sehr mäßige Forderung sei, die sich wohl dahin verstärken ließe, daß bei richtiger Organisation und Leitung des Konsumvereins ein zehnfacher Umsatz der Lagerbestände erreicht werden könne. In der Tat ist auch der Beschluß des Eisenacher Genossenschaftstages durch die Geschäftsübung und die Geschäftsergebnisse der Konsumvereine überholt worden. Seit Jahren beträgt der durchschnittliche Umsatz bei mehr als einem Drittel der in Deutschland überhaupt bestehenden Konsumvereine, welche Angaben zu dem Jahrbuche des Allgemeinen Verbandes machten, etwa das achtfache der Lagerbestände, unter diesen Vereinen sind solche, die einen zehn-, zwölffachen und noch höheren Umsatz der Lagerbestände erzielten. Dabei darf allerdings nicht unberücksichtigt bleiben, daß, wo Waren mit einem besonders schnellen Umsatz z. B. Brot einen größeren Teil des gesamten Verkaufserlöses ausmachen, dadurch auch der durchschnittliche Umsatz auf das gesamte Lager erheblich gesteigert wird. Gegen die großen Lagerbestände sprechen folgende Erwägungen:

Ein zu großes Lager macht ein großes Betriebskapital nötig, es bringt die Gefahr des Verderbens von Warenartikeln mit sich, es verursacht Unkosten durch die Zinsen, die darauf lasten, sowie durch die notwendig werdenden größeren Lagerräume, durch die höhere Versichernng gegen Feuersgefahr.

Ein möglichst kleines Lager dagegen verringert die Sorge um Beschaffung der Betriebsmittel, schließt die Gefahr der Inanspruchnahme von Warenkredit bei den Lieferanten aus, hat den Vorteil, daß der Verein frischere und bessere Ware führen kann, es hat auch die Folge, daß nicht Warenspekulation getrieben wird, die durchaus von den Konsumvereinen fern bleiben muß. Jüngeren Konsumvereinen besonders soll deshalb auch hier wieder (vgl. S. 67,68) dringend geraten werden, sich nicht von Lieferanten, von Geschäftsreisenden verleiten zu lassen, zu große Warenbestände auf Lager zu nehmen. Welche Mengen der einzelnen Warengattungen für die erste Vervollständigung des Lagers erforderlich sein werden, richtet sich nach der Anzahl der Mitglieder und auch nach deren Berufsständen. Rat in dieser Hinsicht werden die jungen Vereine wieder von den Leitern benachbarter gut gedeihender Konsumvereine oder von dem Direktor des Unterverbandes der Konsumvereine ihres Bezirkes erhalten. Jedenfalls sollten sich die Vereine hüten, auf einen fortdauernden großen Zuwachs an Mitgliedern zu rechnen und danach ihre Wareneinkäufe zu bemessen. Solche Erwartungen haben sich oft als irrig erwiesen.

Der Beschluß des Genossenschaftstages zu Eisenach hatte bei dem vorgeschlagenen Umsatzverhältnis Kolonial- und Materialwaren u. dgl. im Auge. Besondere Warengattungen, z. B. Schnittwaren, werden einen langsameren Umsatz der Bestände bedingen, aber gerade deshalb muß eine um so größere Sorgfalt auf die Auswahl der Einzelartikel in solchen Geschäftszweigen angewendet werden, damit auch hier ein lebhafter Umsatz stattfindet und der Verein nicht durch schwer oder überhaupt nicht verkäufliche Artikel, durch die sogenannten „Ladenhüter", geschädigt wird, wie dies gerade beim Schnittwarengeschäft gar zu häufig geschehen ist.

f) Verkauf zu Tagespreisen. — Grundsatz der Barzahlung. Nettoverkauf. — Berechnung der Verkaufspreise. — Sonderpreise für Entnahme in größeren Posten.

Einer der ersten Grundsätze der Konsumvereine, auf welchem sich dieselben in allen Ländern zu ihrem heutigen bedeutenden Umfange entwickelt und zu segensreichen wirtschaftlichen Einrichtungen für die minderbemittelten Klassen gestaltet haben, ist der Verkauf zu Tagespreisen, d. h. zu den im Kleinhandel des betreffenden Ortes im allgemeinen üblichen und angemessenen Preisen. Die Überschüsse, welche der Konsumverein nach Deckung aller Unkosten bei dem Verkaufe zu Tagespreisen erzielt, werden am Schlusse der Rechnungsperioden den Mitgliedern als Dividenden auf ihre Einkäufe und als Kapitaldividenden bar ausbezahlt oder — bis zur Erfüllung des Geschäftsanteils — den Geschäftsguthaben zugeschrieben (S. 70).

Das System des Verkaufes zu Tagespreisen, das sogenannte System der Rochdaler redlichen Pioniere,*) ermöglicht eine Ansammlung der Ersparnisse der Mitglieder des Konsumvereins, welche dieselben vermittelst ihrer Einkäufe bei dem Vereine erzielen.

Es gab vor Errichtung der Rochdaler Genossenschaft schon Konsumvereine, deren Prinzip es aber war, Lebensmittel möglichst billig an ihre Kunden zu verkaufen. Die Wirkung dieser Vereine auf die Besserung der wirtschaftlichen Verhältnisse ihrer Mitglieder war nur eine geringe, die Vereine wurden zumeist gewöhnliche Handelsunternehmungen oder gingen aus Mangel an Interesse der Konsumenten bald ganz ein. Die Konsumvereinslager nahmen ihren Aufschwung und erhielten ihren sozialen Charakter erst dann, als nach dem Rochdaler System der Verkauf zu Tagespreisen begann und den Mitgliedern die Erfolge ihrer Beteiligung an dem Konsumvereine als Einkaufsdividende am Schlusse der Geschäftsperioden in größeren

*) „Genossenschaft der redlichen Pioniere von Rochdale" (Cooperative Society of Rochdale equitable Pioneers) heißt der im Jahre 1844 errichtete englische Musterkonsumverein, nach welchem die später errichteten Konsumvereine aller Länder meist gegründet wurden. Vgl. Übersetzung von H. Häntschke: G. J. Holyoake, Geschichte der redlichen Pioniere von Rochdale; Leipzig 1888.

Beträgen ausgezahlt wurden; jetzt erkannten sie, daß sie Ersparnisse durch zweckmäßigen Einkauf erzielt hatten, während früher die billigen Warenpreise nicht in Rechnung gezogen wurden und auch tatsächlich keinen nenneswerten Einfluß ausübten.

In dem Budget der Haushaltungen der minderbemittelten Klassen, welchen die Konsumvereine hauptsächlich dienen sollen, mit seinen kleinen, acht- oder vierzehntägigen Etatsperioden, machten die wenigen Pfennige, die ein Quantum von Waren in jenen Konsumvereinen billiger zu kaufen war, als bei dem Händler, sich wirtschaftlich nicht bemerkbar, sie gelangten, eben weil keine Ansammlung derselben stattfand, nicht zu einem wirtschaftlichen Effekt. Anders wurde es jedoch, sobald diese Preisdifferenzen, das, was die Mitglieder über den wirklichen, mit allen Unkosten belasteten Preis der Waren hinaus bis zur Höhe des Tagespreises, des Preises, den die Händler für die Ware beanspruchten, angesammelt — sobald diese Differenzen kapitalisiert wurden. Da konnten diese Erübrigungen wieder wirtschaftlich verwertet werden, sie dienten dazu, die wirtschaftliche Lage der Mitglieder zu verbessern, indem sie zur Schuldentilgung und zur Anschaffung notwendiger Wirtschafts- oder sonstiger Bedarfsgegenstände benutzt wurden.

Dieses System der Rochdaler Pioniere wurde wesentlich vervollständigt und gestützt durch einen andern Grundsatz: den der Barzahlung beim Einkauf und Verkauf der Waren. Mit ehrenhaftem Stolz berichteten die Pioniere im Almanach von 1861, „daß es ein Grundsatz der Rochdaler Genossenschaft sei, keinen Kredit zu gewähren". Die arbeitende Klasse war daran gar nicht gewöhnt und damit gar nicht einverstanden. Aber die Rochdaler Genossenschafter drangen mit ihrer Lehre durch und erwarben sich dadurch ein großes Verdienst. Durch die freiwillige und streng durchgesetzte Abschaffung der Kreditgewährung erwarben die Rochdaler Genossenschafter ihren hohen geschäftlichen Ruf und gaben so anderen Genossenschaften das Beispiel, ebenso zu verfahren. „Dadurch, daß sie die Kreditgewährung beseitigten, lehrten die Genossenschaften das Sparen, und durch Sparen wird man vermögend. Manchen fleißigen Sohn haben sie in den Stand gesetzt, seinen armen alten Vater, dem der Tod im Armenhause bevorstand, zu sich zu nehmen und ihm einen Ruhesitz zu gewähren, damit er sein Pfeifchen im Sonnenscheine, im Hause und Garten, die Eigentum seines Kindes sind, rauchen kann. Einen Haushalt ordentlich zu führen in guten Zeiten, zu verhindern, daß er in schlechten Zeiten in Unordnung gerate, erfordert gesunde Vernunft, Willenskraft und mutvolle Vorsicht — Eigenschaften, die gewiß viele Frauen besitzen, die aber im allgemeinen so selten sind, daß man die Rochdaler Pioniere bewundern und ihnen Beifall zollen muß, weil sie es verstanden haben, vielen Familien die Kunst zu lehren, ihre Schulden zu bezahlen, und ihnen den Stolz einzuflößen, sich von Schulden frei zu halten. Mögen die Gegner des Genossenschaftswesens diese Tatsache beachten und Weisheit lernen; mögen die Freunde des Genossenschaftswesens darüber nachdenken und Mut fassen; — es ist eine Tatsache, daß die Mitglieder der Genossenschaften in kurzer Zeit die Gewohnheit der sorgsamen Voraussicht annehmen — eine Gewohnheit, die oft unter anderen Umständen in vierzig Jahren nicht angeeignet wird."*)

Wir sehen diese Wirkungen beider Grundsätze, des Verkaufes zu Tagespreisen und der Barzahlung, auch bei den deutschen Konsumvereinen, wo sie angewendet und durchgeführt worden sind. Ein klassisches Zeugnis von vielen anderen findet sich in dem Bericht des Konsumvereins „Tiefbau", eingetragene Genossenschaft mit beschränkter Haftpflicht, in Kalkberge-Rüdersdorf, den diese Genossenschaft gelegentlich der Feier ihres 25jährigen Bestehens veröffentlichte; dort heißt es, daß vor Bestehen des Konsumvereins die Arbeiterschaft der Kalksteinbrüche bei den Materialwarenhändlern in Schulden war, daß Lohnbeschlagnahmungen an Löhnungstagen den größten Teil des Verdienstes der Arbeiter hinwegnahmen. Heute steht die Arbeiterschaft schuldenfrei da, bezieht die beste Ware aus ihrem auf großem eigenem Grundstück befindlichen Konsumvereinslager; der Konsumverein hat die Arbeiter zu sparsamen, vorsorglichen Haushaltern erzogen, die meist auf kleiner eigener Scholle sitzen. Der Gewerbeinspektor von Berlin II, welcher die Einrichtungen des Vereins eingehend studierte, gibt demselben in seinem amtlichen Berichte folgendes Zeugnis: „Es ist anzuerkennen, daß der Konsumverein ‚Tiefbau' zu Rüdersdorf die wirtschaftlichen Verhältnisse der dortigen Arbeiter während der letzten Dezennien in segensreichster Weise befestigt hat, so daß er als eine Wohlfahrtseinrichtung ersten Ranges bezeichnet werden darf. Durch einen Vergleich der gegenwärtigen Lage der Arbeiter mit der früheren ist dies näher nachgewiesen; früher lebten die Arbeiter auf Borg, jetzt bezahlen sie bar und haben zum Teil namhafte Ersparnisse beim Verein verzinslich angelegt." Und solcher Zeugnisse lassen sich zahlreiche beibringen.

Hat das System des Verkaufes zu Tagespreisen und der Barzahlung so seinen überaus günstigen Einfluß in wirtschaftlicher und moralischer Beziehung auf das einzelne Individuum bewährt, so konnten vermittelst desselben auch Aufgaben erfüllt, Wirkungen erzielt werden, die einer größeren Allgemeinheit zugute kamen. Die Konsumvereine gewannen dadurch die Mittel, für Unterricht und Fortbildung ihrer Mitglieder, für Förderung gemeinnütziger Zwecke Aufwendungen zu machen.

Den deutschen Konsumvereinen wurden jene Grundsätze des englischen Mustervereins, der Genossenschaft der redlichen Pioniere von Rochdale, von Anfang an zur Nachahmung empfohlen, sie sind von der Mehrzahl derselben angenommen und durchgeführt worden. Die Genossenschaftstage in Stettin, 1865, Stuttgart, 1879, Weimar, 1884, Plauen, 1887, faßten Beschlüsse, welche die Einführung des Verkaufs

*) H. Häntschke: G. J. Holyoake, Geschichte der redlichen Pioniere von Rochdale, S. 224 ff., 78.

zu Tagespreisen und der Barzahlung anraten und es soll auch hier wieder dringend empfohlen werden, an diesen Grundsätzen festzuhalten. Nur dann werden die Konsumvereine den sozialen Aufgaben, deren Lösung ihnen zufällt, gerecht werden können..

In einzelnen Konsumvereinen ist es üblich, für Rechnung der Genossenschaft, die dadurch billigere Preise erzielt, nach den vorher gesammelten Bestellungen der Mitglieder größere Mengen von Brennmaterialien, Kartoffeln usw. im Herbst bei Beginn des Winters zur Deckung der Wintervorräte der Mitglieder zu beschaffen und sie den Mitgliedern auf Kredit abzulassen. Die Fristen für diesen Warenkredit pflegen sich auf mehrere Monate zu erstrecken und die Abzahlungen finden in acht- oder vierzehntägigen Raten je nach den Lohnperioden, statt. In einigen Vereinen sind diese Kredite durch angesammelte Spareinlagen der Mitglieder gedeckt. In anderen Vereinen wird aber auch bei diesen Wareneinkäufen der Grundsatz der Barzahlung streng festgehalten, obgleich auch dort die Mitgliedschaft nicht anders als in anderen Konsumvereinen den wenig bemittelten Volksklassen angehört — ein Beweis, daß dort die Mitglieder dank dem Konsumverein schon Ersparnisse erworben haben, die ihnen auch solche Waren bar zu bezahlen gestatten.

Eine besondere Aufmerksamkeit wird die Leitung der Genossenschaft darauf zu richten haben, daß alle zur Durchführung des Prinzipes der Barzahlung getroffenen Maßregeln nicht durch pflichtwidrige Handlungsweise des **Lagerhalters** durchkreuzt und unwirksam gemacht werden. § 15 der Geschäftsanweisung für den Lagerhalter (Form. 12) weist denselben an, nur gegen bare Zahlung Waren an die Mitgleder zu verkaufen; er darf unter keinen Umständen Waren auf Borg an die Mitglieder abgeben und es sollte mit Ordnungsstrafen, bei Wiederholung mit Entlassung gegen den Lagerhalter vorgegangen werden, wenn solche Pflichtwidrigkeiten des Lagerhalters entdeckt werden, durch welche die Genossenschaft auch in direkter Weise, durch Zinsverlust an entzogenem Betriebskapital, geschädigt wird. Ein solches Verfahren ist um so gefährlicher, als sich durch dasselbe geschäftliche Beziehungen zwischen dem Lagerhalter und den Mitgliedern anknüpfen, die der Lagerhalter zum Nachteil der Genossenschaft auf recht verschiedene Weise ausnutzen kann.

Wie die Konsumvereine bestrebt sein sollen, jene geschilderten richtigen wirtschaftlichen Grundsätze in den Handel mit Lebensmitteln einzuführen und zu erhalten, so muß es auch ihre Aufgabe sein, des weiteren für eine Hebung der **Redlichkeit** im geschäftlichen Verkehr zu sorgen. Die erste englische Mustergenossenschaft nannte sich deshalb die Genossenschaft der **redlichen** Pioniere; sie wollte in jeder Beziehung bessere, redlichere Handelsgebräuche einführen und der Einfluß, den diese Genossenschaft und die tausende ihr nachgebildeten in dieser Beziehung gehabt haben, ist ein mächtiger, tief eingreifender gewesen.

Einer der im Kleinhandel mit Nahrungsmitteln vom kaufenden

Publikum vielfach geduldeten Mißbräuche ist der sogenannte **Bruttoverkauf**, d. h. der Verkauf der Waren, welche gewogen werden, unter Anrechnung des Gewichts des Verpackungsmaterials als Warengewicht. Im Geschäftsbetriebe der Konsumvereine sollte eine solche Praxis nicht gestattet sein, die Kunden haben richtiges Warengewicht zu erhalten und die Verpackung ist nicht als Ware zu berechnen. Die Kosten für das Verpackungsmaterial, für die Düten, Hülsen 2c. müssen auf allgemeine Unkosten übernommen werden. Gleichwohl hört man den Bruttoverkauf bisweilen damit verteidigen, daß alle Kleinhändler am Ort auch brutto verkauften, als wenn die Konsumvereine nicht gerade die große wirtschaftliche Aufgabe hätten, die unsoliden Gewohnheiten der Kleinhändler überall entschieden zu bekämpfen und die Konsumenten über dieselben aufzuklären.

Es kann vorkommen, daß der Lagerhalter nicht wirtschaftlich mit dem Verpackungsmaterial umgeht; um Schädigungen aus dieser Ursache zu vermeiden, haben manche Konsumvereine die Beschaffung des Einschlagepapieres, der Düten 2c. dem Lagerhalter überlassen, der dafür eine auf Grund vorliegender Verbrauchserfahrungen berechnete Vergütung erhält und nun das Verpackungsmaterial nach bestimmten, ihm von dem Vereine vorgeschriebenen Mustern auf eigene Rechnung besorgen muß.

Die **Berechnung der Verkaufspreise** soll, wie bereits zu Eingang dieses Abschnittes ausgeführt worden ist, dergestalt erfolgen, daß dieselben im allgemeinen den ortsüblichen Tagespreisen gleichkommen, wobei aber nicht durchaus darauf zu achten ist, daß alle Preise nun auch mit denen der Materialwarenhändler übereinstimmen, es ist vielmehr eine *angemessene* Berechnung der Preise zugrunde zu legen. Bekanntlich werden von den Händlern für gewisse Waren, für die sogenannten Zugartikel, ganz niedrige Aufschläge berechnet, welche kaum die Geschäftsunkosten decken, es kommt sogar in der Geschäftsgebarung der Händler nicht selten vor, daß solche Artikel zeitweise unter dem Selbstkostenpreise verkauft werden, um das Publikum anzulocken. Einem solchen unredlichen Geschäftsgebaren darf der Konsumverein nicht folgen, er muß stets eine richtige Berechnung der Preise seiner Waren vornehmen, und daher werden sich bei einzelnen Warenartikeln Preisdifferenzen nach oben oder nach unten gegen die Preise der Händler ergeben. Wird von den Mitgliedern darauf aufmerksam gemacht, daß in einem Privatgeschäft ein Warenartikel auffallend billiger zu kaufen sei, als im Konsumverein, so darf der Vorstand nicht unterlassen, immer wieder darauf hinzuweisen, daß dies nur infolge einer auf Täuschung des kaufenden Publikums berechneten Handlungsweise möglich sei. Hält der Konsumverein an diesen redlichen Grundsätzen bei der Preisberechnung fest, die Händler, die jenen Brauch üben, werden schließlich, wenn sie sehen, daß ihr „Schleudern" ihnen nichts hilft, die unreellen Geschäftspraktiken aufgeben, und der Konsumverein wird, wie dies häufig festgestellt worden ist, für die Preisbildung der von ihm geführten Waren an seinem

Orte von maßgebendem Einfluß werden, er wird das Ziel erreichen, das der Konsumverein der redlichen Pioniere von Rochdale, und nach ihm viele Konsumvereine aller Länder, sich gesteckt und erreicht haben: redlichere Gebräuche in Handel und Wandel einzuführen!

Für die Berechnung der Verkaufspreise lassen sich selbstverständlich nicht Grundsätze geben, die schablonenmäßig anzuwenden sind, es mag hier nur auf einiges hingewiesen werden. Es sind auf die einzelnen Artikel alle Transportkosten, die sie verursacht haben, aufzuschlagen, d. h. diese Transportkosten gehören nicht zu den Geschäftsunkosten, sondern erhöhen entsprechend den Einkaufspreis der Ware, dann ist der Prozentsatz der allgemeinen Unkosten für Miete, Gehälter, Beleuchtung, Inventarabnutzung ꝛc. hinzuzurechnen, ferner ist zu berücksichtigen ob der Absatz der einzelnen Artikel ein schnellerer oder langsamerer ist, ob sie durch Lagern im Gewicht schwinden; endlich kommt der Aufschlag hinzu, den der Händler als seinen „Gewinn", als seinen „Arbeitsverdienst" für sich beansprucht, den der Konsumverein jedoch seinen Mitgliedern am Schlusse der Geschäftsperioden als Dividende, als Teile vom „Reingewinn" zurückgewährt. Es wird auch öfter vorkommen, daß Änderungen der Verkaufspreise der auf dem Lager befindlichen Waren vorzunehmen sind, die Schwankungen der Preise auf dem großen Markte dürfen nicht unbeachtet bleiben. Zeitweiligen Erhöhungen der Marktpreise wird der Verein bei notwendigen Lebensbedürfnissen freilich nicht folgen, solange er noch alte Bestände, die er billiger eingekauft hat, auf Lager hat. Auf diese Weise haben schon oft Konsumvereine bei plötzlicher Steigerung der Preise solcher Artikel ihre Mitglieder auch weiter mit denselben billig versorgt, ja sie haben die Händler gezwungen, sich auch schließlich mit geringerem Nutzen in teuren Zeiten zu begnügen, so daß die Wirksamkeit des Konsumvereins der gesamten Bevölkerung, auch Nichtmitgliedern, zugute kam. Hält freilich die steigende Konjunktur an, so wird der Konsumverein sich ihr auch anschließen müssen, um den Ausfall bei sinkenden Preisen ausgleichen zu können, denn einem Rückgang der Preise, der nicht durch Schleudern einzelner Händler, sondern durch die Lage des großen Marktes hervorgerufen ist, wird sich der Konsumverein nicht verschließen können, auch er muß seine Verkaufspreise ermäßigen, wenn er auch noch Bestände alter, unter höheren Konjunkturen eingekaufter Waren hat.

Die Änderungen der Verkaufspreise haben auf die Belastungen des Lagerhalters Einfluß; bei vorkommenden Preisänderungen muß der Bestand des betreffenden Warenartikels festgestellt werden, und es muß die nach dem früheren und dem neu festgesetzten Verkaufspreise desselben sich ergebende Differenz dem Lagerhalter entweder belastet werden — wenn der Preis erhöht wird — oder abgeschrieben, gut gebracht werden — wenn der Preis ermäßigt wird.

Berechtigt ist es, denjenigen Mitgliedern, welche — bei Engros-

Bezügen — größere Mengen von Waren in einem Posten entnehmen, besondere, etwas niedrigere Preise zu berechnen. Der Verein hat durch solche Entnahmen den Vorteil, daß sein Betriebskapital in diesem Betrage schneller umgesetzt wird, er spart in den meisten Fällen an Verpackungsmaterial, die Mankovergütung an den Lagerhalter wird eine geringere, sie ist auf solche Engrosentnahmen eventuell ganz ausgeschlossen, infolgedessen sind bei Engrosbezügen die Waren zu billigeren, zu Engrospreisen an die Mitglieder abzugeben, für diese Bezüge haben die Mitglieder aber keinen Anspruch auf Dividende oder es wird ihnen nur eine Teildividende gewährt werden können.

Die Engroskäufe sind in ein besonderes Buch einzutragen, der Lagerhalter hat genaue Angaben über Art und Menge der verkauften Wären zu machen, und das kaufende Mitglied hat die Richtigkeit dieser Buchungen des Lagerhalters durch Hinzufügen seines Namens zu bestätigen. Danach muß der Vorstand die Entlastung des Lagerhalters von der Preisdifferenz zwischen dem Engros- und dem Detailpreise in dem Lagerhalterbelastungsbuch vornehmen.

Diese genaue Buchung und Bescheinigung der Engrosverkäufe ist deshalb nötig, weil anderenfalls der Lagerhalter die Möglichkeit hätte, Engrosbezüge von Waren dem Vorstande fälschlicherweise zu melden, um dadurch Entlastungen seines Kontos herbeizuführen.

In größeren Vereinen finden Engros-Verkäufe nur in einem besonderen Lager, welches gewöhnlich mit dem Zentrallager in Verbindung ist, statt, so daß diese Entlastungsbuchungen vermieden werden.

g) Einkaufsbücher. — Dividendenmarken.

Es ist notwendig, den Mitgliedern des Konsumvereins bei ihren Einkäufen im Lager des Vereins Bescheinigungen über den Betrag ihrer Einkäufe zu geben, nach deren Höhe dieselben am Schlusse der Geschäftsperioden ihre Ansprüche auf den Reingewinn geltend machen können. Die Art dieser Bescheinigungen ist eine verschiedene. Ebenso auch die Zahl der bei der Ausstellung oder Aushändigung dieser Bescheinigungen mitwirkenden Personen. Entweder ist der Lagerhalter oder wer ihn beim Kleinverkauf vertritt, allein mit der Abfertigung des einzelnen Kunden befaßt, oder es ist jedes einzelne Verkaufsgeschäft gewissermaßen in 2 Teile geteilt, indem der Lagerhalter oder Verkäufer nur mit der Verausgabung der Waren zu tun hat, während die Vereinnahmung des Geldes dafür einem Ladenkassierer oder einer Ladenkassiererin übertragen ist, die dem Lagerhalter unterstellt ist. Diese Arbeitsteilung setzt einen hinreichend großen Laden mit einem abgetrennten Raum für die Ladenkassiererin voraus, von dem aus der ganze Laden und jeder Käufer leicht übersehen werden kann, und ein solcher Laden läßt sich nicht immer beschaffen oder doch nicht ohne eine für manchen Verein zu große Steigerung der Unkosten beschaffen. Inwieweit auch das Gehalt der Ladenkassiererin die Unkosten steigert, wird davon abhängen, ob bei ihrem Wegfall eventuell zur Bewältigung des Verkehrs ein Verkäufer mehr eingestellt werden müßte. Gleichviel welche Bescheinigungen für die Warenentnahmen der Mitglieder eingeführt werden, jedenfalls ermöglicht eine solche Ladenkassiererin eine schärfere Kontrolle und erleichtert auch die Anwendung von Bescheinigungen über die einzelnen Einkäufe, gegen die man sonst, weil sie den Verkäufer allein zu sehr belasten, gerechtfertigte Bedenken haben kann.

Als solche Bescheinigungen sind nun in manchen Vereinen im Westen und auch im Osten die sogenannten Einkaufsbücher eingeführt (Form. 24 unter a), welche die Mitglieder bei ihren Einkäufen im Lager des Konsumvereins mit sich führen, und in welche der Lagerhalter die entnommenen Waren nach Art, Menge und Geldbetrag einzutragen hat, ebenso wie er diese Einträge in ein von ihm geführtes Gegenbuch unter Beifügung der Mitgliedsnummer des Käufers macht. Wo eine Ladenkassiererin tätig ist, würde diese das Gegenbuch zu führen, das Geld in Empfang zu nehmen haben und darüber durch Beifügung eines Stempels quittieren, so daß der Lagerhalter von einem Teil seiner umfangreichen schriftlichen Arbeiten entlastet würde. Diese Einkaufsbücher werden am Schlusse der Geschäftsperioden von den Mitgliedern eingefordert, die Geldbeträge darin addiert und nach den Summen die Einkaufsdividenden berechnet. Durch Übung mögen die Lagerhalter und Verkäufer sich eine große Geschwindigkeit in der Erledigung der ihnen durch die Einkaufsbücher auferlegten Schreibarbeit aneignen, aber daß trotz alledem dieselbe die Abfertigung der Kunden, namentlich bei lebhaftem Geschäftsverkehr, unangenehm verzögert, dürfte nicht zu bestreiten sein. Eine Besserung hierin wird ja natürlich die Einschaltung einer Ladenkassiererin herbeiführen.

Viel weiter verbreitet ist die Quittungleistung über die Einkaufsbeträge der Mitglieder durch Aushändigung von Quittungsmarken, sog. Dividendenmarken, die schriftliche Arbeiten der Lagerhalter oder Verkäufer erübrigt. Aber für die Anwendung der Dividendenmarken haben sich mit der Zeit verschiedene Methoden herausgebildet. Die erfahrenen englischen Konsumvereine, welche sie zuerst einführten und deren Beispiel viele deutsche Konsumvereine gefolgt sind, ließen die Dividendenmarken aus Metall (Weißbleich oder dgl.) mit verschiedener Prägung, den Wert angebend, und von verschiedener Größe, herstellen. Die üblichsten Metallmarken sind solche über 5 Pfennig, 10 Pfennig, 20 Pfennig, 50 Pfennig, 1 Mark, 2 Mark, 3 Mark, 5 Mark. Für größere Beträge werden überall, auch wo sonst Metallmarken eingeführt sind, Pappmarken — über 10 Mark und 20 Mark — angewendet. Die Metallmarken haben den Vorzug leichter Handhabung und großer Dauerhaftigkeit, aber sie sind teuer, und deshalb ist es ausgeschlossen, sie öfter zu erneuern; auch Veränderungen an ihnen vorzunehmen würde kaum angängig sein. Es hat sich aber mehr und mehr als zweckmäßig herausgestellt, jährlich neue oder veränderte Marken auszugeben, um zu verhüten, daß Dividendenmarken aus früheren Geschäftsperioden erst in einer spätern zum Zwecke des Dividendenbezugs eingereicht werden. So haben die Pappmarken auch für kleinere Beträge weitere Verbreitung gefunden, weil sie sich durch Abstempeln, eventuell durch wiederholtes Abstempeln mit geringen Unkosten verändern lassen, auch ihre Erneuerung in andern Farben oder dgl. weit weniger Kosten verursacht als die Metallmarken. Diese Dividendenmarken hat der Lagerhalter oder Verkäufer in einen besonderen Kasten, in welchem sie nach der Höhe der Stücke geordnet sind, vor sich, er zahlt sofort denselben Betrag an Dividendenmarken an den Käufer, den er in barem Gelde für verkaufte Waren von ihm vereinnahmt hat. Am Schlusse der Geschäftsperioden werden die Dividendenmarken von den Mitgliedern eingezogen und nach dem Betrage der von den einzelnen Mitgliedern eingelieferten Marken wird die auf jedes Mitglied entfallende Einkaufsdividende ausgezahlt oder dem Geschäftsguthaben zugeschrieben. Um die Anschaffung zu großer Bestände an Marken über kleine Beträge zu vermeiden, ist es zweckmäßig die Mitglieder in geeigneter Weise aufzufordern, die bei ihnen angesammelten Marken über solche Beträge von Zeit zu Zeit gegen Marken über 10, 15 oder 20 Mark umzutauschen. Dieser Umtausch ist auch deshalb notwendig, um nicht bei Schluß der Geschäftsperioden das Nachzählen der Dividendenmarken der einzelnen Mitglieder unnütz zu erschweren. Der größte deutsche Konsumverein, der Breslauer, der 1902 für 13,8 Millionen Mark Waren verkauft hat, und als niedrigste Dividendenmarken solche über 10 Pfennig ausgibt, hat jährlich für Dividendenmarken 300 Mk. zu verausgaben,*) was gewiß als eine mäßige Ausgabe zu bezeichnen ist. Nicht alle Vereine haben für die Dividendenmarken ebenso billige Bezugsquellen.

Eine neue Art Dividendenmarken, die in den letzten Jahren Eingang gefunden hat, sind die Rollenmarken: die Marken von demselben Wertbetrag z. B. 10 Pf. sind auf einem fortlaufenden Papierstreifen auf eine Rolle gezogen, jede Marke ist mit laufender Nummer versehen und am Rande durchlocht, so daß sie leicht abgetrennt werden kann. Es sind soviel Rollen in Gebrauch als Markensorten zur Verwendung kommen. Diese Einrichtung gewährt den großen Vorteil, eine tägliche genaue Kontrolle des Verkaufserlöses zu ermöglichen, indem man abends nach der Nummer der ersten noch nicht abgerissenen Marke auf jeder Rolle, von der man die erste Nummer bei Beginn der Verkaufszeit in Abzug bringt, leicht die Tageseinnahme im Laden feststellen kann. Andererseits wird über die Kostspieligkeit der Einrichtung geklagt. Dieselbe dürfte sich verringern lassen, wenn man den Kasten für die Rollen von einem Tischler am Orte machen läßt, aber die Mehrkosten, die

*) Man vgl. hierzu die Verhandlungen der Konsumvereine auf dem A. G. zu Danzig (1903) in den „Mitteilungen" darüber S. 226—233.

dadurch entstehen, daß jede Marke nur einmal verwendet werden kann, werden sich allerdings nicht verringern lassen. Wo mehrere Verkäufer in einem Laden tätig sind, würden, wenn jeder auch Geld einnimmt und Dividendenmarken ausgibt, die Mehrkosten durch die Ausgabe für eine entsprechende Zahl von Kästen gesteigert. Diese Mehrausgabe käme in Wegfall, wenn das Kassengeschäft und die Ausgabe der Dividendenmarken bei einer Ladenkassiererin konzentriert würde.

Auf diese Konzentration ist noch mehr Gewicht zu legen, wenn die Dividendenmarken durch eine sog. Registrierkasse geliefert werden. Bei den erheblichen Kosten einer solchen Kasse können natürlich nicht mehrere für einen und denselben Laden beschafft werden. Wo aber nur ein Verkäufer tätig ist oder wo die Registrierkasse von einer besonderen Ladenkassiererin bedient wird, hat sie nicht zu unterschätzende Vorzüge, indem sie dem Käufer eine Kontrolle bietet, daß sein Geld zur Kasse kommt, den Tageserlös feststellt und die Dividendenmarken selbst herstellt und zwar für jeden Einkauf eine Marke. Die Marken lauten daher über sehr ungleich hohe Beträge, was die Aufrechnung etwas erschwert, aber durchaus nicht verhindert, schon im Laufe des Jahres die Marken in besonderen Aufstellungen zusammenrechnen und abliefern zu lassen. Was der allgemeinen Verbreitung der Registrierkassen unter den Konsumvereinen immer hinderlich sein wird, das sind ihre Kosten, die sich auf 1200—1500 Mk. belaufen und eine nennenswerte Ermäßigung auch bei wachsender Konkurrenz in der Fabrikation kaum erfahren werden. Für kleine Konsumvereine ist dieser Preis nicht erschwinglich.

Über Markenrevisionen ist schon oben S. 59 das erforderliche gesagt, es ist hier nur darauf hinzuweisen, daß da, wo die Rollenmarken eingeführt sind, sich diese Revisionen vereinfachen, und daß sie natürlich ganz wegfallen bei der Anwendung von Registrierkassen.

b) Verkaufszeit.

Die Verkaufszeit in den Lagern der Konsumvereine wird sich im allgemeinen nach den örtlichen Gewohnheiten in dem Handel mit Lebensmitteln richten. Sehr oft waren jedoch früher die Verkaufszeiten in den Läden der Händler so ausgedehnt, daß den Konsumvereinen geraten werden mußte, in dieser Beziehung engere Grenzen zu ziehen. Neuerdings sind diese Bestrebungen unterstützt durch die Gesetzgebung, indem die Gewerbeordnung in den §§ 139c bis 139g für Gehilfen, Lehrlinge und Arbeiter in offenen Verkaufsstellen schätzenswerte Erleichterungen geschaffen hat, denen sich die Konsumvereine nicht entziehen dürfen. In offenen Verkaufsstellen und den dazu gehörenden Schreibstuben (Kontoren) und Lagerräumen ist für die Gehilfen, Lehrlinge und Arbeiter nach Beendigung der täglichen Arbeitszeit eine ununterbrochene Ruhezeit von mindestens 10 Stunden und in Gemeinden von mehr als 20000 Einwohnern unter Umständen sogar von mindestens 11 Stunden vorgeschrieben (vgl. Anhang 10). Innerhalb der Arbeitszeit muß den erwähnten Bediensteten auch eine angemessene Mittagspause, eventuell von 1 ½ Stunden gewährt werden. In der Regel sind offene Verkaufsstellen für den geschäftlichen Verkehr von 9 Uhr abends bis 5 Uhr morgens zu schließen. Beschränkte Ausnahmen von dieser Regel sind im Gesetz einzeln bezeichnet. Es ist dann aber weiter im Gesetz vorgesehen, daß auf Antrag von mindestens ⅔ der beteiligten Geschäftsinhaber die höhere Verwaltungsbehörde für eine Gemeinde oder mehrere zusammenhängende Gemeinden für alle oder einzelne Geschäftszweige den Ladenschluß auch für die Zeit von 8 bis 9 Uhr abends und von 5 bis 7 Uhr morgens anordnen kann. Die höhere Verwaltungsbehörde ist verpflichtet, auf Antrag von mindestens ⅓ der beteiligten Geschäftsinhaber sämtliche beteiligte Geschäftsinhaber hierüber zu befragen. Durch Bekanntmachung des Reichskanzlers (vgl. Anhang 11) ist das Verfahren bei Anträgen auf Verlängerung der Ladenschlußzeit festgesetzt.

Die Konsumvereine können mit diesen Vorschriften, welche ihnen die Erfüllung ihrer sozialpolitischen Pflichten gegen die Lagerhalter und Verkäufer erleichtern, nur einverstanden sein; manche würden sich wohl auch gern einem Ladenschluß schon um 8 Uhr abends anschließen, aber wenn viele andere auch durch ihre Mitglieder werden genötigt sein, den Verkauf bis um 9 Uhr abends auszudehnen, so werden sie um so weniger nötig haben, ihre Läden um 7 Uhr morgens zu öffnen. Daran die Mitglieder zu gewöhnen, wird auch dort möglich sein, wo dieselben überwiegend der arbeitenden Klasse angehören. Von 7 Uhr, im Winter vielleicht erst von 8 Uhr morgens bis abends 9 Uhr mit einer Mittagspause von 1½ Stunden dürfte zurzeit eine für die meisten Konsumvereine angemessene Arbeitszeit sein.

Auch diese Arbeitszeit stellt an die Kräfte der Lagerhalter und Verkäufer erhebliche Anforderungen, wenn auch im Zulauf der Kunden öfter Pausen eintreten, die es den Angestellten möglich machen, kurze Zeit auszuruhen und frische Kräfte zu sammeln. Sollen sie aber dann auch zu einer wirklichen Ruhe kommen und nicht durch Übermüdung in ihrer Gesundheit gefährdet werden, was nach § 62 Abs. 1 des H.G.B. der Prinzipal durch geeignete Vorkehrungen, soweit tunlich zu verhüten hat, so muß ihnen auch eine ausreichende Sitzgelegenheit geboten werden. Durch Bekanntmachung des Reichskanzlers vom 28. November 1900 (vgl. Anhang 12) ist das nähere hierüber angeordnet, was auch von den Konsumvereinen zu beachten ist.

Die Bestimmungen über S o n n t a g s a r b e i t und S o n n t a g s r u h e sind nach § 105b Abs. 3 der Reichsgewerbeordnung auch für Konsumvereine maßgebend. Die wichtigste dieser Bestimmungen für die Konsumvereine ist die des § 105b Abs. 2 der Gewerbeordnung, wonach Gehilfen, Lehrlinge und Arbeiter am ersten Weihnachts-, Oster- und Pfingsttage überhaupt nicht, im übrigen an Sonn- und Festtagen nicht länger als fünf Stunden beschäftigt werden dürfen, wobei die letztere Bestimmung durch die Polizeibehörde für die letzten vier Wochen vor Weihnachten, sowie für einzelne Sonn- und Festtage, an welchen örtliche Verhältnisse einen erweiterten Geschäftsverkehr nötig machen, dahin abgeändert werden kann, daß eine Beschäftigungsdauer bis zu zehn Stunden zugelassen wird (Abdruck der §§ 41a, 105b, 105c und 105e der Reichsgewerbeordnung im Anhange unter Nr. 4).

Auch die Bestimmung, daß im Handelsgewerbe Gehilfen, Lehrlinge und Arbeiter am ersten Weihnachts-, Oster- und Pfingsttage überhaupt nicht beschäftigt werden dürfen, kann nach § 105e der Gewerbeordnung eine Abänderung finden; § 105e bestimmt, daß für Gewerbe, deren vollständige oder teilweise Ausübung an Sonn- und Festtagen zur Befriedigung täglicher oder an diesen Tagen besonders hervortretender Bedürfnisse der Bevölkerung erforderlich ist rc., durch Verfügung der höheren Verwaltungsbehörde Ausnahmen von den im § 105b getroffenen Bestimmungen zugelassen werden können. Danach ist für den Handel mit Material-, Kolonialwaren und sonstigen Lebensbedürfnissen die Öffnung der Verkaufsstellen — auch der der Konsumvereine — und die Beschäftigung des Personals an den ersten Weihnachts-, Oster- und Pfingsttagen in den meisten Bundesstaaten für mehrere Morgenstunden, bis zum Beginn des Gottesdienstes, gestattet worden.

Es wird auf diese Bestimmungen noch im zehnten Kapitel zurückgekommen werden.*) Eine erhebliche Anzahl Konsumvereine hält an allen Sonn- und Feiertagen die Läden geschlossen.

i) Verkauf darf nur an Mitglieder stattfinden. — Anweisung des Lagerhalters und Legitimation der Mitglieder.

Konsumvereine, d. h. Vereine zum gemeinschaftlichen Einkauf von Lebens- oder Wirtschaftsbedürfnissen im Großen und Ablaß im Kleinen (§ 1 Ziffer 5 des Ges.) dürfen im regelmäßigen Geschäftsverkehr Waren nur an Personen verkaufen, welche als Mitglieder oder deren Vertreter bekannt sind oder sich als solche in der durch das Statut vorgeschriebenen Weise legitimieren (§ 8 Abs. 4 des Ges.). Die Übertretung dieses Verbots ist durch § 152 des Ges. unter Strafe gestellt worden. Personen, welche für einen Konsumverein den Warenverkauf bewirken, werden, wenn sie wissentlich oder in fahrlässiger Weise Waren an andere Personen als an Mitglieder oder deren Vertreter verkaufen, mit Geldstrafe bis zu einhundertfünfzig Mark bestraft. Ebenso werden Mitglieder bestraft, welche ihre Legitimation, durch die sie zum Wareneinkauf in einem Konsumvereine oder bei einem mit diesem wegen Warenabgabe an die Mit-

---

*) Die Bestimmungen des § 105b der R.G.O. finden keine Anwendung für einen Sonntag auf Arbeiten zur Durchführung einer gesetzlich vorgeschriebenen Inventur (§ 105c R.G.O.); vgl. zehntes Kapitel.

glieder in Verbindung stehenden Gewerbetreibenden berechtigt werden, Dritten zum Zwecke unbefugter Warenentnahme überlassen; und schließlich werden Dritte, welche von solcher Legitimation zu demselben Zwecke Gebrauch machen, oder auf andere Weise zu unbefugter Warenabgabe zu verleiten unternehmen, in gleicher Weise bestraft. Die Vorstände von Konsumvereinen mit offenen Läden, — d. h nach der bisherigen Rechtsprechung mit solchen Läden, die nicht tagsüber verschlossen gehalten und nur den sich legitimierenden oder genügend bekannten Mitgliedern entweder von einem durch das Verkaufspersonal oder durch einen davor gestellten Pförtner geöffnet werden — müssen nach § 31 des Ges. Anweisung darüber erlassen, auf welche Weise sich die Vereinsmitglieder oder deren Vertreter den Warenverkäufern gegenüber zu legitimieren haben; Abschrift der Anweisung hat der Vorstand der höheren Verwaltungsbehörde, in deren Bezirk die Genossenschaft ihren Sitz hat, unverzüglich einzureichen (Form. 23). Die Anweisung hat zu enthalten, in welcher Weise die Verkäufer des Konsumvereins sich über die Mitgliedschaft der Warenkäufer bei dem Konsumverein zu vergewissern haben. Es ist bei Erlaß dieser Anweisung zu berücksichtigen, ob die Konsumvereine die oben erwähnten „Einkaufsbücher“ führen, oder ob sie ihren Mitgliedern beim Einkaufe „Dividendenmarken“ aushändigen. Danach wird der Wortlaut der Anweisung für die Verkäufer der Konsumvereine ein verschiedener sein. Diese Anweisungen sind in den Verkaufslagern der Konsumvereine an sichtbarer Stelle auszuhängen.

Die Legitimation der Mitglieder hat da, wo Einkaufsbücher geführt werden, durch letztere zu erfolgen; dem Buche ist ein Blatt vorzuheften, welches die Legitimationsurkunde und die oben mitgeteilten gesetzlichen Strafandrohungen enthält (Form. 24a).

Hat der Verein die Einrichtung der Dividendenmarken, so sind den Mitgliedern Legitimationskarten zu verabfolgen, die aus dauerhaftem Stoff in einem bequemen Format angefertigt werden müssen, so daß sie zusammengefaltet in einem Geldtäschchen untergebracht werden können. Auf der Vorderseite werden diese Legitimationskarten zweckmäßig den Namen und die Mitgliedsnummer, auf der Rückseite den Abdruck der Strafbestimmungen tragen (Form. 24b).

Damit ist den gesetzlichen Bestimmungen genügt. Der Verein kann außerdem noch Plakate im Verkaufslager, welche die Aufschrift: „Verkauf nur an Mitglieder“ in deutlich sichtbarer Weise tragen, anbringen, er wird auch das Verbot des Verkaufs an Nichtmitglieder zweckmäßig in den Vertrag mit dem Lagerhalter aufnehmen.

Es soll erwähnt werden, daß die Bestimmung des § 8 Abs. 4 des Ges. sich nur auf den Verkauf von Waren im regelmäßigen Geschäftsverkehr der Konsumvereine bezieht; es ist als nicht unter das Verbot fallend zu betrachten, wenn z. B. ein Konsumverein Verpackungsmaterial, Fässer rc., dem Lieferanten, der nicht Mitglied ist, zurückverkauft oder an andere Nichtmitglieder verkauft; solche bereits gebrauchte Materialien 2c. sind nicht Waren im Sinne des Gesetzes; es wird auch als nicht unter das Verbot des § 8 Abs. 4 fallend angesehen werden können, wenn Konsumenten, die sich der Genossenschaft anschließen wollen, einen Probekauf bei der Genossenschaft machen, bevor sie die Verpflichtung zur Einzahlung oder Ansammlung des Geschäftsanteils und die solidare Haftpflicht der Genossen übernehmen.

Es muß den Konsumvereinen auch gestattet sein, Waren an Konsumenten abzugeben, die ihren Beitritt zur Genossenschaft bereits erklärt haben, die aber noch nicht in die Liste der Genossen bei Gericht eingetragen sind.*)

Nach § 153 des Ges. wird mit Geldstrafe bis zu 150 Mark bestraft, wer Waren, die er aus dem Konsumvereine oder von einem mit diesem wegen Warenabgabe in Verbindung stehenden Gewerbetreibenden auf Grund seiner Mitgliedschaft bezogen hat, gegen Entgelt gewohnheitsmäßig oder gewerbsmäßig an Nichtmitglieder veräußert.

Diese Bestimmung findet keine Anwendung, 1. wenn ein Mitglied eines Konsumvereins die von ihm bezogenen Waren in seiner Speiseanstalt oder an seine Kostgänger zum alsbaldigen persönlichen Verbrauch abgibt; 2. wenn ein Konsumverein, welcher Mitglied eines anderen Konsumvereins ist, die aus letzterem bezogenen Waren an seine Mitglieder abgibt.

Es dürfen also Handelsleute, Dorfkrämer und Kaufleute Waren zur Veräußerung nicht aus dem Konsumverein entnehmen. Dagegen ist es den Inhabern von Restaurationen und Speiseanstalten und denjenigen, die Pensionäre und sonstige Kostgänger — Schlafburschen, Zimmermieter — halten, gestattet, Waren, die sie aus dem Konsumvereine als Mitglieder desselben bezogen haben, an ihre Gäste und Pensionäre zum alsbaldigen persönlichen Verbrauch abzugeben; auch kleinere Konsumvereine können die als Mitglieder von größeren Konsumvereinen bezogenen Waren an ihre Mitglieder verkaufen.

Schließlich soll noch darauf hingewiesen werden, daß Konsumvereine dem Verbot des Verkaufs an Nichtmitglieder nur insoweit unterliegen, als sie den gemeinschaftlichen Einkauf von Lebens- oder Wirtschaftsbedürfnissen im Großen und den Ablaß derselben im Kleinen betreiben; ein Konsumverein, der eigene Produktion hat, der „eine Bäckerei hat, der Vieh ausschlachtet, Obst dörrt, Sauerkraut herstellt, Pflaumenmus einkocht, Branntwein destilliert, Apfelmost oder Wein keltert, jüngere Weine lagert und behandelt", kann die auf diese Weise gewonnenen Waren auch an Nichtmitglieder verkaufen, denn nur die im Großen eingekauften Lebens- und Wirtschaftsbedürfnisse darf er als solche nicht im Kleinen an Nichtmitglieder verkaufen.**)

*) S. 92, Blätter für Genossenschaftswesen von 1898.

**) Kommentar zum Genoss.-Ges. von Parisius und Crüger IV. Aufl., S. 144 — Entscheidung des Oberlandesgerichts in Posen vom 9. Oktober 1897 (abgedruckt in den Blättern für Genossenschaftswesen 1897, S. 468) und des Schöffengerichts zu Hamburg vom 12. März 1898 (Blätter f. Genossenschaftswesen 1898, S. 154).

III. Verbindung mit Händlern, Handwerkern usw. zur direkten Lieferung von Waren an die Mitglieder.

Die Verbindung mit Händlern, die in der genossenschaftlichen Geschäftsführung unter dem Namen „Lieferantengeschäft" bekannt ist, wird oft nur zu gern von den Konsumvereinen eingegangen. Es muß zugestanden werden, daß es Verbrauchsgegenstände gibt, die ein Konsumverein, besonders ein junger Konsumverein, nicht gut auf dem eigenen Lager führen kann, einmal weil der Raum des Lagers nicht ausreicht, dann auch, weil der Absatz davon ein zu langsamer, die Anschaffungskosten zu hohe, das Risiko ein beträchtliches sein würde. Fleisch, Schnittwaren, Manufakturartikel z. B. sind Gegenstände des Verbrauches, welche nur mit besonderen Vorsichtsmaßregeln, wenn überhaupt auf dem Lager der Genossenschaft geführt werden können. Zur Erzielung von Vorteilen für die Mitglieder beim Bezuge dieser Konsumartikel pflegen Verträge mit Lieferanten abgeschlossen zu werden, wobei letztere sich bereit erklären, dem Vereine einen bestimmten Rabatt für die Warenentnahmen zu gewähren, welche Mitglieder desselben unter Bezahlung zu Tagespreisen bei ihnen machen. Die Lieferanten sind meist sehr geneigt, solche Verträge einzugehen, in der Hoffnung, dadurch eine erheblich vergrößerte Kundenzahl zu erhalten.

Im allgemeinen sind wir der Ansicht, daß es sich nicht mit den Zielen und Bestrebungen der Konsumvereine verträgt, Lieferanten, Händler usw. zu veranlassen, von ihren Kunden zweierlei Preise für ihre Waren zu fordern; es sollen aber in der Tat jene Lieferanten, welche mit den Vereinen in Verträge treten, zweierlei Preise für dieselben Waren nehmen, einen geringeren von den Mitgliedern der Konsumvereine — den Tagespreis abzüglich des dem Vereine zu gewährenden Rabatts —, einen höheren — den Tagespreis ohne Abzug — von den gewöhnlichen Kunden, die dem Konsumvereine nicht angehören.

Wir haben es bereits an anderer Stelle betont, daß es zu den Aufgaben der Konsumvereine gehört, redlichere Gebräuche im Handel mit Nahrungsmitteln und Gegenständen des täglichen Bedarfes einführen zu helfen; es sollen von Konsumvereinen z. B. nicht, wie von den Händlern, Schleuderpreise für einen Konsumartikel erhoben werden, während auf andere, in den Preisen schwerer zu kontrollierende Waren unverhältnismäßig hohe Aufschläge gemacht werden, — es soll von Konsumvereinen nicht, wie von Händlern, dieselbe Qualität Ware zu drei und vier verschiedenen Preisen, unter der Vorspiegelung von drei und vier verschiedenen Qualitäten, verkauft werden u. dgl. mehr. Abgesehen von jener oben angedeuteten, offenkundigen Berechnung von zweierlei Preisen, die wir nicht immer für billig halten können, liegt es doch aber sehr nahe, daß in diesem Lieferantengeschäft Unredlichkeiten vonseiten der Lieferanten versucht werden, um den gewährten Rabatt nach Möglichkeit wieder beizubringen; in öffentlichen Versammlungen haben frühere Lieferanten selbst erklärt, daß sie an Kunden, die sich als Mitglieder eines mit ihnen in Vertrag stehenden Konsumvereins legitimierten, minderwertige Ware zu höheren Preisen verabfolgt hätten. Hier ist doch der Konsumverein die indirekte Veranlassung zu einer Unredlichkeit gewesen, während er solche Unredlichkeiten grundsätzlich bekämpfen muß.

Nur unter der Voraussetzung, daß der Lieferant, mit welchem Verträge abgeschlossen werden, durch einen schnelleren Umsatz seiner Waren infolge der festen Kundschaft einer bestimmten Anzahl von Konsumvereinsmitgliedern den gewährten Rabatt wieder einholen kann, daß ihm billigerweise außerdem für seine durch den vergrößerten Umsatz vermehrte Geschäftstätigkeit noch einen besonderen Gewinn zu dem bisher von ihm erzielten Gesamtgewinn erwächst, wird sich das Lieferanten-Vertragsgeschäft neben dem Hauptgeschäft im eigenen Lager billigen und im Interesse des Konsumvereins sowohl als der Lieferanten aufrecht erhalten lassen. Man sollte deshalb, wenn sich das Lieferantengeschäft nicht vermeiden läßt, nur mit einem, aber durchaus als streng rechtlich bewährten und bekannten Lieferanten aus der betreffenden Warenbranche, höchstens vielleicht mit zwei — um die Lieferanten durch den Konkurrenztrieb zur redlichen Bedienung zu veranlassen — Verträge abschließen. In großen Städten werden die Lieferanten bezirksweise auszusuchen sein.

Ist der Konsumverein nach sorgfältiger Auswahl einer solchergestalt beschränkten Anzahl von Lieferanten, unter Berücksichtigung des eben Ausgeführten, entschlossen, in das „Lieferantengeschäft“ zu treten, so muß er einen schriftlichen Vertrag (Form. 16) mit jedem der betreffenden Lieferanten schließen, in welchem der zu gewährende Rabatt, Konventionalstrafen für Verletzung des Vertrages durch den Lieferanten und die Kündigungsfrist zu bestimmen sind. Dieser Vertrag ist den Mitgliedern durch Aushang im Vereinslager im Auszuge bekannt zu geben.

Nach § 32 des Ges. ist es verboten, daß Konsumvereine Marken oder sonstige nicht auf den Namen lautende Anweisungen oder Wertzeichen, welche anstatt des baren Geldes die Mitglieder zum Warenbezuge berechtigen sollen, ausgeben. Nach Inkrafttreten dieser durch Novelle zum Genossenschaftsgesetz vom 12. August 1896 eingefügten Bestimmung des Gesetzes, nach dem 1. Januar 1897, konnte die früher bei der großen Mehrzahl der Konsumvereine in Übung befindliche Einrichtung, wonach die Mitglieder im Vereine eine besondere Gattung von Marken, die sogenannten „Lieferanten-Wertmarken“ kauften und damit statt baren Geldes ihre Einkäufe bei den Lieferanten bezahlten, nicht mehr beibehalten werden; es mußten, wo dies noch nicht geschehen war, andere Einrichtungen getroffen werden. In den meisten Fällen griff man zu dem „Dividendenmarken-System, so wie es im eigenen Lager der meisten Konsumvereine angewendet wird. Dabei kann auf leichteste

Weise auch der Beschluß des Allgemeinen Genossenschaftstages zu Plauen im Vgtl., 1887, berücksichtigt werden, wonach die Konsumvereine die aus dem Lieferantengeschäft erzielten Gewinne, sobald sie erheblich von den im eigenen Lager gemachten Erübrigungen abweichen, gesondert zur Gewährung an die Mitglieder gelangen lassen sollen, so daß diese Gewinne wirklich nur an diejenigen gewährt werden, welche die betreffenden Verbrauchsartikel von den Lieferanten, mit denen der Verein im Vertrage steht, entnommen haben. Es kann dies ohne besondere Buchungen und Berechnungen dadurch geschehen, daß dem betreffenden Lieferanten sog. „Dividendenmarken“ gegen sofortige Gewährung des vereinbarten Rabatts verabfolgt werden; nach Verhältnis des im Durchschnitt auf eine Reihe von Jahren berechneten, oder bei neuen Vereinen des letzten oder voraussichtlichen nächsten Dividendensatzes der Genossenschaft, zu dem von dem Lieferanten bewilligten Rabattsatze, — nach Kürzung eines kleinen Prozentsatzes als Beitrag zu den allgemeinen Unkosten der Genossenschaft — händigt der Lieferant diese Marken den bei ihm gegen bare Zahlung kaufenden Mitgliedern der Genossenschaft als Quittungsmarken aus. Ein Beispiel wird dies veranschaulichen: Der Lieferant, z. B. ein Bäcker, bewilligt 12 % Rabatt, der Verein nimmt 2 % für allgemeine Unkosten in Anspruch, der Dividenden-Durchschnittsbetrag ist 5 %; dann würde der Lieferant dem Vereine bei Übernahme von Dividendenmarken im Betrage von 200 Mark 12 Mark Rabatt zahlen, dem Käufer, der Mitglied der Genossenschaft ist, würde der Lieferant für einen bei ihm gemachten Einkauf von 10 Mark als Quittung Dividendenmarken im Betrage von 20 Mark aushändigen, so daß dem Mitgliede der Genossenschaft am Schlusse der Geschäftsperiode bei 5 % Dividende aus dem Gesamtgeschäft in der Tat auf seinen Einkauf von 10 Mark bei dem Lieferanten 1 Mark Dividende = 10% gewährt werden würde. Umgekehrt, in dem zu berechnenden Verhältnis müßte verfahren werden, wenn der Durchschnittssatz der Dividenden der Genossenschaft bezw. die bisher erzielte oder voraussichtlich zu erzielende Dividende der neu errichteten Genossenschaft höher ist, als der von dem Lieferanten bewilligte Rabatt. Die dem Lieferanten behändigten Dividendenmarken sind natürlich zu dem Geldwerte zu buchen, welchen sie als Quittung für die Mitglieder in dem Geschäfte mit dem Lieferanten darzustellen haben; bei obigem Beispiel würden also 200 Mark Dividendenmarken nur 100 Mark Umsatz im Lieferantengeschäft darstellen. Bei diesem Verfahren können die im Vereinsgeschäft gebräuchlichen Dividendenmarken auch im Lieferantengeschäft benutzt werden; es sind nicht schwierige Buchungen und Berechnungen verschiedener Dividendensätze nötig, es werden nicht einem Teile der Mitglieder Gewinnbeträge, auf welche er keinen Anspruch hat, auf Kosten des anderen Teiles, der sie erzielte, gewährt. Es fällt schließlich eine Vorherbezahlung, die bei dem alten, jetzt gesetzlich verbotenen Wertmarkensystem stattfand, sowie die Kreditierung der Beträge für die von den Mitgliedern entnommenen Waren durch die Lieferanten, wenn beides auch nur auf kurze Zeit geschah, weg; beides befindet sich mit den wirtschaftlichen Grundsätzen der Konsumvereine nicht in harmonischem Zusammenklange.

Es kann aus allen diesen Gründen nicht die Neigung einzelner Konsumvereine unterstützt werden, nach dem Erlaß des Verbotes des § 32 des Ges. — wonach „Marken oder sonstige nicht auf den Namen lautende Anweisungen oder Wertzeichen“ nicht mehr anstatt baren Geldes ausgegeben werden sollen — nunmehr Anweisungen, die auf den Namen lauten, im Lieferantengeschäft auszugeben. Haben die Lieferanten ein Interesse an der Verbindung mit dem Konsumvereine, so werden sie sich an die Auszahlung der „Dividendenmarken“ bald gewöhnen, und Sache der Mitglieder ist es, darauf zu halten, daß der Lieferant stets mit Dividendenmarken versehen ist, wie es ihm im Vertrage zur Pflicht gemacht werden muß; und haben die Mitglieder des Konsumvereins ein Interesse an der Lieferantenverbindung, so werden sie ihre Einkäufe bei den im Vertrage stehenden Lieferanten machen, auch wenn sie nicht durch den Besitz von auf den Namen lautenden Anweisungen stets an diese Verbindung erinnert, förmlich zur Benutzung derselben gezwungen werden.

Nochmals soll da, wo sich das Lieferantengeschäft nicht umgehen läßt, die größte Vorsicht bei Einrichtung und Führung dieses Geschäftszweiges empfohlen werden; mögen besonders die jungen Konsumvereine durch das Lieferantengeschäft ihre Aufmerksamkeit niemals von dem Geschäft im *eigenen* Lager ablenken lassen. Auf das letztere müssen die Konsumvereine stets das Hauptgewicht legen. Durch gute Waren aus den besten Quellen sollen sie den Anforderungen ihrer Mitglieder genügen und diese an sich fesseln. Dann wird ihr Umsatz sich vergrößern, sie werden neue Genossen werben und ihre Geschäftsergebnisse werden derartige sein, daß die *persönlichen* Bestrebungen der Mitglieder sowohl, — Ersparnisse zu erzielen — als die *allgemeinen* der Genossenschaft — wirtschaftlich erziehend auf weitere Kreise, bessernd auf die Handelsgebräuche zu wirken — immer mehr gefördert werden können.

Achtes Kapitel.

Buchführung, Jahresrechnung und Inventuren, Bilanz.

Der Vorstand ist verpflichtet, Sorge zu tragen, daß die erforderlichen Bücher der Genossenschaft geführt werden (§ 33 des Ges.) die Verantwortung für die Erfüllung dieser Pflicht liegt dem gesamten Vorstande ob, kein Mitglied desselben ist davon entbunden oder kann, etwa infolge der Teilung der Geschäfte, eine Minderung seiner Verantwortung beanspruchen. Es ist die Pflicht jedes einzelnen Vorstandsmitgliedes, einzuschreiten, wenn es wahrnimmt, daß Unfähigkeit, Ordnungsmangel oder Unlust seitens eines anderen Vorstandsmitgliedes die sorgfältige und pünktliche Führung der Bücher in Frage zu stellen und Verstöße gegen die gesetzlichen Bestimmungen herbeizuführen drohen. Die Vernachlässigung der Buchführung zieht unter Umständen strafrechtliche Folgen nach sich (vgl. S. 45).

Nach § 17 des Ges. gelten die Genossenschaften als Kaufleute im Sinne des Handelsgesetzbuches, es sind daher die Bestimmungen des letzteren über die Führung und Aufbewahrung der Bücher und die Aufstellung der Bilanz zu beobachten. Welche Bücher zu führen sind, ist durch Genossenschaftsgesetz oder Handelsgesetzbuch nicht bestimmt. Die Buchführung muß aber so eingerichtet sein, daß der Gang und der Stand der Geschäfte jederzeit aus ihr ersichtlich ist, daß Vermögen und Schulden der Genossenschaft erkennbar sind und eine Bilanz auf Grund der Bücher aufgestellt werden kann.

Die Führung der einzelnen Bücher ist unter die Vorstandsmitglieder zu verteilen; welche Bücher von den einzelnen Vorstandsmitgliedern zu führen sind, ist durch die Geschäftsanweisung für den Vorstand zu bestimmen. Im vierzehnten Kapitel wird eine Anleitung zur Buchführung für Konsumvereine gegeben.

Die Behandlung des Briefwechsels der Konsumvereine soll an dieser Stelle erwähnt werden. Nach § 38 Abs. 2 H.G.B. sind die Konsumvereine als Kaufleute verpflichtet: „eine Abschrift (Kopie oder Abdruck) der abgesendeten Handelsbriefe zurückzubehalten und diese Abschriften sowie die empfangenen Handelsbriefe geordnet aufzubewahren". Es empfiehlt sich, die abgehenden, auf die Handelsgeschäfte der Genossenschaft bezüglichen Briefe in einem gebundenen Briefkopierbuch zu kopieren, obgleich der Gebrauch eines Kopierbuchs, den das alte Handelsgesetzbuch vorschrieb, nicht mehr verlangt wird. Die Aufbewahrung der empfangenen Handelsbriefe und der Abschriften (Kopien oder Abdrücke) der abgesendeten ist nach § 44 H.G.B. für die Dauer von zehn Jahren, ebensolange wie für die Aufbewahrung der Handelsbücher, erforderlich, da dieselben in Streitfällen, die im geschäftlichen Verkehr der Konsumvereine sich ereignen können, als Beweismaterial dienen.

Am Schlusse der Geschäftsperioden, nach Ablauf jedes Geschäftsjahres, hat der Vorstand die Jahresrechnung aufzustellen. Welchen Zeitraum eine Geschäftsperiode umfassen soll, ist durch das Statut zu bestimmen; mehr als zwölf Monate darf dies nicht sein, da die Genossenschaften als Kaufleute im Sinne des Handelsgesetzbuches gelten, und nach den Bestimmungen des § 39 Abs. 2 das. ein Geschäftsjahr nicht die Dauer von zwölf Monaten überschreiten darf. Dagegen können kürzere „Geschäftsjahre", Geschäftsperioden, durch das Statut festgesetzt werden und bei vielen Konsumvereinen sind solche kürzeren Geschäftsperioden üblich, sie sind auf sechs, auch auf drei, vier Monate festgesetzt.

Eine kürzere als einjährige Geschäftsperiode läßt sich aus verschiedenen Gründen bei Konsumvereinen empfehlen; sie führt eine bessere Kontrolle durch die notwendig damit verbundenen Inventuren herbei, sie bringt auch den Mitgliedern der Konsumvereine die Vorteile der letzteren, die erzielten Ersparnisse, eher zur Anschauung, stellt diese Ersparnisse früher zur Verfügung der Mitglieder, was im Interesse der minderbemittelten Angehörigen der Konsumvereine liegt.

Sehr kurze Geschäftsperioden, dreimonatliche z. B., belasten indes den Vorstand mit zu großer Arbeit durch die zu häufig wiederkehrenden Inventuren und Rechnungsabschlüsse; es sollte in dieser Beziehung nicht zu weit gegangen werden, damit nicht die nötige Sorgfalt bei Aufnahme der Inventuren, die unbedingt am Schlusse jeder Rechnungsperiode stattfinden müssen, darunter leidet. Vier Inventuren, vier Rechnungsabschlüsse vorzunehmen, ist in den meisten Konsumvereinen nicht angängig, es bliebe dann auch keine Zeit für **außerordentliche** Inventuren, auf welche wir weiter unten noch kommen werden. Es wird die Bestimmung **halbjähriger** Geschäftsperioden durch das Statut den oben angedeuteten Zwecken entsprechen; im Laufe dieser halbjährigen Geschäftsperioden sind dann außerordentliche, nicht mit Bücher- und Rechnungsabschlüssen verbundene Inventuren vorzunehmen.

Die Bestimmung des Statuts, daß die Geschäftsperiode von einem näher bezeichneten Sonntage bis zu einem anderen Sonntage des Jahres läuft, ist nur bei kürzeren als ganzjährigen Geschäftsperioden als zulässig zu erachten. Werden jährliche Geschäftsperioden festgesetzt, so ist eine Bestimmung, die etwa lautet, daß das Geschäftsjahr vom ersten Sonntage des Januar bis wieder zum ersten Sonntage des Januar läuft, gesetzlich nicht zulässig, da dann das Geschäftsjahr öfter länger als zwölf Monate dauern würde, entgegen der oben angezogenen Bestimmung des § 39 H.G.B.

Die erste Geschäftsperiode neu errichteter Konsumvereine wird in der Regel eine kürzere, als die folgenden sein, da sie vom Tage der Errichtung der Genossenschaft bis zu einem der für die folgenden Abschlüsse festgesetzten Termine laufen muß, es ist dies durch das Statut der neu errichteten Genossenschaft ausdrücklich zu bestimmen (§ 53 des Statuts).

Die **Aufstellung der Rechnung** für das betreffende Geschäftsjahr, die Geschäftsperiode, geschieht auf Grund der Bücher und der Inventur. Die Bücher sind abzuschließen und die sich danach ergebenden Vermögensbestandteile und Schulden der Genossenschaft sind als **Bilanz** zu gruppieren. Der Rechnungsabschluß muß den wirklichen Verhältnissen entsprechen, die Bilanz muß eine zuverlässige Darstellung des Standes der Genossenschaft geben. Die Vermögensbestandteile und Schulden der Konsumvereine werden nach dem

Geschäftsumfange derselben verschieden sein. Zu den Vermögensbestandteilen gehören:

1. der Bestand an barem Gelde;
2. die Warenvorräte zum Einkaufs- oder Tageswerte (wenn letzterer niedriger als der Einkaufswert);
3. das Inventar nach Abrechnung der Abnutzung von 10 % (bezw. mehr) für das Jahr;
4. die Ausstände für bei Sparkassen angelegte Gelder;
5. sonstige Forderungen nach ihrem wahrscheinlichen Werte;
6. Wertpapiere zum Tageskurse, u. a. die gesondert angelegten Kautionen des Vorstandes und der Lagerhalter;
7. Wert des Grundbesitzes.

Diesem sind als Schulden gegenüber zu stellen:

1. die Geschäftsguthaben der Mitglieder;
2. der Reservefonds;
3. der Dispositionsfonds;
4. die aufgenommenen Spareinlagen und Anleihen und die dafür noch zu zahlenden Zinsen;
5. die Hypothekenschulden und die dafür noch zu zahlenden Zinsen;
6. die Hausanteile;
7. die Warenschulden;
8. die Kautionen des Vorstandes und Lagerhalters;
9. die noch zu zahlenden Geschäftsunkosten.

Mit der Aufstellung der Jahresrechnung ist die Aufnahme der Vermögensbestände der Genossenschaft, die Inventur, verbunden; sie muß sich auf die Kassen- und Effektenbestände, die Warenvorräte, die Inventarstücke und die Geschäftsausstände der Genossenschaft erstrecken.

Die Aufnahme der Kassen- und Effektenbestände geschieht in der bei allen Kassenrevisionen üblichen Weise durch die der Inventur beiwohnenden Mitglieder des Aufsichtsrates; der Kassenbestand muß mit dem Saldo des Kassenbuches übereinstimmen und die Effenktenbestände müssen entweder vorgelegt oder durch Depotschein der Bank nachgewiesen werden, wenn sie bei einer solchen angelegt sind. Die Inventarstücke müssen mit dem Inventarverzeichnis und den sonstigen Belägen — Rechnungen über Anschaffung derselben — übereinstimmen. Etwaige Außenstände des Konsumvereins müssen nach den Büchern des Vereins genau festgestellt und auf ihren wirklichen Wert geprüft werden.

Abschreibungen an den Vermögensbestandteilen des Konsumvereins sind vor Aufstellung der Bilanz vorzunehmen, da in letzterer sämtliche Vermögensgegenstände und Schulden nach dem Werte anzusetzen sind, der ihnen zu dem Zeitpunkte beizulegen ist, für welchen die Aufstellung (§ 40 H.G.B.).

Die Aufnahme der Kassen- und Effektenbestände, sowie der etwaigen Ausstände der Genossenschaft ist vom Vorstande und den anwesenden Mitgliedern des Aufsichtsrates zu unterzeichnen.

Die Aufnahme der Warenbestände, der Lagerkasse — wenn die Bestände der letzteren nicht vor Beginn der Warenaufnahme zur Hauptkasse abgeführt und mit den Beständen der letzteren schon aufgenommen worden sind — und der in Händen des Lagerhalters befindlichen Dividendenmarkenbestände (vgl. S. 59, 60) hat durch den Vorstand unter Mitwirkung des Aufsichtsrates zu geschehen; die Aufnahme der Warenbestände erfordert die größte Aufmerksamkeit und Sorgfalt, da sie von wesentlichem Einfluß auf die Feststellung des Vermögensstandes der Genossenschaft ist; auch der Lagerhalter hat das größte Interesse an der richtigen Aufnahme der Warenbestände, die Berechnung des Mankos steht damit in Verbindung.

Der Aufsichtsrat muß bei der Inventur mitwirken, um sich davon zu überzeugen, daß die in die Bilanz einzusetzenden Werte auch in der Tat vorhanden sind, so daß er in der Lage ist, der Generalversammlung über die richtige Aufstellung des Rechnungsabschlusses und der Bilanz nach bestem Wissen Bericht zu erstatten.

Bei Inventuren eines Konsumvereins mit mehren Lagern müssen sich die Mitglieder des Vorstandes und Aufsichtsrates in die Inventurarbeiten in den einzelnen Lagern teilen, oder der Vorstand hat, wenn die Zahl seiner Mitglieder nicht ausreicht, um die Leitung der Inventur in allen Lagern zu übernehmen, Beauftragte dazu zu bestimmen. Der Aufsichtsrat wird stets so zahlreich sein, daß er auch in Vereinen mit einer größeren Zahl von Lagern bei den Inventuren in allen Verkaufsstellen vertreten sein kann.

Der Lagerhalter muß gleichfalls der Inventur beiwohnen oder sich im Falle der Behinderung durch einen Bevollmächtigten vertreten lassen; er hat das Ergebnis der Warenaufnahme gegen sich gelten zu lassen.

Der Vorstand muß die Wareninventur dadurch vorbereiten, daß er Inventurlisten zur Eintragung der vorhandenen Warenmengen bereit hält, daß er Taraverzeichnisse für die auf Lager befindlichen und noch nicht entleerten Fässer, Kübel, Kisten, Säcke u. dgl. anfertigt und den Inventurlisten beilegt und daß er Regalkasten und andere zu dauerndem Gebrauch bestimmte Behälter wägbarer Waren mit einer deutlichen Bezeichnung ihrer Tara versieht, um auf diese Weise leicht das Nettogewicht der darin enthaltenen Waren feststellen zu können und störende und verlustbringende Umschüttungen und Umfüllungen zu vermeiden.

Die Inventur muß ohne Unterbrechung zu Ende geführt werden, was bei richtiger Vorbereitung derselben in allen Konsumvereinen, größeren sowohl als kleineren, möglich ist.

Während der Aufnahme der Warenbestände muß der Verkauf an die Mitglieder ruhen; letztere sind rechtzeitig von der Schließung des Verkaufslokales zu benachrichtigen, damit sie ihren Bedarf vor Beginn der Inventur zu decken vermögen.

Das Verfahren bei der Aufnahme der Warenbestände ist durch eine Anleitung zu regeln (Form. 13). Die Inventurliste muß in zwei gleichlautenden Exemplaren geführt werden, von welchen das eine Exemplar durch den Vorstand, das andere durch den Lagerhalter oder dessen Bevollmächtigten ausgefüllt wird. Die Inventurliste ist mit Rubriken für die Einsetzung der sich vorfindenden Warenmengen, der Einheitspreise im Einkauf und Verkauf und der Gesamtbeträge nach Ein- und Verkaufspreisen zu versehen.

Die Berechnung der Warenvorräte für die Bilanz muß in der Weise erfolgen, daß die Waren zu den Selbstkosten zuzüglich der Transportspesen angesetzt werden, auch wenn sie inzwischen im Preise gestiegen sind. Wertverminderungen durch Preisrückgänge sind zu berücksichtigen, es sind solche Waren so niedrig zur Berechnung zu stellen, wie sie zur Zeit der Inventur zu kaufen sein würden. Diese Preisherabminderungen sind sofort zu notieren.

Dem Lagerhalter sind die übergebenen Warenbestände mit den Verkaufspreisen belastet worden, er hat die Gesamtbeträge der aufgenommenen Warenmengen nach den Einheitspreisen für den Verkauf auszurechnen.

Wenn sich manche Vereine damit begnügen, bei der Inventur die Waren nur zum Verkaufspreise aufzunehmen und dann von dem sich ergebenden Gesamtbetrage 15—20% oder mehr in Abzug zu bringen, so ist das ein durchaus unzulässiges Verfahren, weil auf diese Weise eine zuverlässige Feststellung des Warenbestandes nicht zu erzielen ist; der prozentuale Abzug vom Verkaufspreis ist willkürlich gegriffen und scheint bisweilen beeinflußt zu werden von dem Wunsche eine angenehme Dividende verteilen zu können. Dagegen kann es sich empfehlen bei entsprechender Lage des Warenmarktes noch von dem nach den Einkaufspreisen festgestellten Warenbestand eine Gesamtabschreibung vorzunehmen, wie dies der A. G. zu Danzig (1903) bei Feststellung der „Grundsätze betreffend die Aufnahme der Inventur bei Genossenschaften" in Satz 11 zum Ausdruck gebracht hat:

> „Die Waren sind zum Einkaufspreise, jedenfalls aber nicht höher zu bewerten, als sie am Tage des Abschlußes von der Genossenschaft eingekauft werden könnten. Der Vorsicht wegen kann, um hierbei mögliche Differenzen auszugleichen, schließlich noch eine Abschreibung vom Gesamtwarenbestand ratsam sein.
>
> (Die Verkaufspreise der Waren kommen lediglich für die Belastung der mit dem Verkauf betrauten Beamten in Betracht.)"

Nach beendeter Inventur müssen die beiden Inventurlisten sofort verglichen werden, sich in den Aufzeichnungen der vorhandenen Warenmengen ergebende Abweichungen sind sofort aufzuklären. Ist die Übereinstimmung beider Inventurlisten erzielt worden, hat keiner der Beteiligten gegen die Aufnahme der Inventur Einwendungen zu erheben, so muß die Richtigkeit der gemachten Aufzeichnungen gleich nach beendeter Inventur von sämtlichen Mitwirkenden, auch vom Lagerhalter bezw. dessen Bevollmächtigten, durch Unterschrift anerkannt werden. Die Ausrechnung der Inventuren kann später geschehen, sie ist aber möglichst bald zu beginnen, da sie zur Fertigstellung des Jahresabschlusses gehört.

Vielen Konsumvereinen wird es nicht möglich sein, die Waren-inventur stets sofort am Schluß der Geschäftsperiode vorzunehmen, wenn derselbe auf einen Wochentag fällt, da sehr oft Vorstands- und Aufsichtsratsmitglieder durch ihre Hauptberufstätigkeit verhindert sind, noch nach Schluß der Verkaufsstunden nächtliche Inventurarbeiten im Lager des Konsumvereins vorzunehmen; es steht dem nichts entgegen, daß dann die Aufnahme der Warenbestände an dem nächstliegenden Sonntage stattfindet; es müssen dann aber

1. Zuführungen neuer Waren in das Lager bis dahin möglichst vermieden werden, oder aber es müssen die Mengen und Beträge der seit Schluß der Geschäftsperiode neu bezogenen Waren von dem Inventurergebnis abgesetzt werden;
2. müssen die Mengen und Beträge der seit Schluß der Geschäftsperiode bis zu dem Sonntage, an welchen die Inventur stattfindet, verkauften Waren dem Inventurergebnis zugerechnet werden.

Der Lagerhalter muß zu dem Zweck über jeden verkauften Posten Ware nach Menge und Betrag genaue Aufzeichnungen machen, was auf einem ähnlich wie die Inventurliste eingerichteten Verzeichnis geschehen kann, so daß die Addition der verkauften Mengen der einzelnen Warenartikel und die Ausrechnung derselben nach dem dem Lagerhalter belasteten Werte leicht vorzunehmen ist. Es genügt auch hier nicht, nur die vereinnahmten Beträge abzüglich eines Durchschnittsaufschlages von dem Inventurbetrage abzuziehen; dadurch würde das Bild des Warenbestandes am Schluß der Geschäftsperiode ein unrichtiges werden, denn die Preisaufschläge auf die einzelnen Warenartikel sind verschiedene und es kann leicht vorkommen, daß in dem Zwischenraume gerade Artikel mit sehr hohen bezw. sehr niedrigen Aufschlägen zum Verkauf gelangt sind.

Die Aufnahme der Warenbestände ist unstreitig der wichtigste Teil der Inventur jedes Konsumvereins. Aber wenn dazu auch die Feststellung des Kassenbestandes, der Effekten und der Mobilien hinzukommt, so ist damit oft die Inventur noch nicht erschöpft, sondern es können, wie aus der vorher gegebenen Übersicht über die Aktiva hervorgeht, noch andere Aktiva zu berücksichtigen und auf ihren Wert zu prüfen sein, namentlich Grundbesitz und ausstehende Forderungen. Sie dürfen auch im Inventurprotokoll nicht vergessen werden. Das Muster eines solchen Inventurprotokolls für größere Konsumvereine, das auch dem A. G. in Danzig vorgelegen hat ist als Form. 13a abgedruckt.

Es sei in diesem Abschnitt auch auf die außerordentlichen Inventuren der Lager, solche, die nicht mit den Rechnungsabschlüssen der Konsumvereine zusammenfallen, hingewiesen; solche außerordentliche Inventuren sollten von allen Konsumvereinen mit längeren, besonders von denen mit einjährigen Geschäftsperioden vorgenommen werden; sie dienen zur Sicherung einer ordnungsmäßigen Geschäftsführung, indem sie ermöglichen, Unregelmäßigkeiten oder gar Unredlichkeiten, die dem Vereine Schaden zu bringen drohen, rechtzeitig zu entdecken.

Sehr zweckmäßig ist es, außerordentliche, vorher nicht angesagte Inventuren, namentlich nach Einstellung neuer, noch nicht erprobter Lagerhalter vorzunehmen, um festzustellen, ob ihre Geschäftsführung zu Bedenken keinen Anlaß gibt.

Nicht bei jeder Inventur wird es notwendig sein, alle Warenbestände gewisser Gattungen genau auf ihren Bestand zu prüfen; so sind Stoffe für Kleider z. B. Artikel, die durch zu häufiges Aufrollen leicht Schaden nehmen und unansehnlich werden. Hier genügt die genaue Nachmessung bei den ordentlichen Inventuren, während die außerordentlichen sich auf die Kontrolle der Einzelverkäufe solcher Waren, die leicht auf einem dem Warenstück beiliegenden Notizblatte vermerkt werden können, beschränken werden. Alle Waren mit häufigerem, schnellerem Umsatz sind dagegen auch bei den außerordentlichen Inventuren mit derselben Sorgfalt wie bei den ordentlichen aufzunehmen.

Im fünften und siebenten Kapitel, S. 59 und 98, ist bereits auf die Notwendigkeit einer wiederholten Aufnahme der Dividendenmarken-Bestände bei den Konsumvereinen, welche solche Marken als Quittungsmarken beim Verkauf eingeführt haben, hingewiesen worden; es soll auch hier diese mit Leichtigkeit auszuführende Inventur empfohlen werden, sie läßt erkennen, ob der Lagerhalter sorgfältig arbeitet und redlich ist.

Der Betrag, um welchen nach der vorstehend geschilderten Inventuraufnahme und nach dem Abschluß der Bücher des Konsumvereins die Vermögensbestände die Schuldposten des Vereins übersteigen, ergibt den Reingewinn. Übersteigen die Schulden des Vereins beim Rechnungsabschlusse die Vermögensbestandteile, so ist mit Verlust gearbeitet worden.

Gewinn oder Verlust müssen nach der Bestimmung in § 48 des Ges. außer durch die Bilanz — die Gegenüberstellung der Vermögensbestandteile und der Schuldposten — noch durch eine besondere Berechnung nachgewiesen werden; über die Aufstellung dieser Gewinnberechnung, ebenso wie über die der Bilanz ist im vierzehnten Kapitel, welches die Buchführung behandelt, Anweisung gegeben. Über die Verteilung des sich nach der Jahresrechnung ergebenden Gewinnes bezw. die Deckung des Verlustes muß der Vorstand zugleich mit der Vorlage der Jahresrechnung und der Bilanz Vorschläge machen; der Aufsichtsrat hat die Jahresrechnung, die Bilanz und die Vorschläge zur Verteilung von Gewinn und Verlust zu prüfen und der Generalversammlung vor der Genehmigung der Bilanz Bericht zu erstatten (§ 38 des Ges.). Die Prüfung des Aufsichtsrats darf sich nicht nur auf die Vergleichung der Zahlen der Bilanz und der Jahresrechnung mit den Eintragungen in den Büchern erstrecken, sondern es muß auch durch dieselbe festgestellt werden, ob die Buchungen richtig gemacht sind, ob die Werte richtig bemessen sind, und überall Übereinstimmung mit der Inventur besteht.

Die Generalversammlung hat über die Genehmigung der Bilanz zu beschließen und von dem Gewinn oder Verlust den auf die Genossen fallenden Betrag festzusetzen (§ 48 des Ges.).

Die Bilanz, sowie eine den Gewinn und Verlust des Jahres zusammenstellende Berechnung (Jahresrechnung) sollen mindestens eine Woche vor der Generalversammlung in dem Geschäftslokale der Genossenschaft oder an einer anderen, durch den Vorstand bekannt zu machenden geeigneten Stelle zur Einsicht der Genossen ausgelegt oder sonst denselben zur Kenntnis gebracht werden. Jeder Genosse ist berechtigt, auf seine Kosten eine Abschrift der Bilanz, sowie der Jahresrechnung zu verlangen (§ 48 des Ges., § 30 des Statuts). Den Mitgliedern soll auf diese Weise Gelegenheit gegeben werden, sich schon vor der Generalversammlung über die Geschäftslage und die Verhältnisse des Vereins zu unterrichten.

Es ist den Konsumvereinen zu empfehlen, zeitig vor der nach Schluß des Geschäftsjahres stattfindenden Generalversammlung, in welcher über die Verteilung des Reingewinns zu beschließen ist, den Mitgliedern einen eingehenden Rechenschaftsbericht zugängig zu machen. Nachdem schon die Allgemeinen Genossenschaftstage in Kassel, 1881, in Karlsruhe, 1885, Berlin, 1899, sich mit dem Gegenstande beschäftigt hatten, hat der A. G. in Danzig, 1903, den Konsumvereinen empfohlen, die Geschäftsberichte nach nachstehendem Muster aufzustellen:

I. Mitteilungen über allgemeine genossenschaftliche Angelegenheiten.
II. Mitteilungen über Entwickelung des Vereinsgeschäfts im abgelaufenen Jahre und über besondere Einrichtungen der Genossenschaft.
III. Erläuternde Mitteilungen über Mitglieder (Zahl, Bewegung im Laufe des Jahres, Aufstellung nach den Berufsarten) — über die Hauptkonten (Bewegung und Stand) — über die Vorschläge zur Gewinnverteilung.
IV. Kassenumsatz nach den verschiedenen Konten.
V. Bilanz am Jahresschluß.
VI. Gewinn- und Verlustrechnung mit Nachweis der einzelnen Unkosten.
VII. Zahlenmäßige Aufstellung des Vorschlages für die Gewinnverteilung.
VIII. Zahlenmäßige Übersicht über den Verbrauch der Hauptgeschäftsartikel im abgelaufenen Jahre.
IX. Zahlennachweis über die Entwickelung der Genossenschaft seit ihrem Bestehen.

„Gleichzeitig werden die Konsumvereine wiederholt darauf hingewiesen, daß die Aufstellung einer besonderen Gewinn- und Verlustrechnung und deren Auslegung notwendig ist."

Diese gedruckten, ausführlich erläuterten Geschäftsberichte sollten die Konsumvereine in weiteren Kreisen zur Verteilung bringen, sie sollten sie städtischen und staatlichen Behörden und auch den Vorständen der Handelskammern ihrer Bezirke zusenden. Es wird eine solche Verteilung dazu beitragen, manche unrichtige Auffassung der Ziele und Zwecke der Konsumvereine zu beseitigen und größeres Verständnis für dieselben zu fördern.

Die Bilanzen sind nach § 41 des Handelsgesetzbuches von sämtlichen Mitgliedern des Vorstandes zu unterzeichnen, sie sind aufzubewahren und in ein gebundenes Buch einzutragen.

Die von der Generalversammlung genehmigte Bilanz muß binnen sechs Monaten nach Ablauf jedes Geschäftsjahres (jeder Geschäftsperiode) in den durch Statut für die Bekanntmachungen der Genossenschaft bestimmten Blättern veröffentlicht werden (§ 33 des Ges.). Da die Veröffentlichung im Interesse der Gläubiger erfolgt, so ist die Bilanz so zu veröffentlichen, daß sie den Gläubigern ein klares Bild über die Geschäftslage der Genossenschaft bietet, es ist also die Netto-Bilanz vor der Gewinnverteilung auf die verschiedenen Konten zu veröffentlichen; würde die Bilanz nach vollzogener Gewinnverteilung veröffentlicht werden, so würden die Gläubiger bei dem Fehlen des Gewinn- (bezw. Verlust-) Betrages nicht zu prüfen vermögen, ob und wieviel verdient oder ob mit Verlust gearbeitet ist. Es muß mit der Bilanz die Zahl der im Laufe des Jahres eingetretenen oder ausgeschiedenen, sowie die Zahl der am Jahresschlusse der Genossenschaft angehörigen Genossen veröffentlicht werden, und nach § 139 des Ges. bei Genossenschaften mit beschränkter Haftpflicht auch der Gesamtbetrag, um welchen in dem abgelaufenen Geschäftsjahre die Geschäftsguthaben, sowie die Haftsummen der Genossen sich vermehrt oder vermindert haben und ebenso der Betrag der Haftsummen aller Genossen.

Bei der Veröffentlichung des Mitgliederbestandes ist zu beachten, daß die mit Jahresschluß ausscheidenden Genossen an dem letzten Tage des Geschäftsjahres noch Mitglieder, folglich auch als solche mitzuzählen sind.

Muster einer Veröffentlichung.

Mitgliederbestand bei Beginn des Geschäftsjahres 1898 (angenommen)			630 Genossen
Hiervon sind in Abgang zu stellen:			
1. in früheren Jahren verstorbene, jedoch erst im Berichtsjahr zur gerichtlichen Liste als verstorben angezeigte Genossen	3		
2. durch Übertragung nach § 76 des Ges. ausgeschiedene Genossen	4	7	
		623	
Dagegen kommen in Zugang:			
die im Berichtsjahr neu eingetretenen Genossen		33	
so daß am Schlusse des Geschäftsjahres 1898 . . . . vorhanden sind.			656 Genossen

Mit Ende des Geschäftsjahres scheiden aus:

1. infolge von Aufkündigung	12	
2. durch Tod	5	
3. durch Ausschluß	7	24
es werden demnach		632 Genossen

in das neue Geschäftsjahr 1899 übernommen.

Die Aufstellung bezüglich der Geschäftsguthaben und der Haftsummen bei eingetragenen Genossenschaften mit beschränkter Haftpflicht würde folgende sein:

Betrag der Geschäftsguthaben Ende des Geschäftsjahres	1897	Mk.
" " " " " "	1898	"
Vermehrung (bezw. Verminderung) während des Jahres	1898	Mk.
Betrag der Haftsummen Ende des Geschäftsjahres	1897	Mk.
" " " " " "	1898	"
Vermehrung (bezw. Verminderung) während des Jahres	1898	Mk.

Die Veröffentlichung würde zu lauten haben:

Die Geschäftsguthaben haben sich von 1897 auf 1898 um . . . Mark vermehrt (vermindert), die Haftsummen in der gleichen Zeit um . . . Mark vermehrt (vermindert). Am Jahresschluß 1898 haben die Genossen für . . . . Mark Haftsummen aufzukommen.

Die **Bekanntmachung** der **Bilanz** ist zu dem **Genossenschaftsregister einzureichen** (§ 33 des Ges.). Die Mitglieder des Vorstandes sind von dem Gerichte zur Befolgung dieser Vorschrift durch Ordnungsstrafen im Höchstbetrage von 300 Mark für den Einzelfall anzuhalten (§ 160 des Ges.).

Neuntes Kapitel.

Lasten und Ertrag des Geschäfts. — Verlust- und Gewinnberechnung, Gewinn-Verteilung.

Die Lasten des Geschäftsbetriebes eines Konsumvereins bestehen in den Gehältern für den Vorstand, und auch in den Entschädigungen für die Aufsichtsratsmitglieder, in den Gehältern der Angestellten, in der Miete und den Unterhaltungskosten des Verkaufslagers, den Abschreibungen auf Mobilien und Immobilien, der Verzinsung etwa aufgenommener fremder Gelder, den Versicherungsprämien usw.; zur Deckung dieser Geschäftslasten muß der Konsumverein Aufschläge auf die Einkaufspreise der Waren machen (vgl. S. 93 ff.).

Es sind die Gründe bereits angeführt (S. 89 ff.), aus welchen den Konsumvereinen zu empfehlen ist, zu Tagespreisen zu verkaufen.

Wenn die Geschäftsführung eine geordnete ist und nicht außerordentliche Verluste eingetreten sind, so müssen nach Deckung aller Geschäftslasten Überschüsse vorhanden sein.

Verluste können durch Abschreibungen an minderwertig gewordenen Waren, an Außenständen, durch Veruntreuungen der Lagerhalter usw. entstehen. Alle Verluste sind aus dem Ertrage des Jahres zu decken, es sei denn, daß Spezialreserven (S. 72 ff.) vorhanden sind, aus denen ihre Deckung erfolgen kann. Sind solche Spezialreservefonds unzureichend und reicht auch der Jahresertrag zur Deckung der Verluste nicht aus, so wird man in der Regel den gesetzlichen Reservefonds (§ 7 des Ges.) heranziehen; reicht auch dieser zur Deckung der Verluste nicht aus, so wird auf die Geschäftsguthaben der Mitglieder zurückgegriffen werden. Ist dies Verfahren auch das regelmäßige, so ist es doch zweckmäßig, der Generalversammlung möglichst freie Hand für die Verteilung des Verlustes zu lassen (§ 59 des Statuts).

Zu beachten ist, daß bei Genossenschaften mit beschränkter Haftpflicht das Konkursverfahren, außer im Falle der Zahlungsunfähigkeit, im Falle der Überschuldung stattfindet, sofern diese ein Viertel des Betrages der Haftsummen aller Genossen übersteigt (§ 140 des Ges.).

Der sich nach Deckung aller Geschäftslasten und aller Verluste ergebende Überschuß bildet den Reingewinn des Jahres.

Die Verwendung des Reingewinnes unterliegt der Beschlußfassung der Generalversammlung (§ 48 des Ges.). Von demselben werden zunächst nach den Vorschlägen von Vorstand und Aufsichtsrat die durch Statut vorgesehenen Überweisungen an die Reservefonds, Abschreibungen an Bestandteilen des Vereinsvermögens und auch Verwendungen zu anderen Zwecken — zu Volksbildungs- und anderen gemeinnützigen Zwecken — beschlossen; wird von den Konsumvereinen eine Dividende auf die Geschäftsguthaben gewährt, so ist danach die Höhe dieses Gewinnanteils der Geschäftsguthaben zu beschließen; sodann werden von dem verbleibenden Betrage die durch Verträge oder Beschlüsse der Generalversammlung den Vorstandsmitgliedern gewährten Tantiemen berechnet und der verbleibende Überschuß wird an die Mitglieder nach Verhältnis der von denselben in dem betreffenden Geschäftsjahre bezogenen Waren als Gewinnanteil gewährt (S. 89 ff., § 59 des Statuts).

Es empfiehlt sich deshalb, die Verteilung des Reingewinns nach Höhe der von den einzelnen Mitgliedern gemachten Einkäufe vorzunehmen, weil der Reingewinn durch die verhältnismäßige Beteiligung des einzelnen Mitgliedes an der Warenentnahme entstanden ist (S. 90). Solange der Geschäftsanteil nicht erfüllt ist, soll nach § 59 des Statuts die Auszahlung des Gewinnanteils nicht erfolgen (S. 70).

Bezüglich der Kapitaldividende muß noch bemerkt werden, daß der für dieselbe festzusetzende Prozentsatz nicht zu hoch zu bemessen ist, jedenfalls nicht höher, als der landesübliche Zinsfuß ist. Der Höchstbetrag dieser Dividende ist im Statut anzugeben.

Die Zuschreibungen zum Reservefonds sollte man nicht zu niedrig bemessen; jungen, noch nicht mit dem nötigen Betriebskapital ausgerüsteten Vereinen ist die Zuwendung von mindestens 10% des Reingewinns zu empfehlen (vgl. S. 71). Der Reservefonds dient zur Sicherung der Konsumvereine gegen Verluste. Übersteigen solche Verluste den Überschuß und müssen Abschreibungen von den Geschäftsguthaben der Mitglieder vorgenommen werden, so würde Unzufriedenheit und Mißtrauen unter den Mitgliedern platzgreifen, es könnte das Fortbestehen des Vereins gefährdet werden. Auch die Bildung von Spezialreservefonds für besondere Geschäftszweige, die mit erhöhtem Risiko verbunden sind — Schnittwaren z. B. — ist ins Auge zu fassen (vgl. S. 72).

Beabsichtigt der Konsumverein den Erwerb eines eigenen Geschäftshauses, so ist es zweckmäßig, zeitig mit der Bildung eines Hauserwerbsfonds aus dem Reingewinn zu beginnen, um wenigstens einen Teil der Mittel zur Verfügung zu haben, wenn der Zeitpunkt für den Kauf oder Bau des Hauses gekommen ist (vgl. S. 73 und auch elftes Kapitel). Auch Konsumvereinen, die schon im Besitze eines eigenen Hauses sind, zu welchem sie fremde Gelder aufgenommen haben, ist die Bildung eines solchen Fonds aus dem Reingewinn anzuraten, damit sie allmählich die fremden Gelder abstoßen, in den schuldenfreien Besitz des Hauses gelangen (vgl. elftes Kapitel).

Im Musterstatut § 59 ist die Verwendung des Reingewinnes auch „zu andern Zwecken" vorgesehen. Damit ist der Generalversammlung das Recht eingeräumt, einen Teil des Gewinnes gemeinnützigen, wohltätigen und Bildungszwecken zuzuwenden. Es werden von den Konsumvereinen Volksbibliotheken, Gewerbe- und Handwerkerschulen eingerichtet und unterhalten; man macht der Gesellschaft für Verbreitung von Volksbildung Zuwendungen, leistet Beiträge für städtische Verschönerungszwecke für Wohltätigkeitsanstalten, und fördert dadurch das Ansehen des Konsumvereins. Aus Dispositionsfonds, denen Teile des Reingewinns zugewiesen werden, werden solche Aufwendungen gemacht.

Es sei hier der Art der Berechnung der Einkaufsdividende bei den Konsumvereinen gedacht, die das Dividendenmarken-System eingeführt haben (vgl. S. 59, 96). Eine Anzahl Vereine ermittelt die zu zahlende Dividende auf Grund der von den Mitgliedern zurückgelieferten Dividendenmarken, ohne Rücksicht darauf, ob ein Teil derselben in den Händen der Mitglieder verblieb. Es ist vorgekommen, daß Mitglieder nach jahrelanger Abwesenheit die zurückgehaltenen Dividendenmarken zur Stelle brachten, so daß nun eine Dividende für Einkäufe gezahlt werden mußte, welche in einer viel früheren Rechnungsperiode gemacht wurden. Es können durch ein solches Verfahren immerhin Beeinflussungen der Dividendensätze stattfinden und auch der Spekulation kann unter Umständen bei einem auch von dem größeren Kreise der Mitglieder vorauszusehenden ungewöhnlich niedrigen Reingewinn (etwa durch Verluste verursacht), Vorschub geleistet werden, indem Dividendenmarken nicht für das betreffende Jahr, sondern erst für das spätere mit höherem Gewinn und höherer Dividende, zur Ablieferung kommen.

Andere Konsumvereine berechnen die Dividende nach dem Betrage des Warenverkaufserlöses, nach dem Betrage der ausgegebenen Dividendenmarken; sie stellen den auf die nicht eingelieferten Marken entfallenden Gewinnbetrag in eine Dividendenreserve. Daß diese Art der Berechnung grundsätzlich die richtigere ist, wird einleuchten. Soll aber die zurückgestellte Dividendenreserve überall ausreichen, die später zur Einlieferung kommenden Dividendenmarken zu honorieren, so muß verhütet werden, daß Dividendenmarken, für die nur ein geringerer Prozentsatz Dividende z. B. 7% reserviert ist, nicht eingereicht werden in einem Jahre, wo ein höherer Prozentsatz z. B. 10% verteilt wird, es müßten die Dividendenmarken ebenso wie die Dividendenscheine von Wertpapieren leicht das Jahr erkennen lassen, für welches sie Anspruch auf Dividende gewähren. Aber wenn selbst die Dividendenmarken nach Jahrgängen so deutlich unterschieden würden, wie es tatsächlich oft nicht geschieht, so würde dadurch das Dividendenauszahlungsgeschäft, das ohnehin der Vereinsleitung viel Arbeit kostet, noch mehr erschwert und verwickelt. Das hat doch erhebliche Bedenken, zumal wenn man erwägt, daß die Nichteinlieferung oder die unpünktliche Einlieferung der Dividendenmarken meist auf Lässigkeit der betreffenden Mitglieder zurückzuführen ist, die noch durch besondere Maßregeln zu schützen, nicht gerechtfertigt wäre, und die häufiger vorkommen würde, wenn die Mitglieder auch noch in einem späteren Jahre ihren Anspruch auf Dividende geltend machen könnten. Das Statut (§ 59) stellt daher zwar den Grundsatz auf, daß die Einkaufsdividende an die Mitglieder „nach Verhältnis der von denselben in dem betreffenden Geschäftsjahre bezogenen Waren" gewährt werde; fügt jedoch auch den Satz hinzu: „Die Mitglieder haben die ihnen dafür ausgehändigten Dividendenmarken am Schlusse des Geschäftsjahres bis zu dem vom Vorstande bekannt zu machenden Tage abzuliefern, widrigenfalls sie des Anspruchs auf Dividende verlustig gehen."

In jedem Falle empfiehlt es sich schon zur besseren Kontrolle des Lagerhalters alljährlich veränderte Dividendenmarken auszugeben. Bei den Vereinen, die mit einer Registrierkasse arbeiten, braucht zu diesem Zwecke nur die Farbe der Papierstreifen, aus denen die Kasse die Marken herstellt, gewechselt zu werden. Ebenso wird bei den Rollenmarken durch Änderung der Farbe der Marken oder Aufdruck der Jahreszahl die Kennzeichnung der Marken für jedes Jahr leicht sein. Wo, ohne Rollen, Papiermarken nur für ein Jahr verwendet werden, kann ebenso verfahren werden. Vereine, die Dividendenmarken aus Pappe haben, wechseln entweder auch mit der Farbe, so daß sie erst nach mehreren Jahren wieder zu den früheren Farben zurückkehren, oder sie stempeln die alten Marken mit der neuen Jahreszahl einmal oder auch zweimal ab, so daß sie dieselben Marken mit diesen Veränderungen zwei oder drei Jahre verwenden.

Auch das Verfahren bei **Abnahme der Dividendenmarken** ist ein verschiedenes. Eine Anzahl Vereine fordert nur einmalige Ablieferung am Schluß des Jahres, andere Vereine nehmen die Marken mehrmals im Jahre ab, um dadurch die Anschaffung eines größeren Markenbestandes zu vermeiden; zur Vermeidung des letzteren ist auch zu empfehlen, die Mitglieder durch Plakate in den Lagern und durch die Lagerhalter zum Umwechseln der kleineren Blechmarken in Pappmarken über größere Beträge (10, 15, 20 Mark) fortwährend aufzufordern.

Zweckmäßig ist die Einrichtung, die Marken in verschlossenen, den Mitgliedern kostenfrei zu liefernden Kuverts einreichen zu lassen. Diese Kuverts haben als Aufdruck:

Nummer des Mitglieder-(Konto-)Buches . . . . . .
Name und Wohnung des Mitgliedes . . . . . .
Betrag der Dividendenmarken . . . .
Bemerkungen des Vorstandes . . . .
. . . .

Die Mitglieder liefern das die Marken enthaltende verschlossene Kuvert mit ihrem Mitglieder-(Konto-)Buche ab und erhalten darüber eine Quittung, welche über den **angegebenen** Dividendenmarkenbetrag lautet und das Datum der Ablieferung, sowie die Unterschrift des Abnehmers trägt. Letzterer trägt die Nummer und den auf dem Kuvert angegebenen Betrag der Marken in eine Liste ein.

Die Kuverts werden an einem bestimmten Tage von einigen Mitgliedern des Vorstandes und Aufsichtsrates geöffnet und auf die richtige Angabe des Betrages geprüft. Stimmt die Angabe nicht, so wird dies auf dem Kuvert bemerkt, von zwei Mitgliedern der mit der Öffnung der Kuverts befaßten Kommission bescheinigt und das Mitglied wird davon benachrichtigt. Der Betrag der Dividendenmarken wird dann zur weiteren Berechnung in die Dividendenliste eingetragen. Gegen Rückgabe der bei der Einlieferung erhaltenen Quittung erfolgt die Rückgabe des Kontobuches.

Über den ausgezahlten Betrag der Dividende wird in der Dividendenliste quittiert oder es werden besondere Quittungen gegeben.

Das Verfahren der Dividendenberechnung bei den Konsumvereinen, welche die Warenentnahmen der Mitglieder in deren **Einkaufsbüchern** vermerken, beginnt mit der Einforderung dieser Einkaufsbücher. Die Eintragungen in denselben werden addiert und bilden die Grundlage für die Berechnung der auf das Mitglied entfallenden Dividende. Bei diesem Verfahren kommt immer die Berechnung der Dividende nach Höhe des Warenverkaufserlöses der Genossenschaft, nach Höhe der Gesamteintragungen in die Einkaufsbücher zur Anwendung.

Einige größere Konsumvereine haben folgende Einrichtung getroffen, um den Mitgliedern **im Laufe der Geschäftsperioden** die Ersparnisse, die sie durch die Warenentnahme beim Konsumverein erzielt haben, zuzuführen: sie kaufen die ausgegebenen Dividendenmarken zu einem etwas geringeren Preise, als die erfahrungsmäßige Dividende der Genossenschaft beträgt, zurück. Dadurch wird der Handel mit Dividendenmarken vermieden und unbemittelte Mitglieder sind im Notfall in der Lage, ihre voraussichtlichen Ersparnisse zu realisieren. Solche Einrichtungen können nur von Vereinen getroffen werden, die auf sicherster Grundlage beruhen, die am Grundsatze der Barzahlung im Ein- und Verkaufe festhalten, die über genügende Mittel verfügen, um solche „Abschlagsdividenden" auszahlen zu können. Es dürfen auch größere Dividendenschwankungen bei Vereinen, die solche Einrichtungen treffen wollen, nicht vorkommen; jedenfalls muß die Genossenschaft sich durch Bildung eines Spezialreservefonds aus dem Gewinn dieser Einrichtung gegen Ausnahmefälle sichern.*) Im allgemeinen kann solche Einrichtung den Konsumvereinen nicht empfohlen werden. Dem Handel mit Dividendenmarken wird auch dadurch vorgebeugt, daß die Vereine die Auszahlung der Dividende an die Aufkäufer der Marken verweigern, denn nach § 59 des Statuts (Form. 1) wird die Einkaufsdividende an die Mitglieder nur „nach Verhältnis der von denselben in dem betreffenden Geschäftsjahre bezogenen Waren" gewährt; nur für die von den einzelnen Mitgliedern selbst bezogenen Waren haben die Vereine an letztere Einkaufsdividende zu gewähren, in diesem Sinne hat auch das Ober-Landesgericht zu Breslau 1887 in einer Streitsache des Breslauer Konsumvereins entschieden (Blätter für Genossenschaftswesen von 1887, S. 327). In Vereinen mit halbjährigen Geschäftsperioden wird sich naturgemäß das Bedürfnis nach „Abschlagsdividenden" viel weniger fühlbar machen, weil die Mitglieder hier viel schneller in den Genuß des verteilbaren Reingewinns kommen.

---

*) Solche „Abschlagsdividenden" werden von den Konsumvereinen in Breslau und Magdeburg-Neustadt gezahlt.

Die Bestimmung des Statuts über eine solche Einrichtung würde lauten:

§ . . . .

Der Vorstand ist berechtigt, unter Genehmigung des Aufsichtsrates zu beschließen, daß die von den Mitgliedern innerhalb acht Tagen nach je einem der Kalenderquartale abgelieferten Dividendenmarken für den Verein anzukaufen sind.

Es dürfen nur je 20 Dividendenmarken oder das Mehrfache davon angekauft werden.

Den Kaufpreis haben Vorstand und Aufsichtsrat gemeinschaftlich am Schlusse jeden Quartals nach der mutmaßlich zu erwartenden Dividende festzusetzen, wobei derselbe 1% hinter dieser Dividende zurückbleiben muß und . . % nicht übersteigen darf.

An der am Jahresschluß zur Verteilung kommenden Dividende nehmen die Mitglieder, welche ihre Dividendenmarken an den Verein verkauft haben, in gleicher Art Anteil, wie die übrigen Mitglieder, es wird ihnen jedoch von der Dividende der Kaufpreis zuzüglich 1% in Abzug gebracht.

Die Generalversammlung verfügt über den infolge dieser Einrichtung nicht zur Verteilung kommenden Teil des Reingewinnes erst ein Jahr später zu gemeinnützigen und anderen Zwecken; bis dahin hat dieser Teil als Sicherheitsrücklage für die etwaigen dem Verein durch diese Einrichtung entstehenden Verluste zu dienen.

Zehntes Kapitel.

Gewerbe-, gesundheits- und feuerpolizeiliche Bestimmungen.

Einholung der Erlaubnis zum Betriebe des Kleinhandels mit Branntwein oder Spiritus.

§ 33 der Reichs-Gewerbeordnung, welcher zum Betriebe des Kleinhandels mit Branntwein oder Spiritus die behördliche Erlaubnis vorschreibt, ist durch die Novelle zur Gewerbeordnung vom 6. August 1896 auf Vereine ausgedehnt worden, die den gemeinschaftlichen Einkauf von Lebens- und Wirtschaftsbedürfnissen im großen und deren Absatz im kleinen zum ausschließlichen oder hauptsächlichen Zweck haben, einschließlich der bereits bestehenden, und auch auf solche Vereine, deren Betrieb auf den Kreis der Mitglieder beschränkt ist (Anhang Nr. 1). Die meisten deutschen Konsumvereine haben den Kleinhandel mit Branntwein und Spirituosen in ihren Geschäftsbetrieb aufgenommen; von Inkrafttreten der Novelle, vom 1. Januar 1897 an, mußten sie die behördliche Erlaubnis haben, um Branntwein oder sonstige Spirituosen an ihre Mitglieder verkaufen zu können.

Der Kleinhandel mit Branntwein und Spirituosen umfaßt alle auf dem Wege des Brennens hergestellten geistigen Getränke, auch Liköre, Kognak u. dgl.; er unterscheidet (mit zwei Ausnahmen, in Schaumburg-Lippe und in Anhalt) nicht, wie vielfach fälschlich angenommen wird, zwischen Verkauf in offenen und versiegelten Flaschen. Unter allen Umständen ist dieser Verkauf konzessionspflichtig, sobald er in einzelnen Mengen geschieht, die hinter einer durch die betreffenden Landesgesetze verschieden festgesetzten Grenze zurückbleiben.*)

---

*) In den alten preußischen Provinzen 17,175 Liter (1/2 Anker), die aber in Gebinden oder in versiegelten oder etikettierten Flaschen abgegeben werden müssen; in Hannover 4 Liter; in Bayern 2 Liter; bei Branntwein und Likören, die nach feststehendem Geschäftsgebrauch in versiegelten oder verkapselten und außerdem etikettierten Flaschen verkauft werden, 1/2 Liter; im Königreich Sachsen 83 1/3 Liter; in Württemberg 2 Liter; in Baden 2 Liter, bei feineren Likören in versiegelten Flaschen 1/2 Liter; in Mecklenburg ist es der Beurteilung des Richters überlassen, ob Kleinhandel vorliegt; in Sachsen-Koburg-Gotha 8 Liter; in Sachsen-Weimar-Eisenach 35 Liter; in Sachsen-Meiningen 20 Liter in Gebinden (Ausnahmen für Branntwein-Destillate, die nach dem Geschäftsbrauche in versiegelten und etikettierten Flaschen abgegeben werden; hierfür 10 Liter); in Sachsen-Altenburg 1/2 Liter; in Braunschweig 3 3/4 Liter; in Schaumburg-Lippe 3/4 Liter, beim Verkaufe in versiegelten Flaschen bedarf es keiner Konzession; in Waldeck 17 Liter; in Oldenburg 3/4 Liter; in Schwarzburg-Rudolstadt und Sondershausen 1 Liter; in Reuß 1/2 Liter; in Anhalt 1 Liter, beim Verkaufe in versiegelten Flaschen bedarf es keiner Konzession; in Hamburg 36 Liter; in Lübeck 18 Liter; in Bremen 20 Liter; in den Reichslanden 1 Liter.

Der Flaschenverkauf von Bier und Wein ist dagegen nicht konzessionspflichtig, wenn nicht ein Verzehr dieser Genußmittel auf der Stelle, im Verkaufslokale des Konsumvereins oder in einem besonderen, von dem Vereine unterhaltenen Raume stattfindet; findet ein Verzehr in dieser Weise statt, so ist dazu die Schankkonzession notwendig, die der Verein auch dann haben muß, wenn der im Lager des Konsumvereins gekaufte Branntwein 2c. auf der Stelle verzehrt werden soll.

Es ist den Konsumvereinen entschieden zu widerraten, solchen Ausschank von Branntwein oder Bier mit ihrem Verkaufslager zu verbinden, denn er gibt leicht zu Unzuträglichkeiten Anlaß und kann zur falschen Beurteiluug des Wesens der Konsumvereine seitens Außenstehender führen. Will man Getränke zum sofortigen Verzehr abgeben, so müßten hierfür von dem Verkaufslokal für die sonstigen Bedarfsartikel völlig getrennte Räume vorhanden sein, und es ist jedenfalls zu empfehlen, den Branntwein vom Verzehr auf der Stelle in diesen Restaurationen auszuschließen und nur gutes, billiges Bier neben anderen erquickenden Getränken — wie Kaffee, Thee, Wein usw. — zu verabfolgen. Es sollte dann mit diesem Ausschanklokal ein Lesezimmer verbunden werden.

Anders verhält es sich meist mit dem Kleinhandel von Branntwein, mit dem Verkauf über die Straße hinweg; hier handelt es sich bei den Konsumvereinen nicht sowohl um die Befriedigung eines Genusses, als vielmehr um die Befriedigung eines Lebensbedürfnisses der Mitglieder, welches vielen hart arbeitenden unter ihnen unentbehrlich geworden ist; eine maßvolle Befriedigung dieses Bedürfnisses kann nicht gesundheitsschädigend wirken. Durch den Konsumverein kann vielmehr sehr wohl darauf hingewirkt werden, daß die Mitglieder ein zuträgliches Maß nicht überschreiten, denn schon das Festhalten des Konsumvereins an der Barzahlung bildet eine Schranke, die einen Mißbrauch geistiger Getränke mit Erfolg verhindert. Dazu kommt, daß es als Pflicht des Konsumvereins zu betrachten ist, nur die besten und reinsten Sorten Branntwein 2c. zu führen.

Der Antrag auf Erlaubnis zum Kleinhandel mit Branntwein 2c. ist an die nach landesrechtlichen Bestimmungen zuständige Behörde — Kreis, Stadtausschuß 2c. — zu richten. Nach der Fassung des Gesetzes und nach den vorangegangenen Verhandlungen darüber in der Kommission des Reichstags ist anzunehmen, daß die Konzession an die Genossenschaft als solche zu erteilen ist, doch ist die Rechtsprechung zum Teil eine andere, in Preußen ist die Konzession meist nur Personen, nicht den Genossenschaften als solchen, erteilt worden. Es ist dann zweckmäßig, die Erlaubnis für den Geschäftsführer — nicht für den Lagerhalter — des Konsumvereins (allerdings wollen Vorstandsmitglieder oftmals die damit verbundene Verantwortung und Belästigung nicht übernehmen) zu beantragen und zwar für die Dauer von dessen Amtsführung als Vorstandsmitglied bei dem Konsumverein, es sei denn, daß der Konsumverein verschiedene

Lager hat und die Konzession einer Person nur für eine bestimmte Anzahl Verkaufsstellen erteilt wird; dann bleibt bei einer größeren Anzahl Lager nur die Möglichkeit, die Konzession für die verschiedenen Lagerhalter nachzusuchen.*)

---

*) Die Zuständigkeit zur Erteilung der Konzession zum Kleinhandel mit Branntwein ist in den einzelnen Bundesstaaten folgenden Behörden zugewiesen:

In Preußen beschließt über Konzessionen in Landgemeinden und Städten mit weniger als 10000 Einwohnern der Kreisausschuß, in Städten mit mehr als 10000 Einwohnern der Magistrat, in kreisausgeschlossenen Städten mit einer Einwohnerzahl von mehr als 25000 Einwohnern der Stadtausschuß. Wird die Erlaubnis versagt, so steht dem Antragsteller innerhalb zwei Wochen nach Zustellung des Bescheides der Antrag auf mündliche Verhandlung im Verwaltungsstreitverfahren vor dem Kreisausschusse bezw. Magistrat bezw. Stadtausschusse zu. Gegen die ablehnende Entscheidung dieser Gerichte steht binnen zwei Wochen nach Zustellung der Entscheidung die Berufung an den Bezirksausschuß, welcher endgültig entscheidet, offen.

Hierbei ist zu beachten, daß die Berufung jedesmal fristzeitig bei demjenigen Gerichte, dessen Entscheidung angefochten wird, anzumelden und zu begründen ist, andernfalls das Rechtsmittel verloren geht. Die Berufung an den Bezirksausschuß ist also binnen zwei Wochen nach Zustellung der Entscheidung des Kreisausschusses bezw. des Magistrats bezw. des Stadtausschusses bei dem Kreisausschusse, bezw. Magistrat bezw. Stadtausschusse anzumelden und zu begründen, nicht bei dem Bezirksausschusse.

Über die Konzessionsgesuche sind zunächst die Gemeinde- und die Ortspolizeibehörde zu hören; wird von einer dieser Behörden Widerspruch erhoben, so muß die mündliche Verhandlung im Verwaltungsstreitverfahren stattfinden;

in Bayern wird die Erlaubnis zum Kleinhandel mit Branntwein rc. von den Distriktsverwaltungsbehörden, in München von dem Magistrate erteilt; zweite Instanz ist die Kreisregierung, letzte Instanz der bayerische Verwaltungsgerichtshof, jedoch nur für bestimmte, nicht für alle Rechtsfragen (der V.G.H. ist z. B. zuständig bei Beurteilung der Frage, ob Tatsachen der in § 33 Abs. 2 Nr. 1 bezeichneten Art vorliegen, welche die Versagung der Erlaubnis nach sich ziehen; er ist u. a. nicht zuständig zur Entscheidung über die Frage, ob das Verkaufslokal geeignet ist oder nicht);

in Sachsen sind die Anträge an die Amtshauptmannschaft bezw. an den Magistrat zu richten; die weiteren Instanzen sind Kreishauptmannschaft und Ministerium des Innern;

in Württemberg kommt den Oberämtern die Erteilung der Konzession zu, nachdem der Gemeinderat der betr. Gemeinde gehört worden ist; die Rekursbehörde ist die Kreisregierung, gegen deren Bescheid kein weiteres Rechtsmittel gegeben ist;

in Baden ist das Gesuch um Erteilung der Konzession an den Gemeinderat zu richten, der es dem Bezirksamte zustellt, welches es nach Ladung und Anhörung der Beteiligten zur Entscheidung des Bezirksrates in öffentlicher Sitzung bringt; gegen die Entscheidung ist der Rekurs an das Ministerium des Innern zulässig;

im Großherzogtum Hessen ist der Kreisausschuß zuständig; der Rekurs gegen die Entscheidung des Kreisauschusses geht an den Provinzialausschuß, gegen dessen Entscheidung Rekurs an das Ministerium des Innern stattfindet;

in Sachsen-Koburg-Gotha sind Anträge in Städten beim Stadtrat, in Landgemeinden beim Landratsamt anzubringen; Rekurs ist an das Staatsministerium zu richten;

in Sachsen-Weimar-Eisenach ist der Antrag an den Gemeindevorstand zu richten, welcher die Bedürfnisfrage begutachtet, worauf der Bezirksausschuß entscheidet; Rekurs ist an das Staatsministerium zu richten;

Verkauf von denaturiertem Spiritus.

Der Verkauf von denaturiertem Spiritus unterliegt nach dem Beschluß des Bundesrates vom 27. Februar 1896 (erlassen auf Grund des § 43e des Branntweinsteuergesetzes vom 17. Juni 1895) nicht der Konzessionspflicht aus § 33 der Gewerbeordnung (Anhang Nr. 2). Es muß aber 14 Tage vor Eröffnung des Handels mit denaturiertem Spiritus der zuständigen Steuerbehörde und der Ortspolizeibehörde eine Anzeige darüber gemacht werden, worauf die Steuerbehörde über die geschehene Anzeige eine Bescheinigung erteilt. Im Verkaufslokale haben die Händler — auch die Konsumvereine —, die denaturierten Spiritus führen, an einer in die Augen fallenden Stelle eine Bekanntmachung (Anhang Nr. 2, Anmerkung) auszuhängen, aus welcher sich ergibt, daß es verboten ist, denaturierten Branntwein, dessen Stärke weniger als 80 Gewichtsprozente beträgt, zu verkaufen oder feilzuhalten, und aus denaturiertem Spiritus das Denaturierungsmittel wieder auszuscheiden oder dem denaturierten Branntwein Stoffe beizufügen, durch welche die Wirkung des Denaturierungsmittels in bezug auf Geschmack oder Geruch verändert wird, und solchen Branntwein zu verkaufen oder feilzuhalten.

Die Beamten der Zoll- und Steuer-, sowie der Polizeiverwaltung sind befugt, die Beobachtung dieser Vorschriften in den Verkaufslokalen zu kontrollieren und Proben von dem feilgehaltenen denaturierten Spiritus zu entnehmen. — Zuwiderhandlungen werden nach § 43e

---

in Sachsen-Altenburg sind Anträge an den Landrat bezw. Magistrat zu richten, Rekurs an das Ministerium;

in Sachsen-Meiningen sind Anträge an den Magistrat bezw. Landrat zu richten, Rekurs an das Staatsministerium, Abteil. des Innern, Klage an das Oberverwaltungsgericht;

in Braunschweig ist die Kreisdirektion zuständig, in der Stadt Braunschweig die Polizeidirektion, Rekurs ist an den Verwaltungsgerichtshof zu richten;

in Schaumburg-Lippe ist der Antrag an den Landrat zu richten, Rekursinstanz ist das Ministerium;

in Waldeck ist der Antrag an das Kreisamt zu richten, Rekursinstanz ist das Landesdirektorium;

in Oldenburg sind die Verwaltungsämter bezw. die Magistrate zuständig, Rekurs ist an das Staatsministerium zu richten;

in Schwarzburg-Sondershausen ist der Bezirksausschuß zuständig, Rekursinstanz ist das Ministerium;

in Schwarzburg-Rudolstadt ist der Landrat zuständig, Rekurs ist an das Ministerium zu richten;

in den Reußischen Fürstentümern ist der Landrat zuständig, Rekurs geht an das Ministerium;

in Anhalt ist die Polizeiverwaltung der Gemeinde zuständig, Rekurs geht an das Landesverwaltungsgericht;

in Hamburg und Lübeck sind Anträge an die Polizeibehörden zu richten, Rekurse an die Senate;

in Bremen sind die Anträge im Landgebiet an den Gemeindevorstand, in den Hafenstädten an den Magistrat zu richten, Rekurse an den Senat;

in den Reichslanden ist der Kreis- bezw. Polizeidirektor zuständig, Rekurs ist an den Bezirksrat zu richten.

des Branntweinsteuergesetzes vom 17. Juni 1895 mit Geldstrafe bis 150 Mark oder mit Haft bestraft. — Wegen Zuwiderhandlungen kann auch der Lagerhalter bestraft werden (§ 151 R.G.O.), ebenso wie die Mitglieder des Vorstandes und zwar jedes einzelne.

Für die in preußischen Gebietsteilen belegenen Konsumvereine ist noch zu bemerken, daß der Betrieb des Kleinhandels mit denaturiertem Spiritus nicht der Betriebssteuer unterworfen ist.

Bestimmungen über den Verkauf von Margarine.

Das am 1. Oktober 1897 in Kraft getretene Reichsgesetz vom 15. Juni 1897 (Anhang Nr. 3) enthält folgende Bestimmungen: Die Geschäftsräume und sonstigen Verkaufsstellen, in denen Margarine, Margarinekäse oder Kunstspeisefett gewerbsmäßig verkauft oder feilgehalten wird, müssen an in die Augen fallender Stelle die deutliche, nicht verwischbare Inschrift „Verkauf von Margarine", „Verkauf von Margarinekäse", „Verkauf von Kunstspeisefett" tragen.

Die Gefäße und äußeren Umhüllungen, in welchen Margarine, Margarinekäse oder Kunstspeisefett gewerbsmäßig verkauft oder feilgehalten wird, müssen an in die Augen fallenden Stellen die deutliche nicht verwischbare Inschrift „Margarine", „Margarinekäse", „Kunstspeisefett" tragen. Die Gefäße müssen außerdem mit einem stets sichtbaren, bandförmigen Streifen von roter Farbe versehen sein, welcher bei Gefäßen bis zu 35 cm Höhe mindestens 2 cm, bei höheren Gefäßen mindestens 5 cm breit sein muß.

Im gewerbsmäßigen Einzelverkaufe müssen Margarine, Margarinekäse und Kunstspeisefett an den Käufer in einer Umhüllung abgegeben werden, auf welcher die Inschrift „Margarine", „Margarinekäse", „Kunstspeisefett" mit dem Namen oder der Firma des Verkäufers angebracht ist.

Wird Margarine oder Margarinekäse in regelmäßig geformten Stücken gewerbsmäßig verkauft oder feilgehalten, so müssen dieselben von Würfelform sein, auch muß denselben die Inschrift „Margarine", „Margarinekäse" eingepreßt sein.

In Räumen, woselbst Butter oder Butterschmalz gewerbsmäßig hergestellt, aufbewahrt, verpackt oder feilgehalten wird, ist die Herstellung, Aufbewahrung, Verpackung oder das Feilhalten von Margarine oder Kunstspeisefett verboten. Ebenso ist in Räumen, woselbst Käse gewerbsmäßig hergestellt, aufbewahrt, verpackt oder feilgehalten wird, die Herstellung, Aufbewahrung, Verpackung oder das Feilhalten von Margarinekäse untersagt. Für die Abtrennung der Räume, in welchen der Verkauf von Margarine 2c. stattfindet, von denen der Butter- 2c. Verkaufsräume sind die Grundsätze des Reichskanzleramtes (vgl. Anhang Nr. 3) maßgebend.

In Orten, welche nach dem endgültigen Ergebnis der letztmaligen Volkszählung weniger als 5000 Einwohner hatten, findet die Bestimmung des vorstehenden Absatzes auf den Kleinhandel und das

Aufbewahren der für den Kleinhandel erforderlichen Bedarfsmengen in öffentlichen Verkaufsstätten, sowie auf das Verpacken der daselbst im Kleinhandel zum Verkauf gelangenden Waren keine Anwendung. Jedoch müssen Margarine, Margarinekäse und Kunstspeisefett innerhalb der Verkaufsräume in besonderen Vorratsgefäßen und an besonderen Lagerstellen, welche von den zur Aufbewahrung von Butter, Butterschmalz und Käse dienenden Lagerstellen getrennt sind, aufbewahrt werden.

Für Orte, deren Einwohnerzahl erst nach dem endgültigen Ergebnis einer späteren Volkszählung die angegebene Grenze überschreitet, wird der Zeitpunkt, von welchem ab die Vorschrift des vorhergehenden Absatzes nicht mehr Anwendung findet, durch die nach Anordnung der Landes-Zentralbehörde zuständigen Verwaltungsstellen bestimmt. Mit Genehmigung der Landes-Zentralbehörde können diese Verwaltungsstellen bestimmen, daß die Vorschrift des vorhergehenden Absatzes von einem bestimmten Zeitpunkt ab ausnahmsweise in einzelnen Orten mit weniger als 5000 Einwohnern nicht Anwendung findet, sofern der unmittelbare räumliche Zusammenhang mit einer Ortschaft von mehr als 5000 Einwohnern ein Bedürfnis hierfür begründet.

Die Beamten der Polizei und die von der Polizeibehörde beauftragten Sachverständigen sind befugt, in die Räume, in denen Butter, Margarine, Margarinekäse oder Kunstspeisefett gewerbsmäßig hergestellt wird, jederzeit, in die Räume, in denen Butter, Margarine, Margarinekäse oder Kunstspeisefett aufbewahrt, feilgehalten oder verpackt wird, während der Geschäftszeit einzutreten und daselbst Revisionen vorzunehmen, und nach ihrer Auswahl Proben zum Zwecke der Untersuchung gegen Empfangsbescheinigung zu entnehmen. Auf Verlangen ist ein Teil der Probe amtlich verschlossen oder versiegelt zurückzulassen und für die entnommene Probe eine angemessene Entschädigung zu leisten.

Die Vorschriften des Gesetzes, betreffend den Verkehr mit Nahrungsmitteln, Genußmitteln und Gebrauchsgegenständen, vom 14. Mai 1879, bleiben unberührt.

Maße und Gewichte. — Behördliche Revisionen derselben.

Den Konsumvereinen muß dringend empfohlen werden, in ihrem Geschäftsbetriebe ausschließlich Maße und Gewichte zu führen, welche in jeder Hinsicht den gesetzlichen Bestimmungen entsprechen. Artikel 10 der Maß- und Gewichtsordnung bestimmt, daß zum Zumessen und Zuwägen im öffentlichen Verkehr nur in Gemäßheit dieser Maß- und Gewichtsordnung gehörig gestempelte Maße, Gewichte und Wagen angewendet werden dürfen. Durch die Entscheidungen höchster Gerichtshöfe, z. B. des Preuß. Oberverwaltungsgerichtes vom 15. Oktober 1890, ist ausgesprochen worden, daß der Geschäftsverkehr der Konsumvereine ein „öffentlicher" ist, auch wenn sie den Verkauf tatsächlich nur auf Mitglieder beschränken, wie durch Genossenschaftsgesetz vorgeschrieben ist, die Konsumvereine unterliegen danach auch den polizeilichen Maß- und Gewichtsrevisionen.*)

Vorstand und Aufsichtsrat haben darüber zu wachen, daß Maße und Gewichte vollkommen allen gesetzlichen Vorschriften entsprechen, und die Lagerhalter sind durch die Geschäftsanweisung zu verpflichten, die ihnen vom Vorstande übergebenen, vorschriftsmäßig geaichten Maße und Gewichte in ordnungsmäßigem, den gesetzlichen Vorschriften entsprechendem Zustande zu erhalten und jede Beschädigung derselben unverzüglich dem Vorstande zu melden.

Um zu verhüten, daß Ausstellungen bei Gelegenheit dieser Revisionen von den revidierenden Beamten gemacht werden, ist es zu empfehlen, daß die Konsumvereine mit den Aichmeistern ihrer Bezirke Verträge abschließen, nach welchen die letzteren die Maße und Gewichte der Konsumvereine gegen Vergütung von Zeit zu Zeit einer Nachprüfung und, wenn nötig, einer Berichtigung unterziehen. Freilich können die Aichmeister zu dem Abschluß eines solchen Vertrages nicht gezwungen werden.

Sonntagsarbeit und Sonntagsruhe.

Die Bestimmungen der Reichs-Gewerbeordnung über Sonntagsarbeit und Sonntagsruhe (Anhang Nr. 4) sind nach § 105b Abs. 3 der Reichs-Gewerbeordnung auch für Konsumvereine maßgebend; es ist bereits in dem Unterabschnitt „Verkaufszeit" (S. 99) die nötige Anweisung gegeben worden, so daß hier nur erübrigt, auf diese Ausführungen zu verweisen und noch ergänzend hinzuzufügen, daß für einen Sonntag zur Durchführung einer gesetzlich vorgeschriebenen Inventur die einschränkenden Bestimmungen über die Beschäftigung von Gehilfen und Arbeitern an Sonn- und Feiertagen keine Anwendung finden (§ 105c R.G.O.). Bei diesen Inventurarbeiten an Sonntagen können Gehilfen, Lehrlinge, Arbeiter ꝛc. daher länger als fünf Stunden beschäftigt werden. Es muß jedoch für solche Fälle ein Verzeichnis angelegt werden, in welches für jeden einzelnen Sonntag die Zahl der beschäftigten Arbeiter, die Dauer ihrer Beschäftigung, sowie die Art der vorgenommenen Arbeiten einzutragen sind. Das Verzeichnis ist auf Erfordern der Ortspolizeibehörde, sowie dem besonderen, von der Landesregierung ernannten Aufsichtsbeamten jederzeit zur Einsicht vorzulegen.

Die Inventuren der Genossenschaften, die am Schlusse der Geschäftsperioden stattfinden, werden zu den gesetzlich vorgeschriebenen

*) In Preußen kann durch Anwendung der §§. 132 ff. des Gesetzes über die allgemeine Landesverwaltung vom 30. Juli 1883 die Bestrafung der Vorstandsmitglieder von Konsumvereinen, die ausschließlich an Mitglieder verkaufen, wegen Führung unvorschriftsmäßiger Maße und Gewichte herbeigeführt werden. Die Verhältnisse in den anderen Bundesstaaten liegen ebenso; vgl. Kommentar zum Gesetz von Parisius und Crüger, IV. Aufl. S. 76.

Inventuren zu rechnen sein, so daß für die Konsumvereine mit drei-, vier- oder sechsmonatlichen Geschäftsperioden die Zulässigkeit der Inventuren an Sonntagen nach Schluß dieser Geschäftsperioden angenommen werden kann.

Bestimmungen, betreffend den Betrieb von Bäckereien und Konditoreien.

Die Konsumvereine mit Bäckereibetrieb unterliegen auch den Bestimmungen der Bekanntmachung des Bundesrats vom 4. März 1896 (Anhang Nr. 5), welche die Arbeitszeit der Gehilfen und Lehrlinge im Bäckereibetriebe regelt. Es soll hier besonders darauf hingewiesen werden, daß nach Art. I Nr. 4b dieser Bestimmungen in den Bäckereien der Vereine an einer in die Augen fallenden Stelle eine Tafel, welche in deutlicher Schrift den Wortlaut der ganzen Bekanntmachung wiedergibt, aufgehängt sein muß, und ebenso nach Art. I Nr. 4a eine mit dem polizeilichen Stempel versehene Kalendertafel, auf der jeder Tag, an dem Überarbeit auf Grund der Bestimmung unter Ziffer 3b stattgefunden hat, noch am Tage der Überarbeit mittelst Durchlochung oder Durchstreichung mit Tinte kenntlich zu machen ist.

Entnahme von Warenproben aus dem Verkaufslager des Konsumvereins durch Beamte der Polizei.

Nach dem Reichsgesetz, betreffend den Verkehr mit Nahrungsmitteln, Genußmitteln und Gebrauchsgegenständen vom 14. Mai 1879 (Anhang Nr. 6), unterliegt der **Verkehr** mit Nahrungs- und Genußmitteln, sowie mit Spielwaren, Tapeten, Farben, Eß-, Trink- und Kochgeschirr und mit Petroleum der Beaufsichtigung nach Maßgabe dieses Gesetzes. Die Beamten der Polizei sind befugt, in die Verkaufsräume, in welchen die oben erwähnten Gegenstände feilgehalten werden, während der üblichen Geschäftsstunden einzutreten und nach ihrer Wahl Proben zum Zwecke der Untersuchung gegen Empfangsbescheinigung zu entnehmen, für welche Entschädigung in Höhe des üblichen Kaufpreises zu leisten ist; amtlich verschlossene und versiegelte Teile der Proben sind zurückzulassen.

Es muß den Konsumvereinen geraten werden, diese amtlichen Warenentnahmen zu gestatten, nachdem ihre Geschäftsläden durch die Rechtsprechung dem öffentlichen Verkehr gleichgestellt sind; die Lagerhalter sind entsprechend zu instruieren und besonders darauf aufmerksam zu machen, daß sie Teile der Proben unter dem Siegel der entnehmenden Beamten zurückbehalten. Selbst wenn man nach Lage der Gesetzgebung die Konsumvereine nicht für verpflichtet erachten wollte, derartige Warenentnahmen zu gestatten, so möchte doch nicht zu empfehlen sein, dieselben zu verweigern, denn die Konsumvereine sollen nichts zu verheimlichen haben und die Gegner würden aus der Weigerung nur

Material für weitere Angriffe entnehmen. Über die von den Konsumvereinen vorzunehmenden Untersuchungen einzelner Warenartikel vgl. S. 80, 81, und über die sich auf die Prüfung der Waren erstreckende Verbandsrevision dreizehntes Kapitel.

Bestimmungen über den Verkehr mit blei- und zinkhaltigen Gegenständen.

Der Vorstand hat darauf zu achten, daß die Bestimmungen des Reichsgesetzes vom 25. Juni 1887 (Anhang Nr. 7) im Geschäftsbetriebe seiner Genossenschaft nicht verletzt werden. Nach diesen Bestimmungen dürfen Flüssigkeitsmaße nicht

1. ganz oder teilweise aus Blei oder einer in 100 Gewichtsteilen mehr als 10 Gewichtsteile Blei enthaltenden Metalllegierung hergestellt,
2. an der Innenseite mit einer in 100 Gewichtsteilen mehr als einen Gewichtsteil Blei enthaltenden Metalllegierung verzinnt oder mit einer in 100 Gewichtsteilen mehr als 10 Gewichtsteile Blei enthaltenden Metalllegierung gelötet,
3. mit Emaille oder Glasur versehen sein, welche bei halbstündigem Kochen mit einem in 100 Gewichtsteilen 4 Gewichtsteile Essigsäure enthaltenden Essig an den letzteren Blei abgeben.

Zu Leitungen für Bier, Wein oder Essig dürfen bleihaltige Kautschukschläuche nicht verwendet werden.

Konservenbüchsen müssen auf den Innenseiten den obigen Bedingungen entsprechend hergestellt sein.

Zur Aufbewahrung von Getränken dürfen Gefäße nicht verwendet werden, in welchen sich Rückstände von bleihaltigem Schrote befinden.

Zur Packung von Schnupf- und Kautabak, sowie Käse dürfen Metallfolien nicht verwendet werden, welche in 100 Gewichtsteilen mehr als einen Gewichtsteil Blei enthalten.

Die Vorstände der Konsumvereine werden sich also beim Einkauf der Flüssigkeitsmaße und aller solcher Waren die in Metallfolie verpackt sind, darüber zu vergewissern haben, daß obigen gesetzlichen Bestimmungen entsprochen worden ist, andernfalls sie sich straffällig machen können. Die Rückstände von bleihaltigem Schrote in Flaschen können vermieden werden, indem man zum Spülen der Flaschen andere Körper — Marmorschrot, Stahlschrot — benutzt.

Bestimmungen über die Verwendung gesundheitsschädlicher Farben bei der Herstellung von Nahrungsmitteln, Genußmitteln und Gebrauchsgegenständen.

Den Konsumvereinen muß empfohlen werden, die Bestimmungen des Reichsgesetzes vom 5. Juli 1887 (Anlage Nr. 8) zu beachten. Es dürfen danach gesundheitsschädliche Farben zur Herstellung von

Nahrungs- und Genußmitteln, welche zum Verkauf bestimmt sind, nicht verwendet werden. Gesundheitsschädliche Farben im Sinne dieser Bestimmung sind diejenigen Farbstoffe und Farbzubereitungen, welche Antimon, Arsen, Baryum, Blei, Kadmium, Chrom, Kupfer, Quecksilber, Uran, Zink, Zinn, Gummigutti, Korallin, Pikrinsäure enthalten.

Zur Aufbewahrung oder Verpackung von Nahrungs- und Genußmitteln, welche zum Verkauf bestimmt sind, dürfen Gefäße, Umhüllungen oder Schutzbedeckungen, zu deren Herstellung Farben der bezeichneten Art verwendet sind, nicht benutzt werden.

Nicht nur derjenige, der diesen Vorschriften zuwider Nahrungs-, Genußmittel oder Gebrauchsgegenstände herstellt, ist straffällig, sondern auch derjenige, der derartig hergestellte, aufbewahrte oder verpackte Gegenstände gewerbsmäßig verkauft oder feilhält. Die Konsumvereine sollen sich von ihren Lieferanten die Versicherung geben lassen, daß die gelieferten Waren und das zu denselben verwendete Verpackungsmaterial den Vorschriften des Gesetzes vom 5. Juli 1887 entsprechen.

Bestimmungen über den Handel mit Petroleum.

Nach der Verordnung vom 24. Februar 1882 (Anhang Nr. 9) sind beim Verkaufe von Petroleum mit einem bestimmten Entflammbarkeitsgrade gewisse Vorsichtsmaßregeln zu treffen. Von allen Landesbehörden sind im Anschluß an diese Verordnung des Reiches besondere Vorschriften über die Lagerung von Petroleum erlassen worden, welche auch für die Konsumvereine, die Petroleum vorrätig halten, bindend sind. So muß z. B. nach solchen, in den einzelnen Bundesstaaten mehr oder weniger voneinander abweichenden Vorschriften Petroleum in besonderen Räumen mit massiven Umfassungswänden ohne Zwischendecken lagern, in den Lagerräumen — Kellern, Schuppen — müssen Senkgruben angebracht, die Sohle dieser Räume muß aus undurchlässigem, unverbrennbarem Material hergestellt sein, sie muß ein Gefälle nach den Senkgruben zu haben, sie muß tiefer als die sie umgebende Terrainsohle liegen oder mit einer aus feuersicherem Material hergestellten, ununterbrochen Umfassung versehen sein rc. Feuer und Licht darf innerhalb des Lagerraumes nicht angezündet werden, es darf daselbst nicht geraucht werden. Es werden auch durch solche Verordnungen Grenzen für die auf Lager zu nehmenden Mengen Petroleum festgesetzt u. dgl. mehr.

Elftes Kapitel.

Erwerb von Grundbesitz.

Der Erwerb von Grundbesitz bedarf der sorgfältigsten Erwägung. Kann auch zugegeben werden, daß ein solcher Besitz die Mitglieder fester aneinander schließt, so sollten doch nicht die damit verknüpften Gefahren außer acht gelassen werden; der Grundbesitz unterliegt Wertschwankungen, und ein mit unsicheren und nicht geeigneten Mitteln unternommener Erwerb kann sogar zur Auflösung des Vereins führen. Es ist die Erfahrung gemacht worden, daß nicht gehörig vorbereitete Hauskäufe Konsumvereinen Verlegenheiten, ja schwere Verluste bereitet haben. Wie sich die Verhältnisse eines Vereines und eines Ortes in näherer oder fernerer Zukunft gestalten werden, kann Niemand mit Sicherheit vorher sagen; auch der tüchtigste Vorstand vermag die Verhältnisse eines Konsumvereins nicht immer nach seinem Willen zu lenken; andere örtliche Einflüsse spielen hierbei oft eine große Rolle.

Eine so wichtige Angelegenheit, wie der Erwerb von Grundbesitz, muß der Generalversammlung zur Beschlußfassung unterbreitet werden (§ 37 Nr. 4 des Statuts).

Die Frage des Erwerbes von Grundbesitz kann aus verschiedenen Gründen an einen Konsumverein herantreten. Es ist vorgekommen, daß in kleinen Städten und Dörfern auf Veranlassung des konkurrierenden Kleinhandels die Hausbesitzer sich weigerten, dem Konsumvereine Räumlichkeiten zu vermieten, es kann die Kündigung eines bisher mietsweise innegehabten Lagers von günstiger Lage und Beschaffenheit zur Erwägung der Frage drängen, es kann die Einrichtung eines Zentrallagers, die Einführung eigener Produktion in den Geschäftsbetrieb des Konsumvereins dazu nötigen.

Im ersteren Falle ist eingehende Erwägung nötig, ob nicht die Verlegung des Vereinslagers doch der Belastung des Vereins mit Grundbesitz vorzuziehen sei, ob nicht ein etwaiger Abgang von Mitgliedern, der die Folge der Verlegung immerhin sein kann, durch den Zugang neuer Mitglieder aus der Bevölkerung in dem neuen Bezirk, in den das Lager verlegt werden müßte, ausgeglichen werden würde; ist irgend Aussicht zu einem solchen Ausgleich vorhanden, so sollte man von einem Hauserwerb in dem Bezirk des alten Lagers absehen und die Verlegung nicht scheuen.

Die Einrichtung eigener Produktionsbetriebe ist mit Grundbesitz meist eng verbunden, denn nur diejenigen Konsumvereine werden in der Regel eigene Produktion betreiben können, die schon Grundbesitz haben oder die doch gleichzeitig damit zum Erwerb von Grundbesitz schreiten können.

Liegen zwingende Gründe zum Grundstückserwerb vor, so sollte man nicht ein übermäßig großes Haus mit vielen Mietswohnungen erwerben oder bauen, denn solche Häuser können leicht Ausfälle an Wohnungsmieten veranlassen.

Im allgemeinen wird nicht eher an die Erwerbung von Grundbesitz gegangen werden dürfen, als bis die Verhältnisse eines Konsumvereins in betreff seiner Mitgliederguthaben, der Reserven und des Umsatzes derartige sind, daß sie den bewährten Grundsätzen der Konsumvereine entsprechen. Der Konsumverein muß durchaus in der Lage sein, stets gegen Bar einkaufen zu können, seine Mitgliederguthaben und Reserven müssen auf den Betrag angesammelt sein, daß ihm dies unbedingt möglich ist; er muß auch einen solchen Umsatz erzielen und aus diesem Umsatz einen solchen Reingewinn, daß ihn nicht etwa Ausfälle an den Erträgnissen des eigenen Grundstücks zu einer erheblichen Dividendenverkürzung zwingen könnten, weil eine solche Schmälerung der Dividende fast immer eine Fahnenflucht vieler Mitglieder zur Folge hat; er muß mindestens den Reservefonds flüssig haben, ihn nicht als Betriebskapital brauchen, so daß er nötigenfalls doch einen Teil desselben mit zum Erwerb von Grundbesitz verwenden könnte; daß diese Hälfte des Reservefonds so hoch sein muß, daß sie einen erklecklichen Beitrag zum Grundstückserwerb liefert, ist selbstverständlich, denn mit wenigen hundert Mark Beitrag des Reservefonds ein Grundstück im Werte von vielleicht 40—50000 Mark oder noch mehr erwerben zu wollen, das wäre unwirtschaftlich, und der Verein, dessen Vermögen in Reserven noch auf einem so geringen Betrage steht, trotzdem aber vielleicht doch nicht in unrichtigem Verhältnis zu seinen sonstigen Verhältnissen, wäre unfähig, an den Erwerb von Grundbesitz zu gehen, wenn er nicht in Gefahr geraten wollte, — er wäre eben noch zu wenig entwickelt.

Die Geschäftsguthaben der Mitglieder können eine Höhe erreichen — und bei manchen Konsumvereinen, die auf einen richtigen Umsatz des Warenbestandes halten, ist dies der Fall — daß sie nicht ganz im Geschäft verwendet werden können. Dieses eigentlich überflüssige Betriebskapital in Geschäftsguthaben sollte aber niemals in Grundbesitz angelegt werden, denn es ist kein festes, dem Vereine auf längere Zeit zur Verfügung stehendes Kapital, sondern es kann, nach erfolgtem Austritt der Mitglieder, dem Vereine bald entzogen werden, so daß er in Verlegenheit geraten müßte, wenn er es in Grundbesitz festgelegt hätte.

Der Reservefonds dagegen ist gewiß ein zur Anlage in Grundbesitz ganz geeigneter Fonds, denn er steht dem Verein für seine ganze Dauer zur Verfügung, die ausscheidenden Mitglieder haben keinen Anspruch daran. Es ist nur zweierlei dabei zu beachten. Einmal darf der Reservefonds dann nicht oder in soweit nicht zur Anlage in Grundbesitz verwendet werden, als er noch als Betriebsfonds im Warengeschäft nötig ist, also ohne ihn nicht die Warenbestände des Vereins bar bezahlt werden können; ferner ist aber auch zu erwägen, daß der Reservefonds zur Deckung von Verlusten aus dem Warengeschäft zu dienen hat, und daß er diesem Zwecke entzogen werden würde, wenn man ihn in seiner ganzen Höhe in Grundbesitz festlegen würde. Es wird deshalb zu empfehlen sein, nur einen Teil, z. B. die Hälfte des Reservefonds zum Erwerb von Grundbesitz zu verwenden, die andere Hälfte aber zur Erfüllung seines hauptsächlichen Zweckes zur Verfügung zu halten.

Die kurzfristigen fremden Gelder, etwa die Spareinlage der Mitglieder, dürfen nicht zum Erwerb von Grundbesitz verwendet werden. Diese Gelder müssen zur sofortigen Rückzahlung, gegebenenfalls ohne Berücksichtigung der ausbedungenen Kündigungsfristen, jederzeit bereit sein; es liegt aber auf der Hand, daß der Verein in schwere Verlegenheit geraten könnte — und solche Erfahrungen sind gemacht worden —, wenn er diese kurzfristigen Gelder in Grundbesitz anlegen wollte.

Die Aufnahme von Hypotheken wird in Frage zu ziehen sein; ist sie erforderlich, so sollte auf eine möglichst lange Kündigungsfrist, wenn möglich auf unkündbare Hypotheken mit Amortisation, gehalten werden.

Ein vielfach bei Konsumvereinen bewährtes Mittel zur Beschaffung des für den Erwerb von Grundbesitz erforderlichen Kapitals ist die Bildung von Hausanteilen durch die Mitglieder des Konsumvereins (Form. 18.).

Diese Hausanteile werden durch kleine Dividendenabzüge gebildet, mit deren Ansammlung beizeiten vorgegangen werden sollte; die Summe der Beträge der Anteile ist dem ungefähren Betrage eines zu erwerbenden Grundstückes entsprechend hoch festzusetzen, bzw. dem Betrage entsprechend, der unter Berücksichtigung anderweit durchaus sicher zur Verfügung stehenden Mittel — des oben erwähnten Teiles des Reservefonds z. B. — noch aufzubringen ist. Die danach und der Mitgliederzahl entsprechend zu normierenden Einzelbeträge werden den Mitgliedern auf einem besonderen Konto gutgeschrieben und verzinst; der Zinsfuß wird dem Anlagezinsfuß des Vereins während der Zeit des Müßigliegens des Fonds entsprechen müssen.

Nach Aufbringung des vorgesehenen Fonds — dessen Ansammlung durch Kürzung größerer Dividendenbeträge je nach Bedarf beschleunigt werden kann — wird mit der Amortisation desselben begonnen, die auf etwa zehn Jahre, bis zur Tilgung der ausgegebenen Anteile, ausgedehnt werden kann.

Die Mittel zur Tilgung der durch die Hausanteile geschaffenen Anleihe sind wieder aus dem Reingewinn aufzubringen, und zwar durch die neben der Bildung der Hausanteile laufende Bildung einer Grundstücksreserve, und durch Ausgabe neuer Serien von Hausanteilen.

Dem Grundstücks-Reservefonds ist ein geringerer Betrag, als auf Hausanteil-Konto einbehalten wird, zu überweisen; um diesen auf Grundstücks-Reservefonds angesammelten Betrag wird die neue Serie der Hausanteile niedriger sein können, als die alte, und wenn so mit der Ansammlung dieses Fonds und mit der Ausgabe neuer Serien und der Tilgung der alten fortgefahren wird, so wird schließlich dem erworbenen Grundstück in den Passiven nur noch der Grundstücks-Reservefonds gegenüberstehen, das heißt: das erworbene Grundstück wird im schuldenfreien Besitze der Genossenschaft sein.

Es kann diesem Verfahren gegenüber darauf hingewiesen werden, daß es vorzuziehen sei, die Dividendenabzüge sofort in einen Grundstücks-Erwerbsfonds fließen zu lassen, nicht erst die Arbeit verursachende Einschaltung der Hausanteile vorzunehmen, denn schließlich müßten die Mitglieder diese Abzüge sich doch gefallen lassen.

Darauf ist zu erwidern, daß durch die Hausanteile, und besonders durch die Bildung der neuen Serien derselben, es ermöglicht wird, die Verteilung der Dividendenabzüge auf eine viel größere Anzahl von Genossen vorzunehmen; lange nachdem das Grundstück schon erworben und vermittelst der von den früheren Genossen aufgebrachten Gelder bezahlt ist, tragen immer noch die neu beitretenden Genossen mittels der Bildung neuer Serien behufs Amortisation der alten zu diesem Erwerb bei, und das ist jedenfalls ein Vorzug dieses Verfahrens.

Bei sehr großer Opferwilligkeit der Mitglieder könnte auch von der Bildung von Hausanteilen abgesehen und sofort mit der Errichtung des Hauserwerbsfonds begonnen werden; es bedarf dann des Zwischengliedes der Hausanteile nicht, wenn die Mitglieder damit einverstanden sind, sich alljährlich die Einkaufsdividende zur Überweisung an den Hauserwerbsfonds um einen bestimmten Teil kürzen zu lassen.

Häufiger werden die Fälle sein, wo, wenn auch die Leiter der Konsumvereine weitsichtig genug sind, zeitig mit der Ansammlung der Mittel zum Hauserwerb beginnen zu wollen, die Generalversammlungen sie im Stich lassen, und die große Masse der Mitglieder sich erst dann bereit findet, der Beschaffung der notwendigen Geldmittel ernstlich näher zu treten, nachdem der Erwerb oder Bau eines Hauses fest beschlossen ist. In solchen Fällen bleibt nichts übrig, als, insoweit nicht unter annehmbaren Bedingungen eine Hypothek aufzunehmen ist, den Bedarf auf einmal durch eine größere **Hausanleihe** zu decken und je nach den Verhältnissen deren Tilgung festzusetzen. Dringend muß davor gewarnt werden, für die einzelnen Stücke dieser Hausanleihe etwa eine drei- oder sechsmonatliche Kündigung den Gläubigern einzuräumen, weil dies schon unter einer vorübergehend ungünstigen Geschäftslage zum Zusammenbruch des Vereins führen kann. Auf die **Unkündbarkeit** seitens der Gläubiger ist für die Konsumvereine bei den Hausanleihen das größte Gewicht zu legen. Selbstverständlich muß dieser Unkündbarkeit die Tilgungspflicht des Vereins gegenüberstehen.

Auch den Vereinen, die schon ein Haus besitzen und dasselbe vermittelst Hypotheken unter unbequemen Bedingungen erworben haben, ist die Bildung von Hausanteilen zu empfehlen, damit allmählich die fremden Gelder abgestoßen werden können und der Verein in den schuldenfreien Besitz des Grundstücks gelangt.

Diesen Empfehlungen entspricht der Beschluß des Allgemeinen Genossenschaftstages zu Rostock, 1897, welcher lautet: „Der Erwerb eines eigenen Hauses ist den Konsumvereinen erst dann anzuraten, wenn das Vereinsvermögen, die Mitgliederzahl und der Geschäftsumfang so groß geworden sind, daß der Besitz eines Hauses nach allgemeinen geschäftlichen Grundsätzen für die Genossenschaft keine besondere Gefahr zur Folge hat; bei dem Erwerb eines eigenen Hauses ist der Kaufpreis möglichst durch Ausgabe von unkündbaren Anteilscheinen aufzubringen."

Zwölftes Kapitel.

Veränderung der Waren und eigene Produktion.

Der Verkauf von Material- und Kolonialwaren, von Lebensbedürfnissen aller Art bringt in vielen Konsumvereinen die Notwendigkeit der Veränderung der Waren mit sich. Es wird das Mahlen von Gewürzen vorgenommen; in größeren Vereinen werden Weine gepflegt und auf Flaschen gezogen; eine der wichtigsten Veränderungen an Waren ist die Kaffeeröstereí. In den letzten Jahren ist allerdings eine besondere Industrie entstanden, die der fabrikmäßig eingerichteten Kaffeeröstereien, durch welche vielfach den Konsumvereinen und dem Zwischenhandel diese Veränderung des Rohkaffees abgenommen worden ist. Diese großen, mit den vollkommensten Röstapparaten ausgestatteten Fabriken liefern den gerösteten Kaffee auch in kleineren Mengen überall hin, sie haben vielfach auch bei den Konsumvereinen Eingang gefunden, doch sind die Meinungen darüber, ob es vorteilhaft sei, den Kaffee fertig geröstet aus diesen Röstereien zu beziehen, geteilt. Es wird von mancher Seite dem Bezuge von geröstetem Kaffee entgegengehalten, daß die Qualität des Kaffees dabei nicht mehr zu beurteilen sei; man fürchtet auch künstliche Beschwerungen, man hat Klagen über den geröstet bezogenen Kaffee auf Veränderungen während längeren Transportes, durch Witterungseinflüsse verursacht, zurückgeführt. Es haben jedoch große Konsumvereine, die früher selbst Kaffee rösteten, diese Art der Warenveränderung aufgegeben, weil sie vorteilhafter bei dem Bezuge von geröstetem Kaffee zu fahren meinen. Dabei kommt wohl auch in Betracht, daß manche Großhändler glückliche d. h. dem Geschmack der betr. Konsumentenkreise entsprechende Mischungen verschiedener Kaffeesorten vorgenommen haben, die dem Vereine selbst nicht so gut geglückt sind, so daß sie aus diesem Grunde vorgezogen haben, den Kaffee geröstet zu kaufen. Andere Konsumvereine, wie der in Charlottenburg, welcher zuerst fertig gerösteten Kaffee bezog, dann später den Kaffee auf einem Emmerich-Brenner röstete, sind dazu übergegangen, daß sie ihre Rohkaffees selbst in die ihnen zusagenden Mischungen bringen und diese Mischungen zum Rösten in Fabrikröstereien geben; von mehreren in der Umgegend Berlins liegenden Konsumvereinen wird so verfahren, man hat damit befriedigende Ergebnisse erzielt; während früher beim Rösten auf eigenen Apparaten Röstverluste von durchschnittlich 23 % zu verzeichnen waren, beträgt der Verlust an dem jenen Röstereien zum Rösten gelieferten Rohkaffee erfahrungsgemäß nur 18 % durchschnittlich; diese Röstereien haben so große Erfahrung und so vollkommene Einrichtungen, daß sie für die verschiedenen Kaffeesorten die Röstverluste ziemlich genau zu bestimmen vermögen und ihre Röstapparate sind mit selbsttätigen Ausschaltevorrichtungen versehen, vermittelst welcher der Kaffee in die Abkühlsiebe entleert wird, sobald er den bestimmten Röstverlust erreicht hat.

Es ist selbstverständlich, daß die Konsumvereine nur mit bewährt reellen Röstereien in eine solche Verbindung treten können, da die Prüfung des gerösteten Kaffees daraufhin, ob dieser nun auch wirklich aus dem gelieferten Rohkaffee geröstet wurde, immerhin schwierig ist.

Viele Vereine legen indes noch großes Gewicht auf das Rösten des Kaffees durch das eigene Personal und in manchen wird das Rösten des Kaffees mit besonderer Sorgfalt durch Mitglieder des Vorstandes selbst ausgeführt.

Der Görlitzer Konsumverein hat, solange er besteht, den Kaffee selbst geröstet und findet den hauptsächlichen Vorteil darin, daß die Kunden täglich frisch gerösteten Kaffee erhalten, was für den Geschmack desselben von Wert ist. Denn schon nach kurzem Lagern tritt aus der gerösteten Bohne ein Öl, welches dem Kaffee leicht einen üblen Geschmack gibt. Der Brennverlust schwankt zwischen 17 und 21 %. In den letzten Jahren sind die verschiedensten Arten von Röstapparaten aufgestellt worden, und ist es gelungen, die Röstdauer auf zehn Minuten zu verkürzen, was ohne verbessernde Einwirkung auf die Qualität doch für die Kalkulation ins Gewicht fällt. Die Hauptsache bei allen Röstapparaten ist die tadellose Absaugung der während der Röstdauer entstehenden Gase und eine rasche Abkühlung nach beendeter Röstung. Da bei billigen und ordinären Kaffeesorten kleine Steinchen vorkommen, werden dieselben auf eine Entsteinmaschine gebracht, welche durch Schütteln die Steinchen infolge ihres schwereren Gewichts leicht entfernt. Auf Verlesemaschinen werden von geübter Hand rasch und leicht die ungleich gebrannten Bohnen und Bruch entfernt. Die Zusammenstellung der einzelnen Mischungen läßt sich nicht schematisch bestimmen, da der Geschmack der Käufer in verschiedenen Gegenden verschieden ist und ebenso auch die Preise, die für Kaffee angelegt zu werden pflegen. — Die Aufbewahrung des gerösteten Kaffees erfolgt in fest verschlossenen Blechkästen, deren Boden von drei Seiten nach vorn schräg abfällt; hier befindet sich ein Schieber, durch dessen Öffnung der Kaffee entnommen wird. Auf diese Weise verhütet man, daß auf dem Boden des Blechkastens älterer Kaffee liegen bleibt, wenn neuer von oben nachgefüllt wird. Auch Gerste, Weizen und Roggen wird in gleicher Weise wie Kaffee geröstet. Zu gebranntem Kaffee wurden im Görlitzer Konsumverein im Geschäftsjahr 1902/03 geröstet 3545 Ztr. roher Kaffee, und Gerste, Weizen und Roggen 1200 Ztr.

Bei dem großen Spar- und Konsumverein in Stuttgart, e. G. m. b. H., beläuft sich der Röstverlust auf 17—20 %, im Durchschnitt auf die gerösteten Kaffees auf 19 %; die schwereren Sorten, wie Ceylon, blauer Java, hatten weniger Verlust als gelber und brauner Java, Laguayra, Campinas, Santos. Da die letzten Geschäftsberichte des Vereins in dieser Hinsicht keine Veränderungen mitteilen, darf angenommen werden, daß die neuern Erfahrungen hiervon nicht abweichen. Seit dem Jahre 1900 wird die Rösterei mit einem Emmericher Brenner neuster Konstruktion „Probat" betrieben, der sich auch gut bewährt hat. Außerdem wurde eine Kaffee-Wascheinrichtung beschafft, um jede Menge vor der Röstung einer gründlichen Reinigung zu unterziehen und eventuell von darin befindlichen Steinen zu befreien. Im Jahre 1903 wurden 60000 Kilo geröstet.

Es kann wohl angenommen werden, daß in kleineren Röstapparaten ein größerer Verlust am Gewichte des Kaffees stattfindet, als in großen, mit allen erprobten technischen Hilfsmitteln versehenen, und man wird deshalb die Erfahrungen des größten der bestehenden Konsumvereine, des Breslauer Konsumvereins mit seiner Kaffeerösterei nicht als maßgebend ansehen können für kleine Vereine; der Breslauer Konsumverein röstet in seiner mit besten Maschinen ausgestatteten Rösterei wohl mehr Kaffee, als manche Fabriksrösterei, er kann allerdings die Vorteile eines großen Betriebes, aller Vollkommenheiten der Technik bei seinen Verhältnissen ganz ausnutzen.

Über die Rösterei des Breslauer Konsumvereins seien nachstehende Mitteilungen gemacht: Der Verein sagt selbst,*) daß sich seine Kaffee-Schnellrösterei des Besitzes neuester und bester maschineller Vorrichtungen erfreue. „Der 85 □m große, helle, mit bester Ventilation versehene Raum steht mit einer feuersicheren Remise in Verbindung, welche zur vorläufigen Aufnahme des gerösteten Kaffees und Getreides dient. Ein Fahrstuhl vermittelt den Ab- und Zugang des Kaffees. Die Beleuchtung geschieht durch sieben 32kerzige Glühlampen. Der rohe Kaffee gelangt zuerst in eine Sieb- und Sortiermaschine, in der er eine starke Reibung durchzumachen hat, die ihn

*) Bericht über das 30. Geschäftsjahr 1895. Die Verhältnisse haben sich in dieser Hinsicht inzwischen nicht geändert.

von Staub, Sackfasern, Steinen und kleinem Bruch befreit. Der so gereinigte Kaffee kommt nun in die Schnellröst-Apparate, von denen vier Stück vorhanden sind; jeder dieser Apparate röstet innerhalb 25 Minuten 80 Pfd. Kaffee. Die Vorzüge dieser Schnellröster bestehen darin, daß das charakteristische Aroma des Kaffees kräftig entwickelt und der Geschmack des Kaffees durch fortwährende, mittelst Exhaustoren bewirkte intensive Absaugung der während des Röstprozesses entstehenden Wasserdämpfe und Gase verfeinert wird. Die Schalen und sonstige leichte Beimengungen werden auf dem durch den Exhaustor bewirkten schnellen Zuge nach dem Schornstein von einem sogenannten Häutchenfänger abgefangen. Die Beobachtung des Röstprozesses geschieht durch die in den Apparaten vorgesehenen Probezieher. Nach Vollendung der Röstung rollt die Röstkugel über ein Kühlsieb und entleert ihr Produkt nach Öffnung einer Klappe sehr schnell. Das Kühlsieb ist mit einem Exhaustor verbunden, der die heiße Luft absaugt und so in wenigen Minuten das Röstgut vollständig abkühlt. Dieses schnelle Abkühlen ist von großer Wichtigkeit, dasselbe ist für die Ergiebigkeit und das Aroma des Kaffees vorteilhaft, während bei anderen Abkühlsystemen, bei denen die Ansammlung von unreiner Luft, Kohlengasen ꝛc. unvermeidlich ist, beide leiden. Es findet eine Zusammenstellung verschiedener Kaffeesorten, eine Mischung, statt. Zu diesem Zwecke ist eine Mischmaschine vorhanden, welche mit bequemer Einschütt- und Entleervorrichtung versehen ist. Dieselbe bewirkt mittelst ihres Rührersystems eine innige Mischung von 140 Pfd. Kaffee innerhalb fünf Minuten.

Nunmehr wird das Gewicht des gerösteten Kaffees zum Zwecke der Kontrolle und Übergabe an die Kaffeepackerei festgestellt. In dieser besorgen acht Mädchen die Verpackung der von jedem Lager tags vorher aufgegebenen Anzahl Pakete zu Netto $^1/_2$ und $^1/_4$ Pfund jeder Kaffeesorte. Damit der Kaffee möglichst von der Luft abgeschlossen und dem Lichte nicht ausgesetzt ist, sind die zur Verwendung kommenden, mit Vereinsfirma versehenen Beutel mit Pergamentpapier ausgelegt.

Der Versand geschieht in buchenholzenen Kisten durch zwei Gespanne, und zwar werden sämtliche 60 Warenlager wochentäglich an jedem Vormittag mit frischer Röstung versorgt.

Es werden zurzeit fünf Kaffeesorten geführt.

Im Jahre 1895/96*) wurden in der Rösterei des Breslauer Konsumvereins 612888 Pfund Kaffee und Roggen geröstet. Im Ge-

*) Nach Mitteilung des Direktors des Breslauer Konsumvereins sind bei Erscheinen der dritten Auflage dieses Buches diese Verhältnisse ungefähr dieselben, nur haben die Mischungsverhältnisse verschiedentlich gewechselt, da ein bestimmtes Rezept hierfür nicht ein für alle Male gegeben werden kann, sondern die Zusammenstellung je nach dem wechselnden Geschmack der Kaffeesorten und nach dem Preise derselben Abänderungen erfahren muß.

schäftsjahr 1903 betrug das Röstquantum 868302 Pfund. Die Unkosten für das Rösten betragen per Zentner 1.38 Mk., haben sich also gegen frühere Jahre, wo sie auf Mk. 1.60 festgestellt wurden, nicht unerheblich vermindert.

Die Ausbeute stellte sich wie folgt: 100 Pfund Rohkaffee ergaben bei

Perl-Ceylon	Karlsbader Mischung	Java-Mischung
82,96	82,41	81,63 Pfd.
Ceylon-Mischung	Melange	und gebranntem Roggen
81,48	81,36	78,45 Pfd.

Es wurden genommen:

1. zur Karlsbader Mischung 1/2 ff. Java und 1/2 Perl-Ceylon,
2. „ Java-Mischung 2/3 Java und 1/3 offener Ceylon,
3. „ Ceylon-Mischung 1/3 offener Ceylon, 1/3 Guatemala und 1/3 Santos,
4. „ Melange 1/4 offener Ceylon, 1/2 Domingo, 1/4 Santos.

Das **Mahlwerk** für **Gewürze** des Breslauer Konsumvereins besteht in einer Excelsiormühle, einem Kollergang und einer Trommelsiebvorrichtung, sowie einer besonderen Mühle mit Siebmaschine für Pfeffer und Piment.

Die Excelsiormühle dient zum Vorbrechen bzw. zur Vorzerkleinerung von Zimmet, Macisblüte ꝛc., während ein Kollergang mit Granitläufern und Granitbodenstein die vollständige Zermalmung derartiger Gewürze ausführt. Die Trommelsiebvorrichtung, welche mit Schüttelwerk versehen ist, kann jede beliebige Körnung liefern, da dieselbe über leicht einsetzbare Siebe mit verschiedener Lochung verfügt.

Für Pfeffer und Piment ist, da diese Artikel selbständig zu behandeln sind, eine besondere Mühle mit Siebmaschine aufgestellt worden, deren Leistung mehrere Zentner in der Stunde beträgt.

Der Betrieb dieser Gewürzmühlenanlage geschieht mittelst elektrischer Kraftübertragung von der für die Beleuchtung vorhandenen Dynamomaschine aus auf eine im Gewürzmühlenraum aufgestellte achtpferdige sekundäre Dynamomaschine.

Der Verlust durch Verstauben bei 100 Pfund war

bei Piment . .	0,97 Pfd.,	Pfeffer	0,7 Pfd.
„ Macisblüte	2,7 „	Zimmet	2,6 „

Auch der **Görlitzer** Konsumverein mahlt das Gewürz mit einer durch Motore betriebenen Excelsiormühle mit Trommelsiebvorrichtung und hat dabei befriedigende Ergebnisse erzielt.

Einen anderen „Veredelungsverkehr“ betreibt der Görlitzer Verein durch die Bereitung von **Sauerkraut** aus rohem Weißkraut. Im letzten Geschäftsjahre sind ca. 3000 Ztr. verarbeitet. Das Weißkraut wird von Bauern der Görlitzer und Magdeburger Gegend bezogen, mittels Maschinen ausgebohrt, geschnitten und in große Bottiche zur Gährung eingesalzen. Der Gewichtsverlust zwischen rohem Kohl und fertigem Sauerkraut beträgt ca. 40 %. Das Sauerkraut des

Vereins erfreut sich nicht nur in Görlitz selbst großer Beliebtheit, sondern wird auch von vielen Konsumvereinen der Lausitz gekauft.

Ein nur selten von Konsumvereinen betriebener Produktionszweig, der auch in den Geschäftskreis des Görlitzer Konsumvereins aufgenommen ist, ist die Zubereitung von sauren Gurken. Wegen der Mißernte des letzten Jahres wurden da nur 3600 Schock eingelegt, während in den Vorjahren bis 5600 Schock jährlich hergestellt worden sind. Einen Teil der dazu nötigen Gewürzkräuter baut der Verein auf seinem eigenen Lande an. An Selterwasser und Brauselimonade wurden vom Görlitzer Verein im letzten Geschäftsjahre 35000 Flaschen fabriziert. Die Herstellung ist infolge der erheblichen Verbesserungen an den Maschinen eine leichte, saubere und sehr lohnende.

Endlich wird in Görlitz auch noch die Destillation von Spirituosen und Fruchtsäften in größerem Maßstabe betrieben. Es wurden im letzten Geschäftsjahre hergestellt 2400 Hektoliter Kornbranntwein, 310 Hektoliter Liköre, 170 Hektoliter Rum- und Kognak-Verschnitte und 42 Hektoliter Fruchtsäfte. Zur Herstellung des Kornbranntweins kommen zur Verwendung sechs Filtermaschinen, auf welchen der rohe Kartoffelspiritus gereinigt wird; 27 verschiedene Sorten Liköre werden aus feinstem rektifizierten Sprit und Weinsprit unter Verwendung bester Raffinaden und feinster Öle und Essenzen gemacht, letztere werden zum Teil vom Vereine selbst aus Wurzeln, Fruchtschalen und Drogen gewonnen.

Die Selbstherstellung von Selterwasser und anderen mousierenden Getränken hat auch der Konsumverein Neustadt-Magdeburg neuerdings in die Hand genommen und damit die besten Erfolge erzielt.

Auch zur eigenen Produktion gehört die wohl allein von dem Spar- und Konsumverein Stuttgart, e. G. m. b. H., betriebene Apfelmost-Bereitung dieser Genossenschaft.*) Seit dem Jahre 1883 bereitet der Verein für seine Mitglieder aus Aepfeln einen sehr geschätzten Haustrunk, den Apfelmost; welchen Umfang dieser Geschäftszweig genommen hat, geht aus umstehender Aufstellung hervor.

Den Bestellern wurde der Most zu den angegebenen Preisen ohne weitere Kosten in den Keller geliefert.

In 1902 hatte die Produktion den höchsten Betrag erreicht. In 1903 wurden nur ca. 13550 Hektoliter erzeugt, da in Württemberg, sowie überhaupt in Süddeutschland die Apfelernte sehr gering war, und deshalb Obst aus Italien, Ungarn, Böhmen und Serbien bezogen werden mußte, das aber keinen so haltbaren Most ergab, wie aus deutschem Gewächs. Daraus ergaben sich manche Umstände mit den Mitgliedern, die zu Nachlässen im Preise führten, aus denen Verluste entstehen dürften. Das hat der Vereinsleitung diesen Produktionszweig verleidet.

*) Dieser Verein hat auch bedeutende eigene Weinkellereien, aus denen im Jahre 1902 683169 Liter Wein verkauft wurden.

Jahr	Obst in Kilogr.	Most in Litern	Aus 100 Kilogr. Obst Liter Most	Zu 100 Liter Most verwendet Kilogr. Obst	Obstpreis für 100 Kilog. Mark
1885	108 475	89 633	82,6	121,1	7,33
1886	203 405	175 800	86,4	116	11,60
1887	329 072	280 354	85,2	117,6	12,40
1888	553 306	410 416	74,2	135	5,01
1889	298 906	235 141	78,6	127	13,02
1890	570 379	470 888	82,5	121,2	11,12
1891	534 050	446 560	83,6	119,6	10,50
1892	518 870	497 715	95	104,5	12,11
1893	667 206	563 488	84	118,5	5,59
1894	745 311	572 359	76,8	130	9,68
1895	789 874	631 994	80,1	125	11,30
1896	358 711	275 834	76,8	130	11,50
1897	501 451	431 914	86,3	116,4	12,84
1898	814 130	750 408	92,2	108,5	9,12
1899	1 100 986	965 407	87,7	114	11,36
1900	1 280 175	1 026 390	80,2	124,7	5,10
1901	1 385 789	1 220 357	88,5	113	12,41
1902	2 089 958	1 769 215	84,5	118,2	10,32

Der Bäckereibetrieb ist von einer größeren Anzahl von Konsumvereinen als Produktivabteilung ihrer Geschäftsbetriebe aufgenommen worden. Es liegt die Aufnahme dieses Betriebes sehr nahe, da Brot eines der Hauptnahrungsmittel ist und die Herstellung desselben erfahrungsgemäß nicht mit großem geschäftlichen Risiko für die Konsumvereine verknüpft ist, sobald gewissen Vorbedingungen genügt wird.

Bevor indes zur Produktion — und dies gilt auch für den Bäckereibetrieb — übergegangen wird, muß geprüft werden, ob die Mittel zur Eröffnung dieses Geschäftszweiges vorhanden sind; sie sind im eigenen Betriebskapital der Genossenschaft zu suchen und sie werden bei gut geleiteten Vereinen, die an der Barzahlung im Einkauf und Verkauf festhalten, die der Ansammlung der Geschäftsguthaben und der Reservefonds die durch Gesetz und Statut vorgeschriebene Aufmerksamkeit zuwenden, nach einer Reihe von Jahren des Bestehens sicher zu finden sein. Eine gewisse Entwickelung muß der Verein erreicht haben, seine Mitgliederzahl muß so angewachsen sein, daß eine Produktion im größeren Maße betrieben werden kann, daß der Absatz der Erzeugnisse dieser Produktion gesichert ist. Produktion in kleinem Umfange wird nur selten zu befriedigenden Ergebnissen führen.

Einen Übergang zum eigenen Bäckereibetriebe gleichsam bildet die Einrichtung einiger Konsumvereine, welche das Mehl kaufen und den Bäckern, mit denen sie im Vertrage stehen, zum Verbacken liefern. Der Konsumverein zu Burg bei Magdeburg, e. G. m. b. H., hat diese Einrichtung; aus 100 Pfund Mehl muß der Bäcker vertragsmäßig 137 Pfund Brot liefern; er erhält dafür 1 Mk. 35 Pf.

Backlohn. In 1902 ergaben auf diese Weise 1950 Ztr. Mehl 50267 Stück Brot zu 50 und 75 Pf. im Werte von M. 28561. Das Bedenkliche einer solchen Einrichtung liegt darin, daß nicht genügend kontrolliert werden kann, ob der Bäcker das gelieferte gute Mehl auch wirklich zum Verbacken verwendet. Andererseits ist der Bäcker auch nicht berechtigt, Mischungen von Mehl vorzunehmen, die sich nach der Qualität des gelieferten Mehles als notwendig herausstellen könnten.

Über die eigenen Bäckereien einiger Konsumvereine seien nachstehende Mitteilungen gemacht.

Der Konsumverein Meiningen, e. G. m. b. H., hat seit dem Jahre 1878 eigene Bäckerei. Die Ergebnisse des Bäckereibetriebes dieser Genossenschaft gehen aus nachstehender Aufstellung hervor, die in den letzten Jahren bis 1902 einen Rückgang im Umfang der Produktion ergibt, der dem Rückgang der Mitgliederzahl, im Jahre 1902 auch dem Rückgang der Erwerbsverhältnisse im allgemeinen zuzuschreiben sein dürfte.

Zeitangabe	Mehlverbrauch	Brotergebnis		Durchschnittsresultate		Durchschnittl. Ankaufspreis für 100 Pfund Mehl		Im Durchschnitt kosteten 100 Pfund Brot			
				Brot-Ergebnis aus 100 Pfd. Mehl	Gewicht für 1 Laib Brot à 45 u. 50 Pf			in unseren Verkaufsstellen		nach den amtlichen Preisermittelungen	
	Pfund	Laib	Pfund	Pfund	Pfund	Mk.	Pf	Mk.	Pf.	Mk.	Pf.
I. Semester 1902	168317	55627	237327	141	4,35	10	70	11	49	13	—
II. „ 1902	183403	62304	260749	142	4,25	10	65	11	76	13	—
im Jahre 1902	351720	117931	498076	141,5	4,30	10	67	11	62	13	—
Vergleichung:											
in 1878—1882	1196793	395438	1584420	132,3	4,04	12	41	12	46	12	89
„ 1883—1887	1729163	516884	2397233	138,7	4,64	10	83	10	75	12	28
„ 1888—1892	1906063	645750	2599042	136,3	4,08	12	54	12	37	13	22
„ 1893—1897	2083824	608967	2884421	138,2	4,75	9	38	10	60	11	02
„ 1898	481893	154537	643996	133,7	4,17	10	95	11	60	12	55
„ 1899	469163	151369	619361	132	4,09	10	82	10	71	11	50
„ 1900	446766	151136	638868	138,5	4,20	10	65	11	18	11	55
„ 1901	365370	124473	522162	141	4,32	10	45	11	34	11	95
„ 1902	351720	118612	498076	141,5	4,30	10	67	11	67	13	—
zusammen	9030755	2867166	12387579								

Seit April 1897 ist die Selbstvermahlung reinen Roggens eingeführt worden.

Der Mahllohn betrug einschließlich Abfahr des Roggens von der Bahn und Anfuhr des Mehls 55 Pf. per Ztr. Mahlgut.

Der Spar- und Konsumverein Stuttgart, e. G. m. b. H., erzielte folgende Ergebnisse in seiner Bäckerei:

	100 Kilo Mehl ergaben Kilogr. Brot	Mehlverbrauch in der Bäckerei Kilogr	Gesamt-Backergebnis Kilogr.
1878	139,56	213 790	298 370
1879	144,75	407 246	589 456
1880	142,36	519 513	739 567
1881	146,90	482 977	709 511
1882	145,08	500 488	726 010
1883	140,34	459 242	644 526
1884	139,92	417 780	584 580
1885	142,60	393 746	561 475
1886	141,80	402 908	571 135
1887	141,70	505 542	716 667
1888	141,70	526 629	746 572
1889	140,—	619 379	863 287
1890	138,—	730 612	1 008 623
1891	136,—	795 821	1 081 384
1892	140,—	929 577	1 299 197
1893	140,—	1 042 523	1 462 828
1894	141,—	1 219 285	1 718 224
1895	142,50	1 376 843	1 960 956
1896	143,—	1 450 855	2 075 934
1897	141,30	1 679 544	2 373 075
1898	141,20	1 886 206	2 574 770
1899	138,80	1 761 094	2 445 288
1900	139,—	1 811 529	2 519 936
1901	140,—	2 074 124	2 903 352
1902	139,23	2 251 720	3 134 951

Der Verein arbeitet jetzt mit 12 Dampf-Doppelbacköfen mit ausziehbaren Herden, System Werner und Pfleiderer, ferner einer Teigteilmaschine für große Brote, welche pro Minute 24 genau abgewogene Teigmengen auswirft, ferner zwei Knetmaschinen, alles elektrisch betrieben. Seit 1901 hat der Verein auch die eigene Produktion von Teigwaren mit gutem Erfolge eingeführt, nämlich Hausmacher-Eiernudeln, feinste Eierfadennudeln, gewöhnliche Fadennudeln, Eierriebelen, Eiersuppenteig und Makkaroni aus russischem Hartweizengries.

Der Konsumverein Neustadt, e. G. m. b. H., in Magdeburg-Neustadt betreibt seit 1872 eigene Bäckerei; er hatte schon 1901 14 eiserne Dampf-Doppelöfen in Betrieb mit Knetmaschinen. Der Verein bäckt Brot und Weißgebäck.

10 Jahre hindurch kam von dem Umsatze in Backwaren ungefähr eine Hälfte auf die Weiß- und eine Hälfte auf die Brotbäckerei. Erst seitdem die Verbesserung der maschinellen Einrichtungen es ermöglichte ein ziemlich gleichmäßiges Brot herzustellen, änderte sich dieses Verhältnis durch die starke Zunahme des Brotumsatzes. Der Geschäftsbericht des Vereins für 1902 bringt folgende interessante Mitteilungen über die Ergebnisse der Bäckerei:

„Ein ebenso günstiges Ergebnis wie in den vorhergehenden Jahren erzielte wieder der **Betrieb unserer Bäckerei,** wozu die relativ guten Ernten des In- und Auslandes, billige Kohlen und die durch Vereinigung des Gesamtbetriebes auf dem neuen Grundstücke ermöglichte rationellere Betriebsweise beigetragen haben.

Es wurden in der Bäckerei 57627 Zentner Roggenmehl, oder gegen das Vorjahr mehr 808 Zentner und 43317 Zentner Weizenmehl oder 3732 Zentner mehr als im Vorjahre verarbeitet und auf 14 Doppeldampföfen 2272937 Stück Brote (ca. 2,5 Kilogramm schwer) hergestellt. Durchschnittlich wurden an jedem Tage 7332 Stück Brote gebacken, gegen 7045 im Jahre 1901. Weißgebäck, welches hauptsächlich in der Nacht hergestellt wird, wurde alltäglich 360 Tage gerechnet) im durchschnittlichen Werte von 1400 Mark gebacken. Während die Brotfabrikation wenig Schwierigkeiten macht, erfordert die Massenherstellung, die Verladung und der Vertrieb des kleinstückigen Weißgebäcks viel Arbeit und Aufmerksamkeit, doch haben wir auch hierin den Erfolg auf unserer Seite, und dürfte unser Verein in betreff seiner Weißbäckerei bisher unerreicht dastehen. Von dem Erlöse an Backartikeln entfallen auf

die Brotbäckerei . .	Mk. 1137351,71	oder mehr gegen 1901	Mk. 43776,46
„ Weißbäckerei . .	„ 503609,25	„ „ „ „	„ 19939,89
Vereinnahmtes Backgeld	„ 1216,04	„ „ „ „	
	Mk. 1642177,—	oder mehr gegen 1901	Mk. 63716,35

Der Ertrag der Bäckerei setzt sich zusammen aus:

1. Bruttoüberschuß der Brotbäckerei	Mk.	390612,61
2. „ „ Weißbäckerei	„	128033,44
3. Backgeld von Hausbäckern	„	1216,04
zusammen	Mk.	519862,09

= 31,6 Proz. des Umsatzes in Backartikeln.

Hiervon gehen jedoch ab:

1. die Gebäckherstellungskosten mit	Mk.	208570,44
2. „ Gebäckaustragekosten	„	41686,91
zusammen	Mk.	250257,35

= 15,2 Proz. des Umsatzes und verbleibt als Ertrag der Bäckerei Mk. 269604,74 = 16,4 Proz. des Umsatzes in Backartikeln gegen 16,6 Proz. im Vorjahre.

Ausgetragen wird nur Weißgebäck in den Morgenstunden, und erhalten dafür die Austräger, meistens Witwen, 10 Prozent vom Ausgetragenen. In den Gebäckherstellungskosten nicht enthalten sind die Kosten für den Vertrieb der Backwaren in den Vereinslägern, die Verzinsungen und Abschreibungen auf Bäckereigebäude und Inventar, die anteiligen Kosten der Oberleitung, Steuern usw., die einen Teil der allgemeinen Unkosten bilden und um welche sich der Gewinn im Bäckereibetriebe verringert, so daß der wirkliche Ertrag der Bäckerei mit ungefähr 11 Prozent zu bewerten ist.

Im einzelnen setzen sich die **Gebäckherstellungskosten** zusammen:

2490,57	Mk.	Beitrag zur Berufsgenossenschaft
131161,57	„	Löhne der Gesellen
3875,—	„	Verkaufswert des an die Gesellen verabfolgten Brotes und Weißgebäcks

Übertrag 137527,14 Mk.

Übertrag	137527,14 Mk.	
	21856,09 „	Kohlen zum Heizen der Öfen
	10000,— „	Miete (angerechnet)
	1690,08 „	Wasser
	1644,33 „	für Körbe, Bleche, Drucksachen, Versicherung 2c.
	6674,54 „	Instanderhaltung der Öfen und Geräte
	12319,82 „	Fuhrwerksunkosten
	16858,44 „	Maschinenbetriebskosten
Summa	208570,44 Mk.	

Neuerungen haben wir im abgelaufenen Jahre in der Bäckerei wenig eingeführt; Versuche, welche wir mit einer patentierten Rauchverbrennungs-Feuerung seit einem halben Jahre machen, sind noch nicht zu einem befriedigenden Abschlusse gelangt. Nach den Versprechungen des Erfinders sollen die Öfen ganz rauchschwach brennen — also die unangenehmen Rauchbelästigungen beseitigt werden — andererseits soll auch auf diesen Feuerungen nicht nur jedes Brennmaterial verwertet, sondern auch erhebliche Ersparnisse an Feuerungsmaterial erzielt werden können. Das Problem mag ja für Kesselheizungen gelöst sein, für die Backöfen, in welchen schnell die intensivste Hitze erreicht werden muß, haben sich der neuen Feuerung jedoch verschiedene bis jetzt nicht gelöste Schwierigkeiten entgegengestellt. Eine große Ausgabe steht uns noch dadurch bevor, daß wir von der Nahrungsmittel-Berufsgenossenschaft gezwungen werden, unsere Knetmaschinen mit automatischen Schutzdeckeln versehen zu lassen, dergestalt, daß in die Maschine während des Betriebes niemand hineinfassen kann. Eine Anbringung der Schutzdeckel an die sonst noch gebrauchsfähigen Knetmaschinen läßt sich nicht ermöglichen, und müssen wir deshalb die Generalversammlung um Bewilligung der Kosten des Umtausches der beiden Knetmaschinen ersuchen."

Das speziell für die Bäckerei beschäftigte Personal bestand aus 1 Backmeister, 98 Bäckern mit Einschluß von 3 Obergesellen und 57 Gebäckausträgerinnen, welche mit ihren Familienangehörigen den Mitgliedern das Frühgebäck in das Haus tragen. Auch die 3 Heizer werden hauptsächlich die Bäckerei belasten.

Der **Lebensbedürfnisverein Karlsruhe**, e. G. m. b. H., hat auch schon seit 1873 Bäckereibetrieb. Im Erdgeschoß der Bäckerei befinden sich fünf große Doppelöfen (darunter ein Auszugofen), im ersten Stockwerke zwei Knetmaschinen, eine Teigteilmaschine und eine Anzahl Werkbänke zum Verarbeiten des Teiges, im zweiten Stockwerk ein Mehlmagazin, drei große Mischräume, eine Mehlsieb- und eine Sackklopfmaschine, im dritten Stockwerk die Schlafräume der Bäckergehilfen nebst einer Badeanstalt. Sämtliche Maschinen einschl. eines Aufzuges für Mehl werden durch einen 16 pferdigen Gasmotor getrieben, welcher mit Hilfe einer neu eingerichteten Anlage gleichzeitig zur Erzeugung der elektrischen Beleuchtung sämtlicher Geschäfts- und Wohnräume dient. Beschäftigt werden zurzeit 1 Backmeister mit 23 Bäckergehilfen. Es wurden im Jahre 1903 hergestellt aus 10206 Sack Mehl (zu 100 Kilo) 7670000 Stück Frühstücksbrote und 844000 Laibe Brot zu ein, zwei und drei Pfund. Der Umsatz betrug in Geld 1903 rund 460000 Mark und der Reingewinn 53000 Mark.

Auch der Konsumverein Pforzheim, e. G. m. b. H., hat mit seiner Bäckerei gute Erfolge erzielt. Er schreibt die günstige Rentabilität derselben hauptsächlich dem vorteilhaften Einkaufe des Mehles zu, der aus mehreren großen Kunstmühlen in der Nähe bewirkt wird. Es ist elektrischer Betrieb eingeführt, der einerseits Arbeitslöhne erspart und andererseits eine größere Reinlichkeit bei Herstellung der Backwaren sichert als der Handbertieb. Gerade dieser Umstand sowie die Schmackhaftigkeit des Vereinsbrotes haben viel zum Wachstum des Vereins beigetragen.

Die bedeutenste Bäckereianlage eines Konsumvereins ist die Dampfbäckerei des Breslauer Konsumvereins, deren Leistungsfähigkeit durch technische Verbesserungen und damit verbundene Neubauten um $^1/_3$ d. h. auf 8000 Zentner fertiges Brot wöchentlich im Jahre 1902 gesteigert worden ist und noch weiter gesteigert werden kann. Der Verein berichtet über den gegenwärtigen Stand seiner Bäckerei folgendes: Das von leistungsfähigen Mühlen angelieferte Mehl gelangt mittels Friktionswinde in das in der zweiten Etage unseres Bäckereigebäudes befindliche Mehlmagazin. Die Prüfung der Backfähigkeit und Farbe des Mehles geschieht durch Wasser- und Backprobe, sowie durch chemische Untersuchung. Um ein möglichst gleichmäßiges Produkt zu erzielen, wird die gleichzeitige Verarbeitung von Mehl aus mindestens vier Mühlen durchgeführt. Dieselbe beträgt zurzeit rund 800 Zentner täglich. Vor der Verarbeitung wird das Mehl sorgfältig gesiebt und gemischt. Dies geschieht in dem an das Mehlmagazin angrenzenden großen Raume durch zwei Siebmaschinen und drei automatische Mischmaschinen. Je eine dieser Maschinen bearbeitet das zu „dunklem" Brot zu verwendende Mehl, die übrigen drei das helle Mehl. Zuerst nehmen leicht bedienbare Ausschüttvorrichtungen das Mehl auf und führen dasselbe durch Elevatoren und Schneckengänge in die ca. 3 m langen Siebvorrichtungen, von denen jede stündlich 80 Zentner leistet. Das vollkommen aufgelockerte und gesiebte Mehl verläßt diese Behälter wieder durch Schnecken- und Elevatorenbetrieb, um ebenso in die Mischmaschinen zu gelangen. Letztere sind zweiteilig; während aus der einen Hälfte die Knetmaschienen gespeist werden, vollzieht sich in der anderen der Mischungsprozeß. Durch eine selbsttätige Bedienung und zweistündige Zirkulation werden 80 Zentner Mehl innig durcheinander gemischt, so daß die drei Mischmaschinen, welche vollständig staubfrei arbeiten, in dieser Zeit 240 Zentner Mehl zur Verarbeitung bereit stellen.

Das Mehl verläßt nunmehr die obere Etage und wird in die unter dem Fußboden derselben (also an der Decke der ersten Etage) angeordneten eisernen Mehlzuführungsgänge geführt, aus denen es ebenfalls durch maschinelle Kraft in die über den Teigknetmaschinen befindlichen eisernen Behälter gelangt. Letztere bilden einen Teil der über den Knetmaschinen vorgesehenen selbsttätigen Wagen, welche, sobald der sie bedienende Elevator die zu jeder Knetung erforderliche Mehlmenge, etwa 4 Zentner, in die Behälter befördert hat, von ihrer

Ausrückevorrichtung selbst Gebrauch machen und ihre Tätigkeit erst nach der jeder Entleerung folgenden Einrückung wieder aufnehmen.

Die erste Etage des Bäckereigebäudes enthält außer den Brotabkühlsälen, welche sich in dem an der Kreuzstraße belegenen Vorderhause befinden und mit der Verladehalle im Erdgeschoß durch zwei Fahrstühle von je 15 Zentnern Tragfähigkeit verbunden sind, den Arbeitssaal für die Teigbereitung. Derselbe ist 850 qm groß, verfügt über eine Höhe von bis 10 m und eine unbegrenzte Licht- und Luftzuführung. Seine Wände sind mit weißglasierten Steinen verblendet, die Decke ist ebenfalls aus festem abwaschbarem Material hergerichtet, während der Fußboden aus gußeisernen Platten und starken Mettlacher Fliesen besteht. In diesem Saale haben zunächst außer einer Zentesimalwage, welche mit ihrem Zählapparate zur Kontrolle des richtigen Abwiegens der einzelnen Teigstücke dient, sechs Wasserheizungs-Doppelöfen, ein den Verkehr mit der Parterreetage bequem vermittelnder Schaukelelevator, eine selbsttätige Auskippvorrichtung der Teigtröge und drei Teigknetmaschinen neuester Konstruktion Aufstellung gefunden. Für den Bedarfsfall ist in demselben noch Raum zum Betriebe weiterer vier Öfen reserviert.

Die Knetapparate benötigen zu ihrer Füllung nur einige Handgriffe, da die Behälter für Mehl, wie bereits erwähnt, und die Wasserbassins unmittelbar über denselben angebracht sind und stets die zu jedem Teige nötigen Mengen und in der erforderlichen Temperatur bereit halten. Die sinnige Bauart der Apparate ermöglicht die saubere, schnellste und beste Bereitung des Brotteiges. Da jede Knetung und Füllung der neuen fahrbaren Teigtröge, welche aus starkem verzinnten Stahlblech gebaut und von denen zurzeit 36 Stück vorhanden sind, 7 bis 8 Minuten dauert, können die im Betriebe befindlichen drei Knetapparate stündlich etwa 150 Zentner Teig fertig stellen.

Zur Erwärmung des Wassers ist jeder der neuen sechs Öfen mit Zirkulationskessel ausgestattet, obwohl drei solcher Kessel genügen, um den Warmwasserbedarf zu decken, der für die Teigbereitung allein zurzeit täglich etwa 20000 Liter beträgt.

Nachdem die Maschinen die Knetung in den erwähnten fahrbaren Trögen ausgeführt haben, macht der Teig eine zweistündige Gährung durch. Derselbe wird hierauf durch maschinelle Kraft, die einen im Fußboden des Knetsaales angeordneten Teigzuführungsschacht selbst öffnet, in den Teigabrutsch gestürzt, auf dem er in einer Menge von etwa 6 Zentnern durch seine eigene Schwere in die im Erdgeschoß befindliche Wirkmaschine gleitet.

Der Arbeitssaal des Erdgeschosses ist ein hoher heller Raum von 47 m Länge und 10½ m Breite. Seine Hinterfront bilden 17 Doppelöfen mit der über denselben befindlichen, aus weißen glasierten Steinen ausgeführten Abschlußwand. Wie im Knetsaale sind auch hier die Decke gewölbt und die Wände größtenteils mit glasierten Steinen und Platten verkleidet. Der Fußboden ist mit gußeisernen Platten belegt. Ausgestattet ist der Saal mit 15 fahrbaren Schüsselbehältern, einen 22 m langen mit maschinellem Antrieb versehenen Transporteur für die Zu-

und Abführung der abgewogenen Teigstücke und der fertig gerundelten Teiglaibe, einem 10 m langen Rundeltisch, dessen aus einer Eisenkonstruktion bestehendes Gestell eine Platte aus kararischem Marmor hält, ferner, wie bereits erwähnt, mit einem Schaukelelevator und der Wirkmaschine.

Letztere gibt den ihr zugeführten Teig gleichmäßig gewirkt in Form eines dicken Stranges auf einer sich ununterbrochen langsam drehenden Marmorscheibe an die Abwieger ab. Nach erfolgter Rundelung gelangt derselbe in die auf fahrbaren Gestellen bereitstehenden Backschüsseln, von denen etwa 3000 Stück im Gebrauch sind. In diesen erfährt er die zweite Gährung, die etwa eine Stunde dauert. Hierauf werden die Backschüsseln durch Umkippen auf die ausziehbaren Ofenherdplatten entleert. Von diesen Platten sind zurzeit 46 im Betriebe. Jede derselben faßt 66 Stück vierpfündiger Brote. Der Backprozeß, der mittelst Wasserheizungsröhren sicher und sauber erzielt wird, dauert ungefähr 60 Minuten.

Die Anheizung dieser Röhren geschieht vom Feuerungsraume aus. Durch dieselben erhalten die Öfen und Herdplatten die erforderliche Wärme. Die Feuerungsräume erhielten eine Verbreiterung auf ca. 5 m, hohe schmiedeeiserne Fenster und gute Ventilationsvorrichtungen. Obwohl dieselben von den Backräumen dicht abgeschlossen sind, und ein Eindringen von Kohlenstaub in diese unmöglich ist, haben wir — um auch hier eine vollkommene Sauberkeit zu erzielen — Einrichtungen getroffen, die das Beschütten des aus hellen Mettlacher Fliesen bestehenden Fußboden der Feuerungsräume mit Kohlen oder Koks beseitigen. Zu diesem Zwecke und zur bequemeren und billigeren Versorgung der Feuerungen beider Etagen hat an der Außenseite der Hoffront ein 18 m hoher, aus verzinktem Wellblech konstruierter Koksbunker Aufstellung gefunden. Derselbe faßt etwa 200 Zenter, wird durch ein von einem Elektromotor angetriebenes Becherwerk täglich zweimal gefüllt und gibt seinen Inhalt durch die in beiden Etagen vorgesehenen Zuführungsöffnungen an die vorhandenen fahrbaren Bedienungsbehälter ab, deren Füllung bequem und ganz nach Bedarf geschieht.

Die Heizung selbst hat ebenfalls eine in jeder, namentlich aber in sanitärer Hinsicht nachahmenswerte Systemänderung erfahren. Letztere gewährleistet eine vollständig rauch- und rußfreie Heizung, sowie eine erhebliche Verbilligung der Heizungskosten. Wir haben jetzt unsere sämtlichen 23 Öfen mit dieser vom Betriebsinspektor der hiesigen Gasanstalt, Ingenieur Wilh. König, erfundenen Wassermischgasheizung versehen. Bei dieser neuen Heizungsart wird, obwohl nur Koks zur Verwendung kommt, eine bis über die oberen Lagen der Heizungsröhren hinausreichende Flamme erzielt, durch welche zugleich die unteren Rohrlagen in rationeller Weise erhitzt werden. Dem Geschäftsjahre 1904 bleibt vorbehalten, das genannte vorzügliche Feuerungssystem auch für die Dampfkesselanlage einzuführen. Sobald dies geschehen ist, wird diese moderne Brotfabrik nicht mehr nur die größte des Kontinents, sondern auch die erste Bäckerei sein, welche ohne jede Rauchbildung arbeitet.

Nach Beendigung des Backprozesses werden die fertigen Brote mit Holzscheiten auf bereit stehende Abkühlwagen geschaufelt. Von diesen sind 200 Stück vorhanden, auf welchen gleichzeitig 28800 Stück vierpfündige Brote auskühlen und sachgemäß lagern können. Dies geschieht in den Abkühlsälen, in welche sie durch Fahrstühle gehoben werden. Auf dieselbe Weise gelangen die gefüllten Abkühlwagen in die Ladehalle. In dieser werden früh um 5½ bis 6½ Uhr in 15 Brotwagen ca. 18400 Stück Brote für die hiesigen 58 Verkaufsstellen verladen. Die zweite Verladung erfolgt im Laufe des Vormittags, während nachmittags die Expeditionen ganz dem Bedarfe entsprechend fortgesetzt werden.

Naturgemäß ist die Brotabgabe Sonnabends am stärksten. Im Geschäftsjahre 1903 hat der 21. November die größte Abgabe aufzuweisen, nämlich:

5380	Stück	zweipfündige	Brote
2225	„	drei	„
32753	„	vier	„

zusammen 40358 Stück mit einem Gesamtgewicht von 1484 Zentner 48 Pfund.

Die Betriebsentwickelung gestaltete sich bisher wie folgt:

Es wurden gebacken außer dem erforderlichen Deputatbrot im Jahre

1875:	1 257 462 Kilogr. Brot		1895:	10 440 678 Kilogr. Brot	
1880:	3 573 866 „ „		1900:	12 611 528 „ „	
1885:	4 958 063 „ „		1903:	15 531 515 „ „	
1890:	8 030 644 „ „				

Ein besonderes Augenmerk hat die Verwaltung immer auf die hygienischen und sozialen Verhältnisse der Arbeiter gerichtet.*) Schon im Jahre 1892 wurden die ersten Brausebäder eingerichtet, auf Kosten des Vereins Arbeitsmäntel und eine Garderobe beschafft, bestimmte Vorschriften für die Aufrechterhaltung der Ordnung und Sauberkeit erlassen. Auch wurde schon damals die 8stündige Arbeitsschicht eingeführt. Bei den jetzt vollendeten Erweiterungsbauten hat die Vereinsverwaltung neben der Beschaffung bester Maschinen ihr Augenmerk in erster Linie wieder auf Verbesserung der hygienischen und Arbeitsverhältnisse gerichtet. Die schwerste Arbeit des Wirkens ist beseitigt, die Bedienung der Knetmaschine erheblich erleichtert, das Weiterwerfen der abgewogenen Teigstücke hat aufgehört, da jetzt ein Transporteur diese Arbeit besorgt. Die Mehlstaubbildung ist derart herabgemindert, daß eine Gefahr für die Gesundheit der Leute nicht mehr besteht. Die Entstehung von Kohlenstaub in den Feuerungsräumen ist beseitigt. Die schwere Arbeit des Kohlenkarrens in die Heizräume existiert ebenfalls nicht mehr. Rauch und Ruß sind durch Einführung der Königschen Wassermischgasfeuerung verschwunden. Räume und Geräte werden in peinlichster Sauberkeit gehalten. Jeder Bäcker erscheint allwöchentlich in sauber gewaschenem Mantel und

*) Vgl. „Blätt. f. Genoss." Jahrg. 1903 S. 391.

Mütze zur Arbeit und vor Beginn oder nach Unterbrechung derselben hat er sich Arme und Hände gründlich zu waschen. Hierzu dient eine komfortabel eingerichtete Waschvorrichtung. Nach Schluß der Arbeit stehen den Leuten 8 Brause- und Wannenbäder zur Verfügung, von denen ausgiebiger Gebrauch gemacht wird. Gegenwärtig sind neben 10 Heizern und Haushältern 99 verheiratete Bäcker tätig, die einen festen Wochenlohn von 17 bis 21 Mk., eine Tantieme von ca. 5 Mk. und außerdem 10 Pfd. Brot erhalten. Einige wegen hohen Alters ausgeschiedene Bäcker erhalten einen kleinen Zuschuß zu ihrer Altersrente aus dem Unterstützungsfonds, der auch in Not- und Todesfällen in Anspruch genommen wird. Die Arbeitsteilung ist eine weitgehende; jeder Bäcker ist Spezialist in dem ihm zugewiesenen Fabrikationszweige.

Haben die Konsumvereine von dem Betriebe der Bäckerei befriedigende zum Teil glänzende Ergebnisse zu verzeichnen gehabt, so läßt sich das von ihren Schlächtereien leider nicht behaupten, so daß den Konsumvereinen geraten werden muß, sich nicht mit diesem Geschäftszweige zu befassen. Das Mißlingen ist darauf zurückzuführen, daß die Beurteilung des lebenden Viehes und seines Wertes eine sehr schwierige ist, und erfahrene Männer für den Einkauf schwer zu finden sind. Auch eine Kontrolle der Verkäufer ist kaum herzustellen, und die beste Verwertung der Nebenprodukte selbst für Fachmänner keineswegs leicht.

Der Mettlacher Konsumverein, e. G. m. b. H, in Mettlach (Rheinpr.) berichtete, daß er den Schlächtereibetrieb im Jahre 1889 nach achtjährigem Bestehen eingestellt habe, weil 1. eine genaue Kontrolle unmöglich ist, 2. die Preise für Häute und Felle in der letzten Hälfte jenes Zeitraumes so gefallen waren, daß ein Nutzen aus der Schlächterei sich nicht mehr ergab, denn lediglich der Erlös aus den Häuten und Fellen stellte den Gewinn dar. Dieser Verein hatte folgenden Verkaufserlös aus dem Schlächtereibetriebe in den einzelnen Jahren:

1882/83: 59993 Mk.	1885/86: 84163 Mk.	1888/89: 72782 Mk.
1883/84: 67012 Mk.	1886/87: 87571 Mk.	1889/90: 41516 Mk.
1884/85: 100718 Mk.	1887/88: 81692 Mk.	

Fortschritte in dem Schlächtereibetriebe, den er im Jahre 1878 eingerichtet hat, hat der Konsumverein Meerane (Königr. Sachsen) bis 1898 zu verzeichnen gehabt, er betreibt aber ausschließlich Schweineschlächterei, und wir haben nicht erfahren, ob auch in den letzten Jahren günstige Resultate erzielt worden sind. Dieser Verein ist auch der Ansicht, daß es für einen Konsumverein schwierig sei, eine Schlächterei einzurichten und mit Erfolg zu führen, in welcher alle Schlachttiere, Rind, Schwein, Schöps, Kalb, geschlachtet werden und auch alle Fleisch- und Wurstsorten hergestellt werden sollen. Er hält die Beschränkung auf die Schweineschlächterei für geboten. Der Betrieb des Vereins ist so eingerichtet, daß stets am Montag geschlachtet und Wurst gemacht wird; Dienstags findet der Verkauf statt; Mittwochs und Donnerstags wird vom Verkauf übrig gebliebenes

Fleisch zum Einpökeln zubereitet, es wird die Wurst zum Räuchern und Bratwurst hergestellt; Freitags wird wieder geschlachtet, Sonnabends verkauft.

Beim Schlachten ist ein Mitglied des Aufsichtsrates zur Kontrolle anwesend. Den Verkauf besorgen zwei, auch drei Fleischer, das Kassieren der Verkaufsbeträge zwei, auch drei Kassierer, die Kontorbeamte sind.

Das Schlachten geschieht auf dem städtischen Schlachthofe, die Wurstbereitung und alle anderen Arbeiten werden in den eigenen Räumen des Vereins vorgenommen. Eine Schlächtereiordnung (Form. 15b) regelt den Betrieb der Schlächterei.

Die Entwickelung dieses Geschäftszweiges des Konsumvereins Meerane, der im Geschäftsjahre 1897/98 einen Gesamtverkaufserlös von 866938 Mk. bei 4392 Mitgliedern hatte, geht aus folgender Aufstellung hervor:

Jahr	Umsatz Mark	Stück Schweine	Jahr	Umsatz Mark	Stück Schweine
1878	3 009	28	1889	61 190	437
1879	16 638	133	1890	68 362	348
1880	15 455	124	1891	54 188	348
1881	15 836	115	1892	45 003	327
1882	24 497	182	1893	47 890	336
1883	37 916	265	1894	45 595	340
1884	34 747	245	1895	52 536	391
1885	45 849	340	1896	64 769	475
1886	45 536	356	1897	88 784	644
1887	43 244	343	1898	90 984	653
1888	55 005	444			

Wenn auch einzelne kleine Vereine sich auf diesem Gebiete versucht und einen Schlächtereibetrieb eingerichtet haben, so ist das sehr gewagt und kann bei dem mit Wahrscheinlichkeit zu erwartenden Mißerfolg leicht die Existenz des Vereins selbst gefährden.

Es soll an dieser Stelle noch darauf hingewiesen werden, daß mit dem Betriebe der eigenen Produktion die Konsumvereine nicht unter das Verbot des Verkaufs an Nichtmitglieder des § 8 Absatz 4 des Ges. fallen, sie können die in ihren Produktivabteilungen hergestellten Waren — also z. B. die Erzeugnisse ihrer Bäckereien — an jedermann verkaufen; diese im Kommentar von Parisius und Crüger vertretene Ansicht (IV. Aufl. S. 144) ist durch ein Urteil letzter Instanz, des Oberlandesgerichts in Posen vom 9. Oktober 1897 in Sachen der Posener Beamtenvereinigung, sowie durch Urteil des Schöffengerichts in Harburg vom 12. März 1898, des Schöffengerichts zu Braunschweig vom 29. Mai 1899 und des Landgerichts zu Braunschweig vom 25. August 1899 bestätigt worden (vgl. auch S. 102).

Dreizehntes Kapitel.

Gesetzliche Revision.

Die Einrichtungen der Genossenschaft und die Geschäftsführung derselben in allen Zweigen der Verwaltung sind mindestens in jedem zweiten Jahre der Prüfung durch einen der Genossenschaft nicht angehörigen sachverständigen Revisor zu unterwerfen (§ 53 des Ges.). Durch diese Bestimmung des Gesetzes soll eine Prüfung darüber herbeigeführt werden, ob die Einrichtungen der Genossenschaft, die Verwaltung des Vorstandes, die Kontrolle des Aufsichtsrates dem Gesetz und Statut entsprechen. Die gesetzliche Revision durch einen außerhalb der Genossenschaft stehenden sachverständigen Revisor unterscheidet sich dadurch wesentlich von den Kontrollaufgaben des Aufsichtsrates, daß letzterer den Vorstand bei seiner Geschäftsführung in allen Zweigen der Verwaltung dauernd überwachen soll, während der gesetzlich vorgeschriebene Revisor in bestimmten Zeiträumen eine Revision in der angedeuteten Richtung vorzunehmen hat.

Der Aufsichtsrat wird in seinen Kontrollfunktionen keineswegs durch den Revisor entlastet; der Revisor kann in der Regel nicht eine rechnerische Prüfung der Bücher, der Bilanzen, der Jahresrechnungen der Genossenschaft vornehmen, er kann auch nicht in die Schätzung der Werte, in die Prüfung der Richtigkeit der Inventuren eingehen; diese Kontrollaufgaben fallen dem Aufsichtsrate zunächst allein zu; nur in den Fällen, in welchen der Revisor augenfällige Unrichtigkeiten in diesen Zweigen der Geschäftstätigkeit des Vorstandes findet, in welchen ihm Zweifel an der Richtigkeit der Werte, der Inventuren aufsteigen, ist er berechtigt und verpflichtet, auch diese einer Prüfung zu unterziehen.

Im allgemeinen ist es Aufgabe des Revisors, sein Augenmerk darauf zu richten, daß die Vorschriften des Gesetzes beachtet werden, daß die Genossenschaftsorgane ihren Verpflichtungen obliegen, daß die Einrichtungen der Genossenschaft den in der Praxis der Genossenschaften bewährten Grundsätzen entsprechen.

In neuester Zeit hat man auch einen Versuch gemacht, dem Verbandsrevisor die Kontrolle der Güte der in dem Konsumverein, dessen Revision er vornimmt, geführten Waren zu übertragen. Der Revisor entnimmt zu diesem Zwecke den Beständen des Lagers Proben und überliefert dieselben dem Vorstande des Revisionsverbandes, welcher die Untersuchung dieser Proben durch Sachverständige auf Kosten des Verbandes vornehmen läßt und der betreffenden Genossenschaft von dem Ausfall der Untersuchung Kenntnis gibt. Mit dieser Einrichtung ist auch ein Vergleich der im Orte des Konsumvereins von den Händlern geführten Waren verbunden, indem der Revisor von diesem Waren derselben Gattung in derselben Preislage entnimmt und auch diese zur Untersuchung bringt. Ob die schwierige Frage der Warenuntersuchung und Vergleichung auf diese Weise sich befriedigend wird lösen lassen, das muß erst eine längere Erfahrung zeigen (vgl. S. 79—81).

Dem Revisor ist keine besondere Verantwortlichkeit durch das Gesetz auferlegt worden, er soll aber „sachverständig" sein und hat daher die Sorgfalt eines Sachverständigen anzuwenden. Der Revisor darf nicht Mitglied der Genossenschaft sein, die er revidiert; es soll dadurch eine durchaus objektive Revision gesichert werden.

Die Revision ist eine periodische und muß mindestens in jedem zweiten Jahre vorgenommen werden. Die erste Revision hat also vor Ablauf von zwei Jahren nach Errichtung der Genossenschaft zu geschehen. Die weiteren zweijährigen Perioden laufen immer von der letzten voraufgegangenen Revision ab.

Der Vorstand der Genossenschaft hat nach § 63 des Ges. dem Revisor die Einsicht der Bücher und Schriften der Genossenschaft und die Untersuchung des Bestandes der Genossenschaftskasse, sowie der Bestände an Effekten, Handelspapieren und Waren zu gestatten. Zu der Revision ist der Aufsichtsrat zuzuziehen (vgl. S. 51, 52), doch brauchen nicht die sämtlichen Aufsichtsratsmitglieder der Revision beizuwohnen, sondern es genügt, daß dazu einige Mitglieder dieses Organs abgeordnet werden. In der nach der stattgehabten Revision anzuberaumenden Sitzung sollte jedoch der Vorstand sowohl als der Aufsichtsrat vollzählig vertreten sein, um den Bericht des Revisors über das Ergebnis seiner Revision zu hören, mit demselben über zweifelhafte Punkte Rücksprache zu nehmen und sich Rat zu erholen über Geschäftseinrichtungen und Vorfälle.

Der Vorstand hat eine Bescheinigung des Revisors, daß die Revision stattgefunden hat, zum Genossenschaftsregister einzureichen und den Bericht über die Revision bei der Berufung der nächsten Generalversammlung als Gegenstand der Beschlußfassung anzukündigen. In der Generalversammlung hat der Aufsichtsrat sich über das Ergebnis der Revision zu erklären (§ 63 des Ges.).

Die von dem Vorstande dem Gericht einzureichende **Bescheinigung** des Revisors über die stattgehabte Revision hat nur zu enthalten, daß und wann die Revision ausgeführt ist, sie ist von dem Revisor in dieser Eigenschaft zu unterzeichnen. Die Einreichung der Bescheinigung erfolgt in der für die rechtsverbindlichen Erklärungen des Vorstandes vorgeschriebenen Form.

Der Revisor hat über das Ergebnis seiner Revision einen **schriftlichen Bericht** zu erstatten, der bei der Berufung der nächsten Generalversammlung als Gegenstand der Beschlußfassung anzukündigen ist. Der Bericht über die Revision wird in dieser Generalversammlung in folgender Weise behandelt: Der Aufsichtsrat hat — durch seinen Vorsitzenden — ein Gesamtbild von dem Ergebnis der Revision zu geben. Über wichtige, zunächst für die öffentliche Erörterung nicht geeignete Angelegenheiten wird er Einsetzung eines Ausschusses beantragen; meistens wird die Verwaltung schon vorher in der Lage sein, gerügte Mängel abzustellen, wovon dann Kenntnis zu geben ist. Fordert ein Mitglied Verlesung des ganzen Berichtes, und Vorstand und Aufsichtsrat halten dieselbe nicht für zweckmäßig, so müssen sie die Ablehnung des Antrages befürworten. Nach dem hierauf ergehenden Beschluß richtet sich das weitere Verfahren. Falsche Darstellungen in der Generalversammlung sind nach § 147 des Gesetzes strafbar.*)

Das Gericht hat der Genossenschaft die Beibringung einer Bescheinigung des Revisors über die vollzogene Revision unter Androhung event. Festsetzung von Ordnungsstrafen gegen den Vorstand (§ 160 des Ges.) aufzugeben, wenn die Einreichung nach Ablauf des zweiten Jahres seit der Eintragung der Genossenschaft bzw. seit der letzten Revision nicht geschehen ist. Das gleiche geschieht, wenn der Vorstand die Revision nicht gestattet oder den Revisionsbericht nicht für die nächste Generalversammlung als Gegenstand der Beschlußfassung ankündigt.

Zur Durchführung der periodischen Revisionen gestattet das Gesetz die Bildung von Verbänden (§ 54 ff. des Ges.).**) Diesen Revisionsverbänden wird das Recht der Bestellung des Revisors durch den Bundesrat verliehen, wenn der Bezirk des Verbandes sich über mehrere Bundesstaaten erstreckt, anderenfalls durch die Zentralbehörde des betreffenden Bundesstaates (§§ 54, 55, 57 des Ges.).

Für Genossenschaften, welche einem Revisionsverbande nicht angehören, wird der Revisor durch das Gericht bestellt. Der Vorstand der Genossenschaft hat die Bestellung des Revisors zu beantragen, er kann die Person des Revisors vorschlagen oder die Ernennung des Revisors dem Gerichte überlassen. In beiden Fällen muß die höhere Verwaltungsbehörde über die Person des Revisors gehört werden. Erklärt die Behörde sich mit der von der Genossenschaft vorgeschlagenen Person einverstanden, so muß der Richter dieselbe zum Revisor bestellen; ist dies nicht der Fall, so ist der Richter in der Auswahl des Revisors unbeschränkt. Zu dem Antrage auf Bestellung des Revisors können die Vorstandsmitglieder einer nicht einem Revisionsverbande angehörenden Genossenschaft im Versäumnisfalle vom Gerichte durch Ordnungsstrafen, die im Einzelfalle den Betrag von 300 Mk. nicht übersteigen dürfen, angehalten werden (§ 160 des Ges.).

Der Anschluß an Revisionsverbände ist den Konsumvereinen dringend zu empfehlen, die Genossenschaften haben in den Verbänden den Vorteil der sachgemäßen Revision durch erprobte, mit den Grundsätzen und der Geschäftsführung der Genossenschaften durchaus vertraute Verbandsrevisoren, wofür der Verbandsvorstand zu sorgen hat.

---

*) Kommentar zum Genoss.-Ges. von Parisius und Crüger, IV. Auflage S. 381—385.

**) Die auf Seite 5 aufgeführten Unterverbände des Allgemeinen Verbandes deutscher Erwerbs- und Wirtschaftsgenossenschaften sind Revisionsverbände für Konsumvereine im Sinne des Gesetzes.

Vierzehntes Kapitel.

Anleitung zur Buchführung.

I. Buchführung im allgemeinen.*)

Nach § 17 des Ges. gelten die Genossenschaften als Kaufleute und unterliegen den Vorschriften des Handelsgesetzbuches. Dieses bestimmt in § 38:

> Jeder Kaufmann ist verpflichtet, Bücher zu führen und in diesen seine Handelsgeschäfte und die Lage seines Vermögens nach den Grundsätzen ordnungsmäßiger Buchführung ersichtlich zu machen.
>
> Er ist verpflichtet, eine Abschrift (Kopie oder Abdruck) der abgesendeten Handelsbriefe zurückzubehalten und diese Abschriften, sowie die empfangenen Handelsbriefe geordnet aufzubewahren.

Diesem Paragraphen entspricht auch der § 33 des Ges. welcher lautet:

> Der Vorstand ist verpflichtet, Sorge zu tragen, daß die erforderlichen Bücher der Genossenschaft geführt werden.

Der Vorstand hat auch mindestens alljährlich — wenn das Statut nicht kürzere Geschäftsperioden bestimmt — eine Bilanz und eine Gewinn- und Verlustrechnung aufzustellen und beide nach § 48 des Ges. eine volle Woche vor der Generalversammlung, welche über die Genehmigung der Bilanz zu beschließen hat, in dem Geschäftslokale der Genossenschaft oder an einer anderen bekannt zu machenden geeigneten Stelle zur Einsicht der Mitglieder auszulegen; die Veröffentlichung der Bilanz im statutenmäßigen Blatte binnen sechs Monaten nach dem Rechnungsschlusse bestimmen die §§ 33 bezw. 139 des Ges.

Das Handelsgesetzbuch bestimmt nun nicht die Art, wie eine Buchführung einzurichten ist, es spricht nur von einer „ordnungsmäßigen" Buchführung und stellt die Art der Buchführung frei; was aber verlangt wird, ist ein Ersichtlichmachen, ein Erkennen der Handelsgeschäfte und der Lage des Vermögens des Kaufmannes.

Die üblichen Buchführungen sind

1. die einfache,
2. die doppelte (sogen. italienische),

und in neuerer Zeit wird auch noch

3. die amerikanische

angewendet. Die letztere kann man als eine Abart der doppelten Buchführung bezeichnen, denn sie beruht auf denselben Grundsätzen wie diese.

Welche Buchführung man zu wählen hat, wird sich nach dem Willen der Vorstandsmitglieder und nach ihren Fähigkeiten richten.

---

*) Vgl. auch achtes Kapitel, S. 106 ff.

Der Vorstand hat nur „Sorge zu tragen", daß die erforderlichen Bücher geführt werden; wenn man, wie es vielfach geschieht, anfangs einen geübten Buchhalter anstellt, der nach den im folgenden gegebenen Anweisungen arbeitet, so ist das zulässig und auch zu empfehlen. Der Vorstand erhält dadurch Anleitung und wird dann nach und nach so geübt, daß er die Arbeit selbst zu leisten vermag. Sehr schlimm würde es sein, wenn man von vorn herein Unordnung einreißen ließe, so daß man nicht in der Lage wäre, den Vermögensstand klar zu übersehen. Die daraus entstehenden Nachteile würden nicht nur vermögensrechtliche sein, sie könnten auch unter Umständen zu weiteren schweren, strafrechtlichen Konsequenzen führen.

„Bücher" sind zu führen, daher darf nichts auf Zettel geschrieben werden, die leicht verloren gehen. Alle Eintragungen müssen mit unverwischbarer Tinte, keinesfalls mit Bleistift geschrieben werden, sonst verlieren sie Beweiskraft.

Die Bücher müssen nach § 43 des Handelsgesetzbuches gebunden sein und jedes Blatt muß fortlaufende Seitenzahlen tragen. Es darf in den Büchern nichts durchstrichen oder sonstwie unleserlich gemacht werden. Leere Zwischenräume in den Büchern sind schräg zu durchstreichen. Nach § 44 H.G.B. sind die Bücher zehn Jahre nach der letzten Eintragung aufzubewahren.

Erläuterung der bei der kaufmännischen Buchführung üblichen Ausdrücke.

Inventur heißt die bei jedem Rechnungsabschlusse notwendige Aufnahme der Bestände an Waren, Inventar, barem Gelde, Wertpapieren und sonstigen Wertstücken (vgl. S. 109 ff.).

Bilanz ist die Zusammenstellung, die Übersicht des Vermögens und der Schulden (S. 109).

Mit Activa bezeichnet man das Vermögen, mit Passiva die Schulden.

Ein Debitor ist ein Schuldner, ein Creditor ein Gläubiger.

„Debet" oder „Soll" nennt man die Belastung, „Credit" oder „Haben" die Entlastung, Gutschrift auf einem Konto.

Um in den Nebenbüchern — im Gegensatz zum Hauptbuch so bezeichnet — sofort kenntlich zu machen, ob ein Buchungsposten dem Konto zu belasten oder gutzuschreiben ist, schreibt man dabei „Per" oder „Soll", d. h. zu belasten, und „An" oder „Haben", d. h. gutzuschreiben.

Saldo nennt man den auf einer Seite des Kassabuches oder eines Kontos des Hauptbuches oder des Lieferantenkontobuches bei Abschluß des betreffenden Kontos verbleibenden Bestand einer Schuld oder eines Guthabens, der auf die neue Geschäftsperiode vorzutragen ist.

Die Bücher.

Wie diese zweckmäßig einzurichten sind, muß nach dem Geschäftsumfange jedes Vereins bemessen werden, doch weichen die der einfachen und doppelten Buchführung nicht erheblich von einander ab. Es werden zu führen sein:

1. ein Kassabuch, und zwar entweder
   a) unreines und reines Kassabuch zusammengefaßt, oder
   b) ein unreines Kassabuch und
   c) ein reines Kassabuch;
2. ein Einkaufs-(Fakturen-)Buch;
3. ein Memorial oder Journal;
4. ein Lieferantenkontobuch;
5. ein Hauptbuch;
6. ein Bilanzbuch;
7. ein Warenkontrollbuch (Warenskontro), nur dann erforderlich, wenn mehrere Verkaufslager bestehen, welche ihren Warenbedarf aus dem Zentrallager empfangen;
8. ein Lagerhalterbuch;
9. ein Mitglieder-Geschäftsguthabenbuch, event. in Verbindung mit einer Dividendenliste;
10. ein Inventurbuch;
11. ein Utensilienverzeichnis;
12. ein Fastage- und Emballagebuch;
13. ein Mitgliederverzeichnis;
14. ein Kopierbuch.

II. Die einfache Buchführung.

Bei kleinen Vereinen wird man mit dieser Buchführung auszukommen vermögen, wenn auch die doppelte ganz erhebliche Vorteile vor jener voraus hat; letztere gibt in jeder Hinsicht eine durchaus klare Übersicht sämtlicher Geschäftsresultate, und etwaige Fehler kommen in der Bilanz zum Vorschein, während sie bei der einfachen Buchführung durchschlüpfen können. Immerhin sollte die letztere von vornherein so eingerichtet werden, daß man ohne Schwierigkeiten auf die doppelte Buchführung übergehen kann.

Bei der hier beschriebenen Buchführung, welche als Beispiel nur einige Monate durchgeführt ist, wird angenommen, daß der Verein nicht erst errichtet worden ist, sondern schon bestanden hat, damit Vereine, deren Buchführung Mängel zeigt, mit Beginn des Geschäftsjahres ihre Einrichtung danach zu treffen vermögen.

Festzuhalten ist, daß ein Buch stets auf das andere hinzuweisen hat, es sind also die Seitenzahlen beizubemerken, z. B. bei dem Einkaufsbuche die Seitenzahl, auf welcher wir die Belastung der gekauften Ware im Lagerhalterbuche finden und wo der Rechnungsbetrag im Lieferantenkontobuche auf dem Konto des betreffenden Lieferanten zu finden ist. Jedes der auf den folgenden Seiten praktisch durchgeführten Bücher ist ausführlich erläutert.

1. Das Kassabuch.

a) Unreines und reines Kassabuch zusammengefaßt.

Ist bei der Aufführung der erforderlichen Bücher auch von einem unreinen und reinen Kassabuch gesprochen, so wird bei kleinen Vereinen nach den gemachten praktischen Erfahrungen wohl mit einem Kassabuch auszukommen sein, wenn es in Rubriken eingeteilt ist, wonach sich ohne Mehrarbeit die Konten von selbst ordnen. Die Einnahmen werden auf der linken, die Ausgaben auf der rechten Seite eingetragen. Zur Vermeidung von Differenzen sollte nie Geld in den Kassenbehälter gelegt oder daraus entnommen werden, bevor die Niederschrift in das Kassabuch stattgefunden hat. Zieht man von den gebuchten Einnahmen die Ausgaben ab, so erhält man den Sollbestand. Stimmt der Geldbestand mit dem Buche nicht überein, so sind entweder Fehler bei der Eintragung vorgekommen oder man hat mehr Geld vereinnahmt oder verausgabt. Um solche Abweichungen leichter entdecken zu können empfiehlt es sich, recht häufig einen Kassensturz vorzunehmen. Soweit möglich, sind alle Einnahmen und Ausgaben zu belegen. Das Kassabuch ist monatlich abzuschließen; man schreibt dann den Kassenbestand am Ende des Monats unter die Ausgaben und trägt ihn am Anfange des Monats neu als Einnahme vor.

Erläuterung der Einnahmen.

1. Die erste Rubrik enthält die Einnahme der Ladenkasse, sowie sonstige Einnahmen aus dem Warenverkauf, aus dem Verkauf von Petroleumbarrels, Kisten, Säcken, Fässern. Die richtige Eintragung wird durch das Quittungsbuch des Lagerhalters nachgewiesen.

2. Für die zweite Rubrik findet sich nur dann Verwendung, wenn Verträge mit Lieferanten, Fleischern, Bäckern, Schnittwarenhändlern 2c. abgeschlossen sind. Es wird für die Käufe der Mitglieder eine vereinbarte Vergütung an den Verein gezahlt, die dann hier gebucht wird. Auch hier ist ein Nachweis leicht möglich in der Form: „Vom Konsumverein empfing ich in Dividendenmarken 100 Mk., worauf ich 6 Mk. Rabatt zahlte. N N., Fleischermstr."

3. Zur Vereinfachung der Buchführung wird der volle Rechnungsbetrag der Warenlieferanten in die Ausgabe gestellt, obgleich bei barer Zahlung meist Skonto vergütet wird. In diesem Falle schreibt man den gekürzten Betrag der leichten Übersicht wegen in Klammer vor die Linie in der Ausgabe und nimmt ihn dann als Einnahme in die dritte Rubrik.

4. Einzahlungen auf Geschäftsanteile kommen hier zur Verein-

nahmung; genaue Bezeichnung der zahlenden Mitglieder ist zur Vermeidung von Verwechselungen notwendig.

5. Nicht alle Vereine erheben Eintrittsgelder von beitretenden Mitgliedern, wo es aber geschieht, sind sie hier einzutragen und auf Reservefondskonto im Hauptbuche zu übertragen, nicht aber dem Gewinne zuzurechnen und zu verteilen.

6. Diese Rubrik soll dazu dienen, sehr selten vorkommende Einnahmen, wofür besondere Rubriken anzulegen unmöglich ist, aufzunehmen. Hierzu würden gehören: Kautionen, Anleihen, verkauftes Inventar u. a. m.

7. Hier wird die Summe sämtlicher Eintragungen in die Rubriken von 1—6 auf der betreffenden Horizontallinie eingesetzt.

Weitere Rubriken für oft wiederkehrende Einnahmen würde man einrichten können. Für kleinere und mittlere Vereine möchten vorbeschriebene Einteilungen wohl ausreichen. Für größere Vereine, welche viele Konten zu führen haben, ist die Erläuterung der Kassabuchführung bei dem Abschnitte „doppelte Buchführung" gegeben.

Erläuterung der Ausgaben.

Die rechte Seite des Kassabuches enthält die Ausgaben, welche sämtlich durch Quittungen zu belegen sind. Um nicht zu viele Posten zu erhalten, werden die Portobeträge für Briefwechsel &c. in ein kleines Portobach eingetragen und der Gesamtbetrag wird dann monatlich in Ausgabe gestellt. Die Rubriken werden in folgender Weise benutzt:

1. Alle Zahlungen für Warenrechnungen, welche sämtlich in das Einkaufsbuch einzutragen sind, werden hier gebucht. Es ist ein Handelsbrauch, von den mit der Post an die Lieferanten gesandten Beträgen, wenn sonst nichts anderes bei Abschluß des Geschäfts vereinbart ist, das Porto zu kürzen. Man schreibe die vollen Rechnungsbeträge hin, behalte das Geld für das Porto zurück und kaufe dafür die nötigen Postmarken,

2. Frachten sind niemals gewöhnliche Unkosten, sondern verteuern die Waren, müssen also diesen zugerechnet werden.

3. Unter Geschäftsunkosten sind zu rechnen: Gehälter, Mieten, Reparaturen, Reisekosten, Arbeitslöhne, Porto, Ausgaben für Düten und Papier, Zinsen und Anleihen — niemals aber Kapitaldividenden auf Geschäftsguthaben der Mitglieder, welche nur vom Gewinne gewährt werden können, soweit sie überhaupt nach dem Statut der Vereine gewährt werden.

4. Unter Inventar versteht man alle Einrichtungsgegenstände zum Geschäftsbetriebe, als Ladenutensilien, Wagen, Gewichte, Maße, Standflaschen, Schränke, Lampen, Kontoreinrichtungen und sonstige, Wert habende Anschaffungen. Da diese Sachen der Abnutzung unterliegen, ist es gerechtfertigt und fast allgemein üblich, daß jährlich 10 % vom Werte abgeschrieben werden.

5. Selten und nur vereinzelt vorkommende Ausgaben sind hier zu buchen. Es werden sein: Rückzahlungen von Kautionen, von Anleihen, Geschäftsguthaben ausgeschiedener Mitglieder, Dividendenauszahlungen rc.

6. Die Einsetzung der Summe sämtlicher Eintragungen auf der Horizontallinie in die Rubriken von 1—5 geschieht hier ganz ebenso wie bei der Einnahme unter 7 beschrieben ist.

In welcher Weise bei den Überträgen in die anderen Bücher, besonders in das Hauptbuch, zu verfahren ist, wird an den betreffenden Stellen erörtert werden.

b) Unreines Kassabuch.

Wird ein unreines Kassabuch und ein reines Kassabuch, beide getrennt voneinander, geführt, so ist das Formular des unreinen Kassabuches nicht in die Rubriken der verschiedenen Konten geteilt, wie bei obiger Darstellung, sondern sämtliche Buchungen erfolgen in der Einnahme — auf der linken Seite des Formulars — sowohl, als in der Ausgabe — auf der rechten Seite des Formulars — in chronologischer Reihenfolge, wie die Geschäftsvorfälle sich ereignen, untereinander. Das Formular für ein unreines Kassabuch mit Buchungsbeispielen ist bei der später folgenden Darstellung der doppelten Buchführung abgedruckt; es wird auch auf die Erläuterungen dazu an jener Stelle verwiesen.

c) Reines Kassabuch.

Im reinen Kassabuch werden allmonatlich die Einnahmen und Ausgaben nach den verschiedenen Konten zusammengestellt, um von dort aus auf die Konten des Hauptbuches und des Lieferantenkontobuches übertragen zu werden. Das Formular für ein reines Kassabuch mit Buchungsbeispielen ist bei der später folgenden Darstellung der doppelten Buchführung abgedruckt; es wird auch auf die Erläuterungen dazu an jener Stelle verwiesen.

2. Das Einkaufs-(Fakturen-)buch

Die Verwirrungen, welche dadurch angerichtet wurden, daß man nur einen Teil der Rechnungen eintrug, während andere durch das Kassabuch über Warenkonto liefen, sind so erheblich, daß es erforderlich scheint, alle Rechnungen über gekaufte Waren, auch wenn sie sofort bar bezahlt werden, in das Einkaufs-(Fakturen-)buch einzutragen. Rechnungen, welche Utensilienkäufe, sonstige nicht zum Verkaufe bestimmte Gegenstände und Unkosten betreffen, laufen nur durch das Kassabuch, sind also in das Einkaufsbuch nicht aufzunehmen.

Die beste Art der Einträge ist die buchstäbliche Abschrift der

Warenrechnungen. Nur die Namen der Lieferanten und die Hauptbeträge auszuwerfen, widerspricht den kaufmännischen Gebräuchen, ist auch insofern unzweckmäßig, als man alles aus den Nebenbüchern ersehen soll. Die Rechnungsbeträge werden allmonatlich aufgerechnet, und so gewinnt man auch bei der einfachen Buchführung einen Überblick über die Summe aller Einkäufe im Monat.

Bei der Barzahlung der gekauften Waren muß der Vorteil des Skontoabzuges benutzt und die entsprechende Buchung an dieser Stelle gemacht werden. Nehmen wir an, der Rechnungsbetrag wäre . . . . Mk. 230,60,
so setzt man gleich ab $1\frac{1}{2}\%$ Skonto . . „ 3,45
und wirft hinten nur aus . . . . Mk. 227,15.

Vereine, die bei der Barzahlung den Rechnungsbetrag verausgaben und das Skonto vereinnahmen, werden auch hier dementsprechend verfahren, um eine Übereinstimmung herbeizuführen.

Bei berechneten Fässern, Kisten, Säcken, welche man, weil sie für den Verein kaum einen Wert haben, dem Lieferanten zurücksendet, ist es zweckmäßig, daß man sie nicht mit durch das Einkaufsbuch laufen läßt, sondern gleich absetzt und in das Fastagenbuch (siehe dasselbe) einträgt. Dadurch fallen eine Menge Buchungen im Kassabuche, Memorial und Lieferantenkontobuche fort.

Wie die Überträge in das Lieferantenkontobuch zu geschehen haben, wird bei diesem näher erläutert werden.

Die Firmen und die Preise der Buchungsbeispiele sind willkürlich angenommen, erstere bestehen nicht, letztere entsprechen nicht etwa einer bestimmten Marktlage.

3. Das Memorial (Journal).

Diesem Buche wird häufig nicht die Wichtigkeit beigemessen, welche es verdient.

Es ist durchaus erforderlich, daß nichts im Hauptbuche, welches ja nur als Sammelbuch des ganzen Rechnungswesens dient, erscheint, was nicht aus den Nebenbüchern hervorgeht und in letzteren gehörig erläutert ist. In das Memorial ist alles aufzunehmen, was naturgemäß nicht in die übrigen Bücher paßt und gehört.

Nach der Bilanz vom 31. Dezember 1897 behielt der Lagerhalter noch eine Gehaltsforderung von Mk. 125, welche ihm durch die letzte Memorialbuchung des alten Jahres — die erste der Beispiele — gutgeschrieben war; sie konnte im neuen Jahre deshalb nicht auf Unkosten gebucht werden, weil sie auf letzterem Konto schon im alten Jahre verrechnet war. Es ist eine Schuld des Vereins, deren Tilgung, sobald die Zahlung erfolgte, dem Lagerhalter auf seinem besonderen Konto im Hauptbuche, auf dem er auch mit Mankobeträgen belastet wird — vgl. die Memorialbuchung vom 28. Februar — belastet, die dadurch ausgeglichen werden mußte.

Wie sich aus der Dividenden-Verteilungsliste ergibt, sind Mk. 497,10 den Mitgliedern nicht ausgezahlt, sondern sie sind den Geschäftsguthaben zugeschrieben, mithin waren sie im Memorial dem Hauptbuchkonto gutzuschreiben.

Fastagen, die zurückgegeben wurden, sind hier ebenfalls zu belasten; Differenzen auf den Lieferanten-Konten sind durch das Memorial auszugleichen.

Skonto für sofortige Bezahlung der Rechnungen könnte den Lieferanten hier ebenfalls belastet werden, wenn man die Buchungen nicht, wie geschehen, im Kassabuch machen will.

4. Das Lieferantenkontobuch.

Es ist auch denjenigen Konsumvereinen, welche die einfache Buchführung haben, zu empfehlen, die Konten der Lieferanten in einem besonderen Buche anzulegen und im Hauptbuche ein Sammelkonto, auf welchem die Summen aller Buchungen aus dem Kassakonto (aus der reinen Kassa, wenn ein solches geführt wird), aus dem Einkaufsbuch und aus dem Memorial erscheinen, als „Lieferantenkonto" zu führen. Die Führung des Lieferantenkontobuches dient zur besseren Ordnung und Übersicht; aus dem „Lieferantenkonto" des Hauptbuches ist jederzeit ersichtlich, welche Warenbeträge im ganzen geliefert worden sind, welche Zahlungen darauf geleistet wurden und welche noch zu leisten sind.

In das Credit (Haben) der einzelnen Lieferantenkonten, auf der rechten Seite des Kontobuches, werden die Beträge für gelieferte Waren aus dem Einkaufsbuch (unter 2) gebucht: in das Debet (Soll), auf die linke Seite des Kontobuches, werden die Gegenleistungen für die gelieferten Waren, die geschehenen Zahlungen aus dem Kassabuch (eventl. aus dem reinen Kassabuch), die etwa zurückgesandten Fastagen aus dem Memorial, gesetzt.

Es ergibt sich bei Durchsicht der Lieferantenkonten, ob die Genossenschaft dem betreffenden Lieferanten noch Warenbeträge schuldet. Werden beim Schlusse der Rechnungsperioden die Lieferantenkonten abgeschlossen, so muß die Summe ihrer Saldi — der etwa noch nicht beglichenen Warenbeträge — genau mit dem Saldo des Lieferantenkontos im Hauptbuche übereinstimmen.

5. Das Hauptbuch.

Aus diesem Buche sollen im wesentlichen Vermögen und Schulden hervorgehen. Hier muß zur Erkenntnis kommen, in welcher Weise die in der Bilanz erscheinenden Beträge entstanden sind. Aus diesem Buche werden die Forderungen und Schulden herausgezogen und nach Feststellung des Kassenbestandes und der Warenvorräte wird berechnet, ob Gewinn oder Verlust vorhanden ist.

Das Hauptbuch entsteht durch Überträge aus den unter 1—4

beschriebenen Nebenbüchern. Die Zahlen der Seiten, von welchen die Überträge aus den Nebenbüchern genommen wurden, sind stets beizuschreiben; die Überträge erfolgen monatlich nach der Zeitfolge aus dem Kassabuche, Einkaufsbuche und Memorial. Das Hauptbuch enthält nur sogenannte tote (sachliche) Konten, wie Geschäftsguthaben-, Reservefonds-, Lieferanten-, Kautionskonto usw.

Sind am Schlusse des Geschäftsjahres alle Überträge vorgenommen, so schreitet man zum Abschluß der Konten. Man rechnet beide Seiten auf und findet nun bei einer sich ergebenden Differenz heraus, ob man etwas zu fordern hat oder etwas schuldig blieb, ob ein Aktivum (Vermögensbestandteil) oder ein Passivum (Schuld) nach dem Stand des Kontos sich ergibt. Die ermittelte Differenz wird der kleineren Seite des Kontos als „Saldo" zugeschrieben, die Saldi werden auf der rechten Seite als Schuld, auf der linken Seite als Forderung vorgetragen.

6. Das Bilanzbuch.

Zur Eintragung der sich nach den Abschlüssen der Konten ergebenden Bilanzen dient das Bilanzbuch. Durch die Führung eines solchen Buches wird ein sofortiger Einblick in den Stand der Genossenschaft am Schlusse der einzelnen Geschäftsperioden ermöglicht und Vergleiche früherer Abschlüsse mit späteren können in leichtester Weise, ohne daß umständliche Nachschlagungen nötig würden, vorgenommen werden. In dem Beispiel zur Führung eines Bilanzbuches unter 6 sind die Bilanz am 31. Dezember 1897, mit welcher die Buchungsbeispiele beginnen und die Bilanz am 28. Februar 1898, am Schlusse der Konten, wiedergegeben. Bei der Bilanz am 31. Dezember 1897 ist auf dem Konto des Reservefonds die Zuschreibung aus dem Reingewinne von 1897 schon gemacht worden, während der dem Geschäftsguthaben der Mitglieder zuzuschreibende Teil der Einkaufsdividende noch in dem Betrage der Dividende (2631 Mark) enthalten ist. Die Bilanz am 28. Februar 1898 enthält den Nachweis des Standes der Genossenschaft vor der Verteilung des Gewinnes; das letztere ist das richtige, denn nur aus dieser Aufstellung geht deutlich hervor, welche Ergebnisse die Genossenschaft im abgelaufenen Jahre erzielt hat. Die Bilanzen sind von dem gesamten Vorstande zu unterschreiben.

7. Das Warenkontrollbuch (Warenskontro).

Ein Erfordernis, den Nachweis zu führen, ob die gekauften Waren im Nutzen des Vereins verwendet sind, besteht bei allen Vereinen. Bei denjenigen mit nur einem Lager geschieht dies dadurch, daß auf Grund der Warenrechnungen die Waren im Lagerhalterbuch belastet werden.

Wo aber mehrere Lager aus einem Zentrallager versorgt werden, ist die Führung eines Warenkontrollbuches eine Notwendigkeit. In diesem Falle ist für jeden einzelnen Artikel ein Konto anzulegen.

Auf der linken Seite geschieht die Belastung, der Eingang der Ware, auf der rechten die Gutschrift, der Ausgang. Die mit der Führung dieses Buches verbundene starke Arbeitslast hat dahin geführt, daß man nur die Mengen kontrolliert, was auch ausreichend ist. Andere Vereine schreiben noch die Einkaufs- und Verkaufswerte hinzu, um zu ermitteln, welchen Nutzen jeder Artikel bringt. Aber das hat doch nur einen sehr bedingten Wert, denn rechnet man die Waren dem Lagerhalter auch zu einem bestimmten Preise zu, so steht keineswegs fest, daß der Gewinn auch einkommt. Es können Preisrückgänge, Verderben der Waren hinterher Abschreibungen nötig machen, welche hier nicht berücksichtigt werden können.

8. Das Lagerhalterbuch.

Die Verrechnung mit dem Lagerhalter muß mit der größten Sorgfalt vorgenommen werden, soll sie beweiskräftig sein. Es sind den Vereinen oft schwere Nachteile erwachsen, weil diese Verrechnung in nachlässiger Weise geschah. Bei Streitigkeiten mit dem Lagerhalter dient das Lagerhalterbuch als wichtiges Beweismittel.

Quittungsleistung über die empfangenen Waren, Anerkennung der richtigen Wareninventuren und der richtigen Abrechnung muß verlangt werden. Es sind auch die Geldablieferungen vom Vorstande zu bescheinigen; Preisherabsetzungen, durch Tara oder auf dem Transporte entstehende Verluste sind abzuschreiben, denn der Lagerhalter kann für das, was er nicht empfängt, nicht aufkommen. Es ist dem Lagerhalter vorzuschreiben, daß er die Waren Netto also ohne Papier, den Mitgliedern zuwiegt (vgl. S. 92, 93).

Das Lagerhalterbuch ist in der Regel so eingerichtet, daß auf der linken Seite die gelieferten Waren eingetragen werden und der Lagerhalter über jeden Posten quittiert. Seitenweise Quittungen sind zu verwerfen. Auf die rechte Seite schreibt der Vorstand die Bescheinigung über die abgelieferte Ladenkasse, trägt die Rücksetzung der Preise, Taraverluste, z. B. durch Papier auf Brotzucker, die Verluste auf dem Transporte unter Beifügung seines Namens ein. Sehr zweckmäßig ist es, die verlustbringenden Wiege- und Meßwaren und die Zähl- und Stückwaren auch bei der Inventur auseinander zu halten, was nur doppelte Rubriken aber keinerlei Mehrarbeit veranlaßt.

Der Lagerhalter empfängt die Waren in größeren Posten und gibt sie in kleineren Mengen ab, ein Verlust ist dabei unvermeidlich. Eine entsprechende Vergütung für entstehendes Manko rechtfertigt sich daher von selbst. Wie hoch es zu bemessen ist, wird je nach der Lage der Verkaufsstelle, der Örtlichkeit, verschieden sein. Auf alle Waren ohne Ausnahme Vergütung zu gewähren, ist um so bedenklicher, als die Waren vielfach verpackt von den Fabriken geliefert werden. Über $1^1/_2$ % Vergütung auf Wiege- und Meßwaren hinauszugehen, widerspricht allen Erfahrungen (vgl. S. 57 ff.).

Recht zweckmäßig ist es, daß der Lagerhalter ein zweites gleichlautendes Buch führt und daß dieses wörtlich mit dem Original verglichen wird; dann sind Streitigkeiten leicht zu vermeiden.

Die Schlußrechnung muß stets in diesen Büchern erfolgen, sie darf niemals auf Zetteln stattfinden.

9. Das Mitglieder-Geschäftsguthabenkonto und die Dividendenliste.

Das Guthaben jedes Mitgliedes zur klaren Darstellung zu bringen, kann in verschiedener Weise geschehen; man kann jedem Mitgliede ein Konto geben und darauf die Einzahlungen und die Dividendenzuschreibungen gutschreiben, bis der Anteil die volle Höhe erreicht hat. Die Darstellung dieser Kontoeinrichtung findet sich bei der Erläuterung der doppelten Buchführung. Durchaus nötig ist dieses Buch aber nicht, man kann auch die Guthaben gleich in der Dividendenliste führen, was eine wesentliche Vereinfachung ist. Allerdings bedarf man dazu eines Hilfsbuches, besonders da, wo monatliche oder doch öftere Einzahlungen nach dem Statut gefordert werden müssen. In diesen Fällen ist ein in Rubriken eingeteiltes Kassahilfsbuch zu führen, worin die oft sich wiederholenden Einzahlungen jedes Mitgliedes notiert werden. Man vergleiche das Schema 9a. Die Dividendenliste enthält das Guthaben des Mitgliedes am Anfang des Jahres, dann folgt der Betrag der Einzahlungen und der Summe am Schlusse desselben. Führt man das Kassahilfsbuch, dann wird dadurch der Nachweis gegeben, welche Summe die Mitglieder einzahlten, weshalb, wie am Beispiel dargetan, der Gesamtbetrag 39 Mk. im Januar, 48 Mk. im Februar in das Hauptkassabuch als Einzahlungen eingetragen werden können.

Die Liste ist so eingerichtet, daß man in die Rubrik 1 das Geschäftsguthaben jedes Mitgliedes, wie es sich am Schlusse des vorigen Jahres ergibt, neu vorträgt; in 2 die Einzahlung während des Jahres nach dem Kassahilfsbuch einschreibt; in 3 rechnet man die Rubriken 1 und 2 zusammen und erhält dann das Guthaben, wie es am Schlusse des Jahres ist; 4 enthält den durch Gegenmarken oder Anschreibebücher nachgewiesenen Warenverbrauch jedes Mitgliedes; 5 die Dividende; 6 den ausgezahlten Betrag derselben; 7 die Zuschreibung zu dem Geschäftsguthaben der Mitglieder; 8 die Berechnung, wie sich das Geschäftsguthaben zuzüglich der zugeschriebenen Dividende, Rubrik 7, eventl. abzüglich der Rückzahlung des Guthabens beim Ausscheiden, Rubrik 9, stellt; 9 Bemerkung, wann das Mitglied ausgeschieden und sein Geschäftsguthaben ausgezahlt ist. Ob man richtig gebucht und gerechnet hat, ergibt sich aus den Rubriken von selbst.

Rubriken 1 und 2 ergeben den Betrag von 3 . .	Mk.	2894,75
Rubrik 9 ab Rückzahlung	„	45,40
	Mk.	2849,35
„ 5 Dividende von Mk. 4429 à 11 % . .	„	487,19

Rubriken 6 und 7 den von 5 . . . Mk. 422,20
„ 64,99 „ 487,19

Rubrik 8 den von 3, eventl. abzüglich Rubrik 9 und zuzüglich 7 . Mk. 2849,35
„ 64,99 „ 2914,34

Bei der Liste des folgenden Jahres muß sich dann ergeben in Rubrik 1 Mk. 2914,34.

Wo Dividenden-(Gegen-)Marken den Mitgliedern als Quittung für die eingekauften Waren ausgehändigt werden, hat man die Mitglieder daran zu gewöhnen, die kleinen Marken beim Lagerhalter stets gegen größere von 5, 10, 20 Mk. umzutauschen; nur große Marken sollten bei Einlieferung zurückgenommen werden. Die mit der Rücknahme Beauftragten tragen die Nummer des Kontobuches, welches ebenfalls mit einzuliefern ist, und den Betrag in eine Liste ein, aus welcher dann der Übertrag in die Dividendenliste erfolgt. Die Marken sind nach Beendigung der Abnahme zu zählen, es wird dadurch festgestellt, ob der Gesamtbetrag mit dem der Listen übereinstimmt. In großen Vereinen werden bedruckte Umschläge (Kuverts) den Mitgliedern zur Benutzung für die Markenabgabe geliefert, worauf diese die Nummer des Kontobuches, den Namen des Mitgliedes und den abgelieferten Markenbetrag schreiben. Den Mitgliedern eine Quittung über die Einlieferung zu geben, ist zu empfehlen.

Es sei an dieser Stelle auch das Formular für die Eintragungen, die in das Geschäftsguthabenbuch der einzelnen Mitglieder zu machen sind, abgedruckt:

Formular zum Geschäftsguthabenbuch.

Nr. 127. Wilh. Schott, Arbeiter.

Jahr, Monat, Tag 1898			Waren-Einkauf M	₰	Einzahlg. und Zuschrbg. M	₰	Auszahlung: Dividende		Auszahlung: Monat, Datum	
Januar	25	Einzahlung . .	—	—	8	—				
März	15	Dividende .	21	—	2	31				
					10	31	—	—	—	—

Wo Anschreibebücher in Anwendung sind, da werden dieselben am Jahresschluß zurückgeliefert, aufgerechnet und die Verbrauchsbeträge werden ebenfalls in die Liste eingetragen (vgl. S. 120).

Die Notwendigkeit, genau darauf zu achten, daß nicht mehr Marken vom Lagerhalter ausgegeben werden, als nach der abgelieferten Ladenkasse statthaft ist, wurde bereits auf S. 59 ff genügend erörtert. Ein Beispiel für die Vornahme einer Dividendenmarkenkontrolle sei nachstehend gegeben:

1897		ℳ	1897		ℳ
Jan. 1.	Bestand aus dem Vorjahre . . .	15021,05	Dezbr. 31.	Marken laut Ladenkasse ausgegeben	22523,30
	Von den Mitgliedern zurückgeliefert u. sofort wieder übergeben .	13223,15	"	Markenbestand . .	5983,44
			"	Es fehlen demnach	87,46
März 12.	1000 neue Marken à 10 Pfg. . .	100,—			
Oktbr. 20.	500 neue Marken à 50 Pfg. . .	250,—			
	ℳ	28594,20		ℳ	28594,20

10. Das Inventurbuch.

Die Aufnahme der Warenbestände muß mit großer Genauigkeit geschehen, alle Waren sind zu wiegen, zu messen, zu zählen (vgl. S. 110 ff.). Aufnahme nach Schätzung darf nicht stattfinden. Es ist zweckmäßig, gedruckte alphabetisch geordnete Verzeichnisse, welche bei der Inventur nur auszufüllen sind, zu benutzen; die Arbeit wird dadurch sehr erleichtert. Das Auseinanderhalten der Wiege- und Meßwaren von den Stück- und Zählwaren macht auch hier keine Mehrarbeit. Von dem Verkaufspreis einen gewissen Prozentsatz abzusetzen, um auf den Einkaufspreis zu kommen, ist nicht statthaft; es wäre das eine willkürliche Annahme, die nach dem Gesetze nicht zulässig ist. Die Listen sind mit den Rubriken für die Menge der Waren, für die Ein- und Verkaufspreise (für Einheitspreise und Gesamtbeträge) vorzubereiten, sie sind in doppelten Exemplaren, vom Lagerhalter und dem Vorstande, zu führen. Gleich nach Fertigstellung der Warenaufnahme und nach sorgfältiger Vergleichung beider Warenverzeichnisse ist, ohne daß die Ausrechnung zunächst vorzunehmen ist, die Richtigkeit der Warenaufnahme von allen dabei Beteiligten, auch vom Lagerhalter, anzuerkennen (vgl. S. 111). Das vom Vorstande geführte Exemplar des Warenverzeichnisses ist in das Inventurbuch einzuheften. Ebenso ist dem Inventurbuch das Protokoll über das Vorhandensein der sonstigen Vermögensstücke des Vereins — Kassen- und Effektenbestände, Inventarstücke 2c. — einzuverleiben (vgl. S. 112).

11. Das Utensilienverzeichnis (Inventarbuch).

Es ist notwendig, genau zu wissen, welche Gegenstände zum Geschäftsbetriebe (Ladeneinrichtung, Wagen, Gewichte, Maße, Standgläser, Flaschen 2c.) beschafft sind, weshalb das Verzeichnis darüber stets auf dem laufenden zu halten ist. Neu beschafftes Inventar ist zuzuschreiben, unbrauchbares abzuschreiben. Der Lagerhalter hat über den Empfang zu quittieren und bei seinem Rücktritt von seiner Stellung die einzelnen Stücke nach dem Verzeichnis zurückzugeben.

Formular.

Angeschafft und übergeben		Gegenstand	Unbrauchbar geworden und abgeschrieben		Bemerkung
1897			1897		
Januar	2	eine große Glasglocke . . .	Februar	19	zerbroch.
"	5	3 Gewichtstücke à 1 Pfund .			
Februar	1	eine Dezimalwage . . .			

Vorstehendes Inventar habe ich empfangen

. . . . , den . . . . 1897. Frisch, Lagerhalter.

12. Das Fastage- und Emballagebuch.

Über die Fastagen 2c., welche einen Wert haben, sollte allgemein eine Kontrolle geübt werden. Jedenfalls ist sie dann erforderlich, wenn die Fastagen dem Vereine in Rechnung gestellt sind. Wie schon S. 162 ausgeführt, können die Fässer, Säcke, Kisten gleich von der Rechnung der Lieferanten gestrichen werden, sie werden dann bei der Rückgabe nicht in das Memorial und Hauptbuch eingetragen. Erhebt ein Lieferant noch Anspruch auf Fastage 2c., so nimmt man das hier beschriebene Buch zur Hand und findet, ob diese noch am Lager oder schon zurückgesandt ist.

13. Das Mitgliederverzeichnis.

Nach § 30 des Ges. hat der Vorstand ein Verzeichnis der Genossen zu führen und dieses in Übereinstimmung mit der bei Gericht geführten Liste der Genossen zu halten (vgl. S. 12 und 30). Das Formular hat der Bundesrat in seiner Bekanntmachung vom 1. Juli 1899 genau vorgeschrieben, es enthält folgende Rubriken:

Genossen.

1. Laufende Nummer;
2. Tag der gerichtlichen Eintragung, wie er vom Gericht angezeigt wird;

3. Name und Beruf;
4. Wohnort;
5.—6. Tag der Eintragung weiterer Geschäftsanteile und deren Zahl (wo solche überhaupt zugelassen werden).

Ausscheiden.

7. Tag der gerichtlichen Eintragung;
8. Grund des Ausscheidens (Aufkündigung, Tod usw.);
9. Tag des Ausscheidens;
10. Bemerkungen.

14. Das Kopierbuch.

Das neue Handelsgesetzbuch verlangt zwar nicht mehr, wie das alte, die Abschriftnahme oder den mechanischen Abdruck aller ausgehenden Briefe in einem **Kopierbuch**, sondern es bestimmt in § 38 nur, daß diese Abschriften (Kopien oder Abdrücke) **zurückbehalten** und geordnet aufbewahrt werden sollen. Es ist aber die Führung eines **Kopierbuches**, der besseren Ordnung wegen, doch nach wie vor den Konsumvereinen zu empfehlen.

. . .

15. Der Rechnungsabschluß.

Haben wir nunmehr sämtliche Bücher, welche ein Konsumverein zu führen hat, besprochen, so wollen wir nachstehend eine Darstellung des **Rechnungsabschlusses** des Vereins geben. Der Rechnungsabschluß muß stets auf Grund der Bücher vorgenommen werden. Die **Aktiva** (Vermögensbestände) sind in der Regel folgende:

1. Der Geldbestand nach dem Kassabuche;
2. die Warenvorräte nach der Inventurliste zum Selbstkostenpreise oder dem Tageseinkaufswerte;
3. das Inventar nach Abrechnung von 10 % Abnutzung für das Jahr (bezw. mehr);
4. die Außenstände für bei Sparkassen oder dgl. angelegte Gelder;
5. sonstige Forderungen nach ihrem wahrscheinlichen Werte;
6. Wertpapiere zum Tageskurse, u. a. die gesondert angelegten Kautionen des Vorstandes und der Lagerhalter;
7. Wert des Grundbesitzes.

Die **Passiva** (Schulden):

1. Die Geschäftsguthaben der Mitglieder nach der Anteilliste und dem Hauptbuche;
2. der Reservefonds;
3. der Dispositionsfonds;

4. die aufgenommenen Spareinlagen und Anleihen;
5. die Hypothekenschulden;
6. die Hausanteile;
7. die Warenschulden;
8. die Kautionen des Vorstandes und der Lagerhalter;
9. die noch zu zahlenden Geschäftsunkosten (vgl. S. 109).

Es ist bei den nachfolgenden Buchungsbeispielen angenommen worden, daß die Genossenschaft bereits längere Zeit bestanden und folgende Bilanz am 31. Dezember 1897 gezogen hat, deren Posten als Vorträge auf den einzelnen Konten der nachstehenden Buchführung erscheinen.

Bilanz.

	Aktiva.	ℳ		Passiva.	ℳ
1	Kassenbestand . . .	2732,30	1	Geschäftsguthaben der Mitglieder . . .	2310,75
2	Warenbestand zum Einkaufspreise . .	4407,25	2	Reservefonds . . .	794,52
3	Außenstände . . .	22,—	3	Kaution d. Kassierers	500,—
4	Geschäftsinventar .	457,—	4	do. „ Lagerhlt.	1000,—
5	Kreissparkasse . .	33,82	5	Warenschulden . .	291,10
			6	Unkostenrest, Gehalt .	125,—
			7	Dividende	2631,—
		ℳ 7652,37			ℳ 7652,37

Diese Bilanz ist in der durch Gesetz und Statut vorgeschriebenen Weise (vgl. S. 115) s. Zt. bekannt gemacht worden.

Die Geschäftsvorfälle in der Zeit vom 1. Januar bis 28. Februar 1898 gelangten auf den einzelnen Konten zur Buchung und der Rechnungsabschluß gestaltete sich wie folgt:

Rechnungsabschluß am 28. Februar 1898.

Vermögen (Aktiva).

1. Der Barbestand beträgt laut Kassabuch, Seite 22		ℳ 1819,88
2. Der Warenvorrat zum Einkaufspreise laut Inventur-Aufnahmeliste		„ 3989,05
3. Inventar, Hauptbuch Seite 21	ℳ 513,25	
ab 2% Abnutzung für 2 Monate	„ 10,25	„ 503,—
4. Kreissparkasse, Hauptbuch Seite 19		„ 33,82
		ℳ 6345,75

Schulden (Passiva).

1. Geschäftsguthaben der Mitglieder, Hauptbuch Seite	15		ℳ 2849,35
2. Reservefonds, ... „ „	16		„ 805,52
3. Lagerhalter Frisch, Kaution . . . . „ „	17*		„ 1000,—
4. Kassierer Zelle, Kaution, ... „ „	17*		„ 600,—
5. Lagerhaltergehalts-Rest, ... „ „	18		„ 57,26
6. Warenschulden:			
Großeinkaufs-Gesellschaft in Hamburg, Lieferantenkontobuch Seite 1		ℳ 324,—	
D. B. Stuhr in Magdeburg, Lieferantenkontobuch S.	11	„ 16,—	
M. Michel in Quedlinburg, „ „	13	„ 129,72	„ 469,72
			ℳ 5781,85
Es beträgt daher der Gewinn			„ 563,90
			ℳ 6345,75

Will man nun, wie es das Gesetz vorschreibt, die Gewinn- und Verlustrechnung aufstellen, so rechnet man dem Gewinn von . ℳ 563,90 hinzu die Unkosten im Januar laut Kassabuch

Seite 21, Rubrik 3		ℳ 15,20	
im Februar Seite 22, Rubrik 3		„ 100,85	
Rest des Gehalts des Lagerhalters Frisch, Mem. Seite 17		„ 75,—	
		ℳ 191,05	
davon sind Zinsen	ℳ 10,—		
Unkosten	„ 181,05		
Abschreibung vom Inventar, Mem. Seite 17	„ 10,25		„ 201,30
mithin war die Bruttoerübrigung			ℳ 765,20

Über die Verteilung des Reingewinnes hat die Generalversammlung zu beschließen (vgl. S. 117); wir nehmen an, daß dieselbe den nachstehenden Vorschlägen ihre Genehmigung erteilt, es wird danach durch Memorialbuchung die Verteilung der Beträge auf die einzelnen Konten vorgenommen:

11 % Dividende auf ℳ 4429 Warenentnahme	ℳ 487,19
dem Reservefonds werden zugeschrieben 10 %	„ 56,40
der Rest wird als Dispositionsfonds vorgetragen	„ 20,31
Gebucht Memorial, Seite 17	ℳ 563,90

---

*) Die Kautionen sind bei dem hier gegebenen Beispiele der Buchführung mit im Geschäfte, als Betriebskapital, verwendet worden; viele Konsumvereine verfahren noch so; auf Seite 8, 67 ist das widerraten worden.

21.

et (Soll)

Monat Januar 1898

r= en : rc	Tag	Einnahme Gegenstand	1 Ladenkasse und Einnahme aus Waren und Fastagen ℳ	₰	2 Vergütung von Lieferanten ℳ	₰	3 Skon bei baren Zahlu ℳ
	1	An Kassenvortrag aus Dezember 1897 . . .					
	3	„ Lagerhalter Frisch Ladenkasse	205	—			
	4	„ Carl Zander, Arbeiter, Buch Nr. 121 . .					
. 19	5	„ Ernst Hering, Helmstedt, sandte					
	6	„ Louis Günther, Böttcher, Buch Nr. 122 .					
	7	„ Ladenkasse	212	—			
	8	„ Skonto Simmons					2
	9	„ Hch. Hoppe, Schlossermeister, Buch Nr. 123					
	9	„ Chr. Lange, Arbeiter, Buch Nr. 124 . .					
	10	„ Ladenkasse	254	—			
	11	„ verkaufte 2 Barrels	9	—			
	12	„ Bäcker Sander entnahm ℳ 200 Dividendenmarken, Rabatt 10%			20	—	
	12	„ Ladenkasse	205	—			
	12	„ Skonto Großeinkaufs=Gesellschaft					2
	12	„ dto. Fr. Dittler					2
	12	„ dto. Brämer & Sohn					6
	13	„ Fleischer Meier, Rabatt von ℳ 300 . .			18	—	
	14	„ Ferd. Wille, Buchhalter, Buch Nr. 125 .					
	15	„ Ladenkasse	203	—			
	16	„ verkaufte Sack und Kiste	1	20			
	18	„ Ladenkasse	200	—			
	19	„ Gottl. Pilz, Schmied, Buch Nr. 126 . .					
	21	„ Ladenkasse	230	—			
	24	„ Ladenkasse	210	—			
	25	„ Wilh. Schott, Arbeiter, Buch Nr. 127 . .					
	26	„ Gust. Fromme, Schuhmacher, Buch Nr. 128					
	27	„ Ladenkasse	255	—			
	28	„ Bäcker Sander, Rabatt von ℳ 100 . .			10	—	
	30	„ Skonto von Zucker & Beutel					2
	31	„ Skonto von Gebr. Hammer					3
	31	„ Ladenkasse	330	—			
			2314	20	48	—	21

Buchführungs- Beispiele:

1. Kassa-Buch.

	4		5		6		7				
to c ng	Einzahlung auf Geschäftsanteile		Eintrittsgeld für den Reservefonds		Verschiedene Einnahmen		Summe		Übertragen auf Seite	Tag	
₰	ℳ	₰	ℳ	₰	ℳ	₰	ℳ	₰			
					2732	30	2732	30	Hpt.-B. 18	2	Per Lagerhalter
							205	—			nung .
	10	—	1	—			11	—		3	„ Tafelwage .
					22	—	22	—	Lief.-K. 18	8	„ Hch. Simmo
	5	—	1	—			6	—			ℳ 2,90) .
							212	—		8	„ Fracht auf
90							2	90		9	„ Depesche nac
	2	—	1	—			3	—		10	„ eine Petrole
	3	—	1	—			4	—		11	„ Anstrich des
							254	—	„ 1	12	„ Großeinkaufs
							9	—			1% ℳ 2,9
									„ 2	12	„ Fr. Dittler in
							20	—	„ 4	12	„ Brämer &
							205	—			ℳ 6,75) .
95							2	95		13	„ Reisekosten zu
46							2	46		15	„ Botenlohn .
75							6	75		18	„ Reparaturen
							18	—		19	„ Fracht auf B
	4	—	1	—			5	—		22	„ ein Litermaß
							203	—	„ 5	30	„ Zucker & B
							1	20			ℳ 2,60) .
							200	—		30	„ Dividendenza
	6	—	1	—			7	—	„ 6	31	„ Gebr. Hamme
							230	—			
							210	—		31	„ Kassenbestand
	8	—	1	—			9	—			
	1	—	1	—			2	—			
							255	—			
							10	—			
60							2	60			
70							3	70			
							330	—			
36	39	—	8	—	2754	30	5184	86			
	H.-B. Seite 15.		H.-B. Seite 16.								

Seite 21.

Monat Januar 1898 Credit (Haben)

	Belag-Nr.	1 Zahlung an Waren Liefe-ranten ℳ	₰	2 Frachten auf Waren ℳ	₰	3 Unkosten, Gehälter, Mieten, Zinsen, Porto 2c. ℳ	₰	4 Ange-schafftes Inventar ℳ	₰	5 Ver-schiedene Aus-gaben ℳ	₰	6 Summe ℳ	₰
s voriger Rech-										125	—	125	—
. . . .								15	—			15	—
g (Skonto 1%		291	10									291	10
e				34	10							34	10
. . . .						—	60					—	60
. . . .								4	—			4	—
. . . .						2	10					2	10
mburg (Skonto		297	53									297	53
o 1½% ℳ 2,46)		163	50									163	50
en (Skonto 3%		224	—									224	—
. . . .						6	—					6	—
. . . .						1	—					1	—
. . . .						5	50					5	50
. . . .				2	35							2	35
. . . .								2	—			2	—
g (Skonto 1%		258	—									258	—
. . . .										2134	—	2134	—
onto 1% ℳ 3,70)		372	—									372	—
		1606	13	36	45	15	20	21	—	2259	—	3937	78
. . . .												1247	08
		1606	13	36	45	15	20	21	—	2259	—	5184	86
								H.-B. Seite 21.					

Seite 22

Debet (Soll) Monat Februar 1898

Über-tragen auf Seite	Tag	Einnahme Gegenstand	1 Ladenkasse und Einnahme aus Waren und Fastagen ℳ	₰	2 Ver-gütung von Lieferan-ten ℳ	₰
	1	An Kassenbestand aus Januar				
	1	„ Gust. Fromme, Buch Nr. 128				
	2	„ Em. Freitag, Maler, Buch Nr. 129 . .				
	3	„ Ladenkasse	224	—		
	4	„ Skonto von Gebr. Stock				
	4	„ dto. von Limmerich & Co.				
	4	„ dto. von Müller & Malkow				
	5	„ verkaufte 3 Kisten und 2 Barrels . . .	10	30		
Hpt.-B. 17	6	„ Kassierer Zelle, Kaution				
	6	„ Ladenkasse	235	—		
	7	„ Fleischer Meier, Rabatt von ℳ 400 . .			24	—
	9	„ Ladenkasse	250	—		
	10	„ Skonto von der Dampfmühle				
	10	„ dto. von D. B. Stühr				
Hpt.-B. 21	11	„ verkaufter alter Schrank				
	12	„ Ad. Zeising, Müller, Buch Nr. 130 . . .				
	12	„ Ferd. Wille, Buch Nr. 125				
	12	„ Ladenkasse	210	—		
	13	„ Skonto von Zucker & Beutel				
	15	„ Ladenkasse	215	—		
	16	„ Skonto von Fr. Dittler				
	18	„ Ladenkasse	240	—		
	20	„ Skonto von Gebr. Klingel				
	21	„ dto. Großeinkaufs-Gesellschaft . . .				
	21	„ Ladenkasse	218	—		
	21	„ Gottl. Jacob, Schuhmacher, Buch Nr. 131				
	21	„ Louis Günther, Buch Nr. 122				
	24	„ Ladenkasse	250	—		
	25	„ Emballagen verkauft	2	30		
	28	„ Ladenkasse	322	50		
			2177	10	24	—
1897 März	1	An Kassenbestand aus Februar				

Kassa- Buch.

	5 Eintrittsgeld für den Reservefonds ℳ	₰	6 Verschiedene Einnahmen ℳ	₰	7 Summe ℳ	₰	Übertragen auf Seite	Tag	Ausgab[en] Gegenstan[d]
			1247	08	1247	08		1	Per ein neuer Bücherschrank .
—					2	—	Hpt.-B. 15 {	2	„ Anteil Nr. 120 Freidank z
—	1	—			6	—		2	„ „ Nr. 119 Müller
					224	—		3	„ Portoverläge im Januar .
					—	85	Lief.-K. 9	4	„ Gebr. Stock in Erfurt (St
					—	40	„ 8	4	„ Limmerich & Co. in Magdeb
					2	—	„ 10	4	„ Müller & Malkow in
					10	30			$1^1/_2$% ℳ 27.—) . . .
			100	—	100	—		4	„ Fracht auf Kümmel, Rübs
					235	—		6	„ Reparatur der Ladentür .
					24	—		8	„ ein Hauptbuch und Briefp
					250	—	„ 12	10	„ Salzwerk in Schönebeck .
					3	40	„ 7	10	„ Dampfmühle in Perleberg
					2	45	„ 11	10	„ D. B. Stühr in Magdeburg
			4	50	4	50		11	„ ein Trichter . . . . .
—	1	—			31	—	„ 5	13	„ Zucker & Beutel in Magdeb
—					6	—	„ 2	16	„ Fr. Dittler in Magdeburg (
					210	—		17	„ Feuerversicherung 1 Jahr
					4	40	„ 3	20	„ Gebr. Klingel in Magdeburg
					215	—	„ 1	21	„ Großeinkaufs-Gesellschaft i
					1	50			1% ℳ 1,15) . . . .
					240	—		21	„ Fracht auf Soda . . .
					1	30		24	„ „ „ 3 Tonnen Heri
					1	15		28	„ Gehalt an Lagerhalter Fri
					218	—		28	„ dto. an 3 Vorstandsmit
—	1	—			3	—		28	„ Portoverläge im Februar
—					3	—		28	„ Zinsen an Lagerhalter Fri
					250	—		28	„ dto. an Kassierer Zelle .
					2	30			
					322	50			„ Kassenbestand . . . . .
—	3	—	1351	58	3621	13			
.	H.-B Seite 16.		1819	88	1819	88			

Se…

Monat Februar 1898 Credit (Hab…

…e …)	Belag-Nr.	1 Zahlung an Waren Lieferanten ℳ	₰	2 Frachten auf Waren ℳ	₰	3 Unkosten, Gehälter, Mieten, Zinsen, Porto ꝛc. ℳ	₰	4 Angeschafftes Inventar ℳ	₰	5 Verschiedene Ausgaben ℳ	₰	Su… ℳ
. . . .								35	—			3…
…urückgezahlt										30	—	3…
"										15	40	1…
. . . .						1	25					
…fonto 2% ℳ —,85) .		42	50									4…
…urg (Skonto 2% 40 ₰)		18	—									1…
… Magdeburg (Skonto												
. . . .		132	—									13…
…amen				1	80							
. . . .						1	—					
…apier						1	50	4	—			
. . . .		170	—									17…
(Skonto 1% ℳ 3,40)		340	—									34…
(Skonto 1½% ℳ 2,45)		162	50									16…
. . . .								—	75			—…
…urg (Skonto 1% ℳ 4,40)		441	—									44…
…Skonto 1½% ℳ 1,50)		101	—									10…
. . . .						6	—					
…g (Skonto 1½% ℳ 1,30)		87	—									8…
…n Hamburg (Skonto												
. . . .		115	—									11…
. . . .				1	—							
…inge				3	45							
…isch						50	—					5…
…glieder						30	—					3…
. . . .						1	10					
…isch						6	67					
. . . .						3	33					
		1 609	—	6	25	100	85	39	75	45	40	180…
. . . .												181…
		1 609	—	6	25	100	85	39	75	45	40	362…

2. Einkaufsbuch.

Seite 1.

Seite des Lieferanten-konto-Buches	Tag	Monat Januar 1898	Haben			
1	4	An Großeinkaufsgesellschaft in Hamburg sandten per Bahn				
Lagerhalterbuch Seite 12		5 Barrels Petroleum Nr. 91—95				
		Brtto. 640 Kg. Ta. 129 Kg.				
		Netto 511 Kg. à Dppl.-Ztr. ℳ 23 ℳ	117	53		
		3 Säcke Guatemala-Kaffee Nr. 96—98				
		Brtto. 156 Kg. Ta. 6 Kg.				
		Netto 150 Kg. à ℳ 1,20 . ℳ	180	—	297	53
2	5	An Fr. Dittler in Magdeburg, gekauft				
Lagerhalterbuch Seite 12		10 Säcke Patna-Reis Nr. 123—132				
		Brtto. 512 Kg. Ta. 10 Kg.				
		Netto 502 Kg. à Ztr. ℳ 16,25 ℳ	163	50	163	50
4	8	An Brämer & Sohn in Mühlhausen, sandten per Bahn				
		1 Kiste Zigarren Nr. 72.				
		2000 Stück Flora à ℳ 40 . . . ℳ	80	—		
		3000 „ Uppmann à ℳ 48 . „	144	—		
		Kiste . . „	1	50	225	50
5	12	An Zucker & Beutel in Magdeburg gekauft				
		5 Säcke gem. Raffinade Brtto. 500 Kg. à Ztr. ℳ 21,30 . . . . . ℳ	213	—		
		100 Kg. Würfelzucker à Ztr. ℳ 22,50 „	45	—	258	—
6	16	An Gebr. Hammer in Magdebg., gekauft				
		2 Fässer Radbruch-Schmalz Nr. 315—16				
		Brtto. 440 Kg. Ta. 40 Kg.				
		Netto 400 Kg. à Ztr. ℳ 32,— ℳ	256	—		
		2 Tonnen holl. Heringe à ℳ 25,— „	50	—		
		1 Kiste Amer. Speck, Netto 75 Kg. à Ztr. ℳ 44,— . . . . . „	66	—	372	—
		Übertrag ℳ	—	—	1316	53

2. Einkaufsbuch.

Seite 2.

Seite des Lieferanten-konto-Buches	Tag	Monat Januar 1898	Haben			
		Übertrag *M*	—	—	1316	53
7	19	An Dampfmühle in Perleberg, sandten per Bahn				
		10 Säcke ff. Weizenmehl 1000 Kg. à Ztr. 12 *M* . . . . *M*	240	—		
		5 Säcke Roggenmehl 500 Kg. à Ztr. 10 *M* . . . . „	100	—	340	—
		frei hier.				
8	25	An Limmerich & Co. in Magdeburg, gekauft				
		1 Faß Brandt-Zichorien, enthaltend 300 Pack á 6 *M* . . . . . *M*	18	—		
		Faß . . . . „	2	—	20	—
11	28	An D. B. Stühr in Magdeburg, gekauft				
		250 Kg. große Linsen à Ztr. 20 *M* *M*	100	—		
		250 „ weiße Bohnen à Ztr. 12.50 *M* „	62	50	162	50
		Summe der Einkäufe *M*			1839	03
		Monat Februar 1898				
9	1	An Gebr. Stock in Erfurt, sandten per Bahn				
		1 Sack Kümmel Netto 50 Kg. à Dppl.-Ztr. 66 *M* . . . *M*	33	—		
		1 Sack Rübsamen Netto 25 Kg. à Dppl.-Ztr. 36 *M* . . . „	9	—		
		Sack . . . . „	—	50	42	50
10	4	An Müller & Maklow in Magdeburg, gekauft				
		1 Kiste Wachskernseife Netto 200 Kg. à Ztr. 23 *M* . . . . *M*	92	—		
		1 Kiste Harzseife Netto 100 Kg. à Ztr. 20 *M* . . . . „	40	—		
		2 Kisten à 1 *M* „	2	—	134	—
12	8	An Salzwerk in Schönebeck, sandten per Bahn				
		20 Ztr. Salz à 8,50 *M* . . . . . *M*	111	—	170	—
		Übertrag *M*	—	—	346	50

2. Einkaufsbuch. Seite 3.

Seite des Lieferanten-konto-Buches	Tag	Monat Februar 1898	Haben			
		Übertrag ℳ	—	—	346	50
5	10	An Zucker & Beutel in Magdeburg, gekauft 100 Brod Raffinade gew. 900 Kg. à Ztr. 24,50 ℳ . . . . . . ℳ	—	—	441	—
2	13	An Fr. Dittler in Magdeburg, gekauft 2 Säcke Singapore-Pfeffer Brtto. 102 Kg. Ta. 2 Kg. Netto 100 Kg. à Ztr. 50,50 ℳ ℳ	—	—	101	—
3	18	An Gebr. Klingel in Magdeburg, gekauft 1 Sack Walnüsse Netto 75 Kg. à Ztr. 24 ℳ . . . . . . ℳ	36	—		
		2 Säcke Pflaumen Nr. 80—85 Netto 100 Kg. à Ztr. 19,25 ℳ „	38	50		
		1 Sack Kaisergries Netto 50 Kg. à Ztr. 12,50 ℳ . . . . . . „	12	50	87	—
1	19	An Großeinkaufsgesellschaft in Hamburg, sandten per Dampfschiff 3 Tonn. crown full Heringe à 31 ℳ ℳ	93	—		
		2 Säcke kristall. Soda Brtto. 200 Kg. à Ztr. 5,50 ℳ . . . . „ letztere ab Schönebeck.	22	—	115	—
13	21	An M. Michel in Quedlinburg, sandten per Bahn 2 Barrels raff. Rüböl Nr. 3, 4 Brtto. 322 Kg. Ta. 46 Kg. Netto 276 Kg. à Ztr. 23,50 ℳ ℳ	—	—	129	72
1	25	An Großeinkaufsgesellschaft in Hamburg, sandten per Bahn 1 Sack Ntto. 100 Kg. gebr. Preanger-Kaffee à Pfd. 1,62 ℳ . . . . . . ℳ	—	—	324	—
11	26	An D. B. Stühr in Magdeburg, gekauft 2 Säcke Viktoria-Erbsen Netto 100 Kg. à Ztr. 8 ℳ . . . . ℳ	—	—	16	—
		Summe der Einkäufe ℳ	—	—	1560	22

3. Memorial. Seite 17.

1897				
Dezember	31	An Lagerhalter Frisch	Credit (Haben)	
Hptbch. S. 18		hatte an Gehalt für das Jahr zu fordern ℳ	900	—
		bisher sind ihm nur gezahlt . . . . . „	775	—
		weshalb ihm noch gutzuschreiben sind . . ℳ	125	—
1898	31	An Geschäftsguthaben-Konto der Mitglieder	Credit	
Januar Hptbch. S. 15		Laut der Dividendenverteilungsliste sind sämtlichen Mitgliedern zu ihren Anteilen zuzuschreiben . . . ℳ	497	—
Februar L.-K.-B. S. 4	1	Per Brämer & Sohn in Mühlhausen, 1 Kiste (Rechnung vom 8. Januar) zurückgesandt . ℳ	Debet (Soll) 1	50
Februar L.-K.-B. S. 8	5	Per Limmerich & Sohn in Magdeburg, 1 Faß Nr. 710 zurückgegeben . . . . ℳ	Debet 2	—
Februar L.-K.-B. S. 10	8	Per Müller & Malkow in Magdeburg, die beiden Kisten vom 4. d. M. zurückgegeben ℳ	Debet 2	—

Noch 3. Memorial. Seite 17.

Februar Hptbch. S. 18	28	Per Lagerhalter Frisch	Debet	
		Bei der heutigen Abrechnung stellte sich laut Lagerhalterbuch ein Fehlbetrag von . . *M*	17	74
		heraus.		
	28	An Lagerhalter Frisch	Credit	
		Rest seines Gehaltes für Januar und Febr. *M*	75	—
Februar Hptbch. S. 21	28	An Inventarkonto	Credit	
		Abnutzung des Inventars von *M* 517,75 à 2% . . *M*	10	25
März Hptbch. S. 22	15	An Dividendenkonto		
		11% Dividende von *M* 4429 Warenentnahme . . . . . . *M*	487	19
März Hptbch. S. 16	15	An Reservefondskonto		
		10% Zuschreibung von *M* 563,90 . . . *M*	56	40
März Hptbch. S. 23	15	An Dispositionsfondskonto		
		Rest des Gewinnes zugeschrieben . . *M*	20	31

Seite 1.
Debet.

4. Lieferanten-

Jahr, Monat	Dat.	Großeinkaufs-Gesellschaft	Seite des Nebenbuches	ℳ	₰
1898					
Januar	12	An Zahlung	21	297	53
Februar	21	„ dto.	22	115	—
„	28	„ Saldo		324	—
			ℳ	736	53

Seite 2.
Debet.

Fr. Dittler

1898					
Januar	12	An Zahlung	21	163	50
Februar	16	„ dto.	22	101	—
			ℳ	264	50

Seite 3.
Debet.

Gebr. Klingel

1898					
Februar	20	An Zahlung	22	87	—

Seite 4.
Debet.

Brämer & Sohn

1898					
Januar	12	An Zahlung	21	224	—
Februar	1	„ 1 Kiste zurück	17	1	50
			ℳ	225	50

Seite 5.
Debet.

Zucker & Beutel

1898					
Januar	3	An Zahlung	21	258	—
Februar	13	„ dto.	22	441	—
			ℳ	699	—

kontobuch.

Seite 1.
Credit.

Jahr, Monat	Dat.	in Hamburg	Seite des Einkaufsbuches	M	S
1898					
Januar	4	Per Petroleum und Kaffee	1	297	53
Februar	19	„ Heringe und Soda	3	115	—
„	25	„ Kaffee	3	324	—
			M	736	53
1898 März	1	Per Saldo=Vortrag	M	324	—

Seite 2.
Credit.

in Magdeburg

1898					
Januar	5	Per Reis	1	163	50
Februar	13	„ Pfeffer	3	101	—
			M	264	50

Seite 3.
Credit.

in Magdeburg

1898					
Februar	18	Per verschiedene Waren	3	87	—

Seite 4.
Credit.

in Mühlhausen

1898					
Januar	8	Per Zigarren	1	225	50
			M	225	50

Seite 5.
Credit.

in Magdeburg

1898					
Januar	12	Per Zucker	1	258	—
Februar	10	„ dto.	3	441	—
			M	699	—

Seite 6.

Debet. Gebr. Hammer

1898					
Januar	31	An Zahlung	21	372	—

Seite 7.

Debet. Dampfmühle

1898					
Februar	10	An Zahlung	22	340	—

Seite 8.

Debet. Limmerich & Co.

1898					
Februar	4	An Zahlung	22	18	—
"	5	" Faß zurück	17	2	—
			M	20	—

Seite 9.

Debet. Gebr. Stock

1898					
Februar	4	An Zahlung	22	42	50

Seite 10.

Debet. Müller & Malkow

1898					
Februar	4	An Zahlung	22	132	—
"	8	" Kisten zurück	17	2	—
			M	134	—

Seite 11.

Debet. D. B. Stühr

1898					
Februar	10	An Zahlung	22	162	50
"	28	" Saldo		16	—
			M	178	50

Seite 12.

Debet. Salzwerk

1898					
Februar	10	An Zahlung	22	170	—

Seite 6.

in Magdeburg Credit.

1898 Januar	16	Per diverse Waren	1	372	—

Seite 7.

in Perleberg Credit.

1898 Januar	19	Per Mehl	2	340	—

Seite 8.

in Magdeburg Credit.

1898 Januar	25	Per Cichorien	2	20	—
			ℳ	20	—

Seite 9.

in Erfurt Credit.

1898 Februar	1	Per Kümmel und Rübsamen	2	42	50

Seite 10.

in Magdeburg Credit.

1898 Februar	4	Per Seife . . .	2	134	—
			ℳ	134	—

Seite 11.

in Magdeburg Credit.

1898 Januar	28	Per Linsen und Bohnen	2	162	50
Februar	26	„ Erbsen	3	16	—
			ℳ	178	50
1898 März	1	Per Saldo-Vortrag	ℳ	16	—

Seite 12.

in Schönebeck Credit.

1898 Februar	8	Per Salz	2	170	—

Seite 13.
Debet. M. Michel

Seite 18.
Debet. Hch. Simmons

1898 Januar	8	An Zahlung	21	291	10

Seite 19.
Debet. Ernst Hering

1898 Januar	1	An Saldo=Vortrag (Fastagen)	33	22	—

Seite 15.
Debet. 5. Haupt=
Geschäftsguthaben

1898 Februar	2	An Rückzahlung	22	45	40
„	2	„ Saldo		2849	35
			ℳ	2894	75

Seite 16.
Debet. Reservefonds=

1898 Februar	28	An Saldo		805	52
			ℳ	805	52

Seite 13.

in Quedlinburg Credit.

1898 Februar	21	Per Rüböl	3	129	72

Seite 18.

in Braunschweig Credit.

1898 Januar	1	Per Saldo-Vortrag aus 1897	21	291	10

Seite 19.

in Helmstedt Credit.

1898 Januar	5	Per Barsendung	21	22	—

Seite 15.

Buch.
der Mitglieder. Credit.

1898 Januar	1	Per Saldo-Vortrag aus 1897 von Seite	211	2310	75
"	31	" Zahlung von 8 Mitgliedern . . .	21	39	—
"	31	" Zuschreibung von Dividende aus 1897	17	497	—
Februar	28	" Einzahlungen	22	48	—
			ℳ	2894	75
1898 März	1	Per Saldo-Vortrag	ℳ	2849	35

Seite 16.

Konto. Credit.

1898 Januar	1	Per Saldo-Vortrag aus 1897 von Seite	89	794	52
"	31	" Zahlung für Eintrittsgelder . . .	21	8	—
Februar	28	" dto. " dto. . . .	22	3	—
			ℳ	805	52
1898 März	1	Per Saldo-Vortrag		805	52
"	15	" Zuschreibung vom Reingewinn . .	17	56	40

Seite 17. Debet. Kautions=

1898					
Februar	28	An Saldo . . .		1600	—
			ℳ	1600	—

Seite 18. Debet. Lagerhalter=

1898					
Januar	2	An Zahlung	21	125	—
Februar	28	„ Fehlbetrag bei der Inventur . .	17	17	74
„	28	„ Saldo		57	26
			ℳ	200	—

Seite 19. Debet. Kreissparkassen=

1898					
Januar	1	An Saldo=Vortrag aus 1897	ℳ	33	82

Seite 21. Debet. Inventar=

1898					
Januar	1	An Saldo=Vortrag aus 1897 von Seite	75	457	—
„	31	„ Wage, Kanne, Lampe	21	21	—
Februar	28	„ Schrank ꝛc.	22	39	75
			ℳ	517	75
1898					
März	1	An Saldo=Vortrag	ℳ	503	—

Seite 22. Debet. Dividenden=

1898					
Januar	30	An Auszahlung laut Liste	21	2134	—
„	30	„ Geschäftsguthaben=Konto, Zuschreibung	17	497	—
			ℳ	2631	—

Konto. Credit. Seite 17.

1898 Januar	1	Per Saldo-Vortrag aus 1897 Kaution Lagerhalter Frisch *M* 1000 „ Kassierer Zelle . . „ 500	123	1500	—
		„ Zahlung Kassierer Zelle	22	100	—
			M	1600	—
1898 März	1	Per Saldo-Vortrag Kaution Frisch *M* 1000 „ Zelle „ 600	*M*	1600	—

Konto. Credit. Seite 18

1898 Januar	1	Per Saldo-Vortrag aus 1897 (Gehaltsrest)	17	125	—
Februar	28	„ Gehaltsrest für Januar und Februar	17	75	—
			M	200	—
1898 März	1	Per Saldo-Vortrag	*M*	57	26

Konto. Credit. Seite 19.

Konto. Credit. Seite 21.

1898 Februar	28	Per Zahlung für verkauften Schrank . .	22	4	50
„	28	„ 2% Abnutzung	17	10	25
„	28	Per Saldo		503	—
			M	517	75

Konto. Credit. Seite 22.

1898 Januar	1	Per Dividende aus 1897 . .		2631	—
			M	2631	—
1898 März	15	Per Dividende aus 1898 (Januar, Februar)	*M*	487	19

Seite 23.
Debet. **Dispositionsfonds-**

1898					

Seite 24.
Debet. **Lieferanten-**

1898					
Januar	1	An Forderung für Fastagen an Hering, Helmstedt		22	—
"	31	" Zahlungen . . . Kasse	21	1606	13
Februar	28	" " . . . . "	22	1609	—
"	28	" Fastagen-Rücksendung Mem.	17	5	50
"	28	" Saldo		469	72
			ℳ	3712	35

Seite 12. 8.*) **Lagerhalter-**

Empfang.

Jahr, Monat, Tag der Rechnung		Gewicht oder Stückzahl	Bezeichnung der Waren	Seite des Einkaufsbuches	Preis ₰	Betrag der Wiege- und Meßwaren ℳ	₰	Betrag der Zähl- und Stückwaren ℳ	₰	Quittung des Lagerhalters
1898										
Jan.	1		Inventurbestand aus 1897			3468	12	1732	52	
"	4	511 kg	Petroleum	1	27	137	97			Frisch
"	4	150	Guatemala-Kaffee .	1	150	225	—			Frisch
"	5	502	Patna-Reis . . .	1	20	100	40			Frisch
"	8	2000 St.	Flora-Cigarren . .	1	5	—	—	100	—	Frisch
"	8	3000	Uppmann do. . .	1	6	—	—	180	—	Frisch
"	12	500 kg	gem. Raffinade . .	1	54	270	—			Frisch
"	12	100	Würfelzucker . . .	1	60	60	—			Frisch
"	16	400	Radbruch-Schmalz .	1	80	320	—			Frisch
"	16	1700 St.	Heringe, holl. . .	1	5	—	—	85	—	Frisch
"	16	150 kg	Amer. Speck . . .	1	104	156	—			Frisch
"	19	1000	Weizenmehl . . .	2	30	300	—			Frisch
"	19	500	Roggenmehl . . .	2	24	120	—			Frisch
"	25	300 P.	Cichorien	2	9	—	—	27	—	Frisch
"	28	250 kg	große Linsen . . .	2	50	125	—			Frisch
"	28	250	weiße Bohnen . .	2	30	75	—			Frisch
			Übertrag			5357	49	2124	52	

*) Die Nr. 6 und 7 folgen auf Seite 194 und 195.

Seite 23.

Konto. Credit.

1898 März	15	Per Zuschreibung vom Gewinn . . .	17	20	31

Seite 24.

Konto. Credit.

1898 Januar	1	Per Saldo-Vortrag		291	10
"	5	" Barsendung von Hering, Helmstedt	21	22	—
"	31	" Waren-Lieferung . . . Eink.-B.	2	1839	03
Februar	28	" " " . . . "	3	1560	22
			ℳ	3712	35
1898 März	1	Per Saldo-Vortrag . . .	ℳ	469	72

Buch. Seite 12.

Ablieferung.

Jahr, Monat, Tag der Rechnung		Bezeichnung des Gegenstandes	Abschreibung auf Waren ℳ	₰	Seite des Kassabuches	Abgelieferte Ladenkasse ℳ	₰	Quittung des Vorstandsmitgliedes
1898 Jan.	3	Ladenkasse			21	205	—	Zelle
"	7	Ladenkasse			21	212	—	Zelle
"	10	Ladenkasse			21	254	—	Zelle
"	11	10 verdorbene Heringe à 5 Pfg. .	—	50				Taeger
"	12	Ladenkasse			21	205	—	Zelle
"	13	2 kg Petroleum, verkauft auf dem Transport, à 27 Pfg.	—	54				Taeger
"	15	Ladenkasse			21	203	—	Zelle
"	15	0,5 kg Papier bei Würfelzucker .	—	30				Taeger
"	18	Ladenkasse			21	200	—	Zelle
"	18	9 kg Tara auf 5 Säcke Zucker, à 54 Pfg.	2	70				Taeger
"	21	Ladenkasse			21	230	—	Zelle
"	24	Ladenkasse			21	210	—	Zelle
"	27	Ladenkasse			21	255	—	Zelle
"	31	30 kg Petroleum, Verbrauch im Laden	8	10				Taeger
		Übertrag	12	14		1974	—	

Jahr, Monat, Tag der Rechnung		Gewicht oder Stückzahl	Bezeichnung der Waren	Seite des Einkaufsbuches	Preis ₰	Betrag der Wiege- und Meßwaren ℳ	₰	Betrag der Zähl- und Stückwaren ℳ	₰	Quittung des Lagerhalters
1898			Übertrag			5357	49	2124	52	
Febr.	1	50	Kümmel	2	80	40	—			Frisch
"	1	25	Rübsamen	2	44	11	—			Frisch
"	4	200	Wachskernseife in $^1/_2$-Pfd.-Stücken .	2	60	—	—	120	—	Frisch
"	4	100	Harzseife in $^1/_2$-Pfd.-Stücken	2	50	—	—	50	—	Frisch
"	8	1000	Salz	2	20	200	—			Frisch
"	10	900	Brodraffinade . .	3	58	522	—			Frisch
"	13	100	Singap.-Pfeffer . .	3	120	120	—			Frisch
"	18	75	Walnüsse	3	60	45	—			Frisch
"	18	100	Pflaumen	3	47	47	—			Frisch
"	18	50	Kaisergries . . .	3	30	15	—			Frisch
"	19	2100 St.	crown full Heringe	3	7	—	—	147	—	Frisch
"	19	200 kg	krist. Soda . . .	3	15	30	—			Frisch
"	21	276	raff. Rüböl . . .	3	56	154	56			Frisch
"	25	100	gebr. Preanger Kaffee in $^1/_4$-Pfd.-Pack. .	3	190	—	—	190	—	Frisch
"	26	100	Viktoria-Erbsen . .	3	22	22	—			Frisch
						6564	05	2631	52	
			zuzüglich Spalte 2			2631	52			
						9195	57			

Jahr, Monat, Tag der Rechnung		Bezeichnung des Gegenstandes	Abschreibung auf Waren ℳ	₰	Seite des Kassabuches	Abgelieferte Ladenkasse ℳ	₰	Quittung des Vorstandsmitgliedes
1898		Übertrag	12	14		1974	—	
Jan.	31	Ladenkasse . . .			21	330	—	Zelle
Febr.	3	Ladenkasse			22	224	—	Zelle
"	6	Ladenkasse			22	235	—	Zelle
"	9	Ladenkasse			22	250	—	Zelle
"	10	33 kg Papier und Bindfaden auf Brodzucker, à 58 Pfg.	19	14				Taeger
"	12	Ladenkasse			22	210	—	Zelle
"	13	1 kg Taraverlust an Schmalz .	—	80				Taeger
"	15	Ladenkasse			22	215	—	Zelle
"	18	Ladenkasse			22	240	—	Zelle
"	21	Ladenkasse			22	218	50	Zelle
"	24	Ladenkasse			22	250	—	Zelle
"	28	Ladenkasse			22	322	50	Zelle
"	28	27 kg Petroleum verbraucht, à 27 Pfg.	7	29				Taeger
			39	37		4468	50	
		Abschreibung wie Spalte 1 . . .				39	37	
		Warenbestand: Wiege- und Meßwaren	3276	73				
		Stück- und Zählwaren	1343	92		4620	65	
		Es waren belastet Wiege- und Meßwaren wie links angegeben . . ℳ 6564,05 davon sind bei der Inventur noch vorgefunden, wie oben . . „ 3276,73						
		mithin waren verkauft ℳ 3287,32						
		Für Einwiegen, Einmessen und Schwinden sind hierauf zu vergüten 1½%				49	31	
		Es zeigt sich demnach ein Fehlbetrag von				17	74	
		welcher dem Lagerhalter Frisch im Memorial Seite 17 belastet ist.						
						9195	57	

Die vorstehende Abrechnung mit dem Lagerhalter Frisch wird hiermit in allen Teilen als richtig anerkannt.

Magdeburg, den 28. Februar 1898.

Konsumverein,
eingetragene Genossenschaft mit beschränkter Haftpflicht.
Taeger. Zelle.
C. Frisch, Lagerhalter.

6. Bilanzbuch.

Debet. **Bilanz am 31. Dezember 1897.** Credit.

1897 Dzbr.	31	An Kassenbestand	22	2732	30	1897 Dzbr.	31	Per Geschäftsguthaben der Mitglieder	15	2310	75
"	31	" Warenbestand laut Inventur .	—	4407	25	"	31	" Reservefonds	16	794	52
"	31	" Außenstände (für Fastagen) . .	20	22	—	"	31	" Kaution des Kassierers . .	17	500	—
"	31	" Geschäftsinventar	21	457	—	"	31	" " " Lagerhalters . .	17	1000	—
"	31	" Kreissparkasse	19	33	82	"	31	" Warenschulden	24	291	10
						"	31	" Gehaltsrest des Lagerhalters .	18	125	—
						"	31	" Dividende 11 %	—	2631	—
			ℳ	7652	37				ℳ	7652	37

X. . ., den 1. Februar 1898.

Konsumverein zu X., e. G. m. b. H.
(Unterschriften des Vorstandes.)

Debet. **Bilanz am 28. Februar 1898.** Credit.

1898 Febr.	28	An Kassenbestand	20	1819	88	1898 Febr.	28	Per Geschäftsguthaben der Mitglieder	15	2849	35
"	28	" Warenbestand laut Inventur .	—	3989	05	"	28	" Reservefonds	16	805	52
"	28	" Geschäftsinventar	20	503	—	"	28	" Kaution des Kassierers . . .	17	600	—
"	28	" Kreissparkasse	19	33	82	"	28	" " " Lagerhalters . .	17	1000	—
						"	28	" Warenschulden	24	469	72
						"	28	" Lagerhalter-Gehaltsrest .	18	57	26
						"	28	" Reingewinn	—	563	90
			ℳ	6345	75				ℳ	6345	75

X. . ., den 15. März 1898.

Konsumverein zu X., e. G. m. b. H.
(Unterschriften des Vorstandes.)

7. Waren-Kontrollbuch (Warenskonto).

Zuckerkonto.

Eingang. Jahr, Monat	Datum	Gewicht, Maß, Stückzahl kg	Lieferant	Seite des Eingangs-Buches	Preis ₰	Summe M	Summe ₰	Ausgang. Jahr, Monat	Datum	Gewicht, Maß, Stückzahl kg	Empfänger	Lager-halterbuch Seite	Preis ₰	Summe M	Summe ₰
1898								1898							
Jan.	12	500	Zucker & Beutel . . .	1	47	213	—	Jan.	18	99	Lager I (gem.) . .	5	54	53	46
"	12	100	dto. .	1	53	45	—	"	20	50	" III (Würfel) .	4	60	30	—
Febr.	10	900	dto. . .	3	49	441	—	"	22	198	" II (gem.) .	7	54	106	92
"	28		Gewinn			73	01	Febr.	12	190	" V (Brot) . . .	12	58	110	20
								"	15	99	" IV	11	54	53	46
								"	28	100	Bestand (gem.) . .		47	47	—
										50	(Würfel) . . .		53	26	50
										703	(Brot)		49	344	47
										11	Manko, Tara u. Papier				
		1500				772	01			1500				772	01

Zigarrenkonto.

Eingang. Jahr, Monat	Datum	Stückzahl	Lieferant	Seite des Eingangs-Buches	Preis ₰	Summe M	Summe ₰	Ausgang. Jahr, Monat	Datum	Stückzahl	Empfänger	Lager-halterbuch Seite	Preis ₰	Summe M	Summe ₰
1898		Stück						1898		Stück					
Jan.	8	2000	Brämer & Sohn . .	1	40	80	—	Jan.	15	1000	Lager III . .	4	50	50	—
"	8	3000	dto. . . .	1	48	144	—	"	18	1000	" II . .	7	60	60	—
Febr.	28		Gewinn			34	—	"	21	1000	" I	5	60	60	—
								Febr.	28	1000	Bestand		40	40	—
								"	28	1000	"		48	48	—
		5000				258	—			5000				258	—

9. Mitglieder-Geschäftsguthabenkonto

Nr.	Name	1. Anteil am Anfang des Jahres M	₰	2. im Jahre zugezahlt M	₰	3. Höhe der Geschäftsguthaben am 28. Februar 1898 M	₰
1—118	Übertrag von voriger Seite	2762	35			2762	35
119	A. Müller	30	—			—	—
120	S. Freidank	15	40			—	—
121	C. Zander			10	—	10	—
122	L. Günther			8	—	8	—
123	H. Hoppe			2	—	2	—
124	Chr. Lange			3	—	3	—
125	F. Wille			10	—	10	—
126	G. Pilz			6	—	6	—
127	W. Schott			8	—	8	—
128	G. Fromme			3	—	3	—
129	E. Freitag			5	—	5	—
130	A. Zeising			30	—	30	—
131	G. Jacob			2	—	2	—
		2807	75	87	—	2849 Hauptb. 15.	35

9a. Kassahilfsbuch.

Einzahlungen auf die Geschäftsguthaben.

Lfd. Nr.	Name	1898 Jan. M	₰	Febr. M	₰	März M	₰	usw.	Summe der Einzahlungen M	₰
121	C. Zander	10	—						10	—
122	L. Günther	5	—	3	—				8	—
123	H. Hoppe	2	—						2	—
124	Chr. Lange	3	—						3	—
125	F. Wille	4	—	6	—				10	—
126	G. Pilz	6	—						6	—
127	W. Schott	8	—						8	—
128	G. Fromme	1	—	2	—				3	—
129	E. Freitag			5	—				5	—
130	A. Zeising			30	—				30	—
131	G. Jacob			2	—				2	—
	Summa d. Einzahlungen	39	—	48	—				87	—

und Dividendenliste.

4. Waren-Entnahme ℳ	₰	5. Dividende 11 % ℳ	₰	6. Ausgezahlt ℳ	₰	7. Zugeschrieben ℳ	₰	8. Höhe der Geschäftsguthaben nach Zuschreibung der Dividende ℳ	₰	9. Bemerkungen
4032	—	443	52	411	31	32	21	2794	56	
15	—	1	65	1	65					Ausgeschieden 2. 2. 97, bezahlt ℳ 30.
72	—	7	92	7	92					ebenso ℳ 15,40.
41	—	4	51			4	51	14	51	
34	—	3	74			3	74	11	74	
29	—	3	19			3	19	5	19	
50	—	5	50			5	50	8	50	
56	—	6	16			6	16	16	16	
45	—	4	95			4	95	10	95	
21	—	2	31			2	31	10	31	
11	—	1	21			1	21	4	21	
8	—	—	88			—	88	5	88	
12	—	1	32	1	32	—	—	30	—	
3	—	—	33			—	33	2	33	
4429	—	487	19	422	20	64	99	2914	34	
		Mem.	17	Wird erst später ausgezahlt						

Nr. 10 ist auf Seite 194, Nr. 11 auf Seite 165 abgedruckt.

12. Fastage- und Emballagebuch.

Rechnung vom		Eigentum	Gegenstand	Zurückgegeben oder verkauft: Memorial- oder Kassabuch-Seite	Datum	
1898					1898	
Jan.	4	des Vereins (von Hamburg)	5 Petrol.-Barrels			
„	4	do.	3 Kaffeesäcke			
„	5	do. (von F. Dittler)	10 Reissäcke			
„	8	Brämer & Sohn in Mühlhausen usw.	1 Kiste Nr. 72	17	Febr.	17

10. Verzeichnis der Warenbestände (Inventurliste) am 28. Februar 1898.

Laufende Nr.	Benennung der Ware	Quantum	Einkaufs- Preis ₰	Einkaufs- Summe M	Einkaufs- Summe ₰	Verkaufs- Preis ₰	Verkaufs- Wiege- u. Meßwaren M	Verkaufs- Wiege- u. Meßwaren ₰	Verkaufs- Zähl- u. Stückwaren M	Verkaufs- Zähl- u. Stückwaren ₰
1	Bohnen, große . . .	53 kg	25	13	25	30	15	90		
	„ kleine . . .									
2	Zichorien	73 P.	6	4	38	9			6	57
3	Erbsen, Viktoria . . .									
4	Gries, Kaiser- . . .									
5	Heringe, crown full .									
	„ kleine holl. . .									
6	Linsen, große									
	„ kleine									
7	Kaffee 1									
	„ 2									
	„ 3									
8	Mehl, Weizen . . .									
	„ Roggen . . .									
9	Petroleum									
10	Reis 1									
	„ 2									
	„ 3									
11	Zucker, Würfel . . .									
	„ Brot									
	„ gem.									
	Summe			3989	05		3276	73	1343	92

Die Unterzeichneten nahmen heute das ganze Warenlager des Konsumvereins nach dem vorbemerkten Gewichte, Maß und Stückzahl mit aller Genauigkeit auf, und wird das Ergebnis der Aufnahme, wie es in vorstehendem festgestellt ist, hiermit ausdrücklich anerkannt.

Magdeburg, den 28. Februar 1898.

Taeger, Vorstandsmitglied. Schmidt, Aufsichtsratsmitglied.

Frisch, Lagerhalter.

III. Die doppelte Buchführung.

Wie schon das Wort „doppelte“ andeutet, soll jeder Geschäftsvorfall zweimal gebucht werden, derart, daß jedem Debitor (Schuldner) ein Kreditor (Gläubiger) gegenübersteht. Das Konto, welches empfängt, wird schuldig, daher belastet, dasjenige, welches gibt, wird entlastet. Leistet jemand eine Zahlung, so wird sie ihm gutgeschrieben, — der Kassierer empfängt sie, das Kassakonto wird sie schuldig. Liefert ein Kaufmann dem Verein Waren, so wird er dessen Gläubiger, —

das Warenlager nimmt sie hin, das Warenkonto wird daher für den Betrag belastet. Gibt man dem Lieferanten Waren oder Fastagen zurück, so werden sie ihm zur Last geschrieben, — das Warenlager gab sie her, daraus folgt, daß das Warenkonto dafür zu erkennen ist.

Wie schon bei der einfachen Buchführung, wo jeder Geschäftsvorfall nur einmal belastet oder gutgeschrieben, also einfach gebucht wird, auseinander gesetzt wurde, muß man sofort wissen, ob die Buchung in den Nebenbüchern, so genannt im Gegensatz zu dem Hauptbuche, zu belasten oder gutzuschreiben ist; deshalb werden die Wörtchen „Per“ für die Belastung, „An“ für die Gutschrift beigesetzt. Es ist auf das Konto hinzuweisen, woher die Buchung stammt. (Siehe Hauptbuch.)

Nehmen wir bei den verschiedenen Nebenbüchern folgende Beispiele: Im reinen Kassabuche (Ausgabe) finden wir Seite 21, daß der Lagerhalter Frisch einen Gehaltsrest ausgezahlt erhielt, die Buchung lautet daher:

Per Lagerhalter Frisch
An Kassakonto
empfing Gehalt . . . Mk. 125,—.

In der Einnahme des reinen Kassabuches ist die Ladenkasse rc. eingetragen, dem Warenkonto ist daher der Betrag gutzuschreiben, dagegen dem Kassakonto, welches die Summe hinnahm, zu belasten, demnach

Per Kassakonto
An Warenkonto
Ladenkasseneinnahme . . . Mk. 2314,20 —.

Nach dem Einkaufsbuche, Seite 1, kauften wir von Hamburg Waren im Betrage von Mk. 294,58, es war daher zu buchen:

Per Warenkonto
An Großeinkaufs-Gesellschaft in Hamburg
Petroleum und Kaffee . . . Mk. 294,50.

Im Memorial finden wir Seite 17 Heinr. Simmons für Skonto Mk. 2,90 belastet, welches das Warenkonto weniger zahlte, es muß daher diesem gutgebracht werden.

Es wäre nun äußerst umständlich, wollte man jeden Posten einzeln buchen, man faßt vielmehr alle Buchungen, welche oftmals wiederkehren, zusammen und trägt die ganze Summe ins Hauptbuch monatlich ein; aus dem Kassabuch die ganze Einnahme und ebenso die Ausgabe auf Kassakonto, den Gesamtbetrag aller Einkäufe laut Einkaufsbuch auf Warenkonto. Das Hauptbuch soll, soweit angänglich, eine Sammlung aller Buchungen in großen Umrissen sein. Ist alles richtig gebucht, so muß der Gesamtbetrag aller Konten im Hauptbuch in der Belastung und in der Gutschrift bis auf den Pfennig übereinstimmen, wenn nicht, so stecken Fehler in der Rechnung, und das ist eben der große Vorzug der doppelten Buchführung vor der einfachen, daß Irrtümer sich auf diese Weise anzeigen.

Bei der doppelten Buchführung ist ein unbedingtes Erfordernis die Buchung im Debet und Credit, geschieht sie nur auf einer Seite, dann wird nie eine genaue Bilanz und eine stimmende Abschlußrechnung herauskommen.

1. Das Kassabuch.

a) Das unreine Kassabuch.

Die Eintragung der vereinnahmten und verausgabten Gelder geschieht nach der Zeitfolge und Angabe des Gegenstandes, links die Einnahme, rechts die Ausgabe. — Bei der einfachen Buchführung gaben wir das Beispiel, wie mit einem in Rubriken eingeteilten Kassabuche auszukommen ist und auch bei der doppelten Buchführung würde dieses Buch ausreichend sein, vorausgesetzt, daß der Verein nicht bedeutende Ausdehnung gewonnen hat, welche eine Erweiterung der Konten erforderlich machen würde, wie z. B. Betrieb einer Bäckerei, Grundbesitz usw. Zwar wäre es möglich, diese Buchungen unter „verschiedene Einnahmen und Ausgaben" zu machen, aber dann müßte allmonatlich eine Auseinanderrechnung stattfinden, weshalb für große Vereine eine derartige Einrichtung kaum zu empfehlen ist. Will man ein solches Buch dennoch führen, dann kann es als Erleichterung für die Eintragung ins reine Kassabuch dienen.

Auch das unreine Kassabuch ist monatlich abzuschließen und der Kassenbestand in Einnahme im folgenden Monat neu vorzutragen. Als Beispiel wurde dieses Buch nur einen Monat durchgeführt.

b) Das reine Kassabuch.

Das Buch dient zur Zusammenstellung der Konten sowohl in der Einnahme aus dem Warenverkauf, aus dem Lieferantengewinn, aus Einzahlungen auf Geschäftsanteile usw., als auch in der Ausgabe für Bezahlung der Rechnungen an die Lieferanten, für Inventarbeschaffung, für Frachten, für Unkosten usw. Die einzelnen Posten sind nach den sachlichen Konten, auf welche sie im Hauptbuche übertragen werden, zusammenzustellen. Die persönlichen Konten (Lieferantenkonten z. B.) werden auch von hier aus belastet. Es waren zusammen dem Kassakonto die Einnahmen zu belasten, die Ausgaben aber gutzuschreiben. Der Bestand des Geldes am 1. Januar tritt im Januar als Saldo im Hauptbuche auf, ist daher keine neue Einnahme, von dieser also abzurechnen.

Im Kassabuche steht im Januar in Einnahme verzeichnet	Mk. 5163,50
der Saldo aus Dezember war abzurechnen . . .	„ 2732,30
daher neue auf Kassakonto des Hauptbuches zu übertragende Einnahme	Mk. 2431,20
Die Ausgabe ist ebenso ohne Kassenbestand ins Hauptbuch zu übertragen mit	„ 3916,42

Die Kasseneinnahme wird dem Kassakonto belastet, die Zahlenden sind dagegen zu erkennen. In der Ausgabe schreibt man die geleisteten Zahlungen dem Kassakonto gut, belastet dagegen die Empfänger des Geldes.

2. Das Einkaufsbuch.

Schon bei der einfachen Buchführung ist betreffs dieses Buches gesagt, es sei durchaus zweckentsprechend, die Rechnungen der Lieferanten buchstäblich einzutragen und das geschah an betreffender Stelle. Um mit dem Platz hier haushälterisch umzugehen, geschieht es bei dem hierzu gegebenen Beispiel nicht noch einmal. Die Eintragung der Hauptsummen der Rechnungen wurde vorgenommen und davon gleich das bewilligte Skonto abgezogen. Es soll damit eine andere Art der Rechnungsführung klar gemacht werden. Die sofortige Absetzung des Skontos ist nur bei den Vereinen möglich, bei denen die Mittel eine schnelle Regulierung aller Rechnungen gestatten.

In welcher Weise die Ein- und Überträge vorgenommen werden, ist im Hauptbuche dargestellt, es sei nur bemerkt, daß der Ansatz zur Buchung lautet: 3. Januar 1898, Seite 1.

Per Warenkonto (Belastung)
An 8 Creditores (Gutschrift) Mk. 1814,32

Es werden alle im Laufe des Monats gekauften Waren in der Hauptsumme dem Warenkonto zur Last geschrieben, jedem einzelnen Lieferanten die Beträge aber zur Gutschrift gebracht.

3. Das Memorial (Journal).

Dieses Buch mit Verständnis zu führen, ist von der größten Wichtigkeit, wo dies nicht geschieht, entsteht große Verwirrung. Deshalb soll hier wiederholt werden, welchen Zwecken es zu dienen hat.

Dem Kassabuche wie dem Einkaufsbuche sind klar vorgezeichnete Buchungen zugewiesen, hier werden Irrtümer kaum vorkommen können. Anders ist es mit dem Memorial. Dieses dient dazu, alle Buchungen aufzunehmen, welche ihrer Natur nach nicht in die vorerwähnten Bücher gehören, und solche Geschäftsvorfälle kommen bei der doppelten Buchführung noch häufiger vor, als bei der einfachen. Aufmerksam ist zu beachten: jedem Schuldner ist ein Gläubiger gegenüber zu stellen. Hier die Beispiele:

Ernst überträgt sein Geschäftsguthaben an Schmidt, mithin

Per Ernst (Belastung)
An Schmidt (Gutschrift)
Übertragung . . . . Mk. 30,—.

Es werden Fastagen an den Lieferanten zurückgegeben daher

Per Brämer & Sohn in Mühlhausen (Belastung)
An Warenkonto (Gutschrift)
zurückgesandte Kiste . . . . Mk. 1,50.

Der Lagerhalter hat am Jahresschluß noch nicht sein volles Gehalt erhalten, folglich

Per Unkostenkonto (Belastung)
An Lagerhalter Frisch (Gutschrift)
Gehaltsrest . . . . Mk. 75,—.

Bei der Abrechnung mit dem Lagerhalter stellte sich ein Fehlbetrag heraus, wofür er aufkommen muß, dem Warenkonto kommt dieser zu, mithin

Per Lagerhalter Frisch (Belastung)
An Warenkonto (Gutschrift)
Fehlbetrag . . . . Mk. 17,74.

Die Unkosten, welche vom erzielten Gewinn zu tragen sind, standen dem Konto im Hauptbuche vorläufig belastet, weshalb die Buchung entsteht

Per Gewinn- und Verlustkonto (Belastung)
An Unkostenkonto (Gutschrift)
Übertrag . . . . . Mk. 191,05.

Ebenso ist beim Inventar zu verfahren; um den Minderwert für Abnutzung festzustellen, schreibt man dem Konto Mk. 10,25 gut und belastet das Gewinn- und Verlustkonto. Vom Gewinn an Waren und aus anderen Quellen sind abzurechnen alle Lasten an Unkosten, Abschreibungen u. dgl.; man erhält dann den Nettogewinn, über dessen Verteilung die Generalversammlung zu beschließen hat.

4. Das Lieferantenkontobuch.

Zur Erläuterung dieses Buches brauchen wir nur auf das zu verweisen, was über dasselbe bei der einfachen Buchführung (S. 163) gesagt worden ist. Es ist sehr zweckmäßig, die Konten der Lieferanten in einem besonderen Buche zu vereinigen und im Hauptbuche ein Sammelkonto als Lieferantenkonto zu führen, auf welchem alle den einzelnen Lieferanten gutgeschriebenen und belasteten Posten summarisch, in Monatsposten, erscheinen.

5. Das Hauptbuch.

Die Beschreibung desselben erfolgte bereits bei der einfachen Buchführung, es wird darauf hingewiesen. Die linke Seite dient zur Belastung, die Rechte zur Gutschrift. Alle Einträge erfolgen aus den Nebenbüchern unter Beifügung der Zahlen und Seiten, von welchen die Buchungen entnommen sind.

Im Hauptbuche werden alle sachlichen oder toten Konten, wie Geschäftsguthaben-, Reservefonds-, Kassa-, Waren-, Dividendenkonto usw., geführt. Es wird darauf hingewiesen, welches Gegenkonto die Übertragung veranlaßte.

Im Einkaufsbuche findet sich z. B. Seite 1 folgender Posten

Per Warenkonto
An 8 Creditores . . . . Mk. 1814,32

und darunter stehen die 8 einzelnen Posten, aus denen sich dieser Betrag zusammensetzt.

Wir belasten nun, diesen Satz buchend, im Hauptbuche das „Warenkonto" durch Eintragen des Gesamtbetrages auf dessen Debet-Seite mit dem Vermerk: „An 8 Creditores", und erkennen die 8 Lieferanten (Creditores) für die Einzelposten auf ihren Konten, z. B. die „Großeinkaufsgesellschaft", Seite 14 des Hauptbuchs, durch die Eintragung im Credit: „Per Warenkonto Mk. 294,58."

Die einzelnen sachlichen Konten des Hauptbuches entstanden folgendermaßen.

Seite 1. Kassakonto. Der Bestand aus voriger Rechnung, summarische Monatseinnahmen und -ausgaben, es bleibt Bestand (Saldo) Mk. 1819,88.

Seite 2. Warenkonto. Warenbestand aus voriger Rechnung, sämtliche Einkäufe, Fracht einerseits, — die Einnahmen aus dem Verkauf und der Warenbestand laut Inventur am Schlusse der Rechnung andererseits; der Unterschied ergibt den Warengewinn.

Seite 4. Inventarkonto. Bestand, Neuanschaffung laut Kassabuch, Abschreibung für Abnutzung, gegenwärtiger Wert.

Seite 6. Geschäftsguthabenkonto wie bei der einfachen Buchführung mit Zu- und Abschreibung.

Seite 7. Reservefondskonto weist hier nur Zuschreibungen auf.

Seite 11. Das Lieferantenkonto. Schuldposten im Credit aus alter Rechnung, dazu neue Warenlieferungen laut Einkaufsbuch; dagegen im Debet die Belastungen für geleistete Zahlungen und zurückgesandte Fastagen.

Seite 13. Gewinn- und Verlustkonto wurde bei der Memorialführung erläutert.

Die sämtlichen Konten des Hauptbuches werden abgeschlossen, die Saldi, Vermögen oder Schulden, neu vorgetragen und dann ausgezogen; stimmen die Gesamtsummen im „Debet" und „Credit" genau überein, dann sind Fehler nicht gemacht worden.

Es finden sich nun im Hauptbuche folgende Saldi.

Seite	Aktiva	ℳ	Seite	Passiva	ℳ
1	Kassakonto	1819,88	6	Geschäftsguthabenkonto	2849,35
2	Warenkonto . .	3989,05	7	Reservefondskonto . .	805,52
4	Inventarkonto . . .	503,—	8	Kautionskonto Zelle .	600,—
5	Kreissparkassenkonto .	33,82		do. Frisch .	1000,—
			11	Lieferantenkonto . .	469,72
			9	Lagerhalterkonto . .	37,26
			13	Gewinn- und Verlustkonto	563,90
		6345,75			6345,75

und stimmen demnach die Zahlen beider Seiten überein.

Es ergibt, wie im Memorial, Seite 17 und 18 gebucht, das

Gewinn- und Verlustkonto.

	ℳ		ℳ
Inventarkonto, Abschreibung	10,25	Warenkonto, Gewinn . .	693,20
Unkostenkonto . . ,	191,05	Lieferanten-Gewinnkonto .	72,—
bleibt Nettogewinn . . .	563,90		
	765,20		765,20

Per Vortrag ℳ 563,90

welcher zur Ausgleichung gelangt, indem nach Beschluß der Generalversammlung

	ℳ		ℳ
dem Reservefondskonto .	56,40		
„ Dispositionsfonds konto	20,31		
„ Dividendenkonto . .	487,19		
	563,90		563,90

gutgeschrieben werden.

6. Das Bilanzbuch.

Die Bilanz soll stets in ein lediglich dazu bestimmtes Buch eingetragen und vom Vorstande unterschrieben werden; es wird auf das Beispiel unter Nr. 6 auf Seite 194 bei der einfachen Buchführung verwiesen.

7. das Warenkontrollbuch (Waren-Skontro),
8. das Lagerhalterbuch,
9 das Mitglieder-Geschäftsguthabenbuch sowie die Dividendenliste

sind bei der einfachen Buchführung erläutert worden und die Formulare dazu befinden sich auf Seite 195, 190—193 und 196, 197 abgedruckt.

In manchen Vereinen wird ein besonderes Geschäftsguthaben-Kontobuch geführt, wiewohl es nicht unbedingt nötig ist, die früher beschriebene Liste macht es entbehrlich. Will man davon nicht abgehen, so ist es wie folgt einzurichten:

Nr. 127. Wilh. Schott, Arbeiter.

1897	Januar	25.	Einzahlung	Mk.	8,—
	März	15.	Dividende	„	2,31
				Mk.	10,31

Man setzt das Konto solange fort, bis der Betrag des Geschäftsanteiles erreicht ist. Die einzelnen Guthaben sind dann zusammenzustellen, sie müssen aufgerechnet den Gesamtbetrag ergeben, wie er aus dem Geschäftsguthabenkonto des Hauptbuches hervorgeht.

Die weiter erforderlichen Bücher sind bei den Erläuterungen zur einfachen Buchführung besprochen worden und zwar:

10. das Inventurbuch auf Seite 168 und 198,
11. das Utensilienverzeichnis auf Seite 168,
12. das Fastage- und Emballagebuch auf Seite 169 und 197,
13. das Mitgliederverzeichnis auf Seite 169,
14. das Kopierbuch auf Seite 170.

Ein Formular für eine zweckmäßige Abrechnung bei Vornahme der Dividendenmarkenkontrolle wurde auf Seite 168 und ein Formular für ein Mitgliedergeschäftsguthabenbuch auf Seite 167 abgedruckt.

Seite 21. **1a. Unreines**

Monat Januar 1898

Debet. **Einnahme.**

		M	₰
1	An Kassenvortrag aus Dezember 1897	2732	30
3	„ Lagerhalter Frisch, Ladenkasse	205	—
4	„ Carl Zander, Arbeiter, Einzahlung auf Anteil, Buch Nr. 121	10	—
	Eintrittsgeld	1	—
5	„ Ernst Hering in Helmstedt sandte	22	—
6	„ Louis Günther, Böttcher, Einzahlung auf Anteil, Buch Nr. 122	5	—
	Eintrittsgeld	1	—
7	„ Ladenkasse	212	—
9	„ Hch. Hoppe, Schlossermeister, Einzahlung auf Anteil, Buch 123	2	—
	Eintrittsgeld	1	—
9	„ Chr. Lange, Arbeiter, Einzahlung auf Anteil, Buch 124	3	—
	Eintrittsgeld	1	—
10	„ Ladenkasse	254	—
11	„ 2 Barrels verkauft	9	—
12	„ Bäcker Sander entnahm M 200 Dividendenmarken und zahlte darauf Rabatt à 10%	20	—
12	„ Ladenkasse	205	—
13	„ Fleischer Meier, Rabatt von M 300 à 6%	18	—
14	„ Ferd. Wille, Buchhalter, Einzahlung auf Anteil, Buch Nr. 125	4	—
	Eintrittsgeld	1	—
15	„ Ladenkasse	203	—
16	„ Sack und Kiste verkauft	1	20
18	„ Ladenkasse	200	—
19	„ Gottl. Pilz, Schmied, Einzahlung auf Anteil, Buch 126	6	—
	Eintrittsgeld	1	—
21	„ Ladenkasse	230	—
24	„ dto.	210	—
25	„ Wilh. Schott, Arbeiter, Einzahlung auf Anteil, Buch Nr. 127	8	—
	Eintrittsgeld	1	—
26	„ Gust. Fromme, Schuhmacher, Einzahlung auf Anteil, Buch Nr. 128	1	—
	Eintrittsgeld	1	—
27	„ Ladenkasse	255	—
28	„ Bäcker Sander, Rabatt von M 100 à 10%	10	—
31	„ Ladenkasse	330	—
		5163	50

Das unreine Kassabuch für Februar wird fortgelassen,

Kassabuch Seite 21.

Monat Januar 1898

Ausgabe. Credit.

		M	₰
2	Per Lagerhalter Frisch, Gehaltsrest	125	—
3	„ gekaufte Tafelwage	15	—
8	„ Hch. Simmons in Braunschweig	288	20
8	„ Fracht auf Petroleum und Kaffee	34	10
9	„ Depesche nach Hamburg	—	60
10	„ gekaufte Petroleumkanne	4	—
11	„ Anstrich des Ladentisches	2	10
12	„ Großeinkaufs-Gesellschaft in Hamburg	294	58
12	„ Fr. Dittler in Magdeburg	161	04
12	„ Brämer & Sohn in Mühlhausen	217	25
13	„ Kosten der Reise zum Börsentag	6	—
15	„ Botenlohn	1	—
18	„ Reparaturen	5	50
19	„ Fracht auf Zigarren	2	35
22	„ gekauftes Litermaß	2	—
30	„ Zucker & Beutel in Magdeburg	255	40
30	„ Dividendenkonto	2134	—
31	„ Gebr. Hammer in Magdeburg	368	30
		3916	42
31	„ Kassenbestand	1247	08
		5163	50

da hier das Beispiel gegeben ist.

Seite 21. **1b. Reines**

Monat Januar 1898

Debet. **Einnahme.**

Hauptbuch Seite	1898			ℳ	₰	ℳ	₰
	1	An Kassen-Vortrag aus Dezbr. 1897				2732	30
2		An Waren-Konto					
	3	Ladenkasse		205	—		
	7	dto.		212	—		
	10	dto.		254	—		
	11	2 Barrels		9	—		
	12	Ladenkasse		205	—		
	15	dto.		203	—		
	16	Sack und Kiste		1	20		
	18	Ladenkasse		200	—		
	21	dto.		230	—		
	24	dto.		210	—		
	27	dto.		255	—		
	31	dto.		330	—	2314	20
26		An Lieferanten-Gewinnkonto					
	12	Rabatt von Bäcker Sander von ℳ 200, 10%		20	—		
	13	Rabatt von Fleischer Meier von ℳ 300, 6%		18	—		
	28	Rabatt von Bäcker Sander von ℳ 100, 10%		10	—	48	—
6		An Geschäftsguthabenkonto					
		Einzahlungen von					
	4	Carl Zander, Arbeiter, Buch Nr. 121		10	—		
	6	Louis Günther, Böttcher, „ „ 122		5	—		
	9	Hch. Hoppe, Schlossermeister, Buch Nr. 123		2	—		
		Übertrag		17	—	5094	50

Kassabuch. Seite 21.

Monat Januar 1898

Ausgabe. Credit.

Hauptbuch Seite			Beleg Nr.	M	Pf	M	Pf
9	2	Per Lagerhalter Frisch, Gehaltsrest	1			125	—
11		Per Lieferantenkonto:					
11	8	Hch. Simmons in Braunschweig	2	288	20		
14	12	Großeinkaufs-Gesellschaft in Hamburg . .	3	294	58		
15	12	Fr. Dittler in Magdeburg . .	4	161	04		
16	12	Brämer & Sohn in Mühlhausen	5	217	25		
17	30	Zucker & Beutel in Magdeburg	6	255	40		
18	31	Gebr. Hammer in Magdeburg	8	368	30	1584	77
10	30	Dividendenkonto laut Liste . .	7			2134	—
4		Per Inventarkonto:					
	3	Tafelwage	9	15	—		
	10	Petroleumkanne . .	10	4	—		
	22	Litermaß .	11	2	—	21	—
2		Per Warenkonto					
	8	Fracht auf Petroleum und Kaffee	12	34	10		
	19	" " Zigarren	13	2	35	36	45
27		Per Unkostenkonto:					
	9	Depesche nach Hamburg . .	—	—	60		
	11	Anstrich des Ladentisches . . .	14	2	10		
	13	Kosten der Reise zum Börsentag	15	6	—		
	15	Botenlohn	16	1	—		
	18	Reparaturen	17	5	05	15	20
		Übertrag				3916	42

Seite 22. (Fortsetzung von voriger Seite.)

Monat Januar 1898.

Debet. **Einnahme.**

Hauptbuch Seite			ℳ	₰	ℳ	₰
		An Übertrag von Seite 21 . . .	17	—	5094	50
	9	Chr. Lange, Arbeiter, Buch Nr. 124	3	—		
	14	Ferd. Wille, Buchhltr., „ „ 125	4	—		
	19	Gottl. Pilz, Schmied, „ „ 126	6	—		
	25	Wilh. Schott, Arbeiter, „ „ 127	8	—		
	26	Gust. Fromme, Schuhmacher, Buch Nr. 128	1	—	39	—
7		An Reservefondskonto:				
		Eintrittsgelder von Nr. 121—128 à 1 ℳ			8	—
11		An Lieferantenkonto:				
1	22	Ernst Hering in Helmstedt . .			22	—
1					5163	50
		Monat Februar 1898				
	1	An Kassenvortrag aus Januar . .			1247	08
2		An Warenkonto:				
	3	Ladenkasse	224	—		
	5	3 Kisten und 2 Barrels . . .	10	30		
	6	Ladenkasse	235	—		
	9	dto.	250	—		
	12	dto.	210	—		
	15	dto.	215	—		
	18	dto.	240	—		
	21	dto.	218	—		
	24	dto.	250	—		
	25	Emballagen	2	30		
	28	Ladenkasse	322	50	2177	10
		Übertrag			3424	18

Seite 22.

Monat Januar 1898

Ausgabe.

Credit.

Hauptbuch Seite				ℳ	₰	ℳ	₰
		Per Übertrag von Seite 21 . . .				3916	42
	31	Per Kassenbestand				1247	08
1						5163	50
		Monat Februar 1898					
4		Per Inventarkonto:					
	1	1 Bücherschrank	18	35	—		
	8	1 Hauptbuch	19	4	—		
	11	Trichter		—	75	39	75
6		Per Geschäftsguthabenkonto:					
	2	Rückzahlung Freidank, Buch 120	20	30	—		
		„ Müller, „ 119	21	15	40	45	40
11		Per Lieferantenkonto:					
21	4	Gebr. Stock in Erfurt		41	65		
20	4	Limmerich & Co. in Magdeburg	22	17	60		
22	4	Müller & Malkow in Magdeburg	23	130	—		
24	10	Salzwerk in Schönebeck . . .	24	170	—		
19	10	Dampfmühle in Perleberg . .	25	336	60		
		Übertrag		695	85	85	15

Seite 23.

Monat Februar 1898

Debet.

Einnahme.

Hauptbuch Seite	1898		ℳ	₰	ℳ	₰
		An Übertrag von Seite 22			3424	18
26		„ Lieferanten-Gewinnkonto:				
		Rabatt von Fleischer Meier von ℳ 400, 6 %			24	—
6		„ Geschäftsguthabenkonto:				
		Einzahlungen von				
	1	Gustav Fromme, Buch Nr. 128	2	—		
	2	Emil Freitag, Maler, „ „ 129	5	—		
	12	Ad. Zeising, Müller, „ „ 130	30	—		
	12	Ferd. Wille „ „ 125	6	—		
	21	Gottl. Jacob, Schuhm., „ „ 131	2	—		
	26	Louis Günther, „ „ 122	3	—	48	—
7		An Reservefondskonto:				
		Eintrittsgelder Nr. 129—131 à 1 ℳ			3	—
8	6	An Kassierer Zelle zahlte Kaution .			100	—
4	11	„ Inventarkonto verk. Schrank .			4	50
	1				3603	68

Seite 23

Monat Februar 1898

Ausgabe.

Credit.

Hauptbuch Seite				ℳ	₰	ℳ	₰
1898							
		Per Übertrag von Seite 22 .		695	85	85	15
23	10	D. B. Stühr in Magdeburg .	26	160	05		
17	13	Zucker & Beutel in Magdeburg	27	436	60		
15	16	Friedr. Dittler in Magdeburg .	28	99	50		
12	20	Gebr. Klingel in Magdeburg .	29	85	70		
14	21	Großeinkaufs-Gesellschaft in Hamburg	30	113	85	1591	55
27		Per Unkostenkonto:					
	3	Portoverläge im Januar . . .	—	1	25		
	6	Reparatur der Ladentür . . .	31	1	—		
	8	Briefpapier	32	1	50		
	17	Feuerversicherung für das Jahr	33	6	—		
	28	Gehalt an Lagerhalter Frisch .	34	50	—		
	28	„ an 3 Vorstandsmitglieder	35	30	—		
	28	Portoverläge im Februar . .	36	1	10		
	28	Zinsen an Lagerhalter Frisch .	37	6	67		
	28	„ „ Kassierer Zelle . .	38	3	33	100	85
2		Per Warenkonto:					
		Fracht auf Kümmel und Rübsamen	39	1	80		
		Fracht auf Soda		1	—		
		„ „ Heringe		3	45	6	25
1						1783	80
		Per Kassenbestand				1819	88
						3603	68

2. Einkaufsbuch.

Monat Januar 1898 Seite 1.

Hauptbuch, bezw. Lieferantenkontobuch Seite			M	₰	M	₰
2	31	Per Warenkonto: An nachstehende 8 Creditores (Gläubiger)			1814	32
14	4	An Großeinkaufs-Gesellschaft in Hamburg Petroleum und Kaffee . . . . . ab 1% Skonto	*) 297 2	 53 95	294	58
15	5	An Fr. Dittler in Magdeburg Reis . . . . ab 1½% Skonto	 163 2	 50 46	161	04
16	8	An Brämer & Sohn in Mühlhausen Zigarren . . . . ab 3% Skonto	 225 6	 50 75	218	75
17	12	An Zucker & Beutel in Magdeburg Zucker . . . . ab 1% Skonto	 258 2	 — 60	255	40
18	16	An Gebr. Hammer in Magdeburg Schmalz, Heringe, Speck . . . . ab 1% Skonto	 372 3	 — 70	368	30
19	19	An Dampfmühle in Perleberg Weizen- und Roggenmehl . . . ab 1% Skonto	 340 3	 — 40	336	60
20	25	An Limmerich & Co. in Magdeburg Zichorien . . . . ab 2% Skonto	 20 —	 — 40	19	60
23	28	An D. B. Stühr in Magdeburg Linsen und Bohnen . . . . . . ab 1½% Skonto	 162 2	 50 45	160	05
					1814	32

*) Es empfiehlt sich die Rechnungen der Lieferanten auch hier überall buchstäblich einzutragen. Vergl. S. 201 Ziff. 2, S. 177—179.

Einkaufsbuch.

Monat Februar 1898 Seite 2.

Hauptbuch, bezw. Lieferantenkontobuch Seite			M	₰	M	₰
2		Per Warenkonto: An nachstehende 10 Creditores			1549	02
21	1	An Gebr. Stock in Erfurt Kümmel und Rübsamen . . . . . ab 2% Skonto	42 —	50 85	41	65
22	4	An Müller & Malkow in Magdeburg Seife . . . . ab $1^1/_2$%	134 2	— —	132	—
24	8	An Salzwerk in Schoenebeck Salz	—	—	170	—
17	10	An Zucker & Beutel in Magdeburg Zucker . . . . ab 1% Skonto	441 4	— 40	436	60
15	13	An Fr. Dittler in Magdeburg Pfeffer . . . . ab $1^1/_2$% Skonto	101 1	— 50	99	50
11	18	An Gebr. Klingel in Magdeburg Wallnüsse, Pflaumen, Gries . ab $1^1/_2$% Skonto	87 1	— 30	85	70
14	19	An Großeinkaufs-Gesellschaft in Hamburg Heringe und Soda . . . . ab 1% Skonto	115 1	— 15	113	85
25	21	An M. Michel in Quedlinburg . . . Rüböl (unbezahlt)			129	72
14	25	An Großeinkaufs-Gesellschaft in Hamburg Kaffee (unbezahlt)			324	—
23	26	An D. B. Stühr in Magdeburg . . . Erbsen (unbezahlt)			16	—
					1549	02

3. Memorial. Seite 17.

Monat Januar 1898

Hauptbuch, bezw. Lieferantenkontobuch Seite				
H.-B. 11	8	Per Heinr. Simmons in Braunschweig (Debet)		
L.-K. 1		An Warenkonto . . . . (Credit)		
		dem ersteren werden 1 % Skonto von *M* 291,10		
		der Rechnung vom 10. Dezember belastet . *M*	2	90
10	31	Per Dividendenkonto		
6		An Geschäftsguthabenkonto der Mitglieder. Den		
		Mitgliedern sind laut Dividendenverteilungsliste zu ihrem Guthaben zuzuschreiben . . . *M*	497	—
		Monat Februar 1898		
		Per nachstehende 4 Debitores:		
H.-B. 11: 2		An Warenkonto		
L.-K. 16	1	Per Brämer & Sohn in Mühlhausen		
		1 Kiste der Rechnung vom 8. Januar zurückgesandt . . . . *M*	1	50
L.-K. 20	5	Per Limmerich & Co. in Magdeburg		
		1 Faß Nr. 710 zurückgegeben . . . . *M*	2	—
L.-K. 22	8	Per Müller & Malkow in Magdeburg		
		die beiden Kisten vom 4. d. M. zurückgegeben *M*	2	—
9	28	Per Lagerhalter Frisch		
		bei der heutigen Abrechnung stellte sich laut Lagerhalterbuch ein Fehlbetrag heraus von *M*	17	74
		M	23	24
27	28	Per Unkostenkonto		
9		An Lagerhalter Frisch		
		der Rest seines Gehaltes wird ihm gutgeschrieben . . . . *M*	75	—
13	28	Per 2 Debitores:		
		An Gewinn- und Verlustkonto		
2		Per Warenkonto		
		Gewinn an Waren . . . . *M*	693	20
26		Per Lieferanten-Gewinnkonto		
		Rabatt an Lieferanten . . . . *M*	72	—
		M	765	20

Memorial.

Monat Februar 1898

Hauptbuch, bezw. Lieferantenkontobuch Seite				
	28	Per Gewinn- und Verlustkonto		
4		An Inventarkonto		
		Abnutzung von *M* 513,25 à 2 % . *M*	10	25
27		An Unkostenkonto		
		Abschreibung sämtlicher Unkosten . . . . *M*	191	05
		Monat März 1898		
	15	Per Gewinn- und Verlustkonto		
7		An Reservefondskonto		
		Von dem Reingewinn erhält derselbe auf *M* 563,90 10 % . . . . . *M*	56	40
28		An Dispositionsfondskonto		
		Tragen unverteilbaren Gewinn zur späteren Verfügung vor . . . . . . *M*	20	31
9		An Dividendenkonto		
		Übertragen zur Verteilung auf *M* 4429 Waren-Entnahme 11 % Dividende . . . . . . *M*	487	19
6	15	Per Dividendenkonto		
		An Geschäftsguthabenkonto der Mitglieder		
		Übertragen laut Dividendenverteilungsliste von ersterem auf letzteres Konto . . *M*	64	99

Seite 3. Debet. **4. Lieferanten=**

Jahr, Monat	Tag	Ernst Hering	Seite des Nebenbuches	ℳ	₰
1898					
Januar	1	An Saldo=Vortrag von Seite	33	22	—

Seite 11. Debet. Heinr. Simmons

1898					
Januar	8	An Kassakonto	21	288	20
„	8	„ Warenkonto, Skonto	17	2	90
			ℳ	291	10

Seite 12. Debet. Gebr. Klingel

1898					
Februar	20	An Kassakonto	23	85	70

Seite 14. Debet. Großeinkaufs=Gesellschaft

1898					
Januar	12	An Kassakonto	21	294	58
Februar	21	„ dto.	23	113	85
„	28	„ Saldo		324	—
			ℳ	732	43

Seite 15. Debet. Fr. Dittler

1898					
Januar	12	An Kassakonto	21	161	04
Februar	16	„ dto.	23	99	50
			ℳ	260	54

Seite 16. Debet. Brämer & Sohn

1898					
Januar	12	An Kassakonto	21	217	25
Februar	1	„ dto. Kiste zurück	17	1	50
			ℳ	218	75

kontobuch. Credit. Seite 3.

Jahr, Monat	Tag	in Helmstedt	Seite des Nebenbuches	ℳ	₰
1898					
Januar	22	Per Kassakonto	22	22	—

in Braunschweig Credit. Seite 11.

1898					
Januar	1	Per Saldo-Vortrag von Seite	210	291	10
			ℳ	291	10

in Magdeburg Credit. Seite 12.

1898					
Februar	18	Per Warenkonto	2	285	70

in Hamburg Credit. Seite 14.

1898					
Januar	4	Per Warenkonto	1	294	58
Februar	19	„ dto.	2	113	85
„	25	„ dto.	2	324	—
			ℳ	732	43
1898					
März	1	Per Saldo-Vortrag	ℳ	324	—

in Magdeburg Credit. Seite 15.

1898					
Januar	5	Per Warenkonto	1	161	04
Februar	13	„ dto.	2	99	50
			ℳ	260	54

in Mühlhausen Credit. Seite 16.

1898					
Januar	8	Per Warenkonto . .	ℳ	218	75
			ℳ	218	75

Seite 17. Debet. Zucker & Beutel

1898					
Januar	30	An Kassakonto	21	255	40
Februar	13	„ dto.	23	436	60
			M	692	—

Seite 18. Debet. Gebr. Hammer

1898					
Januar	31	An Kassakonto	21	368	30

Seite 19. Debet. Dampfmühle

1898					
Februar	10	An Kassakonto	22	336	60

Seite 20. Debet. Limmerich & Co.

1898					
Februar	4	An Kassakonto	22	17	60
„	5	„ Warenkonto, Faß zurück	17	2	—
			M	19	60

Seite 21. Debet. Gebr. Stock

1898					
Februar	4	An Kassakonto	22	41	65

Seite 22. Debet. Müller & Malkow

1898					
Februar	4	An Kassakonto	22	130	—
„	8	„ Warenkonto, 2 Kisten zurück . . .	17	2	—
			M	123	—

in Magdeburg Credit. Seite 17.

1898					
Januar	10	Per Warenkonto	1	255	40
Februar	12	„ dio.	2	436	60
			ℳ	692	—

in Magdeburg Credit. Seite 18

1898					
Januar	16	Per Warenkonto	1	368	30

in Perleberg Credit. Seite 19.

1898					
Januar	19	Per Warenkonto	1	336	60

in Magdeburg Credit. Seite 20.

1898					
Januar	25	Per Warenkonto	1	19	60
			ℳ	19	60

in Erfurt Credit. Seite 21.

1898					
Februar	1	Per Warenkonto	2	41	65

in Magdeburg Credit. Seite 22.

1898					
Februar	4	Per Warenkonto . . .	2	132	—
			ℳ	132	—

Seite 23. Debet. D. B. Stühr

1898					
Februar	10	An Kassakonto	23	160	05
„	28	„ Saldo		16	—
			ℳ	176	05

Seite 24. Debet. Salzwerk

1898					
Februar	10	An Kassakonto	22	170	—

Seite 25. Debet. M. Michel

5. Haupt-
Kassa-

Seite 1. Debet.

Jahr, Monat	Tag		Seite des Nebenbuches	ℳ	₰
1898					
Januar	1	An Saldo-Vortrag von Seite .	10	2732	30
„	31	„ 6 Creditores (Einnahme) .	22	2431	20
Februar	28	„ 6 dto. dto.	23	2356	60
			ℳ	7520	10
1898					
März	1	An Saldo-Vortrag	ℳ	1819	88

Seite 2. Debet. Waren-

1898					
Januar	1	An Saldo-Vortrag von Seite	15	4407	25
„	31	„ 8 Creditores Einkäufe	1	1814	32
„	31	„ Kassakonto, Frachten	21	36	45
Februar	28	„ 10 Creditores Einkäufe . . .	2	1549	02
„	28	„ Kassakonto, Frachten	23	6	25
„	28	„ Gewinn- und Verlustkonto Gewinn .	17	693	20
			ℳ	8506	49
1898					
März	1	An Saldo-Vortrag, Warenvorrat .	ℳ	3989	05

in Magdeburg Credit. Seite 23.

1898					
Januar	28	Per Warenkonto . .	2	160	05
Februar	26	„ dto.	2	16	—
			M	176	05
1898					
März		Per Saldo-Vortrag	*M*	16	—

in Schönebeck Credit. Seite 24.

1898					
Februar	8	Per Warenkonto	2	170	—

in Quedlinburg Credit. Seite 25.

1898					
Februar	21	Per Warenkonto	2	129	72

buch.
konto. Credit. Seite 1.

Jahr, Monat	Tag		Seite des Nebenbuches	*M*	*S*
1898					
Januar	31	Per 11 Debitores Ausgabe .	22	3916	42
Februar	28	„ 14 dto. dto .	23	1783	80
„	28	„ Saldo		1819	88
			M	7520	10

konto. Credit. Seite 2.

1898					
Januar	31	Per Kassakonto	21	2314	20
„	31	„ H. Simonis Diskont . . .	17	2	90
Februar	28	„ Kassakonto	22	2177	10
„	28	„ 4 Debitores	17	23	24
„	28	„ Saldo Warenvorrat . .		3989	05
			M	8506	49

Seite 4. Debet. Inventar-

1898					
Januar	1	An Saldo-Vortrag von Seite	75	457	—
„	31	„ Kassakonto, Anschaffung . . .	21	21	—
Februar	28	„ dto. dto.	22	39	75
			ℳ	517	75
1898					
März	1	An Saldo-Vortrag	ℳ	503	—

Seite 5. Debet. Kreissparkassen-

1898					
Januar	1	An Saldo-Vortrag von Seite	80	33	82

Seite 6. Debet. Geschäftsguthabenkonto

1898					
Februar	28	An Kassakonto, Rückzahlung	22	45	40
„	28	„ Saldo		2849	35
			ℳ	2894	75

Seite 7. Debet. Reservefonds-

1898					
Februar	28	An Saldo	ℳ	805	52
			ℳ	805	52

konto. Credit. Seite 4.

1898					
Februar	11	Per Kassakonto verkaufter Schrank .	23	4	50
„	28	„ Gewinn- u. Verlustkonto Abschreibung	18	10	25
„	28	„ Saldo		503	—
			ℳ	517	75

konto. Credit. Seite 5.

der Mitglieder. Credit. Seite 6.

1898					
Januar	1	Per Saldo-Vortrag von Seite	211	2310	75
„	31	„ Kassakonto, Einzahlungen . . .	21	39	—
„	31	„ Dividendenkonto, Zuschreibung . .	17	497	—
Februar	28	„ Kassakonto	23	48	—
			ℳ	2894	75
1898					
März	1	Per Saldo-Vortrag	ℳ	2849	35
„	15	„ Dividendenkonto, Zuschreibung . .	18	64	99

konto. Credit. Seite 7.

1898					
Januar	1	Per Saldo-Vortrag von Seite . . .	89	794	52
„	31	„ Kassakonto, Eintrittsgelder	22	8	—
Februar	28	„ dto. dto.	23	3	—
			ℳ	805	52
1898					
März	1	Per Saldo-Vortrag	ℳ	805	52
„	15	„ Gewinn- und Verlustkonto	„	56	40

Seite 8. Debet. Kautions=

1898 Februar	28	An Saldo	ℳ	1600	—
			ℳ	1600	—

Seite 9. Debet. Lagerhalter=

1898 Januar	2	An Kassakonto	21	125	—
Februar	28	„ Warenkonto, Fehlbetrag	17	17	74
„	28	„ Saldo		57	26
			ℳ	200	—

Seite 10. Debet. Dividenden=

1898 Januar	30	An Kassakonto	21	2134	—
„	31	„ Geschäftsguthabenkonto, übertragen .	17	497	—
			ℳ	2631	—
1898 März	15	An Geschäftsguthabenkonto, übertragen .	18	64	99

Seite 11. Debet. Lieferanten=

1898 Januar	31	An Forderung für Fastagen aus alter Rechnung an Hering, Helmstedt . .		22	—
„	31	„ Kassakonto	21	1584	77
„	31	„ Warenkonto	17	2	90
Februar	28	„ Kassakonto	23	1591	55
„	28	„ Warenkonto	17	5	50
„	28	„ Saldo		469	72
			ℳ	3676	44

konto. Credit. Seite 8.

1898					
Januar	1	Per Saldo-Vortrag, Lgrhltr. Frisch ℳ 1000 / Kassierer Zelle „ 500	12	1500	—
Februar	6	„ Kassakonto, Kassierer Zelle	23	100	—
			ℳ	1600	—
1898					
März	1	Per Saldo-Vortrag, Lgrhltr. Frisch ℳ 1000 / Kassierer Zelle „ 600	ℳ	1600	—

konto. Credit. Seite 9.

1898					
Januar	1	Per Saldo-Vortrag (Gehaltsrest) . .	123	125	—
Februar	28	„ Unkostenkonto (Gehaltsrest) . . .	17	75	—
			ℳ	200	—
1898					
März	1	Per Saldo-Vortrag	ℳ	57	26

konto. Credit. Seite 10.

1898					
Januar	1	Per Saldo-Vortrag (Dividende) von Seite	124	2631	—
			ℳ	2631	—
1898					
März	15	Per Gewinn- und Verlustkonto	18	487	19

konto. Credit. Seite 11.

1898					
Januar	1	Per Saldo-Vortrag . . .		291	10
„	5	„ Kassakonto, Hering .	22	22	—
„	31	„ Warenkonto . . .	2	1814	32
Februar	28	„ „	2	1549	02
			ℳ	3676	44
1898					
März	1	Per Saldo-Vortrag	ℳ	469	72

Seite 13. Debet. **Gewinn- und Verlust-**

1898					
Februar	28	An 2 Creditores	18	201	30
		„ Saldo		563	90
			M	765	20

Seite 26. Debet. **Lieferantengewinn-**

1898					
Februar	28	An Gewinn- und Verlustkonto	17	72	—
			M	72	—

Seite 27. Debet. **Unkosten-**

1898					
Januar	31	An Kassakonto	21	15	20
Februar	28	„ dto.	23	100	85
„	28	„ Lagerhalter Frisch, Gehaltsrest . . .	17	75	—
			M	191	05

Seite 28. Debet. **Dispositionsfonds-**

Seite 29. Debet. **Bilanz-**

1898					
Februar	28	An Kassakonto	1	1819	88
„	28	„ Warenkonto	2	3989	05
„	28	„ Inventarkonto	4	503	—
„	28	„ Kreissparkassenkonto	5	33	82
			M	6345	75

IV. Die amerikanische Buchführung

wird in neuerer Zeit öfter angewendet, sie hat sich Freunde erworben, indes ist bei dieser Buchführung die Voraussetzung, daß man nicht zu viele Konten zu führen hat, weil die dabei nötige tabellarische Form schon an und für sich ein großes Format erfordert und eine

konto. Credit. Seite 13.

1898 Februar	28	Per 2 Debitores . . .	17	765	20
			ℳ	765	20
1898 März	1	Per Bilanzkonto	ℳ	563	90

konto. Credit. Seite 26.

1898 Januar	31	Per Kassakonto (Rabatt) . .	21	48	—
Februar	28	„ dto.	23	24	—
			ℳ	72	—

konto. Credit. Seite 27.

1898 Februar	28	Per Gewinn- und Verlustkonto	18	191	05
			ℳ	191	05

konto. Credit. Seite 28.

1898 März	15	Per Gewinn- und Verlustkonto	18	20	31

konto. Credit. Seite 29.

1898 Februar	28	Per Geschäftsguthabenkonto .	6	2 849	35
„	28	„ Reservefondskonto	7	805	52
„	28	„ Kautionskonto . . .	8	1 600	—
„	28	„ Lagerhalterkonto		57	26
„	28	„ Lieferantenkonto		469	72
„	28	„ Gewinn- und Verlustkonto	9	563	90
			ℳ	6 345	75

Auseinanderrechnung stattfinden müßte, wenn man gezwungen sein würde, mehre Konten in der Rubrik „Verschiedene Konten" zu führen.

Die Vorzüge bestehen in der fortwährenden Entwickelung eines klaren Bildes des ganzen Geschäftsstandes. Man erkennt leicht das

Vermögen und die Schulden und unschwer sind die Fehler einer nicht stimmenden Bilanz aufzufinden.

Ist das Zahlenwerk demnach ein auf allen Konten geregeltes, so findet sich doch kein Raum, um auf Spezialitäten einzugehen, es sind mehr summarische Buchungen und es wird zweckentsprechend sein, wenn man z. B. das Einkaufsbuch mit den Eintragungen der Lieferantenrechnungen beibehält.

Würde es nun auch möglich sein, nur das „Tagebuch" zu sämtlichen Buchungen zu verwenden, so wäre doch immer die Voraussetzung, daß alle Waren sofort bar bezahlt werden; wenn Konsumvereine Waren auf Kredit entnehmen, so wird die Beibehaltung eines Hauptbuches, worin jeder Lieferant ein Konto hat, notwendig. Auch die sachlichen Konten sind besser im Hauptbuche zu führen.

Der Grundgedanke bleibt genau der der doppelten Buchführung, wie wir ihn an jener Stelle erläutert haben. Man hat demnach stets dem Geber — Gläubiger — einen Nehmer — Schuldner — gegenüber zu stellen und nur darauf zu achten, daß man im unten beschriebenen Tagebuche stets in die richtigen Rubriken bucht.

Das Tagebuch.

Der Anfang wird mit der vorjährigen Bilanz gemacht, wie sie beim Beginn der einfachen Buchführung aufgestellt ist. Demnach belastet man, wie im Tagebuche ersichtlich, die Schuldner, das sind 1) das Kassakonto für den Geldbestand, 2) einen Warenlieferanten mit Mk. 22,—, 3) das Warenkonto für vorhandene Waren, 8) das Inventarkonto, Wert des Inventars, 9) Verschiedene Konten, Sparkasse Mk. 33,82 und erkennt oder schreibt gut den Gläubigern 2) Waren-Lieferantenkonto, Schuld für Waren, 4) Geschäftsguthaben der Mitglieder, 5) Reservefondskonto, 9) Verschiedene Konten, Kautionen, Gehaltsrest und die den Mitgliedern noch schuldige Dividende. Es stimmen nun die Schuldner und Gläubiger genau überein. 9) Verschiedene Konten sind diejenigen, welche nur ganz ausnahmsweise vorkommen und für welche nicht besondere Rubriken bestimmt werden können.

Man bucht alle Geschäftsvorfälle der Zeitfolge nach. Unter Nr. 2 findet sich, daß das Kassakonto Mk. 125 hergab, zahlte, daher für Mk. 125 zu erkennen war, dagegen nahm das Konto 9 Verschiedenes hin, es wurde also belastet mit Mk. 125 für gutgeschriebenes, noch schuldiges Gehalt.

Nr. 3. Ladenkasse. 1) Das Kassakonto nahm hin Mk. 205, wurde belastet, 3) das Warenkonto gab her, wurde erkannt.

Nr. 4. 1) Das Kassakonto zahlte aus Mk. 15, wurde erkannt, 8) das Inventarkonto nahm hin eine Tafelwage, wurde daher belastet.

Nr. 5. 1) Das Kassakonto nahm von Mitglied Zander hin Mk. 11, war zu belasten, dagegen waren dem Zander Mk. 10 und dem Reservefonds Mk. 1 gutzuschreiben.

Nr. 6. 2) Waren-Lieferantenkonto. Großeinkaufs-Gesellschaft lieferte Waren, sie waren ihr daher gutzuschreiben, 3) Warenkonto nahm sie hin, es war dafür zu belasten.

Nr. 7. 1) Kassakonto erhielt von Hering Mk. 22, daher Belastung, 2) Waren-Lieferantenkonto gab sie her, also Gutschrift.

Nr. 11. 2) Waren-Lieferantenkonto. Simmons zogen wir für Skonto ab Mk. 2,90, belasteten denselben, 3) Warenkonto kamen sie dagegen zu gut, es wurde dafür erkannt.

Nr. 13. 1) Kassakonto gab her für Zahlung an Simmons, 2) Waren-Lieferantenkonto erhielt sie, war demnach zu belasten.

Nr. 14. Fracht wurde gezahlt, also 1) dem Kassakonto gutgeschrieben, 2) dem Warenkonto als Verteuerung der Ware belastet.

Nr. 17. 1) Kassakonto gab her für Depesche 60 Pf., daher Gutschrift, 7) Unkostenkonto zur Last zu schreiben.

Nr. 23. Bäcker Sander zahlte für Rabatt, Belastung des Kassakontos, dagegen Gutschrift für das Lieferanten-Gewinnkonto.

Nr. 50. 1) Das Kassakonto gab her für Dividende, daher Gutschrift, unter 9) Verschiedene Konten, war die Dividende gebucht, dort mußte daher die Belastung stattfinden.

Diese Beispiele werden genügen, um klar zu stellen, daß, da die gleichen Summen belastet und auch gutgeschrieben sind, Schuldner und Gläubiger übereinstimmen müssen.

Um in dem vorliegenden Werke Raum zu sparen, ist der Monat Februar nicht weiter durchgeführt, sondern es sind nur die entstehenden Endsummen eingestellt.

Man verfährt nun mit den Monatsabschlüssen so, daß man die oben angegebenen Bilanzposten, welche bereits im Hauptbuche notiert stehen, abrechnet; ebenso macht man es mit den Gesamtposten des Januar und jedes folgenden Monats, wodurch sich dann ergibt, welche Summen den einzelnen Konten zu belasten oder gutzuschreiben sind; dies geschieht dann im Memorial, worüber unten die Erläuterung folgt. Wollte man die Summen bis zum Jahresschlusse nicht fort-

15*

während zurechnen, so käme man nicht zu der oben erwähnten klaren Übersicht des ganzen Rechnungswerkes zu jeder beliebigen Zeit.

Sieht man nun, daß das Kassakonto vereinnahmt hatte, also

belastet war mit	Mk. 5163,50
dagegen für die Ausgaben erkannt war mit . . .	„ 3916,42
so ist also ein Kassenbestand vorhanden von . . .	Mk. 1247,08

ganz so, wie er sich bei den Kassabüchern der einfachen und der doppelten Buchführung ergibt.

Das Waren-Lieferantenkonto zeigt im Credit, daß wir für

Waren schuldig geworden waren	Mk. 2127,42
dagegen wurden bezahlt oder sonst belastet	„ 1609,67
so findet sich, daß der Verein noch schuldet	Mk. 517,75

Das Memorial.

Man bucht nach der oben beschriebenen Art die Debitoren (Schuldner) und die Creditoren (Gläubiger) und findet nun, daß die Monatsbilanz ganz genau stimmt.

Monatlich werden die Überträge der im Memorial gebuchten Posten in das Hauptbuch bewirkt.

Wenn die Konten des Hauptbuches am Ende der Rechnungsperiode abgeschlossen werden, so stellen sich die Buchungen so, wie im Memorial der doppelten Buchführung angegeben und beschrieben ist.

Das Lieferantenkontobuch

ist in derselben Weise zu führen, wie bei der einfachen und doppelten Buchführung auf den Seiten 163 und 203 erläutert ist.

Das Hauptbuch.

Die Führung desselben weicht nicht von der der doppelten Buchführung ab, nur überträgt man der Hauptsache nach aus dem Tagebuche und jeden Monatsschluß aus dem Memorial. Im Tagebuche und Memorial schreibt man die Seitenzahlen des Hauptbuches im Hauptbuche die Nummer der Buchung und die Seitenzahl des Memorials dazu.

Die unter Nr. 10—14 bei der Darstellung der einfachen Buchführung aufgeführten Nebenbücher (Seite 168—170) sind selbstverständlich auch bei der amerikanischen Buchführung erforderlich.

Tag	Seitenzahl des Hauptbuchs	Monat Januar 1898 Gegenstand der Buchung	Belag-Nr.	Deb (So
1		Bilanz (Anfang der Buchungen)		2732
		Kreissparkasse		
		Kautionen des Kassierers und Lagerhalters		
		Lagerhalter Frisch Gehaltsrest		
		Dividendenkonto		
2	9	Lagerhalter Frisch erhielt Gehaltsrest	1	
3		Ladenkasse vom Lagerhalter Frisch		205
3		gekaufte Tafelwage	2	
4		Carl Zander, Arbeiter, Buch 121 und Eintrittsgeld		11
4	14	Großeinkaufsgesellschaft in Hamburg, Rechnung über Petroleum u. Kaffee	3	
5	3	Ernst Hering in Helmstedt, sandte bar		22
5	15	Fr. Dittler in Magdeburg, Rechnung über Reis	5	
6		Louis Günther, Böttcher, Buch 122 und Eintrittsgeld		6
7		Ladenkasse		212
8	11	Heinr. Simmons in Braunschweig, Skonto		
8	16	Brämer & Sohn in Mühlhausen, Rechnung über Zigarren	6	
8	11	Heinr. Simmons in Braunschweig, sandten ihm	7	
8		Fracht auf Petroleum und Kaffee	8	
9		Heinr. Hoppe, Schlossermeister, Buch 123 und Eintrittsgeld		3
9		Chr. Lange, Arbeiter, Buch 124 und Eintrittsgeld		4
9		Depesche		
10		Ladenkasse		254
10		gekaufte Petroleumkanne	9	
11		verkaufte 2 Barrels		9
11		Anstrich des Ladentisches	10	
12	17	Zucker & Beutel in Magdeburg, Rechnung über Zucker	11	
12		Bäcker Sander entnahm 200 M Dividendenmarken u. zahlte Rabatt à 10 %	12	20
12		Ladenkasse		205
12	14	Großeinkaufsgesellschaft in Hamburg, sandten ihr	13	
12	15	Fr. Dittler in Magdeburg, zahlten ihm	14	
13	16	Brämer & Sohn in Mühlhausen, sandten ihnen	15	
13		Schlächter Meier, Rabatt auf 300 M Dividendenmarken à 6 %	16	18
13		Reisekosten zum Börsentag	17	
14		Ferd. Wille, Buchhalter, Buch 125 und Eintrittsgeld		5
15		Ladenkasse		203
15		Botenlohn	18	
16	18	Gebr. Hammer in Magdeburg, Rechnung über Schmalz und Heringe	19	
16		Sack und Kiste verkauft		1
		Übertrag auf folgende Seite		3910

Tagebuch.

1			2				3				4				
…assakonto			Warenlieferanten-konto				Warenkonto				Geschäftsguthaben der Mitglieder				Rese…
…et (…ll)	Credit (Haben)		Debet		Credit		Debet		Credit		Debet		Credit		Deb…
30	—	—	22	—	291	10	4407	25	—	—	—	—	2310	75	—
	125	—													
—									205	—					
	15	—													
—															
													10	—	
					294	58	294	58							
—					22	—									
					161	04	161	04							
—															
													5	—	
—									212	—					
			2	90					2	90					
					218	75	218	75							
	288	20	288	20											
	34	10					34	10							
—															
													2	—	
—													3	—	
	—	60													
—									254	—					
	4	—													
—									9	—					
	2	10													
					255	40	255	40							
—															
—									205	—					
	294	58	294	58											
	161	04	161	04											
	217	25	217	25											
—															
	6	—													
—													4	—	
—									203	—					
	1	—													
					368	30	368	30							
20									1	20					
50	1148	87	985	97	1611	17	5739	42	1092	10	—	—	2334	75	—

6				7				8				9			
ferantengewinn-konto				Unkostenkonto				Inventarkonto				Verschiedene Konten			
bet		Credit		Debet		Credit		Debet		Credit		Debet		Credit	
—	—	—	—	—	—	—	—	457	—	—	—				
												33	82		
														1500	—
														125	—
														2631	—
												125	—		
								15	—						
				—	60										
								4	—						
				2	10										
		20	—												
		18	—												
				6	—										
				1	—										
—	—	38	—	9	70	—	—	476	—	—	—	158	82	4256	—

Lfde. Nr.	Tag	Seitenzahl des Hauptbuchs	Monat Januar 1898 Gegenstand der Buchung
			Übertrag . .
35	18		Ladenkasse . . . .
36	18		Reparaturen . . . .
37	19	19	Dampfmühle in Perleberg, Rechnung über Mehl . . . .
38	19		Fracht auf Zigarren . . . .
39	19		Gottl. Pilz, Schmied, Buch 126 und Eintrittsgeld . . . . . .
40	21		Ladenkasse . . . .
41	22		gekauftes Litermaß . . . .
42	24		Ladenkasse . . . .
43	25	20	Limmrich & Co. in Magdeburg, Rechnung über Cichorien . . .
44	25		Wilh. Schott, Arbeiter, Buch 127 und Eintrittsgeld . . . .
45	26		Gust. Fromme, Arbeiter, Buch 128 und Eintrittsgeld . . . . . .
46	27		Ladenkasse . . . .
47	28		Bäcker Sander, Rabatt auf ℳ 100 Dividendenmarken à 10 % . . .
48	28	23	D. B. Stühr in Magdeburg, Rechnung über Linsen und Bohnen . .
49	30	17	Zucker & Beutel in Magdeburg, zahlten ihnen . . . .
50	30	10	gezahlte Dividende an die Mitglieder . . . .
51	31	6	Dividendenzuschreibung auf Geschäftsguthaben der Mitglieder . . .
52	31	18	Gebr. Hammer in Magdeburg, zahlten ihnen . . . .
53	31		Ladenkasse . . . .
54	31		Summen des Monats Januar . .
			Monat Februar 1898
			Hier ist nur die Endsumme aller Konten gebucht . . . .
			Summe bis Ende Februar . .
			Belastung und Gutschrift schließen ab mit ℳ 22101,87.

Tagebuch.

		2 Warenlieferantenkonto				3 Warenkonto				4 Geschäftsguthaben der Mitglieder				5 Reservefondsko		
dit		Debet		Credit		Debet		Credit		Debet		Credit		Debet		Cre
	87	985	97	1611	17	5739	42	1092	10	—	—	2334	75	—	—	799
								200	—							
	50															
				336	60	336	60									
	35					2	35									
												6	—			1
								230	—							
	—															
								210	—							
				19	60	19	60									
												8	—			1
												1	—			1
								255	—							
				160	05	160	05									
5	40	255	40													
4	—															
												497	—			
3	30	368	30													
								330	—							
5	42	1609	67	2127	42	6258	02	2317	10	—	—	2846	75	—	—	80
3	80	1597	05	1549	02	1555	27	2200	34	45	40	48	—	—	—	
)	22	3206	72	3676	44	7813	29	4517	44	45	40	2894	75	—	—	805

…nto		6 Lieferantengewinn-konto				7 Unkostenkonto				8 Inventarkonto				9 Verschiedene Konten			
…dit		Debet		Credit		Debet		Credit		Debet		Credit		Debet		Credit	
)	52	—	—	38	—	9	70	—	—	476	—	—	—	158	82	4256	—
						5	50										
l	—																
										2	—						
l	—																
l	—																
				10	—												
														2134	—		
														497	—		
2	52	—	—	48	—	15	20	—	—	478	—	—	—	2789	82	4256	—
3	—	—	—	24	—	175	85	—	—	39	75	4	50	17	74	175	—
5	52	—	—	72	—	191	05	—	—	517	75	4	50	2807	56	4431	—

Seite 19.

Memorial für amerikanische Buchführung

Monat Januar 1898

Hauptbuch-Seite				
		Debet (Soll)		
		aus dem Tagebuch nach Abrechnung der Bilanzsummen, welche auf den Konten des Hauptbuches bereits eingetragen sind:		
1	31	Per Kassakonto Einnahme ℳ	2431	20
11		„ Waren-Lieferantenkonto .	1587	67
2		„ Warenkonto .	1850	77
27		„ Unkostenkonto	15	20
4		„ Inventarkonto	21	—
9		„ Lagerhalterkonto . .	125	—
10		„ Dividendenkonto	2631	—
		ℳ	8661	84
		Credit (Haben)		
1	31	An Kassakonto Ausgabe . ℳ	3916	42
11		„ Waren-Lieferantenkonto .	1836	32
2		„ Warenkonto	2317	10
6		„ Geschäftsguthabenkonto der Mitglieder . .	536	—
7		„ Reservefondskonto . . .	8	—
26		„ Lieferanten-Gewinnkonto . . .	48	—
		ℳ	8661	84

Seite 20.

Memorial.

Monat Februar 1898

	28	nach Abrechnung der Gesamtsummen bis Ende Januar:		
		Debet (Soll)		
1		Per Kassakonto, Einnahme . ℳ	2356	60
11		„ Waren-Lieferantenkonto .	1597	05
2		„ Warenkonto .	1555	27
6		„ Geschäftsguthabenkonto der Mitglieder . .	45	40
27		„ Unkostenkonto .	175	85
4		„ Inventarkonto . .	39	75
9		„ Lagerhalterkonto	17	74
		ℳ	5787	66
		Credit (Haben)		
1	28	An Kassakonto, Ausgabe ℳ	1783	80
11		„ Waren-Lieferantenkonto .	1549	02
2		„ Warenkonto . .	2200	34
6		„ Geschäftsguthabenkonto der Mitglieder . .	48	—
7		„ Reservefondskonto .	3	—
26		„ Lieferanten-Gewinnkonto	24	—
4		„ Inventarkonto (Schrank verkauft)	4	50
8		„ Kautionskonto . . .	100	—
9		„ Lagerhalterkonto	75	—
		ℳ	5787	66

Fünfzehntes Kapitel.

Statutenentwürfe, Geschäftsanweisungen, Formulare.

Formular 1.

Statutenentwurf

für einen

Konsumverein als eingetragene Genossenschaft mit beschränkter Haftpflicht.

Statut

des

Konsumvereins zu . . . .

eingetragene Genossenschaft mit beschränkter Haftpflicht.

Die Unterzeichneten[1]) treten nach Maßgabe der Bestimmungen des nachstehenden Statuts zu einer Genossenschaft zusammen.[2])

A. Firma, Sitz und Gegenstand des Unternehmens.

§ 1.[3])

Die Genossenschaft führt die Firma . . . . eingetragene Genossenschaft mit beschränkter Haftpflicht, und hat ihren Sitz zu . . . .

Gegenstand des Unternehmens ist der gemeinschaftliche Einkauf von Lebens- und Wirtschaftsbedürfnissen im großen und Ablaß im kleinen an die Mitglieder.

B. Betriebskapital.[4])

§ 2.

Das Betriebskapital besteht:

1. aus dem Genossenschaftsvermögen, welches gebildet wird durch Eintrittsgelder, Einzahlungen auf den Geschäftsanteil und Zuschreibungen vom Jahresgewinn zu den Geschäftsguthaben und zu dem Reservefonds;
2. aus fremden Geldern, welche nach dem durch den Umfang der Geschäfte gebotenen Bedürfnisse aufgenommen werden.

---

1) Das Statut kann gedruckt sein; wegen der Unterzeichnung vgl. S. 9, 19.

2) Für den Fall, daß eine bereits bestehende eingetragene Genossenschaft ihr Statut einer vollständigen Revision unterzieht, wählt man folgende Überschrift:

Abgeändertes Statut des Konsumvereins zu . . . . eingetragene Genossenschaft mit beschränkter Haftpflicht. Der seit dem Jahre 18 . . bestehende Konsumverein, eingetragene Genossenschaft mit beschränkter Haftpflicht, hat nach Maßgabe der Beschlüsse der Generalversammlung vom . . . . sein Statut wie folgt abgeändert.

3) § 2 Ziff. 1, § 3, § 6, Ziff. 1 u. 2 des Ges.

4) Vgl. S. 66 ff.

C. Ordnung und Leitung der Genossenschaftsangelegenheiten. Organe der Genossenschaft.

§ 3.

Der Verein ordnet seine Angelegenheiten unter Teilnahme aller seiner Mitglieder. Seine Organe sind: [1])

1. der Vorstand,
2. der Aufsichtsrat,
3. die Generalversammlung.

I. Vom Vorstande.[2])

a) Zusammensetzung und Wahl.

§ 4.

Der Vorstand besteht aus[3])

1. dem Geschäftsführer,
2. dem Kassierer,
3. dem Kontrolleur,

und wird in der Generalversammlung auf Vorschlag des Aufsichtsrats in getrennten Wahlakten nach absoluter Stimmenmehrheit mittelst Stimmzettel gewählt.[4])

Die Vorstandsmitglieder werden auf gegenseitige dreimonatliche Kündigung gewählt. Für die Genossenschaft erfolgt die Kündigung auf Antrag des Aufsichtsrats durch Beschluß der Generalversammlung.

Erhält der Vorgeschlagene die Mehrheit nicht, so muß der Aufsichtsrat in derselben oder in einer anderen Versammlung weitere Vorschläge machen.

Der Aufsichtsrat kann den von der Generalversammlung abgelehnten Vorschlag wiederholen.[5])

Die Wiederwahl derselben Personen nach Ablauf der Wahlperiode ist zulässig.[6])

---

[1]) §§ 9, 43 des Ges. S. 30 ff.

[2]) Vgl. S. 39 ff.

[3]) Die Mitglieder des Vorstandes müssen Genossen sein (§ 9 Abs. 2 des Ges.), brauchen aber nicht aus der Mitte der Genossen gewählt werden; es genügt, wenn sie beim Antritt des Amtes bezw. der Anmeldung zum Genossenschaftsregister Genossen sind.

[4]) Über die Wahl durch die Generalversammlung S. 40 ff., § 24 des Ges.

[5]) Hält der Aufsichtsrat den vorgeschlagenen Kandidaten für besonders geeignet und glaubt er, daß die Ablehnung durch die Generalversammlung weder dem Interesse der Genossenschaft, noch der Ansicht der wirklichen Mehrheit der Mitglieder entspricht, da z. B. die Generalversammlung schlecht besucht war, so ist er berechtigt, den Kandidaten nochmals vorzuschlagen (S. 41).

[6]) Die Neuwahlen sind sofort bei dem Gericht unter Einreichung einer Abschrift des Wahlprotokolls durch die sämtlichen Vorstandsmitglieder persönlich zu bewirken oder in beglaubigter Form einzureichen; die neuen Mitglieder haben ihre Unterschrift vor dem Gericht zu zeichnen oder die Zeichnung in beglaubigter Form einzureichen (§§ 10, 11 und 28 des Ges.). Wiederwahlen sind nicht anzumelden. Die Veröffentlichung der Eintragung durch das Gericht erfolgt im Falle jeder Änderung im Vorstande (§ 29 des Ges.).

Lagerhalter, Lieferanten, Agenten oder Konkurrenten des Vereins, sowie die Mitglieder des Aufsichtsrates können nicht Mitglieder des Vorstandes sein.

b) Befugnisse und Geschäftsführung des Vorstandes.

§ 5.

Der Vorstand vertritt die Genossenschaft gerichtlich und außergerichtlich nach den ihm in Abschnitt III des Genossenschaftsgesetzes erteilten Befugnissen und zeichnet für dieselbe.

Die Zeichnung geschieht in der Weise, daß die Zeichnenden zu der Firma der Genossenschaft ihre Namensunterschrift hinzufügen. Zwei Vorstandsmitglieder können rechtsverbindlich für die Genossenschaft zeichnen und Erklärungen abgeben.[1])

§ 6.

Der Vorstand führt die Vereinsgeschäfte selbständig, soweit er nicht durch das gegenwärtige Statut oder Gesellschaftsbeschlüsse oder besondere Geschäftsanweisung[2]) darin beschränkt und an die Genehmigung des Aufsichtsrates oder der Generalversammlung gewiesen ist.[3])

§ 7.

Über alle in Genossenschaftsangelegenheiten zu treffenden Maßnahmen und über alle abzuschließenden Geschäfte beschließt der Vorstand nach Stimmenmehrheit unter Leitung des Geschäftsführers in Sitzungen, die teils regelmäßig stattfinden, teils von letzterem unter Bezeichnung der Gegenstände der Verhandlung berufen werden, so daß mindestens zwei Vorstandsmitglieder über jede Maßregel einig sein müssen, welche in Vereinsangelegenheiten vorgenommen werden soll.[4]) Mitglieder des Vorstandes, welche bei einem zu beratenden Gegenstande beteiligt sind, dürfen während der Beratung über diesen Gegenstand der Sitzung nicht beiwohnen.

Die Beschlüsse sind protokollarisch in ein dazu bestimmtes Buch einzutragen und von den Beteiligten zu unterschreiben.[5])

§ 8.

Die Vorstandsmitglieder müssen auf Erfordern den Sitzungen des Aufsichtsrates beiwohnen und alle Aufschlüsse erteilen, welche der Aufsichtsrat verlangt. Bei der Beschlußfassung haben die Mitglieder des Vorstandes nicht mitzuwirken.

§ 9.[6])

Der Vorstand hat in jeder ordentlichen Sitzung des Aufsichtsrates über den Wareneinkauf und -verkauf zu berichten.

---

[1]) Über das Erfordernis der Doppelzeichnung vgl. S. 43.

[2]) Formular Nr. 9.

[3]) Über die Wirkung der Beschränkung § 27 des Ges. Über Beschränkungen S. 37 ff. Über das Verhältnis des Vorstandes zum Aufsichtsrat S. 37 ff.

[4]) Über die gesetzlichen und regelmäßigen Obliegenheiten des Vorstandes vgl. S. 43.

[5]) Vgl. S. 44 und Formular Nr. 5.

[6]) Für Genossenschaften mit größerem Betriebe sind folgende Vorschriften zu empfehlen:

§ 9. Der Vorstand hat in jeder ordentlichen Sitzung des Aufsichtsrates über den Wareneinkauf und -verkauf zu berichten.

Außerdem hat der Vorstand am Schlusse jedes Monats einen die Einnahmen und Ausgaben des ganzen Monats umfassenden Rechnungsauszug nebst Geschäfts-

Er hat am Schlusse jedes Monats eine allgemeine Geschäftsübersicht dem Aufsichtsrate einzureichen,[1]) am Jahresschlusse die Jahresrechnung aufzustellen, dem Aufsichtsrate vorzulegen und der Generalversammlung über die Verwaltung des abgelaufenen Geschäftsjahres Bericht zu erstatten.

§ 10.

Die Mitglieder des Vorstandes haben die Sorgfalt eines ordentlichen Geschäftsmannes anzuwenden.[2])

Mitglieder des Vorstandes, welche ihre Obliegenheiten verletzt haben, haften der Genossenschaft persönlich und solidarisch für den dadurch entstandenen Schaden.

Insbesondere sind Vorstandsmitglieder zum Ersatze der geleisteten Zahlung verpflichtet, wenn entgegen der Bestimmung in § 19 des Gesetzes vor der Wiederergänzung eines durch Verlust verminderten Geschäftsguthabens Gewinnanteil an einen Genossen ausbezahlt ist, oder wenn entgegen der Bestimmung in § 22 des Gesetzes das Geschäftsguthaben eines Genossen, solange derselbe nicht ausgeschieden ist, ausbezahlt ist.

§ 11.

Die Art der Ausführung der Obliegenheiten des Vorstandes wird durch eine vom Vorstand und Aufsichtsrat zu entwerfende und von der Generalversammlung zu genehmigende Geschäftsanweisung geordnet.[3]) Die Geschäftsanweisung ist von den Mitgliedern des Vorstandes zu unterzeichnen.

§ 12.

Für den Fall der dauernden Verhinderung, des Ausscheidens oder des Todes eines der Vorstandsmitglieder vor Ablauf der Kündigungsfrist oder der Wahlzeit hat der Aufsichtsrat wegen der nötigen Stellvertretung sofort Fürsorge zu treffen und in den letzteren beiden Fällen die Nachwahl zu beantragen.[4])

---

bilanz dem Aufsichtsrate einzureichen, am Schlusse jedes Vierteljahres denselben in dem im § 67 bestimmten Blatte zu veröffentlichen, am Jahresschlusse die Jahresrechnung aufzustellen, dem Aufsichtsrate vorzulegen und der Generalversammlung über die Verwaltung des abgelaufenen Geschäftsjahres Bericht zu erstatten.

[1]) Es ist dies erforderlich, damit dem Aufsichtsrate ermöglicht wird, einen regelmäßigen Einblick in die Geschäftstätigkeit des Vorstandes und die Geschäftslage der Genossenschaft zu gewinnen und so eine zweckmäßige Kontrolle auszuüben; vgl. über die Tätigkeit des Aufsichtsrates S. 47 ff.

[2]) § 34 des Ges. S. 44 ff. — Über Ordnungsstrafen § 160 des Ges. — Über Form der Anmeldungen und Einreichungen S. 43, § 157 des Ges. §§ 6 u. 7 der Bekanntmachung, betr. die Führung des Genossenschaftsregisters vom 1. Juli 1899. — Für die Unterschriften der Vorstandsmitglieder bei schriftlicher Anmeldung genügt die Beglaubigung durch den Gemeindevorsteher oder die Polizeibehörde (§ 8 der Bekanntmachung). Es ist zu beachten, ob nach den Landesgesetzen diese Beglaubigungen stempelpflichtig sind; in Preußen unterliegen sie der Stempelgebühr von 1,50 Mk.

[3]) Vgl. S. 43 und Formular Nr. 9.

[4]) Die Stellvertreter sind zur Eintragung in das Genossenschaftsregister anzumelden (§ 35 des Ges.); als Legitimation dient Abschrift des Protokolls mit dem betreffenden Beschlusse des Aufsichtsrates. Der Stellvertreter hat seine Unterschrift bei dem Gericht zu zeichnen (vgl. S. 11, 12, § 4 des Statuts, Anm. 6, S. 238). Sobald eine solche, von dem Aufsichtsrat angeordnete Stellvertretung durch Wiedereintritt des verhinderten Vorstandsmitgliedes oder durch vollzogene Neuwahl erloschen ist, ist die Anmeldung zum Genossenschaftsregister durch die sämtlichen Vorstandsmitglieder, im Falle der stattgehabten Neuwahl also unter Mitwirkung des neugewählten Vorstandsmitgliedes, in gleicher Weise zu erstatten.

c) Enthebung der Vorstandsmitglieder von ihrem Amte.

§ 13.

Der Vorstand im ganzen, sowie jedes einzelne Mitglied desselben kann jederzeit durch Beschluß der Generalversammlung seines Amtes enthoben werden. Den Enthobenen steht nur nach Maßgabe der mit ihnen von der Genossenschaft abgeschlossenen Verträge ein Entschädigungsanspruch zu.[1])

Auch der vorläufigen Enthebung von den Geschäften durch den Aufsichtsrat haben sich die Mitglieder des Vorstandes zu fügen, vorbehaltlich der endgültigen Entscheidung durch die alsdann in kürzester Frist zu berufende Generalversammlung.[2])[3])

d) Besoldung und Kaution der Vorstandsmitglieder.

§ 14.

Die Vorstandsmitglieder erhalten aus der Vereinskasse eine Besoldung, welche in den Anstellungsverträgen vereinbart wird und der Genehmigung der Generalversammlung unterliegt.[4])[5])

Der Kassierer hat dem Verein Kaution zu stellen, welche in dem Anstellungsvertrage mit Genehmigung der Generalversammlung festgestellt wird.

II. Der Aufsichtsrat.[6])

a) Zusammensetzung und Wahl.

§ 15.

Der Aufsichtsrat besteht aus . . . Mitgliedern, welche in der Generalversammlung nach absoluter Stimmenmehrheit der in der Generalversammlung anwesenden Genossen in einem Wahlgange auf drei Jahre gewählt werden.[7])[8])

Wenn hierbei mehr Personen, als zu wählen sind, die absolute Mehrheit erhalten, so sind diejenigen gewählt, welche die meisten Stimmen erhalten

---

[1]) § 24 Abs. 3 des Ges.; § 22 Abs. 2 des Statuts.

[2]) § 40 des Ges.

[3]) Ueber Amtsenthebung der Vorstandsmitglieder nach § 40 des Ges. vgl. S. 43 u. 50. Die Amtsenthebung ist sofort zur Eintragung in das Genossenschaftsregister anzumelden, § 28 des Ges. (S. 43, § 4 des Statuts, Anm. 6 S. 238); die Anmeldung hat durch die im Amte verbliebenen Vorstandsmitglieder und für den Fall, daß Stellvertreter bestellt sind, durch die im Amte verbliebenen Vorstandsmitglieder und Stellvertreter gemeinschaftlich zu geschehen. In gleicher Weise ist zu verfahren, wenn infolge der durch den Aufsichtsrat verfügten vorläufigen Enthebung eines Vorstandsmitgliedes dessen Vollmacht auch nur einstweilig erloschen ist.

[4]) § 24 Abs. 3 des Ges.

[5]) Den Vertrag mit den Vorstandsmitgliedern schließt namens der Genossenschaft der Aufsichtsrat ab (vgl. Formular Nr. 8 u. Seite 46).

[6]) Vgl. S. 47 ff., §§ 9, 36 des Ges.

[7]) Ueber Vergütung des Aufsichtsrates vgl. § 36 Abs. 2 des Ges. u. S. 53.

[8]) Die Abschrift der Urkunde über die Bestellung des ersten Aufsichtsrates (nach der Konstituierung der Genossenschaft) ist der Anmeldung des Statuts beizufügen (§ 11 des Ges. u. S. 48). Die weiteren Wahlen sind nicht dem Gericht anzuzeigen.

haben. Wird dagegen die absolute Mehrheit beim ersten Wahlgange nicht erreicht, so kommt von denen, welche die meisten Stimmen erhalten haben, die doppelte Zahl der noch zu wählenden auf die engere Wahl und wird mit der engeren Wahl in derselben Art solange fortgefahren, bis für alle zu wählenden eine absolute Stimmenmehrheit erzielt ist. Bei Stimmengleichheit entscheidet das Los.

Die Aufsichtsratsmitglieder müssen Genossen sein.[1])

Die Wahlperiode beginnt und endet mit dem Geschäftsjahr.

§ 16.

Von den Mitgliedern des Aufsichtsrates scheidet alljährlich, und zwar zunächst im Jahr . . . ein Drittel aus und wird durch Neuwahl in der ordentlichen Generalversammlung ersetzt. In den ersten beiden Jahren entscheidet über die Reihenfolge des Ausscheidens das Los, später die Zeit des Eintritts der einzelnen. Die ausscheidenden Aufsichtsratsmitglieder sind wieder wählbar.

Im Falle des durch Tod oder durch andere Gründe herbeigeführten Ausscheidens eines Aufsichtsratsmitgliedes vor Ablauf seiner Wahlperiode hat die nächste Generalversammlung eine Neuwahl für den Rest der Wahlperiode vorzunehmen.[2])

b) Geschäftsführung.

§ 17.

Der Aufsichtsrat überträgt einem seiner Mitglieder den Vorsitz, einem anderen das Schriftführeramt und ernennt zugleich für beide, in Fällen der Abhaltung, Stellvertreter. Er faßt seine Beschlüsse nach Stimmenmehrheit der in seinen Sitzungen Erschienenen. Bei Stimmengleichheit gilt der Antrag als abgelehnt. Bei Wahlen entscheidet in diesem Falle das Los. Der Aufsichtsrat ist beschlußfähig, wenn die Mehrheit seiner Mitglieder anwesend ist.[3])

§ 18.

Zur Erledigung seiner Geschäfte hält der Aufsichtsrat allmonatlich eine ordentliche Sitzung ab.[4])

Außerordentliche Sitzungen hat der Vorsitzende des Aufsichtsrates zu berufen, wenn er dies für erforderlich hält, oder wenn der Vorstand oder der dritte Teil der Mitglieder des Aufsichtsrates solches unter schriftlicher Angabe der Beratungsgegenstände verlangen.

Mit der Einladung zu einer außerordentlichen Aufsichtsratsitzung sind die Gegenstände der Verhandlung den Mitgliedern des Aufsichtsrates bekannt zu machen.

§ 19.

Die Protokolle[5]) müssen die gefaßten Beschlüsse enthalten und werden von den anwesenden Mitgliedern des Aufsichtsrates, sowie von den anwesenden Vorstandsmitgliedern unterzeichnet.

---

[1]) Vgl. S. 47.
[2]) Vgl. S. 48.
[3]) § 36 Abs. 1 des Ges.
[4]) Vgl. S. 48.
[5]) Formular Nr. 6. Vgl. S. 49.

§ 20.

Aufsichtsratsmitglieder, welche bei zu beratenden Gegenständen beteiligt sind, dürfen den Verhandlungen über diese Gegenstände nicht beiwohnen.

c) Enthebung der Aufsichtsratsmitglieder vom Amte.

§ 21.

Aufsichtsratsmitglieder können von der Generalversammlung jederzeit ihres Amtes enthoben werden.[1]) Der Beschluß bedarf einer Mehrheit von drei Vierteilen der erschienenen Genossen. Der Antrag darauf steht dem Vorstande wie dem Aufsichtsrate zu und kann auch aus der Mitte der Genossen selbst hervorgehen.

In letzterem Falle kann er aber nur berücksichtigt werden, wenn er schriftlich mit Angabe der Gründe eingereicht und von dem zehnten Teil der Genossen unterstützt ist.

d) Obliegenheiten und Befugnisse des Aufsichtsrates.

§ 22.

Der Aufsichtsrat hat die Geschäftsführung in allen Zweigen der Verwaltung nach Maßgabe des § 38 des Gesetzes zu überwachen und muß sich deshalb über den Gang der Verwaltung stets unterrichtet halten.[2])[3])

Der Aufsichtsrat kann zu jeder Zeit von dem Vorstande über alle Angelegenheiten der Genossenschaft Bericht und Aufklärung verlangen, von den Büchern, Schriften und Urkunden Einsicht nehmen und den Bestand der Kasse, sowie die Bestände an Waren, an Wert- und Handelspapieren untersuchen. Er kann die Vorstandsmitglieder vorläufig, bis zur Entscheidung der demnächst zu berufenden Generalversammlung, von der Leitung der Geschäfte entfernen. In solchem Falle hat er wegen der einstweiligen Fortführung der Geschäfte durch Ernennung von Stellvertretern, sowie wegen Uebernahme der Kassenbestände, Waren, Dokumente, Bücher und Papiere der Genossenschaft die nötigen Anordnungen zu treffen.[4])

§ 23.[5])

Der Aufsichtsrat hat die monatlichen Geschäftsübersichten des Vorstandes[6]) zu prüfen und sich dabei die nötige Uebersicht über die Geschäfte zu verschaffen; er hat die Jahresrechnung, die Bilanz und die Vorschläge zur Verteilung von Gewinn und Verlust zu prüfen und darüber der General-

---

[1]) § 36 des Ges. S. 49.

[2]) S. 50, §§ 6, 8, 9, 12 des Statuts; über Einsetzung von Kommissionen S. 52, über Zuziehung Sachverständiger S. 52.

[3]) Die Mitglieder des Aufsichtsrates haben die Sorgfalt eines ordentlichen Geschäftsmannes anzuwenden, insbesondere sind sie zum Ersatz der Zahlung verpflichtet, wenn entgegen den Vorschriften in §§ 19, 22 des Gesetzes mit ihrem Wissen und ohne ihr Einschreiten der Gewinn oder das Geschäftsguthaben ausgezahlt worden ist (§ 41 des Ges., vgl. S. 52 und § 24 des Statuts).

[4]) § 40 des Ges. Vgl. Anm. zu § 12 des Statuts, S. 50 und § 13.

[5]) Falls größere Genossenschaften in § 9 bestimmen, daß der Vorstand am Schlusse jedes Monats Rechnungsauszüge nebst Geschäftsbilanz dem Aufsichtsrate einzureichen hat usw., würde die Einleitung zu § 23 lauten:

„Der Aufsichtsrat hat die monatlichen Rechnungsauszüge und Geschäftsbilanzen, die zu veröffentlichenden Vierteljahrsabschlüsse und die Jahresabschlüsse usw."

[6]) § 9 des Statuts; über Einsetzung von Kommissionen S. 52.

versammlung vor Genehmigung der Bilanz Bericht zu erstatten.[1]) Er hat eine Generalversammlung zu berufen, wenn dies im Interesse der Genossenschaft erforderlich erscheint.[2])

Der Aufsichtsrat hat bei den Revisionen durch den Verbandsrevisor mitzuwirken und in der nächsten Generalversammlung über das Ergebnis der Revision zu berichten.[3])

§ 24.

Das vom Aufsichtsrate bei seiner Geschäftstätigkeit einzuhaltende Verfahren wird in einer besonderen, vom Vorstande und Aufsichtsrate aufzustellenden, von der Generalversammlung zu genehmigenden Geschäftsanweisung bestimmt.[4])

Die Geschäftsanweisung muß von den Mitgliedern des Aufsichtsrates unterschrieben werden.

Die Mitglieder des Aufsichtsrates haben die Sorgfalt eines ordentlichen Geschäftsmannes anzuwenden. Mitglieder, welche ihre Obliegenheiten verletzen, haften der Genossenschaft persönlich und solidarisch für den dadurch entstandenen Schaden, insbesondere sind sie zum Ersatz der Zahlung verpflichtet, wenn entgegen den Vorschriften in §§ 19 und 22 des Gesetzes (alte und neue Fassung) mit ihrem Wissen und ohne ihr Einschreiten der Gewinn oder das Geschäftsguthaben ausgezahlt worden ist.

§ 25.

Der Vorstand hat die Genehmigung des Aufsichtsrates[5]) zu Einkäufen von Waren einzuholen, wenn die Beträge für die zu beschaffenden einzelnen Posten einer Warengattung . . . Mark übersteigen.

§ 26.

Über die nachstehend bezeichneten Angelegenheiten haben Vorstand und Aufsichtsrat in gemeinschaftlicher Sitzung[6]) zu beschließen:

1. über die Grundsätze der Geschäftsführung und die Einrichtung der Buchführung, über die Ausdehnung und die Beschränkung des Geschäftsbetriebes im ganzen und in einzelnen Geschäftszweigen, über die Aufstellung von Geschäftsordnungen, über die Festsetzung der Bedingungen für die einzelnen Geschäftszweige und über die Bestimmung der Geschäftsstunden;
2. über die Geschäftsanweisungen für den Vorstand und den Aufsichtsrat, und über die Geschäftsordnung für die Generalversammlung, welche der Genehmigung der Generalversammlung unterliegen;[7])
3. über außerordentliche Ausgaben im Betrage von . . bis . . Mk.; zu diesen Ausgaben gehören insbesondere Ausgaben zu Neubauten und baulichen Aenderungen, zu Grundstücksverbesserungen, zur Aenderung der Geschäftseinrichtungen, zur Anschaffung von Geschäftseinrichtungen und Wirtschaftsgegenständen;
4. über Veräußerung von Geschäftseinrichtungen und Wirtschaftsgegenständen, deren Wert mehr als . . . Mk. beträgt;
5. über Einführung neuer, länger als ein Jahr nicht geführter Verkaufsartikel;
6. über Abschluß von Miets- und Pachtverträgen und solchen Verträgen, welche wiederkehrende Verpflichtungen für den Verein begründen;
7. über den Abschluß von Verträgen mit Lieferanten zum direkten Warenverkauf an die Mitglieder;

---

[1]) § 38 Abs. 1 des Ges. — [2]) § 38 Abs. 2 des Ges. — [3]) § 63 des Ges. S. 51. — [4]) Vgl. S. 50 und Formular Nr. 10. — [5]) Vgl. S. 39. — [6]) Vgl. S. 39. — [7]) §§ 6, 24 des Statuts.

8. über Aufnahme von Anleihen innerhalb der durch die Generalversammlung bestimmten Grenze;
9. über Unterbringung zeitweilig müßiger Kassenbestände;
10. über Anlegung des Reservefonds;
11. über die Ausschließung von Mitgliedern oder über den Antrag auf Ausschließung[1]) (§ 39 Abs. 3—5 des Statuts);
12. über Anstellung von Lagerhaltern, Kontorpersonal, leitenden Personen in den Werkstätten der Genossenschaft[2]) und die Ernennung von Bevollmächtigten für einzelne Geschäfte, die Regelung der Vollmacht und die Festsetzung der Besoldung derselben, sowie über die Verfolgung von Rechtsansprüchen gegen solche Angestellte und Bevollmächtigte;
13. über Anschluß an Genossenschaftsverbände, Austritt aus denselben und über die Beschickung der Allgemeinen Genossenschaftstage und der Unterverbandstage, die Wahl der Abgeordneten zu denselben und die Festsetzung der Reiseentschädigung;
14. über das Ausscheiden eines Mitgliedes nach Maßgabe des § 76 des Gesetzes durch Uebertragung des Geschäftsguthabens.[3])

Die gemeinschaftliche Sitzung von Vorstand und Aufsichtsrat ist beschlußfähig, wenn die Mehrheit der Mitglieder des Vorstandes und die Mehrheit der Mitglieder des Aufsichtsrates anwesend sind.

Die Beschlüsse werden nach Stimmenmehrheit der anwesenden Mitglieder des Vorstandes und der anwesenden Mitglieder des Aufsichtsrates in getrennter Abstimmung der Mitglieder beider Organe gefaßt.[4])

Den Vorsitz in den gemeinschaftlichen Sitzungen führt stets der Vorsitzende des Aufsichtsrates oder dessen Stellvertreter.

III. Die Generalversammlung.[5])

a) Teilnahmerechte.

§ 27.

Die Rechte, welche den Mitgliedern der Genossenschaft in den Angelegenheiten derselben zustehen, werden von ihnen in der Generalversammlung ausgeübt.[6])

Jedes derselben hat bei den zu fassenden Beschlüssen eine Stimme, welche auf keinen Dritten übertragen werden kann.

---

[1]) Vgl. S. 29.

[2]) Daraus ergibt sich, daß die Annahme und Entlassung von Arbeitern für die Verkaufs- und Zentrallager, von Hausdienern und Kontordienern, Sache des Vorstandes ist; es empfiehlt sich, die Anstellung des in den Werkstätten der Genossenschaft beschäftigten Personales — Handwerker und Arbeiter — dem Leiter des Produktionsbetriebes zu überlassen, selbstverständlich nach Einholung der Zustimmung des Vorstandes über die Notwendigkeit der Einstellung solchen Personals nach den durch den Vorstand festgesetzten Lohnsätzen. Wenn die Verkäufer in den Lagern von der Genossenschaft angestellt werden, so haben Vorstand und Aufsichtsrat in gemeinschaftlicher Sitzung darüber zu beschließen; stellt der Lagerhalter die Verkäufer ein, so ist die Auswahl derselben Sache des Lagerhalters. Doch kann auch hier dem Vorstand die Zustimmung mit Widerruf vorbehalten werden.

[3]) § 41 des Statuts.

[4]) Die Beratung ist eine gemeinsame, die Abstimmung findet nach beiden Organen getrennt statt (S. 38), dazu ist natürlich nicht notwendig, daß eine räumliche Trennung stattfindet; vgl. Formular Nr. 7.

[5]) S. 80 ff. — [6]) § 43 des Ges., S. 30.

Handlungsunfähige Personen, Korporationen, Handelsgesellschaften, Genossenschaften und andere Personenvereine, welche Mitglieder sind, und mehrere Erben eines verstorbenen Mitgliedes können sich durch einen mit schriftlicher Vollmacht versehenen Bevollmächtigten vertreten lassen; der Bevollmächtigte kann in diesen Fällen nicht mehr als einen Genossen vertreten.[1])

b) Berufung und Einladung.

§ 28.[2])

Die Berufung der Generalversammlung geht in der Regel vom Aufsichtsrate aus;[3]) doch kann, wenn der Aufsichtsrat dieselbe verzögert, auch der Vorstand dazu schreiten.[4])

Die Einladung zur Generalversammlung erfolgt durch einmalige Einrückung in das in § 67 bestimmte Blatt.[5]) Dieselbe wird, wenn sie vom Aufsichtsrate ausgeht, von dessen Vorsitzenden, andernfalls vom Vorstande in gewöhnlicher Art unterzeichnet. Die betreffende Nummer des Blattes muß mindestens eine Woche vor der Versammlung ausgegeben werden.[6])

§ 29.[7])

Mit der Einladung zur Generalversammlung sollen die Anträge und sonstigen Gegenstände der Tagesordnung kurz bekannt gemacht werden.[8])

Über Anträge und Gegenstände, welche nicht drei Tage vor der Generalversammlung in dem für die Veröffentlichungen der Bekanntmachungen

---

[1]) Bevollmächtigter kann auch ein Mitglied sein, alsdann hat er seine Stimme als Mitglied und die Stimme des von ihm Vertretenen. Durch § 43 des Ges. ist zweifellos festgestellt, daß Handelsgesellschaften, Genossenschaften usw. Mitglieder der Genossenschaft werden können (S. 18, 19).

[2]) Kleinere Genossenschaften können folgende Bestimmung aufnehmen:

§ 28. Die Berufung der Generalversammlung geht in der Regel vom Aufsichtsrate aus, doch kann, wenn der Aufsichtsrat dieselbe verzögert, auch der Vorstand dazu schreiten.

Die Einladung erfolgt durch Aushang im Geschäftslokale der Genossenschaft. Dieselbe wird, wenn sie vom Aufsichtsrate ausgeht, von dessen Vorsitzenden, andernfalls vom Vorstande in gewöhnlicher Art unterzeichnet. Der Aushang muß mindestens eine Woche vor der Versammlung geschehen.

[3]) § 38, Abs. 2 des Ges. — Das Recht des Vorstandes, die Generalversammlung zu berufen (§ 44 des Ges.) wird dadurch nicht geschmälert (vgl. S. 32).

[4]) § 44 des Ges. — [5]) § 6, Ziff. 3 des Ges. vgl. S. 33. — [6]) § 46 Abs. 1 des Ges., S. 33.

[7]) Kleinere Genossenschaften, welche die Einladung zur Generalversammlung und die Tagesordnung **nicht** durch öffentliche Blätter bekannt machen lassen, würden den § 29 wie folgt zu fassen haben:

§ 29. Mit der Einladung zur Generalversammlung sollen die Anträge und sonstigen Gegenstände der Tagesordnung kurz bekannt gemacht werden.

Über Anträge und Gegenstände, welche nicht mindestens drei Tage vor der Generalversammlung durch Aushang in dem Geschäftslokale der Genossenschaft angekündigt sind, können Beschlüsse nicht gefaßt werden.

Beschlüsse über die Leitung der Generalversammlung, sowie über Anträge auf Berufung einer außerordentlichen Generalversammlung sind nach der Bestimmung in § 46 des Ges. hiervon ausgenommen.

Anträge für die Tagesordnung der Generalversammlung, welche nach der Bekanntmachung der Einladung zur Generalversammlung rechtzeitig und nach der Vorschrift des § 32 dieses Statuts eingebracht werden, sind durch Aushang in dem Geschäftslokal der Genossenschaft bekannt zu machen.

[8]) § 46 Abs. 2 des Ges.

der Generalversammlung bestimmten Blatte angekündigt sind, können Beschlüsse nicht gefaßt werden.

Beschlüsse über die Leitung der Generalversammlung, sowie über Anträge auf Berufung einer außerordentlichen Generalversammlung sind nach der Bestimmung in § 46 des Gesetzes hiervon ausgenommen.

Anträge für die Tagesordnung der Generalversammlung, welche nach der Bekanntmachung der Einladung der Generalversammlung rechtzeitig und nach der Vorschrift des § 32 dieses Statuts eingebracht werden, sind durch einmalige Einrückung in das in § 67 bestimmte Blatt bekannt zu machen.[1])

c) Ordentliche Generalversammlungen.

§ 30.[2])

Die Generalversammlungen finden regelmäßig statt:[3])

1. nach dem Schluß des Geschäftsjahres behufs Mitteilung der Jahresrechnung, Beschlußfassung über die Gewinnverteilung und die dem Vorstande zu erteilende Entlastung, sowie behufs Erledigung etwaiger Beanstandungen der Rechnung;
2. nach dem Schlusse jedes Vierteljahres zur Darlegung der Kassen- und Geschäftsverhältnisse, zur Erledigung von Beschwerden und sonstigen Genossenschaftsangelegenheiten, zur Besprechung von Angelegenheiten von allgemeinem genossenschaftlichen Interesse.

Die Ersatzwahlen für die ausscheidenden Aufsichtsratsmitglieder werden in der letzten ordentlichen Generalversammlung vor Ablauf des Geschäftsjahres vorgenommen.[4])

Die Bilanz, sowie eine den Gewinn und Verlust des Jahres zusammenstellende Berechnung (Jahresrechnung) müssen mindestens eine Woche vor der Generalversammlung, welche über die Genehmigung der Bilanz und die Gewinnverteilung zu beschließen hat, in dem Geschäftslokale der Genossenschaft zur Einsicht der Genossen ausgelegt werden.

Jedem Genossen muß auf sein Verlangen und auf seine Kosten eine Abschrift (Abdruck) der Bilanz, sowie der Jahresrechnung zugestellt werden.

---

[1]) § 46 Abs. 2 des Ges.

[2]) Für kleinere Genossenschaften werden folgende Bestimmungen genügen:

§ 30. Die Generalversammlungen finden regelmäßig statt:

1. nach dem Schlusse des Geschäftsjahres behufs Mitteilung der Jahresrechnung, Beschlußfassung über die Gewinnverteilung und die dem Vorstande zu erteilende Entlastung, sowie behufs Erledigung etwaiger Beanstandungen der Rechnung;
2. mindestens vier Wochen vor Schluß des Geschäftsjahres zur Vornahme der Wahlen für die ausscheidenden Vorstands- und Aufsichtsratsmitglieder.

Die Bilanz, sowie eine den Gewinn und Verlust des Jahres zusammenstellende Berechnung (Jahresrechnung) müssen mindestens eine Woche vor der Generalversammlung, welche über die Genehmigung der Bilanz und die Gewinnverteilung zu beschließen hat, in dem Geschäftslokal der Genossenschaft zur Einsicht der Genossen ausgelegt werden.

Jedem Genossen muß auf sein Verlangen und auf seine Kosten eine Abschrift (Abdruck) der Bilanz, sowie der Jahresrechnung zugestellt werden.

[3]) Vgl. S. 30 ff., § 48 des Ges.

[4]) Bei dieser Bestimmung ist angenommen, daß die Wahlperiode mit dem Geschäftsjahr zusammenfällt. Soll die Wahlperiode bis zu der Generalversammlung laufen, in der die Neuwahlen stattfinden, so müßte bei §§ 4 und 15 des Statuts folgende Bestimmung aufgenommen werden:

> Die Wahlperiode beginnt mit der Generalversammlung, in der die Wahl erfolgt, und endigt mit der entsprechenden Generalversammlung des Jahres, in dem die Wahlzeit abläuft.

Abs. 2 von § 30 würde wegfallen.

d) Außerordentliche Generalversammlungen.

§ 31.

Außerordentliche Generalversammlungen können jederzeit nach Bedürfnis berufen werden. Der Aufsichtsrat ist dazu verpflichtet, wenn der Vorstand oder wenigstens der zehnte Teil der Mitglieder in einer von ihnen zu unterzeichnenden Eingabe unter Anführung des Zweckes und der Gründe darauf antragen.

Wird dem Verlangen der Mitglieder weder vom Aufsichtsrate noch vom Vorstande entsprochen, so können sich die Genossen an das Gericht wenden, welches dieselben zur Berufung einer Generalversammlung ermächtigen kann.

Die Berufung erfolgt in der in § 28 bestimmten Weise, sie wird von den Mitgliedern unterzeichnet; mit der Berufung ist die gerichtliche Ermächtigung bekannt zu machen.[1])

e) Tagesordnung.

§ 32.

Die Tagesordnung wird vom Aufsichtsrate festgesetzt, sofern derselbe die Versammlung beruft, andernfalls vom Vorstande oder den Genossen, welche die Versammlung berufen haben; doch müssen alle Anträge darin aufgenommen werden, welche von einem der beiden Organe, oder dem zehnten Teil der Genossen so zeitig gestellt worden sind, daß sie in der Einladung drei Tage vor der Generalversammlung bekannt gemacht werden können.

Wird dem Verlangen der Genossen auf Ankündigung ihrer Anträge nicht stattgegeben, so können sie sich an das Gericht wenden und dieses kann sie zur Ankündigung des Gegenstandes ermächtigen.

Die Mitglieder haben die Anträge in der in § 29 bestimmten Weise mindestens drei Tage vor der Generalversammlung anzukündigen und mit der Ankündigung der Anträge die gerichtliche Ermächtigung bekannt zu machen.[2])

f) Leitung.

§ 33.

Die Leitung der Generalversammlung gebührt dem Vorsitzenden des Aufsichtsrates oder einem Mitgliede des Vorstandes, je nachdem die Berufung von dem Vorstande oder von dem Aufsichtsrate ausgeht. Wird die Generalversammlung von den Mitgliedern berufen, so wählen diese den Vorsitzenden. Durch Beschluß der Generalversammlung kann jedoch die Leitung jederzeit einem anderen Genossen übertragen werden.[3])

Der Vorsitzende ernennt den Schriftführer.

g) Abstimmung.

§ 34.

Die Abstimmung erfolgt mittelst Aufhebens der Hände. Der Vorsitzende kann, sobald ihm das Resultat zweifelhaft erscheint, die Zählung durch zwei von ihm aus den Genossen ernannte Stimmzähler vornehmen lassen; er ist hierzu verpflichtet, sobald zehn Genossen in der Versammlung darauf antragen. Nur bei Ausschließung eines Genossen und bei Wahlen erfolgt die Abstimmung stets durch Stimmzettel.

---

[1]) § 45 des Ges.

[2]) § 45 des Ges., vgl. S. 34. — [3]) § 6 Pos. 3, § 46 des Ges., S. 34.

b) Beschlüsse.

§ 35.

Die von der Mehrheit der in einer Generalversammlung erschienenen Genossen gefaßten Beschlüsse haben für die Genossenschaft bindende Kraft, wenn die Einladung zur Generalversammlung unter Mitteilung der Tagesordnung nach den Bestimmungen dieses Statutes ordnungsmäßig erlassen ist.[1])

Über folgende Angelegenheiten:

1. über Abänderung und Ergänzung des Statuts;
2. über Abänderung des Gegenstandes des Unternehmens;
3. über die Erhöhung des Geschäftsanteiles;
4. über die Erhöhung der Haftsumme;
5. über den Widerruf der Bestellung zum Mitgliede des Aufsichtsrates;
6. über die Auflösung der Genossenschaft

kann nur von einer Mehrheit von drei Vierteilen der in der Generalversammlung erschienenen Genossen gültig beschlossen werden.

Zur Gültigkeit der Beschlußfassung:

1. über die Abänderung des Gegenstandes des Unternehmens und
2. über die Auflösung der Genossenschaft

wird weiter erfordert, daß mindestens ein Dritteil aller Genossen in der Generalversammlung anwesend ist.

Ist das erforderliche Dritteil der Genossen in der Generalversammlung nicht anwesend, so wird eine zweite Generalversammlung mit einem Zwischenraum von mindestens acht Tagen und höchstens vier Wochen zur Erledigung derselben Tagesordnung anberaumt, welche ohne Rücksicht auf die Zahl der anwesenden Genossen gültig beschließen kann.

§ 36.

Die über die Verhandlungen der Generalversammlung aufgenommenen Protokolle, welche den Vorgang in seinen wesentlichen Punkten, namentlich die gefaßten Beschlüsse und Wahlen, bei letzteren auch die Zahl und das Verhältnis der abgegebenen Stimmen, enthalten sollen, werden unter dem Datum der Generalversammlung in ein besonderes „Protokollbuch"[2]) eingetragen, vom Vorsitzenden, den anwesenden Vorstands- und Aufsichtsratsmitgliedern, dem Schriftführer und von mindestens drei anderen Genossen unterzeichnet und vom Aufsichtsrate mit den zugehörigen Anlagen, insbesondere den Belagsexemplaren der Blätter, welche die Bekanntmachung der Einladung und die Tagesordnung enthalten, aufbewahrt.

§ 37.[3])

Der Beschlußfassung der Generalversammlung unterliegen, außer den an anderer Stelle ausdrücklich in diesem Statut dahin verwiesenen Gegenständen, folgende Angelegenheiten:

1. die Abänderung und Ergänzung des gegenwärtigen Statuts und die Abänderung des Gegenstandes des Unternehmens;[4])
2. die Auflösung und Liquidation des Vereins;
3. die Genehmigung der Bilanz, Erteilung der Entlastung, die Verteilung von Gewinn, die Deckung von Verlusten;[5])
4. Erwerb und Veräußerung von Grundeigentum und dessen Belastung;
5. die Wahl der Mitglieder des Vorstandes und des Aufsichtsrates;[6])

---

[1]) §§ 16, 36, 78 des Ges.; vgl. S. 34—36; Abänderungen des Gegenstandes des Unternehmens, Erhöhung des Geschäftsanteiles und Erhöhung der Haftsumme sind Statutenänderungen, werden aber im Gesetze besonders aufgeführt.

[2]) § 47 des Ges., vgl. S. 35 und Formular Nr. 4. — [3]) Über die Zuständigkeit der Generalversammlung vgl. S. 36 f. — [4]) § 16 des Ges. — [5]) S. 113, § 48 des Ges. — [6]) § 4 und § 15 des Statuts, vgl. S. 36.

6. die Genehmigung der Verträge mit den Mitgliedern des Vorstandes, der von den Lagerhaltern zu leistenden Kautionen und die Bewilligung von Vergütungen an die Mitglieder des Aufsichtsrates;[1])
7. die Kündigung der Mitglieder des Vorstandes und die Enthebung derselben und des Aufsichtsrates von ihren Aemtern;[2])
8. die Verfolgung von Rechtsansprüchen gegen Mitglieder des Vorstandes und Aufsichtsrates, sowie die Wahl der Bevollmächtigten zur Führung von Prozessen gegen die Mitglieder des Aufsichtsrates;[3])
9. die Einsetzung der nach § 58 vorgesehenen Revisionskommission und die Wahl deren Mitglieder;
10. die Bestimmung des Höchstbetrages, welchen sämtliche die Genossenschaft belastenden Anleihen und Spareinlagen zusammen nicht überschreiten dürfen;[4])
11. die Genehmigung der Geschäftsanweisungen für Vorstand und Aufsichtsrat und der Geschäftsordnung für die Generalversammlung;[5])
12. die Einführung neuer Geschäftszweige, für welche besondere Herstellungsräume oder neue Verkaufsstellen erforderlich werden;
13. die Ausgaben für Neubauten, Bauveränderungen, Grundstücksverbesserungen, Neuanschaffungen oder Änderungen an Geschäftseinrichtungen und Vermehrung der Wirtschaftsgegenstände, sofern dieselben den Betrag von . . . Mk. übersteigen;
14. die Ausschließung von Mitgliedern und die Entscheidung auf die Berufung nicht aufgenommener Personen und ausgeschlossener Mitglieder;[6])
15. die Entscheidung über gegen die Geschäftsführung und die Beschlüsse des Vorstandes und des Aufsichtsrates eingebrachte Beschwerden.

D. Erlangung und Endigung der Mitgliedschaft.[7])

§ 38.

Aufnahmefähig sind Personen, Gesellschaften, Korporationen, verpflichtungsfähige Vereine.

Zum Erwerb der Mitgliedschaft ist erforderlich: Aufnahme durch Vorstand und Ausstellung einer unbedingten schriftlichen Beitrittserklärung.

Die Mitgliedschaft entsteht durch die Eintragung in die Liste der Genossen.[8])

Dem von dem Vorstande Abgewiesenen steht die Berufung an die Generalversammlung offen.

§ 39.

Die Endigung der Mitgliedschaft kann a) durch Aufkündigung, b) durch Ausschluß, c) durch Uebertragung des Geschäftsguthabens (§ 41), d) durch den Tod des Mitgliedes erfolgen.

Jeder Genosse hat das Recht, mittelst Aufkündigung seinen Austritt aus der Genossenschaft zu erklären.

---

[1]) § 14 Anm. 6 des Statuts. — [2]) § 10 Anm. 2, § 21 des Statuts. — [3]) § 39 des Ges. — [4]) § 49 des Ges. — [5]) § 11 und § 24 des Statuts.

[6]) § 88, § 39 und § 40 des Statuts. — [7]) S. 18 ff., Formular Nr. 19.

[8]) § 15 des Ges., zweckmäßig ist es, wenn der Vorstand von vier zu vier Wochen die inzwischen aufgesammelten Beitrittserklärungen dem Gericht zur Eintragung einreicht (S. 27). Jeder nach Eintragung der Genossenschaft in das Genossenschaftsregister beitretende Genosse hat zwei gleichlautende Beitrittserklärungen zu vollziehen; die eine wird dem Gericht eingereicht, die andere bleibt bei den Akten der Genossenschaft.

Die Aufkündigung findet nur zum Schlusse eines Geschäftsjahres statt und muß drei Monate vorher schriftlich erfolgen.[1])

Ein Genosse kann ausgeschlossen werden:[2])

1. wenn er die statutenmäßigen Verpflichtungen nicht erfüllt, insbesondere mehr als sechs Monate mit der Ergänzung der baren Einzahlungen auf den Geschäftsanteil bis auf 3 Mark im Rückstande geblieben ist;
2. wenn er die Genossenschaft in Schaden gebracht hat oder sonst gegen deren Interessen handelt;
3. wenn er einem anderen Konsumvereine (§ 1 Ziff. 5 des Ges.) am Orte als Mitglied beitritt;
4. wenn er während zweier aufeinanderfolgender Jahre keine Waren aus dem Verein entnommen oder keine Dividendenmarken abgeliefert hat;
5. wenn über sein Vermögen der Konkurs eröffnet worden ist;
6. wegen Verlustes der bürgerlichen Ehrenrechte.

Die Ausschließung erfolgt in den Fällen Ziff. 1 bis 3 des Absatzes 4 auf Antrag des Vorstandes und Aufsichtsrates durch Beschluß der Generalversammlung, in den Fällen Ziff. 4 bis 6 des Absatzes 4 durch Beschluß des Vorstandes und des Aufsichtsrates.

Dem durch den Vorstand und Aufsichtsrat Ausgeschlossenen (Ziff. 4 bis 6 des Absatzes 4) steht die Berufung gegen den Ausschließungsbeschluß an die Generalversammlung binnen vier Wochen frei.

Von der Ausschließung ist der Genosse durch den Vorstand mittelst eingeschriebenen Briefes, in welchem der Ausschließungsgrund angegeben werden muß, ohne Verzug zu benachrichtigen.[3])

Von dem Zeitpunkte der Absendung des Briefes ab kann der Genosse nicht mehr an der Generalversammlung teilnehmen und nicht mehr Mitglied des Vorstandes und Aufsichtsrates sein.

Im Falle des Todes eines Genossen gilt dieser mit dem Schlusse des Geschäftsjahres, in welchem der Tod erfolgt ist, als ausgeschieden.[4])

§ 40.

Die Auseinandersetzung mit dem ausgeschiedenen Genossen erfolgt auf Grund der Bilanz.[5]) Das Geschäftsguthaben ist an den Ausgeschiedenen oder die Erben eines verstorbenen Mitgliedes binnen sechs Monaten nach dem Ausscheiden auszuzahlen. An den Reservefonds und das sonstige Vereinsvermögen hat der ausgeschiedene Genosse keinen Anspruch.

Die Klage auf Auszahlung des Geschäftsguthabens verjährt in zwei Jahren (§ 74 des Ges.), die Verjährung beginnt mit Ablauf von sechs Monaten nach dem Ausscheiden.

---

1) S. 20 und § 65 des Ges. Ueber Einreichung der Kündigung an das Registergericht zur Eintragung vgl. S. 28; zu empfehlen ist, die Kündigungen zusammen erst sechs Wochen vor Schluß des Geschäftsjahres einzureichen, da zuweilen die Kündigung von dem Mitgliede wieder zurückgenommen wird, was nicht mehr zulässig ist, wenn die Eintragung erfolgt ist. Die Kündigung muß schriftlich erfolgen (Formular Nr. 21); es empfiehlt sich auch, im Statut entsprechend dem Geschäftsjahre, den Tag anzugeben, bis zu welchem die Kündigung im Besitze der Genossenschaft sein muß, z. B. „und muß vor dem 30. Juni in schriftlicher Form im Besitze der Genossenschaft sein".

2) § 68 des Ges., vgl. S. 29 ff.

3) Eine Abschrift des Ausschließungsbeschlusses ist dem Gericht einzureichen. Diese Einreichung soll mindestens sechs Wochen vor dem Ende des Geschäftsjahres, in welches die Ausschließung fällt, bewirkt werden; nur wenn die Ausschließung später erfolgt, ist der Ausschließungsbeschluß ohne Verzug einzureichen (§ 69 des Ges.).

4) Der Vorstand ist verpflichtet, sobald er von dem Tode eines Genossen Kenntnis erhält, ohne Verzug dem Gericht Anzeige zu erstatten (§ 77 Abs. 2 des Ges.) § 31 Pos. 6 der Bekanntmachung; S. 29).

5) § 73 des Ges. — S. 24. — Kompensation mit dem Geschäftsguthaben S. 25 ff.

Reicht das Vermögen einschließlich des Reservefonds und der Geschäftsguthaben zur Deckung der Schulden nicht aus, so hat der Ausgeschiedene von dem Fehlbetrage den ihn treffenden Anteil an die Genossenschaft zu zahlen (§ 59 Abs. 6 des Statuts).

Wird die Genossenschaft binnen 6 Monaten nach dem Ausscheiden des Genossen aufgelöst, so gilt dasselbe als nicht erfolgt.[1])

§ 41.

Die Übertragung des Geschäftsguthabens[2]) und das Ausscheiden aus der Genossenschaft nach der Bestimmung in § 76 des Gesetzes ist mit Genehmigung des Vorstands und Aufsichtsrats gestattet.

E. Rechte und Pflichten der Genossen.

§ 42.

Die Mitglieder der Genossenschaft sind berechtigt:

1. bei allen Genossenschaftsbeschlüssen und Wahlen in den Generalversammlungen zu stimmen und Anträge zu stellen (§§ 27 und 32 dieses Statuts);
2. nach Maßgabe der Bestimmungen in § 31 des Statuts Generalversammlungen zu berufen;
3. vom Vereinslager Waren zu beziehen und die sonst vom Verein zur Warenbeschaffung gebotenen Gelegenheiten zu benutzen;
4. nach Maßgabe der Bestimmungen in §§ 59 ff. dieses Statuts einen Anteil vom Reingewinn des Geschäfts zu beanspruchen.

§ 43.

Jeder Genosse ist dagegen verpflichtet:

1. nach dem Austritt aus der Genossenschaft die Legitimationskarte zurückzugeben oder im Falle er dies nicht vermag, dieselbe mit . . Mk. zu bezahlen;
2. auf den Geschäftsanteil die in § 44 vorgeschriebenen Einzahlungen zu leisten;
3. das in § 49 vorgeschriebene Eintrittsgeld zu entrichten;
4. diesem Statut, den Beschlüssen und dem Interesse der Genossenschaft nicht entgegen zu handeln;
5. für die Verbindlichkeiten der Genossenschaft dieser, sowie unmittelbar den Gläubigern der Genossenschaft nach Maßgabe der Bestimmungen des Gesetzes für Genossenschaften mit beschränkter Haftpflicht solidarisch bis zu der durch das Statut bestimmten Haftsumme zu haften.[3])

F. Geschäftsanteil der Mitglieder.[4])

§ 44.

Der Geschäftsanteil jedes Mitgliedes wird auf 30 Mark festgesetzt.

Dieser Geschäftsanteil kann sogleich bei dem Eintritt voll eingezahlt oder nach und nach durch einzelne Einzahlungen ergänzt werden. In dem letzteren Falle müssen beim Eintritt mindestens 1 Mk. und mindestens weitere 2 Mk. im Laufe von 3 Monaten nach dem Eintritt eingezahlt werden.

Bis zur Erreichung des Geschäftsanteils wird der dem Genossen zufallende Anteil am Reingewinn zurückbehalten und mit den auf den Geschäftsanteil geleisteten Einzahlungen auf einem besonderen Konto dem Genossen gutgeschrieben.[5])

---

[1]) § 75 des Ges.

[2]) Vgl. S. 21, 25 Formular Nr. 22.

[3]) § 131, § 141 des Ges.

[4]) § 7 Pos. 2 des Ges.

[5]) § 19 des Ges. Soll ein Teil der den Mitgliedern zufallenden Dividende

§ 45.

Jedes Mitglied erhält ein besonderes Buch, in welchem die von ihm geleisteten Einzahlungen auf seinen Geschäftsanteil, die dem Geschäftsguthaben zugeschriebenen Gewinnanteile und die erfolgten Abschreibungen von dem Vorstande am Jahresschluß eingetragen werden.[1])

G. Haftsumme.

§ 46.

Die Haftsumme wird auf 30 Mk. festgesetzt.[2])

§ 47.

Zu einer Erhöhung der Haftsumme bedarf es einer Mehrheit von drei Vierteilen der in der Generalversammlung erschienenen Genossen.[3])

Eine Herabsetzung der Haftsumme kann nur unter Beobachtung der Bestimmungen erfolgen, welche für die Verteilung des Genossenschaftsvermögens im Falle der Auflösung maßgebend sind.[4])

H. Reservefonds.

§ 48.

Zur Deckung etwaiger Geschäftsverluste, welche nicht aus dem Geschäftsertrage des Rechnungsjahres gedeckt werden können, dient der Reservefonds.[5])

Derselbe wird durch die nach der Bestimmung in § 49 dieses Statuts zu entrichtenden Eintrittsgelder neuer Mitglieder, die nach Vorschrift des

---

vor Erreichung des Geschäftsanteiles zur Auszahlung gebracht werden, so würde § 44 Abs. 3 zu lauten haben: „Bis zur Erreichung des Geschäftsanteiles wird der . . . Teil (dritte Teil, die Hälfte) der dem Mitgliede vom Reingewinn zufallenden Einkaufsdividende (§ 59 Abs. 1 des Statuts) zurückbehalten und mit den auf den Geschäftsanteil geleisteten Einzahlungen und der auf diese Einzahlungen entfallenden Kapitaldividende (§ 59 Abs. 1 des Statuts) auf einem besonderen Konto dem Genossen gutgeschrieben."

1) Falls die Genossenschaft die Erwerbung mehrerer Geschäftsanteile durch einen Genossen zulassen will, so ist hier folgender Paragraph einzuschalten:

§ . . . Jeder Genosse kann mit mehreren Geschäftsanteilen sich beteiligen, aber mehr als . . . Geschäftsanteile sind nicht gestattet.

Die Beteiligung auf einen zweiten Geschäftsanteil ist unzulässig, bevor der erste Geschäftsanteil erreicht ist. Das gleiche gilt von der Zulassung zu jedem weiteren Geschäftsanteil.

Ein Genosse, welcher auf einen weiteren Geschäftsanteil beteiligt sein will, hat darüber eine von ihm zu unterzeichnende, unbedingte Erklärung abzugeben.

Die Erklärung ist von dem Vorstande nach der Zulassung des Genossen zu dem weiteren Geschäftsanteile behufs Eintragung des letzteren in die Liste der Genossen dem Gericht einzureichen. Zugleich hat der Vorstand schriftlich zu versichern, daß die übrigen Geschäftsanteile des Genossen erreicht seien.

Die Beteiligung auf den weiteren Geschäftsanteil tritt mit der erfolgten Eintragung in die Liste der Genossen in Kraft.

Der Vorstand kann die Beteiligung auf weitere Geschäftsanteile ablehnen, wenn kein Bedürfnis nach denselben vorliegt.

2) § 131 des Ges. und S. 15 ff. — Falls die Genossenschaft die Erwerbung mehrerer Geschäftsanteile durch einen Genossen zulassen will, ist diesem Paragraphen als zweiter Absatz hinzuzufügen: „Mit dem Erwerbe eines weiteren Geschäftsanteils erhöht sich die Haftung eines Genossen auf das der Zahl der Geschäftsanteile entsprechende Vielfache der Haftsumme. (§ 135 des Ges.)

3) § 132 des Ges., § 35 des Statuts. — 4) § 133 des Ges. — 5) S. 71 ff., § 7 Pos. 4 des Ges.

§ 60 des Statuts zu überweisenden Anteile des Reingewinns, sowie durch andere von der Generalversammlung beschlossene Zuwendungen gebildet und soll allmählich bis zur Höhe von wenigstens 5 Prozent des Gesamtbetriebskapitals angesammelt und nach Abschreibung von Verlusten wieder auf diesen Betrag gebracht werden.

§ 49.

Das dem Reservefonds zufließende Eintrittsgeld der Mitglieder[1]) wird von Zeit zu Zeit durch Genossenschaftsbeschlüsse festgesetzt und bis auf weiteres mit 50 Pfg. erhoben. Dasselbe wird beim Eintritt bar bezahlt.

§ 50.

Die Witwe eines verstorbenen Mitgliedes soll von der Zahlung des Eintrittsgeldes befreit sein, wenn sie innerhalb 6 Monaten nach dem Todestage des Mitgliedes bei dem Vorstande den Antrag auf Aufnahme in die Genossenschaft stellt und als Mitglied aufgenommen wird.

§ 51.

Der Bestand des Reservefonds verbleibt der Genossenschaft bis zu deren Auflösung, und haben früher ausgeschiedene Mitglieder keine Ansprüche an denselben.[2])

J. Warenverkauf.[3])

§ 52.

Sobald Waren in das Lager eingeliefert sind, hat der Vorstand dieselben zu prüfen und deren Verkaufspreise zu bestimmen.[4])

Der Verkauf erfolgt in der Regel zu den Marktpreisen und nur gegen Barzahlung.[5])

Der Lagerhalter[6]) besorgt in Vollmacht des Vereins und gemäß dem mit ihm abgeschlossenen Vertrage die Aufbewahrung und den Verkauf der Vereinswaren an die Mitglieder.

K. Rechnungswesen,[7]) Verteilung des Reingewinns,[8]) Deckung von Verlusten.

§ 53.

Das erste Geschäftsjahr[9]) beginnt am . . . und endigt am 30. September . . ., nach Ablauf desselben beginnt das Geschäftsjahr mit dem 1. Oktober und endet mit dem 30. September des folgenden Jahres. Sofort bei dessen Beendigung muß

1. der Bestand der vorhandenen Warenvorräte vom Vorstande und Aufsichtsrate,[10]) der Bestand der vorhandenen Kassenvorräte, Schulddokumente und Wertpapiere durch den Aufsichtsrat[11]) festgestellt, sowie
2. mit dem Abschluß der Bücher vom Vorstande begonnen werden.[12])

§ 54.

Die vollständige Jahresrechnung hat der Vorstand längstens bis Ende November dem Aufsichtsrate vorzulegen, widrigenfalls dieser berechtigt ist, dieselbe unter seiner Aufsicht durch andere Personen auf Kosten des Vorstandes anfertigen zu lassen.

§ 55.

Die Rechnung muß enthalten:[13])

1. eine Übersicht sämtlicher Einnahmen und Ausgaben innerhalb des Jahres nach den bei der Buchführung eingeführten Hauptrubriken;

---

[1]) Vgl. S. 73. — [2]) § 78 des Ges. — [3]) Vgl. S. 81 ff. — [4]) Vgl. S. 89, 93. — [5]) Vgl. S. 89 und 91. — [6]) Vgl. S. 54 ff. — [7]) S. 106 ff. — [8]) S. 106 ff. — [9]) § 8 Pos. 8 des Ges. — [10]) S. 110 ff. — [11]) S. 110. — [12]) S. 108. — [13]) S. 109.

2. eine besondere Gewinn- und Verlustberechnung;
3. die Bilanz über den Stand des Gesellschaftsvermögens (der Aktiva und Passiva) am Jahresschluß.

§ 56.[1])

Bei der Bilanz sind außer den Vereinsschulden der Reservefonds und die Geschäftsguthaben der Mitglieder unter den Passiven, der Wert der Immobilien und Mobilien nach Abzug der gewöhnlichen Abnutzungsprozente oder der darauf vorgenommenen größeren Abschreibungen, der Wert der bei der Inventur vorgefundenen Warenvorräte, der Kassenbestand, die Wertpapiere höchstens zum Tageskurs, sowie die ausstehenden Forderungen unter den Aktiven anzusetzen, dabei jedoch etwaige unsichere Forderungen nur nach ihrem wahrscheinlichen Werte aufzuführen, uneinziehbare aber ganz auszuscheiden und zurückzustellen.[2])

Der nach diesen Grundsätzen berechnete Überschuß der Aktiven über die Passiven bildet den Reingewinn.

§ 57.

Die Prüfung der Jahresrechnung erfolgt durch den Aufsichtsrat,[3]) der sich die nötigen Unterlagen dabei durch Einsicht der Bücher, Beläge, wie durch die nach § 53 von ihm vorzunehmende Inventur zu verschaffen hat.

Der Aufsichtsrat kann sich bei der Prüfung der Jahresrechnung der Beihilfe Sachverständiger bedienen, welche dafür eine von ihm festzusetzende Vergütung aus der Vereinskasse erhalten.[4])

§ 58.

Der Bericht des Aufsichtsrates über die Rechnungsprüfung ist der nächsten ordentlichen Generalversammlung zu erstatten,[5]) welche hierauf über die Entlastung des Vorstandes beschließt.

Erheben sich hierbei Bedenken gegen die Richtigkeit der Rechnung und die Prüfung des Aufsichtsrates, so kann die Generalversammlung, ohne daß der Antrag vorher auf die Tagesordnung gebracht war, eine besondere Kommission von drei Mitgliedern erwählen und diese mit der nochmaligen Prüfung der Rechnung beauftragen.

Dieser Kommission hat der Vorstand die Einsicht der Bücher und Schriften der Genossenschaft und die Untersuchung des Bestandes der Kasse, sowie der Bestände an Wert- und Handelspapieren und Waren zu gestatten und derselben jede verlangte Auskunft über die Angelegenheiten der Genossenschaft zu erteilen.

§ 59.[6])

Die Verwendung des Reingewinnes unterliegt der Beschluß-

---

[1]) § 7 Pos. 3 des Ges. — [2]) S. 109. — [3]) § 7 Pos. 3 des Ges. S. 113 ff. — [4]) S. 52. — [5]) § 38 des Ges., S. 51, 113.

[6]) Falls die Genossenschaft dem Geschäftsguthaben der Mitglieder keine Dividende zubilligen will, würde der § 59 lauten müssen:

§ 59. Die Verwendung des Reingewinnes unterliegt der Beschlußfassung der Generalversammlung. Von demselben werden, soweit er nicht nach den Beschlüssen der Generalversammlung dem Reservefonds zugeschlagen oder zu Abschreibungen an Bestandteilen des Vereinsvermögens benutzt oder zu anderen Zwecken verwendet wird, die durch Verträge oder Beschlüsse der Generalversammlung zugesicherten Tantiemen berichtigt. Der verbleibende Überschuß wird an die Mitglieder nach Verhältnis der von denselben in dem betreffenden Geschäftsjahre bezogenen Waren als Gewinnanteil gewährt.

Die den Mitgliedern hiernach zukommenden Gewinnanteile werden dem Ge-

fassung der Generalversammlung.[1]) Von demselben werden, soweit er nicht nach den Beschlüssen der Generalversammlung dem Reservefonds zugeschlagen oder zu Abschreibungen an Bestandteilen des Vereinsvermögens benutzt oder zu anderen Zwecken verwendet wird, zunächst an die Mitglieder nach dem Verhältnis ihrer Geschäftsguthaben höchstens . . Prozent als Gewinnanteil verteilt, sodann werden die durch Verträge oder Beschlüsse der Generalversammlung zugesicherten Tantiemen berichtigt. Der verbleibende Überschuß wird an die Mitglieder nach Verhältnis der von denselben in dem betreffenden Geschäftsjahre bezogenen Waren als Gewinnanteil gewährt.

Die Mitglieder haben die ihnen dafür ausgehändigten Dividendenmarken am Schlusse des Geschäftsjahres bis zu dem vom Vorstande bekannt zu machenden Tage abzuliefern, widrigenfalls sie des Anspruchs auf Dividende verlustig gehen.

Die den Mitgliedern hiernach zukommenden Gewinnanteile werden dem Geschäftsguthaben zugeschrieben, bis der Geschäftsanteil erreicht ist oder zur Wiederergänzung eines durch Verlust verminderten Guthabens einbehalten.[2])

Bei der Berechnung des Gewinnanteiles auf das Geschäftsguthaben jedes Genossen wird letzteres nur insoweit berücksichtigt, als es volle Mark beträgt und nicht erst während des Rechnungsjahres, um dessen Gewinnüberschüsse es sich handelt, eingezahlt ist, so daß nur die bis zum Schlusse des vorhergegangenen Geschäftsjahres ermittelten Geschäftsguthaben in Betracht kommen.[3])

Der Anspruch auf Auszahlung der Einkaufsdividende verjährt in drei Jahren zugunsten des Reservefonds. Die Verjährung beginnt mit Ablauf des Geschäftsjahres, in welchem die Dividende beschlossen worden ist.

Wenn der Erbe eines verstorbenen Genossen Mitglied wird und das auf letzteren entfallende Geschäftsguthaben der Genossenschaft als Einzahlung auf seinen Geschäftsanteil beläßt, so wird diese Einzahlung als bereits zum Schluß des vorhergehenden Geschäftsjahres geleistet angesehen, sie nimmt also an der vollen Dividende des betreffenden Jahres teil.

Die Deckung von Verlusten[4]) unterliegt der Beschlußfassung durch die Generalversammlung. Werden die Geschäftsguthaben zur Deckung von Verlusten herangezogen, so geschieht die Verteilung nach Verhältnis der Geschäftsguthaben, wobei die Generalversammlung den für die Feststellung der Höhe der Geschäftsguthaben maßgebenden Zeitpunkt festzusetzen hat.

Reicht das Vermögen der Genossenschaft einschließlich der Geschäftsguthaben und Reserven zur Deckung der Schulden nicht aus, so wird der die Ausgeschiedenen treffende Anteil am Fehlbetrag nach Verhältnis der Haftsumme der Mitglieder berechnet.[5])

§ 60.

Solange der Reservefonds noch nicht auf dem im § 48 festgesetzten Betrage angelangt ist, werden von dem Reingewinn vor dessen Verteilung an die Mitglieder mindestens . . . Prozent abgezogen und dem genannten Fonds zugeschlagen, was ebenfalls geschehen muß, wenn derselbe durch Deckung von Geschäftsverlusten unter jenen Normalbetrag herabgesunken ist.[6])

---

schäftsguthaben zugeschrieben, bis der Geschäftsanteil erreicht ist, oder zur Wiederergänzung eines durch Verlust verminderten Guthabens einbehalten.

Die Deckung von Verlusten zc. (Abs. 5 und 6 des § 59, oben).

[1]) § 48 des Ges.

[2]) Vgl. § 44 des Statuts, Anm. 4. Soll ein Teil der den Mitgliedern zufallenden Dividende vor Erreichung des Geschäftsanteiles ausgezahlt werden, so würde § 59 Abs. 2 wie folgt zu lauten haben: „Von den auf die Mitglieder entfallenden Gewinnanteilen wird die Kapitaldividende und (soll überhaupt keine Kapitaldividende gewährt werden, so fallen die Worte „die Kapitaldividende und" hinweg) der . . . Teil (der dritte Teil, die Hälfte) der Einkaufsdividende dem Geschäftsguthaben zugeschrieben, bis usw. Der andere Teil gelangt zur Auszahlung an die Mitglieder."

[3]) S. 70. — [4]) S. 117. — [5]) S. 14. — [6]) S. 71, 117.

L. Auflösung der Genossenschaft und Haftung der Mitglieder.

§ 61.[1])

Die Auflösung der Genossenschaft erfolgt:
1. durch Beschluß der Generalversammlung nach Maßgabe des § 35;
2. durch Eröffnung des Konkurses über das Vereinsvermögen;
3. durch Beschluß des Gerichts, wenn die Zahl der Genossen weniger als sieben beträgt;
4. durch Beschluß der in § 81 des Genossenschaftsgesetzes bestimmten Behörde und nach den daselbst gegebenen Vorschriften.

§ 62.

Die Liquidation erfolgt nach Maßgabe der §§ 83 ff. des Gesetzes.

§ 63.

Die Verteilung des Vermögens erfolgt nach Maßgabe des § 91 des Gesetzes mit der Abweichung, daß Überschüsse, welche sich über den Gesamtbetrag der Geschäftsguthaben ergeben, nach Verhältnis der Haftsumme unter die Mitglieder verteilt werden.

§ 64.

Im Falle des Konkursverfahrens sind die von den Genossen zu leistenden Nachschüsse nach Verhältnis der Haftsumme festzusetzen.

M. Die Bekanntmachungen der Genossenschaft und die dazu bestimmten Blätter.

§ 65

Alle Bekanntmachungen[2]) und Erlasse in Angelegenheiten der Genossenschaft, sowie die dieselbe verpflichtenden Schriftstücke ergehen unter deren Firma und werden mindestens von zwei Vorstandsmitgliedern unterzeichnet.

§ 66.

Die Einladungen zu den Generalversammlungen dagegen, insofern sie vom Aufsichtsrate ausgehen, erläßt der Vorsitzende des Aufsichtsrates mit der Zeichnung:

Der Aufsichtsrat d . . . . . (Firma der Genossenschaft)
N. . . . ., Vorsitzender.

§ 67.

Zur Veröffentlichung ihrer Bekanntmachungen bedient sich die Genossenschaft des . . . . Blattes.[3])

Für den Fall, daß dieses Blatt eingehen oder aus anderen Gründen die Veröffentlichung in diesem Blatte unmöglich werden sollte, tritt der Deutsche Reichsanzeiger so lange an die Stelle des Blattes, bis für die Veröffentlichung der Bekanntmachungen der Genossenschaft durch Beschluß der Generalversammlung ein anderes Blatt bestimmt ist.[4])

---

[1]) §§ 78, 80, 81, 98, 101 des Ges. — [2]) § 6 Pos. 4 des Ges. — [3]) § 6 Pos. 4 des Ges.

[4]) Wenn für die Veröffentlichung der Bekanntmachungen der Genossenschaft mehrere öffentliche Blätter bestimmt werden sollen, würde dem § 67 die folgende Fassung zu geben sein.

§ 67. Die Veröffentlichung der Bekanntmachungen der Genossenschaft erfolgt in . . . . . . (Bezeichnung der Blätter). Für den Fall, daß eines dieser Blätter

Formular 2.

Statutenentwurf
für einen
Konsumverein als eingetragene Genossenschaft mit unbeschränkter Haftpflicht.

Das vorstehende Statut erhält folgende Abänderungen:

1. Die Überschrift lautet:

Statut
des
Konsumvereins zu . . . .
eingetragene Genossenschaft mit unbeschränkter Haftpflicht.

Die Unterzeichneten treten nach Maßgabe der Bestimmungen des nachstehenden Statuts zu einer Genossenschaft zusammen.

2. § 1 lautet:

§ 1.

Die Genossenschaft führt die Firma . . . . eingetragene Genossenschaft mit unbeschränkter Haftpflicht und hat ihren Sitz zu . . . .

Gegenstand des Unternehmens ist der gemeinschaftliche Einkauf von Lebens- und Wirtschaftsbedürfnissen im großen und Ablaß im kleinen an die Mitglieder.

3. Im § 35 fällt die Pos. 4 „über die Erhöhung der Haftsumme" weg.
4. Pos. 5 in § 43 muß lauten:

5. für die Verbindlichkeiten der Genossenschaft dieser, sowie unmittelbar den Gläubigern der Genossenschaft nach Maßgabe der Bestimmungen des Gesetzes für Genossenschaften mit unbeschränkter Haftpflicht solidarisch und mit seinem ganzen Vermögen zu haften.[1])

5. Anm. 1 zu § 45 würde für eingetragene Genossenschaften mit unbeschränkter Haftpflicht nicht anwendbar sein, da bei solchen nach § 119 des Ges. ein Genosse nicht auf mehr als einen Geschäftsanteil beteiligt sein darf.
6. Der Abschnitt „G. Haftsumme" mit den §§ 46 und 47 fällt weg, die Nummern der folgenden Paragraphen müssen geändert werden, ebenso die Nummern der im Texte des Statuts angezogenen Paragraphen, welche auf § 45 folgen.
7. § 59 Abs. 6 muß lauten:

Reicht das Vermögen der Genossenschaft einschließlich der Geschäftsguthaben und Reserven zur Deckung der Schulden nicht aus, so wird der die Ausgeschiedenen treffende Anteil am Fehlbetrage nach der Kopfzahl der Mitglieder berechnet.

8. § 63 muß lauten:

§ 61.

Die Verteilung des Vermögens erfolgt nach Maßgabe des § 91 des Gesetzes.

9. § 64 muß lauten:

---

eingehen oder aus anderen Gründen die Veröffentlichung in demselben unmöglich werden sollte, erfolgt die Veröffentlichung in dem anderen Blatte (in den übrigen zur Veröffentlichung bestimmten Blättern), und für den Fall, daß die beiden (daß alle) genannten Blätter eingehen sollten oder die Veröffentlichung in denselben aus anderen Gründen unmöglich werden sollte, tritt der Deutsche Reichsanzeiger so lange an deren Stelle, bis durch Beschluß der Generalversammlung zur Veröffentlichung der Bekanntmachungen der Genossenschaft andere Blätter bestimmt sind.

[1]) § 2 Abs. 1, § 7 Abs. 1 des Ges.

§ 62.

Die Heranziehung der Genossen im Konkurse der Genossenschaft während des Vorschuß- und Nachschußverfahrens erfolgt nach Maßgabe des § 105 des Gesetzes.

Formular 3.

Protokoll
über die Errichtung eines Konsumvereins.

Verhandelt X., den . . . . . 19 . .

Die Versammlung wird um 9 Uhr abends durch Herrn . . . . . eröffnet; von demselben wird Herr . . . zum Schriftführer ernannt.

Es sind 52 Personen anwesend.

Der Vorsitzende erläutert den Zweck der Versammlung, einen Konsumverein zu errichten und verteilt unter die Anwesenden einen Statutenentwurf, der von der Kommission beschlossen ist, welche zur Ausarbeitung eines Statutenentwurfs in der am . . . . zu . . . . . abgehaltenen Versammlung eingesetzt war.

Es schließt sich an die Ausführungen des Vorsitzenden eine längere Debatte, an der sich die Herren . . . . beteiligen.

Nach Schluß derselben fordert der Vorsitzende diejenigen, welche bereit sind, sich an der Gründung des Konsumvereins zu beteiligen, auf, zu bleiben und in die Beratung des Statuts einzutreten.

Es wird eine Pause von 10 Minuten gemacht.

Nach Wiedereröffnung der Versammlung sind 45 Personen anwesend. Der Vorsitzende schlägt vor, daß der Entwurf des Statuts zunächst verlesen, dann paragraphenweise durchberaten wird.

Nach Verlesung des dem Protokoll als Anlage beigefügten Statuts stellt Herr . . . . den Antrag, dasselbe en bloc anzunehmen.

Der Antrag wird einstimmig angenommen und das anliegende Statut von 45 Personen unterschrieben.

Auf Antrag des Vorsitzenden schreiten die 45 Personen, welche das Statut unterschrieben haben, sofort zur Wahl des Aufsichtsrates.

Nach § . . des Statuts sind 9 Aufsichtsratsmitglieder in einem Wahlgange auf 3 Jahre zu wählen.

Die Abstimmung ergibt folgendes Resultat:

Abgegeben sind 45 Stimmzettel, von denen 2 unbeschrieben, daher ungültig sind; 43 Stimmzettel sind gültig, die absolute Majorität beträgt daher 22.

Es haben erhalten:

1. Herr . . . . . 40 Stimmen,
2. „ . . . . . 38 „
3. „ . . . . . 42 „
4. „ . . . . . 39 „
5. „ . . . . . 37 „
6. „ . . . . . 40 „
7. „ . . . . . 43 „
8. „ . . . . . 38 „
9. „ . . . . . 38 „
10. „ . . . . . 15 „
11. „ . . . . . 9 „

8 weitere Stimmen haben sich zersplittert.

Gewählt sind demnach die Herren . . . . (1—9); dieselben erklären sich sämtlich zur Annahme der Wahl bereit.

Der Vorsitzende vertagt die Versammlung auf $^1/_2$ Stunde zur Konstituierung des Aufsichtsrates.

Nach Wiedereröffnung übernimmt Herr . . . . als Vorsitzender des Aufsichtsrates den Vorsitz. Er teilt mit, daß der Aufsichtsrat

zum Geschäftsführer auf beiderseitige dreimonatliche Kündigung[1]) Herrn . . . . vorschlage.

Es wird zur Wahl geschritten.

Es werden 39 gültige Stimmzettel abgegeben, die alle ein „Ja" enthalten.

Herr . . . . ist demnach zum Geschäftsführer auf beiderseitige dreimonatliche Kündigung gewählt und erklärt sich bereit, die Wahl anzunehmen.

(In gleicher Weise ist die Wahl der anderen Vorstandsmitglieder, des Kassierers und des Kontrolleurs, zu protokollieren.)

Um 12 Uhr schließt der Vorsitzende die Versammlung.

V. g. u.

Unterschriften[2])

(nach Maßgabe der Bestimmungen des angenommenen Statuts über die Unterzeichnung des Protokolls der Generalversammlung, § 36, Formular 1).

Formular 4.

Protokoll

einer Generalversammlung des Konsumvereins zu X. . . ., eingetragene Genossenschaft mit beschränkter Haftpflicht.

(§ 36 des Musterstatuts, Formular 1.)

Verhandelt X, ... den . . 19 . .

Der Vorsitzende des Aufsichtsrates, Herr W . . . ., eröffnet die Versammlung um $8^1/_4$ Uhr abends und ernennt den mitunterzeichneten B. zum Schriftführer.

Nachdem festgestellt ist, daß die Einladung zur Generalversammlung dem Statut gemäß, unter Bekanntmachung der Tagesordnung, erfolgt und die betreffende Belagsnummer . . . mit dem Inserat in der . . . . Zeitung beigebracht ist, daß 56 Mitglieder erschienen sind, darunter vom Vorstande die Herren . . . ., vom Aufsichtsrate die Herren . . . . wird zur Beratung der Tagesordnung geschritten, dieselbe lautet wie folgt:

1. Mitteilung der Jahresrechnung, Entlastung des Vorstandes, Beschlußfassung über die Gewinnverteilung;
2. Wahl eines Vorstandsmitgliedes (des Kassierers);
3. Wahl von 3 Aufsichtsratsmitgliedern;
4. Bericht über die Revision der Genossenschaft nach Maßgabe des § 63 des Gesetzes;
5. Erhöhung des Gehaltes des Geschäftsführers;
6. Erledigung der Berufung eines auf Grund des § 40, Pos. 3 des Statuts ausgeschlossenen früheren Mitgliedes;
7. Erhöhung des Geschäftsanteils von 20 Mk. auf 30 Mk. (§ 44 des Statuts).

Zu Punkt 1, Mitteilung der Jahresrechnung, Genehmigung der Bilanz, Entlastung des Vorstandes, Beschlußfassung über

---

1) Falls die Wahl auf bestimmte Zeit erfolgt, würde statt der Worte „auf beiderseitige dreimonatliche Kündigung" zu setzen sein, „für die Zeit vom . . . . bis . . . .", vgl. S. 40 ff. — § 4 des Statuts.

2) Das Protokoll soll von allen anwesenden Vorstands- und Aufsichtsratsmitgliedern unterschrieben werden; entfernen sich einige vor Schluß der Generalversammlung, so ist dies am Schluß des Protokolls ausdrücklich zu vermerken.

die **Gewinnverteilung**, wird zunächst festgestellt, daß der Rechnungsabschluß 8 Tage vor der Versammlung im Geschäftslokale ausgelegen hat. Der Geschäftsführer, Herr H., erstattet den Bericht über die Jahresrechnung des abgelaufenen Geschäftsjahres. Hierauf erstattet das Mitglied des Aufsichtsrates, Herr N . . . ., als Mitglied der Kommission des Aufsichtsrates, welche die Jahresrechnung revidiert hat, Bericht über diese Revision; es hat dieselbe zu Ausstellungen nicht Anlaß gegeben, Bücher und Beläge sind in Ordnung befunden worden, die vorgelegte Jahresrechnung entspricht der aufgenommenen Inventur und dem Abschluß der Bücher, er beantragt im Namen des Aufsichtsrates die Genehmigung der Bilanz und die Entlastung des Vorstandes. Die Generalversammlung genehmigt die Bilanz, erteilt dem Vorstande Entlastung. — Im Namen des Aufsichtsrates schlägt der Vorsitzende desselben, Herr W. . . ., sodann folgende Verteilung des sich nach der Jahresrechnung ergebenden Reingewinns von 4639 Mk. vor:

$7\frac{1}{2}$% Zuschreibung zum Reservefonds	347	Mk.	92 Pfg.
5% Abschreibung am Inventar (2126 Mk.) . . .	106	„	30 „
3% Kapitaldividende auf 5300 Mk. Geschäftsguthaben	159	„	— „
5% vom Rest des Reingewinns, Tantième an den Vorstand	201	„	28 „
Entschädigung an den Aufsichtsrat . . .	100	„	— „
7% Einkaufsdividende auf 52359 Mk. Verkaufserlös	3665	„	13 „
Überweisung an den Dispositionsfonds für gemeinnützige Zwecke	50	„	— „
Vortrag auf neue Rechnung	9	„	37 „

Die Generalversammlung genehmigt diese Vorschläge nach kurzer Debatte.

Zu **Punkt 2, Wahl eines Vorstandsmitgliedes (des Kassierers)** berichtet der Vorsitzende, Herr W . . ., daß der Kassierer, Herr F . . ., seine Stellung gekündigt habe und mit dem . . . . aus dem Vorstande ausscheide. Der Aufsichtsrat schlägt Herrn K . . . zur Wahl vor, der sich im Falle der Wahl mit den bisher geltenden Bedingungen einverstanden erklärt habe, und bemerkt, daß die Stimmzettel mit „ja“ oder „nein“ zu beschreiben sind. Es werden zu Stimmsammlern die Herren A . . . und O . . . bestimmt. Von den 55 abgegebenen Stimmzetteln sind 5 ungültig, 3 davon sind unbeschrieben, 2 lauten auf andere Kandidaten. Es sind demnach 50 gültige Stimmen abgegeben, von welchen 42 mit „ja“, 8 mit „nein“ beschrieben sind. Da die absolute Mehrheit 26 ist, so ist Herr K . . . zum Kassierer gewählt. Herr K . . . nimmt die Wahl an.

Bei **Punkt 3, Wahl von 3 Aufsichtsratsmitgliedern**, übernimmt der stellvertretende Vorsitzende des Aufsichtsrates, Herr B . . ., den Vorsitz; er berichtet, daß die Herren W . . ., der derzeitige Vorsitzende des Aufsichtsrates, R . . . und Z . . . nach Ablauf ihrer dreijährigen Wahlperiode am . . . aus dem Aufsichtsrate scheiden, und macht darauf aufmerksam, daß die Ausscheidenden wieder gewählt werden können. Aus der Versammlung werden die Herren P . . . und O . . . zur Wahl vorgeschlagen. Das Wahlergebnis ist das folgende: es werden 52 gültige Stimmzettel abgegeben. Die absolute Mehrheit ist 27. Es erhalten im ersten Wahlgang Stimmen:

Herr W 52
„ R 38
„ Z 23
„ P 24
„ O 19

Es sind demnach wiedergewählt die Herren W . . . und R . . ., welche die Wahl annehmen.

Dagegen ist für das dritte zu wählende Mitglied des Aufsichtsrates eine absolute Mehrheit nicht erzielt; es erfolgt daher gemäß § 15 des Statuts die engere Wahl zwischen den beiden Mitgliedern, welche demnächst die meisten Stimmen erhalten haben, den Herren Z . . . und P . . . Bei der engeren Wahl werden 52 Stimmzettel abgegeben; es erhalten Herr P . . . 38 Stimmen, Herr Z . . . 10 Stimmen; 4 Stimmzettel enthalten die Namen anderer Kandidaten, sind demnach ungültig; die absolute Mehrheit bei 48 gültigen Stimmen beträgt 25; Herr P . . . ist demnach zum Mitgliede des Aufsichtsrates für die Zeit vom . . . . bis . . . ., auf die Dauer von drei Jahren, gewählt, er erklärt, die Wahl anzunehmen.

Zu Punkt 4 erstattet Herr W . . ., Vorsitzender des Aufsichtsrates, den Bericht über die Revision der Genossenschaft nach Maßgabe des § 63 des Gesetzes. Die Revision ist am . . . . durch den Verbandsrevisor Herrn S . . . vorgenommen und hat zu erheblichen Ausstellungen keinen Anlaß gegeben.

Von den Mitgliedern A . . ., B . . ., C . . ., D . . ., geht ein Antrag ein, den Bericht des Verbandsrevisors zur Verlesung zu bringen. Der Antrag wird genügend unterstützt. Herr A . . . rechtfertigt den Antrag damit, daß der Revisor die Warenschulden der Genossenschaft bemängelt habe.

Der Vorsitzende des Aufsichtsrates, Herr W . . ., teilt mit, daß diese Angelegenheit die Versammlung noch bei Punkt 7 der Tagesordnung beschäftigen werde, und versichert, im übrigen den wichtigsten Inhalt des Revisionsberichtes mitgeteilt zu haben.

Nach längerer Debatte wird der Antrag abgelehnt, dagegen ein inzwischen von den Mitgliedern E . . ., F . . . und G . . . gestellter und von mehr als 10% der Anwesenden unterstützter Antrag mit großer Mehrheit angenommen:

„Die Generalversammlung nimmt Kenntnis von dem durch den Vorsitzenden des Aufsichtsrates, Herrn W . . ., erstatteten Bericht über die Revision."

Zu Punkt 5 der Tagesordnung, Erhöhung des Gehaltes des Geschäftsführers, berichtet der Vorsitzende des Aufsichtsrates, Herr W . . ., welcher den Vorsitz wieder übernommen hat, daß die Erhöhung sich mit der vermehrten Arbeitslast, die aus der Erhöhung des Warenumsatzes sich ergeben habe, rechtfertige; er beantragt im Namen des Aufsichtsrates eine Erhöhung des festen Gehaltes des Geschäftsführers Herrn H . . . von 500 auf 600 Mark jährlich, unter Beibehaltung der bestehenden Tantième vom Reingewinn. Nach längerer Debatte wird durch Handerheben unter Gegenprobe festgestellt, daß die große Mehrheit für die beantragte Gehaltserhöhung ist.

Zu Punkt 6 der Tagesordnung, die Berufung des auf Grund des § 39 Abs. 4 Ziff. 4 des Statuts ausgeschlossenen früheren Mitgliedes, Herrn G . . ., berichtet der Vorsitzende des Aufsichtsrates, Herr W . . ., zunächst, daß die Berufung an die Generalversammlung rechtzeitig, binnen vier Wochen nach geschehenem Ausschluß durch Beschluß von Vorstand und Aufsichtsrat, erfolgt sei (§ 39 Abs. 6 des Statuts); er verliest sodann das Berufungsschreiben und stellt fest, daß Herr G . . . seit drei Jahren keine Waren aus dem Verein bezogen habe, was er selbst auch nicht bestreite, und daß daher seine Mitgliedschaft für den Verein wertlos sei. Herr J . . . tritt für Aufhebung des Ausschließungsbeschlusses ein. Nach längerer Debatte wird in Abstimmung mittelst Stimmzettel beschlossen, die Berufung des Herrn G . . . abzuweisen, der Ausschluß bleibt bestehen.

Zu Punkt 7, Erhöhung des Geschäftsanteils von 20 Mk. auf 30 Mk., § 44 des Statuts, berichtet der Vorsitzende des Aufsichtsrates, Herr W . . ., daß, wie schon gelegentlich des Vortrages des Revisionsberichtes zu Punkt 4 der Tagesordnung mitgeteilt sei, die Höhe des durch § 44 des Statuts auf 20 Mark festgesetzten Geschäftsanteiles nicht ausreiche, um den Bareinkauf der Waren zu ermöglichen; er beantrage deshalb im Einverständnis mit Vorstand und Aufsichtsrat, den Betrag des Geschäftsanteiles auf 30 Mark zu erhöhen. Aus der Versammlung wird mehrfach darauf hingewiesen, daß es doch erfreulich sei, daß der Verein Kredit bei Lieferanten habe, er solle ihn auch ausnützen, es bedürfe nicht einer Erhöhung des Geschäftsanteiles. Nach Erläuterung der Schädlichkeit des Warenkredits durch den Geschäftsführer Herrn H . . . und den Vorsitzenden des Aufsichtsrates, Herrn W . . ., wird zur Abstimmung geschritten; für die Erhöhung des Geschäftsanteiles ist nach § 35 Abs. 2 Ziff. 3 des Statuts die Mehrheit von drei Vierteilen der in der Generalversammlung erschienenen Mitglieder erforderlich; die Abstimmung ergibt, daß von 48 Anwesenden 40 für, 8 gegen den Antrag stimmen; der Antrag ist danach angenommen.

Von vier Mitgliedern wird noch der Antrag gestellt, jedem Mitgliede einen Warenkredit bis zu fünf Mark zu gewähren. Der Vorsitzende des Aufsichtsrates weist den Antrag zurück, weil er nicht rechtzeitig eingebracht ist und nicht auf der Tagesordnung steht; er spricht sich dabei entschieden gegen den unwirtschaftlichen Warenborg aus.

Nach Verlesung des Protokolls, gegen dessen Richtigkeit von keiner Seite etwas eingewendet wird, wird die Versammlung 11 ½ Uhr abends geschlossen.

(Unterschriften)
W . . . . ., Vorsitzender,
B . . . ., Schriftführer,
H . . ., Geschäftsführer, F . . ., Kassierer, Z . . ., Kontrolleur,
B . ., R . ., Z . ., M . ., O . ., D . ., N . ., Mitglieder des Aufsichtsrates,
Q . . ., V . . ., X . . ., Mitglieder des Vereins.

Formular 4a.

Protokoll

einer Generalversammlung des Konsumvereins zu X . . . . . eingetragene Genossenschaft mit beschränkter Haftpflicht.

(Formular 8a §§ 15 bis 17.)

Verhandelt X . ., den . . . . 19 . .

Der Vorsitzende des Aufsichtsrats Herr W . . eröffnet die Versammlung um 12 Uhr mittags und proklamiert als seine beiden Beisitzer im Wahlvorstand für die Erledigung der beiden ersten Punkte der Tagesordnung das Aufsichtsratsmitglied Herrn K . . ., der auch das Protokoll führen wird, und das Vorstandsmitglied Herrn L . . . Wenn im Verlauf der Versammlung eine Vertretung des einen oder anderen Beisitzers nötig werden sollte, behält sich der Vorsitzende die Ernennung des Stellvertreters vor.

Demnächst wird festgestellt, daß die Einladung zur Generalversammlung dem Statut gemäß unter Bekanntmachung erfolgt und die betreffende Belagsnummer . der . . . . Zeitung, sowie die Belagsnummer . des . . . . Blattes beigebracht sind, daß in beiden Zeitungen gemäß den §§ 15, 16 der Geschäftsordnung für die Generalversammlung ausdrücklich bekannt gemacht ist, daß zur Erledigung der ersten beiden Punkte der Tagesordnung:

1. Wahl eines Vorstandsmitgliedes (des Kassierers),
2. Wahl von vier Aufsichtsratsmitgliedern für die Ende dieses Geschäftsjahres ausscheidenden Herren P . . ., M . . ., S . . . und T . . . auf drei Jahre

die Zeit von 12 Uhr mittags bis 8 Uhr abends verwendet werden würde, und daß alle Mitglieder, welche in dieser Zeit zur Generalversammlung kämen und sich durch ihre Legitimationskarte als Mitglieder ausweisen, an der Wahl teilnehmen könnten. Es wird ferner festgestellt, daß in den fragl. Bekanntmachungen der Geschäftsordnung gemäß als Kandidat des Aufsichtsrats für den Kassiererposten Herr B . . . namhaft gemacht ist. Der Name des Herrn B . . . als vom Aufsichtsrat vorgeschlagen ist auch auf einer Wandtafel im Versammlungssaale vermerkt, und ebenda sind auch die ausscheidenden und wieder wählbaren vier Aufsichtsratsmitglieder angegeben.

Vor dem Platze des Vorsitzenden sind zwei Wahlurnen aufgestellt, die eine mit der Bezeichnung „Vorstand“, die andere mit der Bezeichnung „Aufsichtsrat“ für die Aufnahme der Stimmzettel zu Punkt 1 und 2 der Tagesordnung. Als Punkt 3 steht noch auf der Tagesordnung:

3. Bewilligung von 5000 Mk. zum Bau eines massiven Lagerraums im Anschluß an das Hausgrundstück des Vereins.

Es bestehen hiernach keine Bedenken gegen die Erledigung von Punkt 1 und 2 der Tagesordnung von 12 Uhr mittags bis 8 Uhr abends und wird Punkt 3 erst nachher zur Beratung gestellt werden.

Hierauf wird in die Wahl eingetreten.

Um 1½ Uhr mittags ernennt der Vorsitzende zum Stellvertreter für Herrn K . . . als Beisitzer und Schriftführer Herrn D . . ., um 2 Uhr an Stelle des Herrn L . . . das Vorstandsmitglied Herrn R . . . als Beisitzer.

Um 3 Uhr nachmittags übernimmt an Stelle des Herrn W . . . den Vorsitz sein Stellvertreter im Aufsichtsrat, Herr U . . .

Um 5½ Uhr nachmittags treten die Herren W . . ., K . . . und L . . . wieder in ihre Funktionen und wird punkt 8 Uhr abends der Wahlakt vom Vorsitzenden geschlossen.

Zu Stimmzählern werden aus dem Kreise der anwesenden Mitglieder die Herren A . . . und C . . . ernannt, welche zusammen mit dem Wahlvorstand das Wahlergebnis ermitteln.

Zu 1, Kassiererwahl betreffend. Abgegeben sind übereinstimmend mit der vom Schriftführer geführten Liste 851 Stimmzettel, von denen 5 unbeschrieben sind und 4 auf andere Namen lauten, so daß 842 gültige Stimmzettel übrig bleiben. 422 ist also die absolute Mehrheit. Es lauten 601 Stimmzettel auf „ja“, 241 auf „nein“. Mithin ist Herr B . . . zum Kassierer gewählt. Derselbe nimmt auf Befragen die Wahl an.

Zu 2, Aufsichtsratswahl betreffend. Abgegeben sind übereinstimmend mit der vom Schriftführer geführten Liste 851 Stimmzettel, von denen drei ungültig sind, weil sie mehr als vier Namen aufweisen, sodaß 848 gültige Stimmzettel bleiben, und die absolute Mehrheit 425 ist. 21 Stimmen fallen aus, weil einige Stimmzettel nur drei Namen angeben, einige andere zwar vier Namen, aber darunter einen oder zwei von Mitgliedern, die schon dem Aufsichtsrat angehören. Es haben gültige Stimmen erhalten:

Herr P.	625
„ M.	612
„ S.	580
„ T.	420
„ B.	435
„ N.	231
„ D.	204
„ F.	187
„ A.	60

während zusammen 17 Stimmen auf verschiedene andere Mitglieder entfallen sind. Hiernach sind die Herren P . . ., M . . ., S . . . und B . . . gewählt. Dieselben nehmen auf Befragen die Wahl an.

Durch die nach Beendigung des Wahlaktes am Eingang des Saales eingeführte Kontrolle ist die Anwesenheit von 108 Mitgliedern festgestellt, während übergegangen wird zu

3. Bewilligung von 5000 Mk. zum Bau eines massiven Lagerraums. Namens des Vorstandes und Aufsichtsrates begründete das Vorstandsmitglied Herr L . . . eingehend diesen Antrag.

Der Antrag findet teils Anklang, teils Widerspruch, wird aber schließlich mit großer Mehrheit angenommen, nachdem vorher der Antrag des

Herrn A . . . auf Überweisung des Antrages an eine neu zu berufende außerordentliche Generalversammlung abgelehnt worden ist.

Nach Verlesung und Genehmigung des Protokolls wird 11 Uhr abends die Versammlung geschlossen.

(Unterschriften)
W . . . . . ., Vorsitzender,
K . . . ., Schriftführer,
Z . . ., Geschäftsführer, L . . ., Kassierer, R . . ., Kontrolleur,
P . ., M . ., S . ., V . ., O . ., E . ., T . ., Aufsichtsratsmitglieder,
A . . ., C . . ., T . . ., B . . ., Mitglieder des Vereins.

Formular 5.

Protokoll einer Vorstandssitzung.

(§ 7 des Musterstatuts, Formular 1.)

X., den . . . . . . 19 . .

In der heutigen regelmäßig allwöchentlich stattfindenden Vorstandssitzung sind sämtliche Vorstandsmitglieder anwesend; vom Aufsichtsrate wohnt der Vorsitzende desselben, Herr W. . . ., der Sitzung bei.

Nach dem vom Lagerhalter eingereichten Warenbestellbuch sollen folgende Waren in Bestellung gegeben werden:

1. bei der Großeinkaufsgesellschaft in Hamburg:
   1 Sack schwarzer Singaporepfeffer à Mark 50,—;
   2 Säcke Campinaskaffee à Mark 1,—;
2. bei N. N.:
   2 Säcke türkische Pflaumen 80/85 à Mark 19,50 ab Magdeburg;
3. bei A. B.:
   3 Säcke gem. Raffinade à Mark 22,50 ab Braunschweig;
4. auf Petroleum sollen Offerten eingeholt und dann 3 Fässer gekauft werden.
5. Da in Honig nur ein sehr geringer Umsatz stattgefunden hat, wird beschlossen, den Artikel nicht wieder zu beschaffen.
6. An die Mitglieder, welche ein halbes Jahr lang die statutarischen Einzahlungen auf den Geschäftsanteil nicht geleistet haben, ist eine Mahnung zu erlassen.
7. Die von mehreren Mitgliedern eingelaufenen Klagen über den zuletzt bezogenen Domingokaffee werden als begründet anerkannt, es soll dem Lieferanten der noch im Vorrat befindliche Kaffee der bemängelten Lieferung zurückgegeben werden.
8. Die kleine Wage im Laden ist unbrauchbar geworden und wird der Ankauf einer Tafelwage beschlossen.
9. An den Aufsichtsrat soll der Antrag auf Genehmigung des Kaufes von . . . Sack Raffinade in Gemäßheit von § 25 des Statuts gestellt werden, da die Konjunktur eine günstige ist, wie der Geschäftsführer, Herr H. . . ., ausführt.

Gegen die Stellung eines solchen Antrages spricht sich der Kontrolleur Herr L. . . . aus, da seiner Ansicht nach mit einem solchen Kauf Spekulation verbunden sei. Der Geschäftsführer, Herr H. . . ., bestreitet dies, da die Verhältnisse klar zu übersehen seien. Herr L. . . . kann dem Antrage nicht beistimmen; Herr Kassierer F . . . ist für den Antrag.

(Unterschriften der Vorstandsmitglieder.)

Formular 6.

Protokoll einer Aufsichtsratssitzung.

(§ 19 des Musterstatuts, Formular 1.)

X., den . . . . . . 19 . .

In der heutigen Aufsichtsratssitzung hatten sich die Herren . . . . vom Aufsichtsrate und die Herren . . . . vom Vorstande eingefunden, während die Herren . . . . vom Aufsichtsrate unentschuldigt ausgeblieben waren.

Es sind sechs Aufsichtsratsmitglieder anwesend, der Aufsichtsrat ist also nach § 17 des Statuts beschlußfähig.

1. Den Bericht des Vorstandes über die Geschäftsergebnisse des verflossenen Monats nimmt der Aufsichtsrat entgegen.

2. Der Vorstand beantragt in Gemäßheit des § 25 des Statuts die Genehmigung zum Ankaufe von . . . . Sack Raffinade. Der Aufsichtsrat erteilt die Genehmigung.

3. Über die in dem Lager des Vereins vorgenommenen Revisionen berichtet das Mitglied der Lager-Revisionskommission, Herr D . . . . — Die Auslage der Wurstfabrikate wird bemängelt; es soll dem Vorstande der Wunsch ausgesprochen werden, ein besonderes Gestell hierfür anfertigen zu lassen, damit sich diese Waren besser präsentieren. An dem Gewicht der abgewogenen Waren ist nichts zu bemängeln gewesen. Die Inventarienstücke waren in Ordnung. Die Markenkontrolle hat ein Minus von . . . Mark ergeben.

4. Für die Kassen-Revisionskommission berichtet Herr K . . ., es ist nichts zu erinnern gewesen; Bücher und Beläge haben übereingestimmt, die Beläge waren in Ordnung und der nach den Büchern sich ergebende Kassenbestand von . . . Mark . . Pfg. ist mit . . . Mark . . Pfg. bar und mit . . . Mark . . Pfg. Guthaben auf Scheckkonto bei dem Kreditverein, e. G. m. u. H., zu X . . . nachgewiesen worden.

5. Der Vorsitzende des Aufsichtsrates, Herr W . . ., berichtet, daß am . . . . . . die Revision der Genossenschaft durch den Verbandsrevisor, Herrn S . . ., stattfinden werde; er schlägt vor, zur Teilnahme an der Revision ihn selbst und die Herren B . . . und K . . . zu entsenden und fordert die gesamten Mitglieder des Aufsichtsrates auf, sich zu der am Abend des . . ten stattfindenden gemeinsamen Sitzung von Vorstand und Aufsichtsrat, in welcher das Ergebnis der Revision von dem Herrn Verbandsrevisor vorgetragen werden wird, einzufinden. Die abwesenden Aufsichtsratsmitglieder werden von ihm besonders zu dieser Sitzung eingeladen werden. Die Mitglieder des Vorstandes, Herren H . . . und F . . ., verlassen die Sitzung.

6. Herr F . . . hat seine Stellung als Kassierer gekündigt, und war der Vorsitzende, Herr W . . ., deshalb auf Beschluß der letzten Aufsichtsratssitzung mit Herrn K . . . wegen Uebernahme des Postens in Unterhandlung getreten. Herr K . . . hat sich eventuell bereit erklärt, unter den bisherigen Bedingungen die Wahl anzunehmen, und schlägt nunmehr der Vorsitzende vor, Herrn K . . . zur Wahl für die Kassiererstelle der Generalversammlung zu präsentieren. Der Vorschlag wird angenommen.

7. Die Wahlperiode der Aufsichtsratsmitglieder Herren W . ., R . . und Z . . . läuft am . . . ab; für dieselben hat in der Generalversammlung vom . . . . eine Neuwahl stattzufinden.

8. Der Vorsitzende schlägt vor, am . . . eine außerordentliche Inventur zu veranlassen; die Mitglieder der Lager-Revisionskommission, Herren D . . . und N . . ., sowie außerdem das Mitglied des Aufsichtsrates, Herr O . . ., sollen bei der außerordentlichen Inventur mitwirken.

9. Der Vorsitzende schlägt vor, die Tagesordnung für die nächste Vierteljahrs-Generalversammlung wie folgt festzusetzen:

a) Bericht über die Geschäftsergebnisse des Vereins;

b) Wahl eines Vorstandsmitgliedes (des Kassierers);
c) Wahl von drei Aufsichtsratsmitgliedern;
d) Bericht über die Revision der Genossenschaft nach Maßgabe des § 63 des Ges.
e) Vortrag über die Verhandlungen des Allgemeinen Genossenschaftstages in N . . . nach den soeben erschienenen „Mitteilungen" über diesen Genossenschaftstag.

Dazu wird die Zustimmung erteilt.

Weiter wird vom Vorsitzenden vorgeschlagen, die Generalversammlung am . . . . . . abzuhalten, wogegen kein Widerspruch erfolgt; die Einladung wird der Vorsitzende dementsprechend erlassen.

V. g. u.

(Unterschriften der anwesenden Aufsichtsratsmitglieder.)

Formular 7.

Protokoll
einer gemeinschaftlichen Sitzung des Vorstandes und Aufsichtsrates.

(§ 26 des Musterstatuts, Formular 1.)

X., den . . . . . . 19 . .

In der heutigen gemeinschaftlichen Sitzung des Vorstandes und Aufsichtsrates, welche vom Vorsitzenden des letzteren berufen worden ist und geleitet wird, haben sich

die Mitglieder des Vorstandes vollzählig,

von den Mitgliedern des Aufsichtsrates die unterzeichneten sieben Herren eingefunden. Die Herren B. und P. sind entschuldigt. Die Beschlußfähigkeit des Vorstandes und des Aufsichtsrates steht sonach fest.

1. Der Vorstand beantragt die Einführung von Wollwaren als Verkaufsartikel; der Antrag erhält die Zustimmung der Mehrheit der Aufsichtsratsmitglieder.

2. Vom Vorsitzenden des Aufsichtsrates wird der Antrag auf Verkauf eines überflüssig gewordenen Kaffeebrenners gestellt; Vorstand und Aufsichtsrat stimmen dem Antrage zu. Der Vorstand wird wegen des Verkaufes das Erforderliche einleiten.

3. Der Schlächtermeister N. beantragt, ihn unter die Lieferanten des Vereins aufzunehmen. Der Vorstand ist für den Antrag. Die Mehrzahl der Mitglieder des Aufsichtsrates ist dagegen, weil in dem betreffenden Bezirk bereits zwei Schlächter Lieferanten des Vereins sind. Der Antrag ist demnach abgelehnt.

4. Der Vorsitzende beantragt, den am . . . stattfindenden Verbandstag des Unterverbandes der Konsumvereine von . . . durch einen Abgeordneten zu beschicken; er schlägt vor, den Geschäftsführer Herrn H. mit der Vertretung des Vereins zu beauftragen und demselben die Reisekosten und 10 Mk. Diäten aus der Kasse des Vereins zu vergüten. Vorstand und Aufsichtsrat treten dem Antrage bei.

5. Der Vorstand beantragt auf Grund des § 39 Ziff. 2 des Statuts den Ausschluß des Mitgliedes L . . . bei der Generalversammlung zu beantragen, weil dasselbe über die Geschäftsführung des Vereins falsche, den Verein schädigende Nachrichten verbreitet hat und darin fortfährt, trotzdem ihm in dem Geschäftslokale des Vereins an den Büchern und dem Briefwechsel das Unbegründete seiner Behauptungen nachgewiesen ist. Der Vorstand legt einen Briefwechsel mit dem auszuschließenden Mitgliede vor. Nach längerer Debatte erklärt sich auch der Aufsichtsrat einstimmig mit dem Antrage auf Ausschließung des L. einverstanden.

V. g. u.

(Unterschriften der anwesenden Mitglieder des Vorstandes und Aufsichtsrates.)

Formular 8.

Anstellungsvertrag für Vorstandsmitglieder.

Nachdem Herr N. N. in der Generalversammlung vom ...... zum ..... (Bezeichnung des Vorstandsamtes) gewählt ist, wird zwischen dem ..... Verein zu ....., eingetragene Genossenschaft mit .. beschränkter Haftpflicht, vertreten durch den Aufsichtsrat, und Herrn N. N. nachstehender Vertrag geschlossen.

§ 1.

Herr N. N übernimmt in dem .... Verein zu ...., eingetragene Genossenschaft mit .. beschränkter Haftpflicht, das Amt eines (Bezeichnung des Vorstandsamtes) auf unbestimmte Zeit[1]) und verpflichtet sich, die ihm in dieser Eigenschaft nach dem Genossenschaftsgesetze, dem Vereinsstatut und der in Gemäßheit des § .. des Statuts erlassenen Geschäftsordnung obliegenden Arbeiten und Verbindlichkeiten mit der Sorgfalt eines ordentlichen Geschäftsmannes zu erfüllen.

§ 2.

Als Vergütung erhält Herr N. N ... Mark festes Gehalt, das postnumerando in .... Raten gezahlt wird, und außerdem vom Reingewinn .. Prozent Tantieme, die nach der durch die Generalversammlung erfolgten Genehmigung der Bilanz zur Auszahlung kommt.

§ 3.

Die Vertretungskosten in Fällen der Behinderung werden für die Dauer von ..... Monaten aus der Vereinskasse als Geschäftsunkosten bezahlt. Bei längerer Behinderung hat Herr N. N. die Stellvertretungskosten vom ..... Monate ab im vollen Betrage zu decken.

Im Falle Herr N. N. während der Vertragsperiode stirbt, wird den Erben desselben das Gehalt für den Sterbemonat und zwei darauf folgende Monate gezahlt, jedoch nicht über die Vertragsdauer hinaus.

§ 4.

Herr N. N. hat einen Anspruch anf einen Urlaub von ... in jedem Jahre. Zu dem Antritt des Urlaubs ist rechtzeitig die Genehmigung des Aufsichtsrates einzuholen.

§ 5.

Herr N. N. hat für allen aus seiner Geschäftsführung der Genossenschaft entstehenden Schaden eine Kaution in Höhe von ... Mark zu stellen, dieselbe wird bestellt in ..... und folgendermaßen in Verwahrung genommen ....

Die Herausgabe der Kaution erfolgt erst, wenn Herr N. N. über die ganze Zeit der Geschäftsführung Rechnung gelegt hat und ihm durch die Generalversammlung Entlastung erteilt ist.

§ 6.[2])

Die Genossenschaft sowie Herr N. N. haben das Recht, diesen Vertrag nach vorhergegangener Kündigung von .. Monaten aufzuheben. Die Kündigung für die Genossenschaft erfolgt nach Beschluß der Generalversammlung durch den Aufsichtsrat.

---

[1]) Wenn die Wahl auf eine bestimmte Wahlperiode erfolgt ist, so muß es heißen: für die Zeit vom .... bis ....

[2]) Nur für den Fall, daß die Anstellung auf Kündigung erfolgt ist.

§ 7.

Für den Fall, daß Herr N. N.[1]) wegen Nichterfüllung der ihm nach dem Genossenschaftsgesetz und dem gegenwärtigen Vertrage obliegenden Verpflichtungen aus seinem Amte entlassen wird, entsagt derselbe allen Entschädigungsansprüchen an die Genossenschaft wegen der ihm in diesem Vertrage zugesicherten Vergütung von dem Zeitpunkt der von der Generalversammlung ausgesprochenen Entlassung. Geht dieser endgültigen Entlassung eine vorläufige Enthebung von dem Amte durch den Aufsichtsrat voraus, so tritt die Entlassung schon mit dem Tage der letzteren in Kraft.

Das Vorstehende gilt auch, wenn die Entlassung wegen Unfähigkeit zur ordnungsmäßigen Verrichtung der übertragenen Funktionen, wegen Verlustes der Dispositionsfähigkeit oder der bürgerlichen Ehrenrechte erfolgt.

. . . ., den . . . . 19 . .

Der Aufsichtsrat des Konsumvereins zu X., eingetragene Genossenschaft mit beschränkter Haftpflicht.
X. Y.,
Vorsitzender des Aufsichtsrates.

N. N.
(Bezeichnung des Vorstandsamtes.)

Formular 8a.

Geschäftsordnung für die Generalversammlungen.

§ 1.

Wer nach dem Statut mit der Leitung der Generalversammlung betraut ist, hat durch eine geeignete Kontrolle am Eingang des Versammlungslokals dafür Sorge zu tragen, daß nur Mitglieder zu dem für dieselben bestimmten Raume Zutritt haben, und daß jederzeit die Zahl der anwesenden Mitglieder ohne besondere Auszählung festgestellt werden kann.

Insofern auch Nichtmitgliedern der Besuch der Generalversammlungen gestattet wird, sind dieselben in einem von den Mitgliedern gesonderten Raume unterzubringen.

§ 2.

Der Vorsitzende konstituiert die Versammlung, indem er den Schriftführer ernennt, und hat danach zu Protokoll festzustellen, daß die Generalversammlung gemäß den Vorschriften des Statuts einberufen ist.

Hierauf stellt er die Gegenstände der Tagesordnung in der Reihenfolge, wie sie in der Einladung zur Generalversammlung bekannt gemacht sind, zur Verhandlung.

Eine Beschlußfassung über Gegenstände, welche nicht auf der Tagesordnung stehen, darf der Vorsitzende nicht gestatten.

§ 3.

Für die Anträge des Vorstandes oder Aufsichtsrats wird vom Vorstand oder Aufsichtsrat in der Regel ein Berichterstatter (Referent) bestellt, welcher die Verhandlung einleitet und auch das Schlußwort in derselben erhält.

§ 4.

Kein Mitglied darf in der Versammlung sprechen, ohne vorher das Wort verlangt und vom Vorsitzenden erhalten zu haben.

Der Vorsitzende ruft die Redner in der Reihenfolge auf, in welcher sie sich zum Wort gemeldet haben.

Sofortige Zulassung zum Wort können nur diejenigen Mitglieder verlangen, welche zur Geschäftsordnung reden wollen.

---

[1]) Für den Fall, daß die Anstellung auf eine bestimmte Wahlperiode erfolgt ist, müssen hier die Worte „vor Ablauf der Wahlperiode" eingeschaltet werden.

Zur persönlichen Bemerkung wird erst nach dem Schluß der Verhandlung unmittelbar vor der Abstimmung das Wort erteilt.

Die Redner sprechen stehend von ihrem Platze aus. Nur die Berichterstatter nehmen den Platz neben dem Vorsitzenden ein.

§ 5.

Der Vorsitzende ist berechtigt, den Redner, welcher nicht zur Sache spricht, auf den Gegenstand der Verhandlung zurückzuweisen, und, wenn er sich beleidigende oder andere unparlamentarische Äußerungen erlaubt, zur Ordnung zu rufen.

Ist das eine oder das andere in derselben Rede zweimal ohne Erfolg geschehen, und fährt der Redner fort, sich von dem Gegenstande oder von der Ordnung zu entfernen, so kann die Generalversammlung auf die Anfrage des Vorsitzenden ohne Verhandlung beschließen, daß ihm das Wort über den vorliegenden Gegenstand genommen werden solle, wenn er vorher auf diese Folge vom Vorsitzenden aufmerksam gemacht ist.

§ 6.

Die Beratung wird geschlossen, wenn alle Mitglieder, welche sich zum Wort gemeldet, gesprochen haben.

Wird vorher von einem Mitgliede Schluß der Verhandlung beantragt, so muß der Vorsitzende darüber sofort abstimmen lassen, nur darf ein im Sprechen begriffener Redner durch einen solchen Antrag nicht unterbrochen werden, und sind, ehe zur Abstimmung geschritten wird, der Generalversammlung diejenigen Mitglieder namhaft zu machen, welche sich noch zum Wort gemeldet haben.

§ 7.

Jedes Mitglied kann zu dem zur Beratung stehenden Antrage Abänderungs- und Unter-Abänderungsanträge stellen. Dieselben sind jedoch vor Schluß der Versammlung schriftlich einzureichen oder so langsam vorzutragen, daß sie der Schriftführer leicht nachschreiben kann, und bedürfen, um zur Beratung und Abstimmung zu kommen, der Unterstützung von mindestens . . . Mitgliedern.

Zieht ein Antragsteller seinen Antrag zurück, so kann derselbe von jedem andern Mitgliede wieder aufgenommen werden.

§ 8.

Nach Schluß der Beratung kündigt der Vorsitzende die Fragen, welche er zur Abstimmung zu stellen beabsichtigt, sowie die Reihenfolge, in welcher er dieselben zur Abstimmung stellen will, an.

Der Antrag auf Vertagung und Ueberweisung der Angelegenheit an eine spätere Generalversammlung geht den sachlichen Anträgen vor und kommt zunächst zur Abstimmung.

Uebrigens kommen Abänderungsanträge vor dem Hauptantrage zur Abstimmung, auf den sie sich beziehen. Je nach dem Ergebnis der ersten Abstimmung kommt dann der Hauptantrag mit oder ohne den Abänderungsantrag zur Abstimmung.

Unter-Abänderungsanträge kommen zur Abstimmung vor dem Abänderungsantrage, zu dem sie gestellt sind. Je nach dem Ergebnis der ersten Abstimmung kommt dann der Abänderungsantrag mit oder ohne den Unter-Abänderungsantrag zur Abstimmung.

Anträge, welche nur für den Fall gestellt sind, daß der Hauptantrag abgelehnt wird, kommen erst nach Ablehnung des letzteren zur Abstimmung.

Jedem Mitgliede steht es frei, eine andere Fassung oder Reihenfolge der Frage in Vorschlag zu bringen, worüber die Generalversammlung entscheidet.

Auch kann jedes Mitglied die Teilung eines Antrags verlangen, wenn nicht der Antragsteller dieselbe zurückweist.

§ 9.

Zu jeder Zeit kann während der Beratung mit einer Unterstützung von mindestens . . . Mitgliedern der Antrag eingebracht werden, die Leitung der Generalversammlung dem derzeitigen Vorsitzenden abzunehmen, und wird dann über diesen Antrag sofort ohne Verhandlung abgestimmt. Im Falle der Annahme desselben erfolgt sofort eine Neuwahl mittelst Stimmzettel. Die Wahl kann auch durch Zuruf stattfinden, sofern niemand Widerspruch erhebt.

§ 10.

Die Abstimmung erfolgt mittelst Handaufheben, und läßt der Vorsitzende, sobald ihm das Ergebnis zweifelhaft erscheint, zunächst die Gegenprobe machen. Wenn auch das Ergebnis der Gegenprobe nach Ansicht des Vorsitzenden unsicher ist, oder sobald 10 Mitglieder in der Versammlung darauf antragen, hat derselbe durch zwei von ihm aus den Anwesenden ernannte Stimmzähler die Zählung der Stimmen vorzunehmen. Um die Zählung zu erleichtern, kann der Vorsitzende auch die für oder gegen den Antrag Stimmenden je auf eine Seite des Versammlungssaals treten lassen.

Die Stimmenmehrheit wird ohne Mitzählung derjenigen festgestellt, die sich der Abstimmung enthalten haben.

Bei Stimmengleichheit ist der Antrag abgelehnt.

§ 11.

Über Ausschließung von Mitgliedern sowie über die Berufung gegen Ausschließnng von Mitgliedern und über die Wahl der Vorstandsmitglieder wird schriftlich mittelst verdeckter Stimmzettel abgestimmt.

Ungültig sind Stimmzettel, welche nicht oder nicht ausschließlich mit „Ja" oder „Nein" beschrieben sind.

Ungültige Stimmzettel werden als nicht abgegeben betrachtet.

Bei Stimmengleichheit ist der Antrag abgelehnt.

§ 12.

Auch die andern Wahlen erfolgen durch verdeckte Stimmzettel und sind dabei so viel Namen auf jeden Stimmzettel zu schreiben, als Personen für eine und dieselbe Wahlperiode zu wählen sind.

Wird im ersten Wahlgang nicht die absolute Stimmenmehrheit (mehr als die Hälfte der Stimmen) erreicht, so kommt von denen, welche die meisten Stimmen erhalten haben, die doppelte Zahl der noch zu Wählenden auf die engere Wahl, und wird mit den engern Wahlen in derselben Art so lange fortgefahren, bis für alle zu Wählende eine absolute Mehrheit erzielt ist.

Bei Stimmengleichheit entscheidet das von dem Vorsitzenden aus der Hand des Schriftführers zu ziehende Los darüber, wer auf die engere Wahl zu bringen oder wer als schließlich gewählt zu betrachten ist.

Ungültig sind:

1. Stimmzettel, welche keinen oder keinen lesbaren Namen enthalten;
2. Stimmzettel, aus welchen die Person des Gewählten nicht unzweifelhaft zu erkennen ist;
3. Stimmzettel, auf welchen mehr Namen als zu wählende Personen oder der Name einer nicht wählbaren Person verzeichnet ist;
4. Stimmzettel, welche einen Protest oder Vorbehalt enthalten.

Alle ungültigen Stimmzettel werden als nicht abgegeben betrachtet.

§ 13.

Bei den nach den §§ 11, 12 stattfindenden Abstimmungen ernennt der Vorsitzende zunächst aus der Zahl der anwesenden Mitglieder zwei Stimmzähler, welche die Stimmzettel an die anwesenden Mitglieder verteilen und dabei zählen. Dann sammeln die Stimmzähler auf Anweisung des Vorsitzenden die inzwischen beschriebenen Stimmzettel wieder ein.

Sind auf Befragen des Vorsitzenden keine Stimmen mehr abzugeben, so erklärt derselbe die Wahl für geschlossen und zählt die Stimmzettel zunächst uneröffnet, um festzustellen, daß die Zahl derselben nicht größer ist, als die Zahl der nach der Kontrolle (§ 1) anwesenden Mitglieder. Hierauf eröffnet der Vorsitzende jeden Stimmzettel und verliest dessen Inhalt, den Stimmzettel dem einen Stimmzähler übergebend, während der andere Stimmzähler die abgegebenen Stimmen einzeln protokolliert und laut zählt.

Über die Gültigkeit der Stimmzettel entscheidet unter Beobachtung der Vorschriften der §§ 11, 12 der Vorsitzende mit den Stimmzählern; auf erhobenen Widerspruch die Generalversammlung.

Nach der Wahl fragt der Vorsitzende den oder die Gewählten, wenn sie in der Generalversammlung anwesend sind, ob sie die Wahl annehmen, läßt ihre Erklärung darüber protokollieren und sie zur Anerkennung derselben das Protokoll mit unterzeichnen.

§ 14.

Der Schriftführer hat bei Abfassung des Protokolls genau den § .. des Statuts und diese Geschäftsordnung zu beobachten, insbesondere den Hergang bei geheimen Abstimmungen genau wiederzugeben und die für ungültig erklärten Stimmzettel, wenn dieselben für das Ergebnis der Abstimmung entscheidend sind, im Original dem Protokoll beizufügen, von dem Inhalt der Verhandlungen aber nichts niederzuschreiben.

§ 15.

Wenn der Aufsichtsrat dies für zweckmäßig hält, kann er die Vorstandswahl in der Weise von der Generalversammlung vornehmen lassen, daß er bei Berufung der Generalversammlung unter Bekanntgabe der von ihm für die Vorstandswahl vorgeschlagenen Person die für den Beginn der Wahlhandlung und die für den Schluß der Wahlhandlung festgesetzte Zeit veröffentlicht, mit dem Hinweis, daß alle während dieser Wahlzeit zur Generalversammlung kommenden Mitglieder durch Abgabe ihres Stimmzettels an der Wahl teilnehmen können.

Die Leitung der Wahlhandlung steht dem Wahlvorstand zu, welcher aus dem Vorsitzenden des Aufsichtsrats oder dessen Stellvertreter und zwei Beisitzern besteht, von denen einer dem Aufsichtsrat und einer dem Vorstande angehört, und von denen einer, den der Vorsitzende damit beauftragt, als Schriftführer das Wahlprotokoll führt. Die Beisitzer können während der Wahlzeit wechseln.

Die im § 1 dieser Geschäftsordnung vorgesehene Kontrolle der Mitglieder fällt weg. Dagegen legitimieren sich dieselben als solche durch Vorzeigung ihrer Mitgliedskarte (ihres Einkaufsbuchs[1])) und geben ihren zusammengefalteten Stimmzettel ab, welcher in ihrem Beisein vom Vorsitzenden in die verdeckte Wahlurne gelegt wird. Der Schriftführer hat unter Beifügung der Mitgliedsnummer jedes abstimmende Mitglied zu vermerken, so daß eine wiederholte Stimmenabgabe eines und desselben Mitgliedes verhütet wird. Das Verzeichnis der an der Wahl beteiligten Mitglieder wird als Beilage dem Protokoll beigefügt.

Während der Wahlhandlung finden keine Debatten statt außer denjenigen des Wahlvorstandes, welche sich aus der Erledigung des Wahlgeschäfts notwendig ergeben.

Der Schluß der Wahlzeit wird vom Vorsitzenden zu der vorher bekannt gemachten Stunde verkündet, und werden nachher keine Stimmzettel mehr angenommen. Die Feststellung des Wahlergebnisses erfolgt durch den Wahlvorstand unter Zuziehung der vom Vorsitzenden aus dem Kreise der Mitglieder ernannten Stimmzähler.

Für die Abfassung des Wahlprotokolls ist übrigens § 13 Abs. 4 und § 14 dieser Geschäftsordnung maßgebend.

---

[1]) Dort, wo das Einkaufsbuch als Legitimation dient.

Dasselbe Verfahren kann der Aufsichtsrat sinngemäß zur Anwendung bringen, wenn die Generalversammlung über die Kündigung eines Vorstandsmitgliedes Beschluß fassen soll.

§ 16.

Wenn der Aufsichtsrat dies für zweckmäßig hält, kann er die Wahlen zum Aufsichtsrat in der Weise von der Generalversammlung vornehmen lassen, daß er bei Berufung der Generalversammlung die für den Beginn der Wahlhandlung festgesetzte Zeit und die für den Schluß der Wahlhandlung festgesetzte Zeit veröffentlicht, mit dem Hinweis, daß alle während dieser Wahlzeit zur Generalversammlung kommenden Mitglieder durch Abgabe ihres Stimmzettels an der Wahl teilnehmen können.

Das Verfahren dabei regelt sich nach den §§ 15, 12 dieser Geschäftsordnung. Jedoch entscheidet über die Gültigkeit der Stimmzettel unter Beobachtung der §§ 11, 12 der Geschäftsordnung der Wahlvorstand mit den Stimmzählern auf erhobenen Widerspruch, wenn die fraglichen Stimmzettel für das Ergebnis der Wahl erheblich sind, die Generalversammlung, und findet für etwa nötige engere Wahlen eine neue Generalversammlung statt unter Beobachtung der vorstehenden Vorschriften.

§ 17.

Wenn in einer und derselben Generalversammlung nach den Bestimmungen der §§ 15, 16 Wahlen zum Vorstand und Aufsichtsrat stattfinden, so werden beide Wahlen gleichzeitig von demselben Wahlvorstand geleitet den §§ 15, 16 dieser Geschäftsordnung gemäß, und die Stimmzettel für die Vorstandswahl und für die Aufsichtsratswahl je in einer besondern Wahlurne gesammelt, und das Wahlergebnis danach festgestellt.

Wenn der Aufsichtsrat die Einberufung der Generalversammlung verzögert (§ 23 des Statuts), kann auch der Vorstand für die etwa nötigen Wahlen das in den §§ 15—17 hier vorgesehenen Verfahren zur Anwendung bringen, und steht dann dem Geschäftsführer die Leitung des Wahlvorstandes zu und vertritt ihn dabei sein Stellvertreter im Vorstande.

§ 18.

Wenn die Tagesordnung erledigt ist, bezeichnet der Vorsitzende diejenigen drei[1]) Mitglieder, welche das Protokoll mit unterzeichnen sollen, läßt dasselbe vom Schriftführer verlesen, von der Generalversammlung genehmigen und von den anwesenden Vorstands- und Aufsichtsratsmitgliedern, dem Schriftführer und den vorbezeichneten drei Mitgliedern, sowie den in der Generalversammlung etwa gewählten Personen, wenn sie anwesend sind, vollziehen und schließt dann die Versammlung.

Formular 9.

Geschäftsanweisung für den Vorstand.

§ 1.

Die Mitglieder des Vorstandes sind dem Verein für die Erfüllung der in Nachstehendem ihnen auferlegten Verpflichtungen verantwortlich.

§ 2.

Dieselben haben sich nach Bedürfnis gegenseitig zu unterstützen und in Behinderungsfällen nach Vorschrift des § 34 dieser Geschäftsanweisung zu vertreten.

---

[1]) Wenn geheime Abstimmungen stattgefunden haben oder sonst Stimmzähler in Tätigkeit getreten sind, werden diese natürlich zunächst vom Vorsitzenden zur Vollziehung des Protokolls herangezogen werden, wenn sie es nicht schon als Vorstands- oder Aufsichtsratsmitglieder unterschreiben.

§ 3.

Die Sitzungen des Vorstandes finden wöchentlich . . . . im . . . . Lokale statt und darf kein Mitglied ohne dringende Veranlassung fehlen.

§ 4.

Außerordentliche Vorstandssitzungen kann der Vorsitzende berufen, sobald er es für nötig hält; er ist hierzu verpflichtet, sobald ein Vorstandsmitglied unter Angabe der Gründe hierauf anträgt.

§ 5.

In den Vorstandssitzungen führt der Geschäftsführer den Vorsitz, bei dessen Behinderung der Kontrolleur.

§ 6.

In den Vorstandssitzungen ist von einem der Vorstandsmitglieder ein Protokoll zu führen, in das alle gefaßten Beschlüsse einzutragen sind. Die anwesenden Vorstandsmitglieder haben dasselbe zu unterzeichnen. Stimmt ein Vorstandsmitglied einem gefaßten Beschlusse nicht zu, so kann es verlangen, daß seine entgegenstehende Ansicht im Protokoll vermerkt wird.

§ 7.

Der Vorstand hat in seinen Sitzungen folgende Angelegenheiten zu erledigen:

1. die Zuteilung der Arbeiten an die einzelnen Vorstandsmitglieder;
2. den Einkauf von Waren bis zu . . . Mark in einem Posten (§ 12 dieser Anweisung);
3. die Festsetzung der Verkaufspreise, sowie die Aenderung derselben, insonderheit für beschädigte, zu lange lagernde oder sonst minderwertige Waren;
4. die Neubeschaffung und Reparatur von Inventarienstücken bis zum Werte von . . . Mark für jeden einzelnen Gegenstand;
5. die Aufnahme von Mitgliedern;
6. die Anstellung von Vereinsbeamten,[1]) sowie von niederen Bediensteten und Arbeitern, mit denen kein schriftlicher Vertrag geschlossen wird (§ . . des Statuts);
7. die Entlassung von Vereinsbeamten, niederen Bediensteten und Arbeitern (§ . . des Statuts);
8. die Bestimmung der Tage und Geschäftsstunden, während welcher die Verkaufsstellen geöffnet werden sollen;
9. die Feuerversicherung der vorhandenen Waren, des Inventars und der Gebäude;
10. die Versicherung der versicherungspflichtigen Beamten und Arbeiter des Vereins bei der Invaliditäts- und Alters-, Unfall- und Krankenversicherung;
11. die eingegangenen Beschwerden der Mitglieder, Lagerhalter und Lieferanten. Den Beschwerdeführern ist schriftlich oder mündlich Bescheid zu erstatten; dem Aufsichtsrat ist auf sein Verlangen von der Beschwerde und dem Bescheide, jedenfalls aber dann von dem Bescheide Kenntnis zu geben, wenn die Beschwerde durch ihn an den Vorstand gelangt ist.

§ 8.

Über die in § . . des Statuts bezeichneten Angelegenheiten hat der

---

[1]) Nach dem Musterstatut § 26 Ziff. 12 (Formular 1) hat bei Anstellung von „Vereinsbeamten" der Aufsichtsrat mitzuwirken, die schriftlichen Verträge mit denselben schließt aber selbstverständlich der Vorstand ab.

Vorstand zu beschließen und die Genehmigung des Aufsichtsrates zur Ausführung des Beschlusses einzuholen.

§ 9.

Die in §§ . . des Statuts aufgeführten Angelegenheiten hat der Vorstand zur Beschlußfassung und Entscheidung in den gemeinschaftlichen Sitzungen des Vorstandes und Aufsichtsrates bezw. in der Generalversammlung vorzubereiten.

§ 10.

In jeder am Anfang des Monats stattfindenden Aufsichtsratsitzung hat der Vorstand dem Aufsichtsrate über den Wareneinkauf und -Verkauf zu berichten und am Schlusse jedes Monats hat er dem Aufsichtsrate eine allgemeine Geschäftsübersicht einzureichen.

§ 11.

Zur Gültigkeit der Beschlüsse müssen mindestens zwei Vorstandsmitglieder übereinstimmen.

Alle vom Verein ausgehenden Schriftstücke sind von zwei Vorstandsmitgliedern zu unterschreiben.

Warenkäufe.

§ 12.

Die Ausführung der statutenmäßig beschlossenen Wareneinkäufe liegt dem Geschäftsführer ob.

§ 13.

Die eingekauften Waren sind sofort nach ihrer Lieferung von dem Geschäftsführer einer genauen Prüfung zu unterziehen in bezug auf ihre Beschaffenheit, ihr Gewicht oder Maß. Fallen dieselben nicht der Probe oder den Verkaufsbedingungen gemäß aus, so sind sie zurückzuweisen und ist dem Lieferanten ungesäumt davon Anzeige zu machen.

§ 14.

Jede Spekulation bei den Wareneinkäufen ist verboten; der Vorstand, insbesondere der Geschäftsführer aber hat dafür Sorge zu tragen, daß jederzeit ein genügender, jeden Notkauf ausschließender Vorrat an allen Warengattungen vorhanden ist, dagegen Warenbestände, welche keinen Absatz finden, nicht lange auf Lager gehalten werden.

§ 15.

Mit Rücksicht auf die Bestimmungen der Reichsgesetze über den Verkehr mit Nahrungs- und Genußmitteln, Verkauf von Petroleum, sowie über die Beschaffenheit der Metallgefäße hat sich der Geschäftsführer beim Kaufe bündige Erklärungen darüber geben zu lassen, daß die Waren 2c. unverfälscht, ohne fremdartige, der Benennung widersprechende Beimischungen, frei von minderwertigen, schädlichen Bestandteilen sind und den gesetzlichen Anforderungen entsprechen.

Beaufsichtigung der Verkaufsstellen.

§ 16.

Der Geschäftsführer insbesondere, sowie auch die übrigen Vorstandsmitglieder haben das Vereinslager recht häufig zu besuchen und darauf zu achten, daß überall Reinlichkeit und Ordnung herrscht, die Waren zweckmäßig aufbewahrt und die Gewichte und Maße den gesetzlichen Anforderungen entsprechend gehalten werden. Etwaige Mißstände sind sofort abzustellen und dem Lagerhalter ist dahingehende Weisung zu erteilen.

Der Geschäftsführer hat auch darauf zu sehen, daß dem Lagerhalter und dem sonstigen Verkaufspersonal gemäß der Reichs-Gewerbeordnung in der Verkaufsstelle die nötige Sitzgelegenheit während der Ruhepausen gegeben ist.

Kontrolle des Lagerhalters.

§ 17.

Zur Kontrolle des Lagerhalters hat der Geschäftsführer das Lagerhalterbuch zu führen, er hat für ordnungsmäßige Abrechnung mit dem Lagerhalter zu sorgen.

Die Gegenmarken[1]) sind den Lagerhaltern von dem Kassierer auszuliefern, in einem besonderen Buche zuzurechnen und in Berücksichtigung des Verkaufserlöses ist wenigstens vierteljährlich einmal zu prüfen, ob keine Mehrausgabe von Gegenmarken durch den Lagerhalter stattgefunden hat, welche Kontrolle außerdem durch den Aufsichtsrat auszuüben ist.

Buchführung.

§ 18.

Die Vorstandsmitglieder sind verpflichtet, folgende mit Seitenzahlen versehene Bücher zu führen oder durch Angestellte führen zu lassen und im letzteren Falle sich Überzeugung zu verschaffen, ob es ordnungsmäßig geschieht:

a) das unreine Kassenbuch,
b) das reine Kassenbuch,
c) das Einkaufsbuch (Fakturenbuch),
d) das Mitglieder-Geschäftsguthabenkontobuch,
e) das Memorial,
f) das Lieferantenkontobuch,
g) das Hauptbuch,
h) das Warenkontrollbuch,
i) das Lagerhalterbuch,
k) das Inventurbuch,
l) das Bilanzbuch,
m) das Kopierbuch,
n) das Utensilienverzeichnis

und sonstige nach Ansicht des Vorstandes nötige Nebenbücher.

§ 19.

Alle Bücher und Schriftstücke sind auf die Dauer von zehn Jahren nach Vorschrift in § 44 des Handelsgesetzbuches wohlgeordnet aufzubewahren. Die Hauptbücher, Bilanzbücher, gedruckte oder geschriebene Jahresberichte, welche über die Lage und Entwickelung des Vereins Auskunft zu geben vermögen, sollen niemals vernichtet werden. Die Statuten, die Nachträge dazu, und die Geschäftsanweisungen sind zu einem Aktenhefte zu vereinigen; ebenso sind alle von dem Verein ausgehenden Drucksachen in einem anderen Aktenhefte zu vereinigen.

§ 20.

Die Genossenschaftsblätter, Jahresberichte des Anwaltes und sonstige genossenschaftliche Werke sind eingebunden so aufzubewahren, daß sie jederzeit zur Benutzung bereit sind.

---

[1]) Wo Einkaufsbücher eingeführt sind oder mit einer Registrierkasse gearbeitet wird, fällt dieser Satz weg. Vgl. S. 96, 98.

Inventuraufnahme und Rechnungsabschlüsse.

§ 21.

Dem Vorstand liegen die ordentlichen und außerordentlichen Inventuraufnahmen und die Fertigstellung der Rechnungsabschlüsse ob, er hat den Aufsichtsrat von der aufzunehmenden Inventur in Kenntnis zu setzen, damit dieser bei der Inventur mitwirken kann; vom Aufsichtsrate beschlossene außerordentliche Inventuren hat der Vorstand auszuführen.

§ 22.

Über die Inventuraufnahme ist ein Protokoll aufzunehmen und von den Vorstandsmitgliedern, sowie den anwesenden Aufsichtsratsmitgliedern zu unterschreiben. Die Aufnahme der Warenbestände (nach den Verkaufspreisen) und der Lagerkasse ist auch vom Lagerhalter zu unterschreiben.

§ 23.

Der Rechnungsabschluß ist vom Vorstande in tunlichster Beschleunigung längstens in . . Wochen nach aufgenommener Inventur fertig zu stellen. Die Waren sind höchstens zum Einkaufspreise, bei rückgängiger Konjunktur zum Tagespreise im Einkauf, Wertpapiere zum Tageskurse, ausstehende Forderungen zu ihrem wahrscheinlichen Werte zu berechnen. Es ist sorgfältig darauf zu achten, daß alle Waren- und sonstigen Schulden, besonders noch zu zahlende Geschäftsunkosten, in den Abschluß aufgenommen werden.

§ 24.

Nach Fertigstellung des Rechnungsabschlusses und Prüfung desselben durch alle drei Vorstandsmitglieder haben dieselben unter der Firma des Vereins dem Abschlusse ihre Unterschriften hinzuzufügen und ihn dann dem Aufsichtsrate mit ihren Vorschlägen zur Gewinnverteilung zur weiteren Veranlassung zu überreichen.

§ 25.

Am Schlusse der Geschäftsperiode hat der Geschäftsführer einen eingehenden Bericht auszuarbeiten und drucken zu lassen, welcher mindestens acht Tage vor der Generalversammlung den Mitgliedern zur Verfügung zu stellen ist. Derselbe muß enthalten:

a) Mitteilungen über allgemeine genossenschaftliche Angelegenheiten;
b) Mitteilungen über Entwickelung des Vereinsgeschäfts im abgelaufenen Jahre und über besondere Einrichtungen der Genossenschaft;
c) erläuternde Mitteilungen über Mitglieder (Zahl, Bewegung im Laufe des Jahres, Aufstellung nach den Berufsarten) — über die Hauptkonten (Bewegung und Stand) — über die Vorschläge zur Gewinnverteilung;
d) Kassenumsatz nach den verschiedenen Konten;
e) Bilanz am Jahresschluß;
f) Gewinn- und Verlustrechnung mit Nachweis der einzelnen Unkosten;
g) zahlenmäßige Aufstellung des Vorschlages für die Gewinnverteilung;
h) zahlenmäßige Übersicht über den Verbrauch der Hauptgeschäftsartikel im abgelaufenen Jahre;
i) Zahlennachweis über die Entwickelung der Genossenschaft seit ihrem Bestehen.

§ 26.

Außerordentliche Inventuren des Lagers dienen namentlich zur Kontrolle des Lagerhalters und sind insbesondere dann vorzunehmen, wenn außerhalb des Schlusses der Geschäftsperiode ein Wechsel des Lagerhalters stattfindet. *Eine* außerordentliche und unvermutete Inventur des Lagers muß mindestens in jeder Geschäftsperiode abgehalten werden.

Besondere Bestimmungen.

I. Für den Geschäftsführer.

§ 27.

Der Geschäftsführer hat die gesamte Geschäftsführung des Vereins zu leiten und zu überwachen.

Derselbe hat die Verpflichtung, sich von allen die Vereinsgeschäfte betreffenden Angelegenheiten laufend unterrichtet zu halten und ist zu dem Zwecke jederzeit berechtigt, von sämtlichen in den Händen der anderen Vorstandsmitglieder befindlichen Listen, Büchern, Dokumenten und Akten des Vereins Einsicht zu nehmen und die Bestände der Kasse einer Revision zu unterziehen.

Der Geschäftsführer ist ferner verpflichtet, monatlich mindestens eine Revision der Kasse und der Geschäftsbücher vorzunehmen.

Diese Revision muß unvermutet stattfinden, und ist das Ergebnis in der nächsten Sitzung des Vorstandes zu Protokoll zu geben.

§ 28.

Der Geschäftsführer hat die Korrespondenz des Vereins zu führen und die in Angelegenheiten desselben abzusendenden Briefe abzufassen. Dieselben sind von ihm und einem zweiten Vorstandsmitgliede zu unterschreiben und im Kopierbuche des Vereins zu kopieren.

§ 29.

Der Geschäftsführer hat ferner für alle diejenigen Angelegenheiten zu sorgen, welche nicht ausdrücklich dem Kassierer oder Kontrolleur übertragen sind, insbesondere hat er:

a) folgende Bücher zu führen:

. . . .
. . . .
. . . .

b) das dem Vorstande untergeordnete Personal zu überwachen und mit den nötigen Anweisungen zu versehen;
c) für Versicherung der Waren, des Inventars und der Gebäude gegen Feuer, und für die Instandhaltung des Inventars zu sorgen, vierteljährlich die Prüfung des vorhandenen Inventars nach den Inventar-(Utensilien-)Verzeichnissen vorzunehmen;
d) die eingehenden Briefe aufzubewahren und zu ordnen, nachdem sie in der Vorstandssitzung zur Vorlage gelangt sind;
e) die nach § . . des Statuts notwendigen Anzeigen bei dem Gericht zu erstatten;
f) in den Generalversammlungen den Geschäftsbericht zu erstatten;
g) die Zahlungsanweisungen für die Kasse auszustellen;
h) die Bilanzen zu ziehen und nach Benehmen mit den anderen Vorstandsmitgliedern den Geschäftsbericht für den Druck vorzubereiten;
i) dem Aufsichtsrate die seiner Genehmigung unterliegenden Beschlüsse des Vorstandes vorzulegen und ihn von allen wichtigen geschäftlichen Ereignissen in Kenntnis zu setzen;
k) die in den Vorstandssitzungen zu fassenden Beschlüsse vorzubereiten.

II. Für den Kassierer.

§ 30.

Der Kassierer hat die Kasseneingänge in Empfang zu nehmen, insbesondere die Ladenkasse zweimal wöchentlich abzunehmen und die Ausgaben zu leisten.

Sämtliche Einnahmen und Ausgaben sind sofort in das Kassenbuch einzutragen. Von denselben ist der Kontrolleur durch Vorlegung der zu erteilenden Quittungen und Vermerke, sowie der Quittungen der Empfänger in Kenntnis zu setzen, um sich von der Übereinstimmung der Bücher mit den Belägen zu überzeugen.

§ 31.

Über die Einnahmen hat der Kassierer in Gemeinschaft mit dem Kontrolleur zu quittieren. Nur über die Ladenkasse ist er allein zur Quittungleistung dem Lagerhalter gegenüber bevollmächtigt. Ausgaben dürfen nur gegen Anweisung eines zweiten Vorstandsmitgliedes, in der Regel des Geschäftsführers, gemacht werden.

§ 32.

Der Kassierer ist ferner verpflichtet:

a) folgende Bücher zu führen:

. . . .

. . . .

b) in Gemeinschaft mit dem Geschäftsführer für die Aufbewahrung der Bücher, Wertpapiere usw. zu sorgen;

c) die Seiten des Kassenbuches täglich aufzurechnen und nach Abzug der Ausgaben von den Einnahmen den buchmäßigen Bestand auf Übereinstimmung mit dem baren Gelde mindestens wöchentlich einmal zu prüfen, allmonatlich das Kassenbuch abzuschließen und den Bestand vorzutragen.

Von der Richtigkeit des Kassenabschlusses muß sich der Kontrolleur überzeugen.

Ergeben sich bei dem Kassenabschlusse Differenzen zwischen dem „Soll" und „Ist", so sind dieselben von dem Kassierer sofort zu ersetzen.

Über die Verwendung etwaiger Überschüsse beschließt der Aufsichtsrat.

d) die Guthabenquittungsbücher der Vereinsmitglieder nach Genehmigung des Rechnungsabschlusses durch die Generalversammlung zu ordnen, die eingehenden Beiträge zusammenzurechnen, nebst der Dividende dem betreffenden Guthaben zuzuschreiben und letzteres dann auf neue Rechnung vorzutragen;

e) (in Konsumvereinen mit Dividendenmarken) die Markenbestände zu verwalten und das Markenkonto mit dem Lagerhalter zu führen.

III. Für den Kontrolleur.

§ 33.

Der Kontrolleur hat eine genaue Kontrolle der Geschäftsführung des Kassierers auszuüben und bei den Kassenabschlüssen mitzuwirken.

§ 34.

Alle vom Kassierer auszugebenden Quittungen, Schuldverschreibungen, Quittungsbücher usw. hat der Kontrolleur mit zu unterzeichnen.

§ 35.

Der Kontrolleur hat die Mitgliederliste und alle dem Geschäftsführer und Kassierer nicht überwiesenen Bücher zu führen, also:

. . . .

. . . .

. . . .

und ferner Abschlüsse, sowie Auszüge, Berechnungen, Übersichten usw. für die Jahresabschlüsse, sowie für die aufzunehmenden Inventuren fertig zu stellen.

Stellvertretung.

§ 36.

Bei kurz vorübergehenden Behinderungen eines der Vorstandsmitglieder wird der Geschäftsführer durch den Kontrolleur, der Kassierer und der Kontrolleur durch den Geschäftsführer vertreten, und übernimmt der jedesmalige Stellvertreter die Funktionen des von ihm Vertretenen für die Dauer von dessen Behinderung.

Von Behinderungen ist der Vorsitzende des Aufsichtsrates zu benachrichtigen.

Allgemeine Bestimmungen.

§ 37.

Diese Geschäftsanweisung hat die Generalversammlung am . . . . genehmigt, sie ist von den Vorstandsmitgliedern durch Unterschrift anzuerkennen.

Dieselbe ist jedem Vorstandsmitgliede in einem Exemplare auszufertigen.

Formular 10.

Geschäftsanweisung für den Aufsichtsrat.

§ 1.

Nach den Bestimmungen des Gesetzes und den Vorschriften des Statuts ist die Überwachung der Geschäftsführung der Genossenschaft in allen Teilen der Verwaltung das Recht und die vornehmste Pflicht des Aufsichtsrates.

Um dieser Pflicht zu genügen, muß der Aufsichtsrat sich fortwährend über die Verwaltung der Angelegenheiten der Genossenschaft unterrichten; zu diesem Zwecke hat derselbe Berichte von dem Vorstande zu fordern, in die Bücher und Schriften der Genossenschaft Einsicht zu nehmen, den Bestand der Kasse und die Bestände an Waren, Wertpapieren und sonstigen Gegenständen zu untersuchen, die von dem Vorstande erstatteten Berichte, Geschäftsabschlüsse und insbesondere die Jahresrechnung nebst Bilanz und Gewinnberechnung sorgsam zu prüfen und darüber der Generalversammlung Bericht zu erstatten.

Der Aufsichtsrat hat eine Generalversammlung zu berufen, wenn dieses das Interesse der Genossenschaft fordert.

§ 2.

Der Aufsichtsrat überträgt in jedem Jahre nach erfolgter Neuwahl einem seiner Mitglieder den Vorsitz, einem anderen das Schriftführeramt und ernennt für beide Stellvertreter.

Die Beschlüsse des Aufsichtsrates werden durch einfache Stimmenmehrheit der in der Sitzung anwesenden Mitglieder gefaßt.

Bei Stimmengleichheit gilt der Antrag als abgelehnt, nur bei Wahlen entscheidet in diesem Falle das Los.

Der Aufsichtsrat ist beschlußfähig, wenn die Mehrheit der Mitglieder anwesend ist.

§ 3.

Der Aufsichtsrat hält zur Erledigung der ihm obliegenden Geschäfte allmonatlich zu einer ein für allemal bestimmten Zeit in dem Geschäftslokal der Genossenschaft eine Sitzung ab.

§ 4.

Zu einer außerordentlichen Sitzung hat der Vorsitzende des Aufsichtsrates einzuladen, so oft er dieses für erforderlich hält, oder wenn der Vorstand oder der dritte Teil der Aufsichtsratsmitglieder unter schriftlicher Angabe der Beratungsgegenstände die Berufung einer außerordentlichen Sitzung verlangen.

Mit der Einladung zu einer außerordentlichen Sitzung sind die Gegenstände der Verhandlung mitzuteilen.

§ 5.

Den Sitzungen des Aufsichtsrates haben die Vorstandsmitglieder auf Erfordern beizuwohnen, sie haben alle Aufschlüsse zu erteilen, sowie die Einsicht aller Bücher, Korrespondenzen und sonstiger Schriftstücke des Vereins, welche verlangt wird, zu gewähren.

Die Vorstandsmitglieder können an den Verhandlungen sich beteiligen, dieselben haben aber kein Stimmrecht.

§ 6.

In die Protokolle sind die gefaßten Beschlüsse aufzunehmen.

Die Protokolle sind von den anwesenden Mitgliedern des Aufsichtsrates und des Vorstandes zu unterzeichnen.

§ 7.

Mitglieder des Aufsichtsrates, welche bei Gegenständen der Tagesordnung persönlich beteiligt sind, müssen während der Verhandlung über diese Gegenstände das Sitzungslokal verlassen.

§ 8.

Der Aufsichtsrat hat die ihm nach § 10 und § 24 der Geschäftsanweisung für den Vorstand von letzterem vorgelegten Berichte und die Jahresrechnung zu prüfen.

§ 9.

Der Aufsichtsrat hat regelmäßig am Schlusse jedes Monats eine Revision der Kasse und eine umfassende Revision des Geschäfts vorzunehmen und außerdem nach Bedürfnis außerordentliche und unvermutete Revisionen eintreten zu lassen.

§ 10.

Der Aufsichtsrat hat ferner die Verkaufslokale zu beaufsichtigen und hierbei hauptsächlich zu achten auf

1. die zweckmäßige Aufbewahrung der Waren, sowie auf die Reinlichkeit des Lokales;
2. die Instandhaltung der Wagen und Gewichte;
3. das Vorhandensein und den guten Zustand der im Lokale befindlichen, in einem dem Lagerhalter übergebenen Inventarbuch verzeichneten Inventargegenstände;
4. die Richtigkeit der vorrätig abgewogenen Waren;
5. das richtige Vorhandensein der dem Lagerhalter übergebenen Bestände an Dividendenmarken.

Über die Ausübung dieser Obliegenheiten ist in jeder ordentlichen Aufsichtsratssitzung kurzer Bericht zu erstatten.

Zum Zwecke der Beaufsichtigung der Verkaufslokale wählt der Aufsichtsrat aus seiner Mitte auf die Dauer von drei Monaten Kommissionen und zwar in der Art, daß nach und nach alle Mitglieder zur Beaufsichtigung herangezogen werden.

§ 11.

Bei jeder vorzunehmenden Revision hat der Aufsichtsrat zu untersuchen, ob die Mitglieder des Vorstandes die ihnen durch Statut und Instruktion besonders zugewiesenen Funktionen gewissenhaft erfüllen, und ob die Vorschriften des Genossenschaftsgesetzes und die Bestimmungen der Vereinsstatuten überall befolgt werden; es ist insbesondere darüber zu wachen, daß das Verzeichnis der Genossen ordnungsmäßig geführt und mit der Liste der Genossen bei Gericht in Übereinstimmung gehalten wird, daß über den Ein- und Austritt von Mitgliedern die vorgeschriebenen Anzeigen, sowie alle sonstigen durch das Genossenschaftsgesetz erforderten Anmeldungen, Anzeigen und Erklärungen zum Genossenschaftsregister rechtzeitig und ordnungsmäßig gemacht, und daß die durch Statut und Instruktion gegebenen Vorschriften über die Aufbewahrung und den Verschluß der Wertbestände eingehalten werden.

§ 12.

Bei jeder Kassenrevision hat der Aufsichtsrat die Kasse zu stürzen und festzustellen, ob der Kassenbestand mit dem Abschlusse des Kassenbuches übereinstimmt.

Die Kassenbeläge müssen in bezug auf ordnungsmäßige Anweisung und Quittierung geprüft werden, sowie darauf, ob sich die Ausgaben innerhalb der dem Vorstande durch die Statuten, durch Geschäftsanweisung, durch Beschlüsse der Generalversammlung oder des Aufsichtsrates gezogenen Grenzen halten.

Für die Revision der Einnahmeposten aus dem eigenen Geschäfte dienen zur Vergleichung die vom Kassierer dem Lagerhalter ausgestellten Quittungen.

§ 13.

Bei dem Geschäftsguthabenkonto der Mitglieder ist zu untersuchen, ob die von den Mitgliedern gemachten Einzahlungen richtig übertragen sind,

ob die Gesamtsumme aller einzelnen Mitgliederguthaben mit dem Saldo des Geschäftsguthabenkontos im Hauptbuche übereinstimmt.

Von Zeit zu Zeit ist eine Anzahl von Mitgliederbüchern zum Zwecke der Vergleichung mit dem Hauptbuche einzuziehen.

§ 14.

Bei der Kontrolle der Warenbestände ist festzustellen, ob sämtliche laut Kassenbuch, sowie laut der eingegangenen und nach dem Datum geordnet aufzubewahrenden Rechnungen gekauften Waren so zur Verbuchung gebracht sind, daß sie als aktive Bestandteile des Warenlagers erscheinen; die Summe des Ausganges an Waren ergibt sich aus den Abrechnungen mit den Lagerhaltern unter Zuziehung der ohne Vermittelung des Lagerhalters verkauften und aus dem Kassenbuch zu ermittelnden Posten. Die Differenz zwischen den eingekauften und verkauften Waren ergibt den buchmäßigen Sollbestand.

§ 15.

Das Lagerhalterkonto ist in bezug auf Gewicht und Preis der übergebenen Waren, auf Buchung und Verrechnung der Abgabe des Erlöses in der Rücklieferung zu prüfen.

Bei dem Hauptbuche hat der Aufsichtsrat außer auf die rein rechnerische Tätigkeit durch Addition der Seiten und die Kontrolle der Überträge sein Hauptaugenmerk darauf zu richten, daß jeder Posten stets im richtigen Verhältnisse zu dem Kontoinhaber gebucht ist, der ihn zu zahlen oder zu erhalten hatte — daß er richtig ins Soll oder Haben gestellt ist. Die auf den Konten des Hauptbuches sich ergebenden Abschlußsummen (Saldi) bilden die Grundlage der Bilanz und sind daher mit dem zum Zwecke der Aufstellung derselben gemachten Auszuge zu vergleichen.

Die Bilanz muß in den einzelnen Posten auf ihre Übereinstimmung mit dem Hauptbuche, sowie auf die Bestimmungen des Handelsgesetzbuches und des Statuts geprüft werden.

§ 16.

Für die ordentlichen und außerordentlichen Revisionen ernennt der Aufsichtsrat aus sich Revisionskommissionen von zwei oder drei Mitgliedern in der Weise, daß möglichst alle Mitglieder des Aufsichtsrates im Laufe des Jahres zu den Revisionen herangezogen werden.

§ 17.

Die Revisionskommission fungiert als Organ des Aufsichtsrates und ist verantwortlich für die sorgfältige Ausführung der Revisionen.

Der Aufsichtsrat ist befugt, einen Rechnungsverständigen, welcher nicht Mitglied des Vereins zu sein braucht, zur Besorgung der kalkulatorischen Revisionsarbeiten bei Revision der Jahresrechnung, sowie bei den sonstigen im Laufe des Jahres erfolgenden Revisionen hinzuzuziehen und dessen Honorar festzusetzen, welches die Vereinskasse zu tragen hat.

§ 18.

Über alle vorgenommenen Revisionen sind Protokolle aufzunehmen, aus welchen der Umfang der vorgenommenen Revisionshandlungen, die dabei beteiligten Personen und die Arbeiten, welche dieselben im einzelnen ausgeführt haben, sowie das Ergebnis der Revision genau ersichtlich sind.

Das Protokoll ist der nächsten Aufsichtsratssitzung vorzulegen und, sobald es Ausstellungen enthält, dem Vorstande zur baldigen Erledigung derselben zu überweisen. Bleiben einzelne Ausstellungen unerledigt, so hat der Aufsichtsrat der Generalversammlung darüber Bericht zu erstatten.

§ 19.

Am Schlusse des Geschäftsjahres hat der Aufsichtsrat mit dem Vorstande behufs Aufstellung der Jahresrechnung und Bilanz eine vollständige Inventur vorzunehmen.

Zu diesem Zwecke sind am letzten Tage des Geschäftsjahres

a) das Kassenbuch abzuschließen und der Sollbestand der Kasse festzustellen, sodann der wirkliche Kassenbestand nach den vorhandenen Geldsorten, Kassenscheinen, Banknoten und Koupons aufzunehmen;

b) die vorhandenen Bestände an Waren, Wechseln, Schuldscheinen, Wertpapieren, sowie die Ausstände und Schulden des Vereins festzustellen, zu verzeichnen und mit den geführten Büchern zu vergleichen.

Soweit diese Arbeit an demselben Tage nicht zu beenden ist, ist dieselbe an dem nächstfolgenden Tage fortzusetzen, bis dahin aber ist alles unter sicheren Verschluß zu nehmen, damit jede Möglichkeit zu Verfügungen, durch welche ein Defekt verdeckt werden könnte, ausgeschlossen ist.

Alle vorhandenen Schulddokumente und Wertpapiere sind nach ihrem rechnungsmäßigen und wirklichen Werte zu untersuchen und einzeln zu verzeichnen.

Alle Wertpapiere sind hierbei höchstens nach dem Börsenkurse am Tage des Abschlusses aufzunehmen.

§ 20.

Außer der am Schlusse des Geschäftsjahres vorzunehmenden ordentlichen Inventur hat der Aufsichtsrat noch mindestens eine außerordentliche unangesagte Inventur zu veranlassen.

Die Inventuren in den Verkaufslokalen sind von der mit der Aufsicht des betreffenden Verkaufslokals betrauten Kommission auszuführen unter Zuziehung von noch mindestens einem zu diesem Zwecke vom Aufsichtsrate gewählten Mitgliede.

Vor Beginn der Inventur hat der Lagerhalter zu Protokoll zu erklären, ob alle dem Verein zugehörigen Gelder richtig vereinnahmt seien, verneinendenfalls, welche Beträge und aus welcher Veranlassung noch ausstehen.

Demnächst erfolgt die Abnahme des baren Kassenbestandes, welche zu Protokoll vermerkt wird.

Bei Feststellung der Warenvorräte haben die Aufsichtsratsmitglieder namentlich darauf zu achten, daß

1. sämtliche vorhandenen Waren genau aufgenommen, und dieselbe Ware nicht zweimal aufgenommen wird;
2. die doppelt geführten Inventurlisten in ihren Angaben mit einander übereinstimmen, etwaige Differenzen vor Abschluß des Protokolls ermittelt und ausgeglichen werden;
3. etwaige Einwendungen des Lagerhalters gegen die in die Inventurliste eingetragenen Quantitäten einzelner Waren sofort durch wiederholte Feststellung derselben erledigt werden.

Die Inventurprotokolle sind von sämtlichen Mitwirkenden, die über die Aufnahme der Lagerkasse und Warenbestände auch vom Lagerhalter zu unterzeichnen.

Für die Inventur sind die auf dem Allgemeinen Vereinstage zu Darmstadt (1882) beschlossene „Anleitung zur Aufnahme der Warenbestände in Konsumvereinen“ und die Beschlüsse der Allgemeinen Genossenschaftstage zu Neustadt a. d. Haardt (1898) und zu Danzig (1903)[1]) maßgebend.

§ 21.

Nach der Bestimmung in § 63 des Genossenschaftsgesetzes ist der Aufsichtsrat zu den Revisionen des Revisors zuzuziehen.

In jedem Falle einer ordentlichen Revision durch den Verbandsrevisor hat deshalb der Aufsichtsrat darüber zu beschließen, wie viele und welche Mitglieder des Aufsichtsrates bei der Revision mitzuwirken haben.

Der Vorsitzende des Aufsichtsrates oder dessen Stellvertreter müssen bei der Revision durch den Verbandsrevisor stets anwesend und beteiligt sein.

§ 22.

Die gemeinschaftlichen Sitzungen des Vorstandes und Aufsichtsrates finden in der Regel unmittelbar nach den ordentlichen Sitzungen des Aufsichtsrates statt; der Vorsitzende des Aufsichtsrates aber kann außerdem gemeinschaftliche Sitzungen von Vorstand und Aufsichtsrat berufen, wenn er dieses für erforderlich hält, und er muß solche berufen, wenn der Vorstand oder drei Mitglieder des Aufsichtsrates unter schriftlicher Angabe der Beratungsgegenstände dieses verlangen.

In den gemeinschaftlichen Sitzungen von Vorstand und Aufsichtsrat führt der Vorsitzende des Aufsichtsrates oder dessen Stellvertreter den Vorsitz. Der Vorsitzende ernennt den Schriftführer.

Die gemeinschaftliche Sitzung von Vorstand und Aufsichtsrat ist beschlußfähig, wenn die Mehrheit der Mitglieder des Vorstandes und die Mehrheit der Mitglieder des Aufsichtsrates anwesend sind.

Die Beschlüsse werden nach Stimmenmehrheit der anwesenden Mitglieder des Vorstandes und der anwesenden Mitglieder des Aufsichtsrates in getrennter Abstimmung der Mitglieder beider Organe gefaßt.

In die Protokolle sind die gefaßten Beschlüsse aufzunehmen, und die Protokolle sind von den anwesenden Mitgliedern des Vorstandes und des Aufsichtsrates zu unterzeichnen.

§ 23.

Die Verträge mit den Mitgliedern des Vorstandes hat der Vorsitzende des Aufsichtsrates nach den Beschlüssen des Aufsichtsrates und in dessen Namen abzuschließen.

---

[1]) Vgl. Formular 13a.

§ 24.

Über die Haftbarkeit der Mitglieder des Aufsichtsrates der Genossenschaft gegenüber wegen entstandenen Schadens bestimmt der § 41 des Genossenschaftsgesetzes folgendes:

Die Mitglieder des Aufsichtsrates haben die Sorgfalt eines ordentlichen Geschäftsmannes anzuwenden.

Mitglieder, welche ihre Obliegenheiten verletzen, haften der Genossenschaft persönlich und solidarisch für den dadurch entstandenen Schaden.

Insbesondere sind sie in den Fällen des § 34 Absatz 3 des Genossenschaftsgesetzes zum Ersatze der Zahlung verpflichtet, wenn diese mit ihrem Wissen und ohne ihr Einschreiten erfolgt ist.

Die Ansprüche auf Grund der vorstehenden Bestimmungen verjähren in fünf Jahren.

§ 25.

Die Mitglieder des Aufsichtsrates können nach der Bestimmung in § 38 des Genossenschaftsgesetzes die Ausübung ihrer Befugnisse und Obliegenheiten nicht anderen Personen übertragen.

Formular 11.

Anstellungsvertrag für den Lagerhalter.

Zwischen dem Konsumverein . . . . vertreten durch den Vorstand

und dem Herrn N. N. ist nachstehender Vertrag geschlossen worden.

§ 1.

Herr N. N. übernimmt vom . . . . ab das Amt eines Lagerhalters bei dem Konsumverein . . . . unter den folgenden Bedingungen.

§ 2.

Herr N. N. erkennt die vom Vorstand und Aufsichtsrat aufgestellte, von der Generalversammlung genehmigte Lagerhalterinstruktion als bindend für seine Geschäftsführung an.

Im Behinderungsfalle hat Herr N. N. für eine zuverlässige, vom Vorstand genehmigte Vertretung zu sorgen.

§ 3.

Als Sicherheit für jeden aus seiner Geschäftsführung den Konsumverein treffenden Schaden bestellt Herr N. N. eine Kaution von . . . . . Mark in barem Gelde oder in sicheren Papieren. Über die Sicherheit der Papiere entscheidet der Vorstand.

Wird die Kaution in barem Gelde bestellt, so sind dafür entweder mit Zustimmung des Herrn N. N. sichere Papiere zu kaufen oder das Geld ist bei der städtischen Sparkasse auf den Namen des Konsumvereins einzuzahlen.

Die sich aus der Anlage ergebenden Zinsen erhält der Lagerhalter vierteljährlich postnumerando — wenn sich nicht aus den für die Kaution gekauften Wertpapieren andere Zinstermine ergeben — ausgezahlt.

Der Lagerhalter ist nicht nur für seine, sondern auch für die Handlungen der von ihm angestellten Gehilfen und Arbeiter mit seiner Kaution und seinem sonstigen Vermögen haftbar.

Sobald sich aus der Geschäftsführung ergibt, daß auf die Kaution zurückgegriffen werden muß, werden bis auf weiteres Zinsen an den Lagerhalter nicht ausgezahlt. In solchem Falle hat Herr N. N. die Kaution zunächst wieder bis auf den Betrag von . . . . Mark einzuzahlen; bis Herr N. N. dieser Verpflichtung nachgekommen ist, behält der Konsumverein die Zinsen als Kaution ein.

Die Zurückzahlung der Kaution erfolgt, wenn Herr N. N. aus seiner Stellung als Lagerhalter ausgeschieden ist und durch Vorstand und Aufsichtsrat in Gemeinschaft mit ihm festgestellt ist, daß der Konsumverein keine Ansprüche an den Lagerhalter hat.

§ 4.

Herr N. N. erhält als Gehalt monatlich postnumerando . . . Mark und außerdem vom Verkaufserlös . . Prozent.

§ 5.

Dieser Vertrag kann nur auf den Schluß eines Kalender-Vierteljahres unter Einhaltung einer sechswöchentlichen Kündigungsfrist von beiden Teilen schriftlich aufgekündigt werden.

Für die Genossenschaft hat der Vorstand das Recht der Kündigung.[1])

§ 6.

Herr N. N. kann jederzeit ohne eine ihm zu gewährende Entschädigung entlassen werden:

1. wenn er sich eine Verletzung dieses Vertrages oder Unredlichkeiten, sowie Verstöße gegen die ihm übergebene Instruktion oder ein Verhalten zu Schulden kommen läßt, welches nach dem Ermessen des Vorstandes geeignet ist, ihn in der Achtung der Vereinsmitglieder herabzusetzen;
2. wenn er sich ein ungebührliches, achtungswidriges Benehmen gegen Mitglieder des Vorstandes oder des Aufsichtsrates zu Schulden kommen läßt, oder sich gegen die Anordnungen des Vorstandes und der zur Beaufsichtigung des Lagers erwählten Mitglieder des Aufsichtsrates auflehnt;
3. wenn eine Inventur das Resultat ergibt, daß der Lagerhalter dem Verein einen Ersatz zu leisten hat, welcher die Hälfte der von ihm niedergelegten Kaution übersteigt, oder wenn zwei aufeinanderfolgende Inventuren ergeben, daß der Lagerhalter dem Verein . . . Mark oder mehr zu ersetzen hat.

§ 7.

Herr N. N. kann jederzeit die Aufhebung des Vertrages verlangen, wenn ihm sein Gehalt nicht gewährt wird oder seine Vorgesetzten sich schwerer Ehrverletzungen gegen ihn schuldig machen.

§ 8.

Der Lagerhalter hat den Verkauf der ihm vom Verein übergebenen Waren zu dem von dem Vorstande bestimmten Preise zu besorgen.

Auf eigene Rechnung darf der Lagerhalter keine Waren führen.

Die Waren darf er nur gegen Barzahlung verkaufen.

§ 9.

Dem Käufer müssen die Waren Netto zugewogen werden.

§ 10.

Der Lagerhalter darf weder von den Käufern noch von den Lieferanten Geschenke annehmen.

---

[1]) Es kann auch eine kürzere oder längere Kündigungsfrist bedungen werden, sie muß in jedem Fall für beide Teile gleich sein, darf nicht weniger als einen Monat betragen und kann nur für den Schluß eines Kalendermonats zugelassen werden (§ 67 Handelsgesetzbuch).

§ 11.

Die Kosten der stattfindenden Lagerinventuren trägt der Verein.

Das Verfahren bei den Waren- und Markeninventuren[1]) wird durch eine besondere Anleitung[2]) geregelt.

Gleich nach beendeter Inventur ist die Richtigkeit der gemachten Aufzeichnungen vom Lagerhalter durch Namensunterschrift anzuerkennen.

Weigert er sich dessen, so hat er den Grund anzugeben. Führt er als solchen an, daß das Maß, das Gewicht oder die Menge gewisser, von ihm bestimmt zu bezeichnender Verkaufsgegenstände nach seiner Ansicht unrichtig ermittelt oder niedergeschrieben worden sei, so wird die Inventur hinsichtlich derselben unverzüglich wiederholt.

Gibt er den Grund der Unterschriftsverweigerung nicht an, oder bezeichnet er nicht diejenigen Gegenstände ganz bestimmt, deren Menge, Maß oder Gewicht nach seinem Dafürhalten unrichtig ermittelt oder niedergeschrieben wurden, so stellt dies der Vertreter des Vereins durch Vernehmung der Anwesenden mittelst Verhandlung fest. Es wird dann angenommen, daß der Lagerhalter seinen Widerspruch aufgegeben hat und die Aufzeichnungen des Vereinsvertreters, auch ohne dieselben unterschrieben zu haben, als richtig anerkennt.

Kommen zwischen dem Vertreter des Vereins und dem Lagerhalter solche auf die Inventur bezughabende Meinungsverschiedenheiten vor, welche nicht auf der Stelle erledigt werden können, so hat letzterer die sofortige Abfassung einer Verhandlung zu beantragen, durch welche das Sachverhältnis erschöpfend dargetan werden muß. Von dieser Verhandlung, die dem Vorstande alsbald zuzustellen ist, erhält der Lagerhalter eine vom Vereinsvertreter beglaubigte Abschrift zurück.

Alle Einwendungen gegen die Richtigkeit der Inventur, welche nicht im Laufe oder unmittelbar nach Beendigung derselben bei dem anwesenden Vertreter des Vereins, sondern später gemacht werden, sind vom Vorstande als nicht erhoben zu betrachten.

§ 12.

Bei allen Inventuren hat sich der Lagerhalter zu beteiligen, bei den gesetzlich vorgeschriebenen auch dann, wenn dieselben an einem Sonntage stattfinden.

§ 13.

Der Konsumverein . . . . behält sich das Recht vor, an Wochentagen auch außerhalb der Geschäftsstunden außerordentliche Inventuren vorzunehmen.

Die Kosten derselben trägt der Verein.

Für sämtliche bei der außerordentlichen Inventur erforderlichen Arbeitskräfte hat der Vorstand zu sorgen.

§ 14.

Im Falle der Weigerung des Lagerhalters, sich an einer angeordneten Inventur zu beteiligen oder eine begonnene fortzusetzen, hat der Verein das Recht, dieselbe in für den Lagerhalter verbindlicher Weise ohne dessen Mitwirkung vorzunehmen, beziehungsweise zu Ende zu führen.

§ 15.

Nach jeder Inventur findet eine Abrechnung mit dem Lagerhalter statt, zu welcher sich derselbe auf ergangene Aufforderung im Geschäftszimmer des Vereins einzufinden hat.

Auch der entlassene oder freiwillig ausgeschiedene Lagerhalter hat zu gleichem Zwecke an dem bezeichneten Orte zu der vom Vorstande festgesetzten Zeit zu erscheinen, oder, im Behinderungsfalle, die Anberaumung eines

---

[1]) Bei Vereinen, welche das Dividendenmarkensystem haben.

[2]) Formular 18.

anderen Zeitpunktes nachzusuchen. Kommt er auch der zweiten Aufforderung nicht pünktlich nach, so gilt dies als seine stillschweigende Erklärung, daß er mit der vom Vorstande bewirkten Feststellung des Rechnungsabschlusses einverstanden ist und das ermittelte Endergebnis ohne Einrede als richtig anerkennen will.

§ 16.

Dem Lagerhalter wird auf Einwiegen, Bruch, unverschuldetes Schwinden und Beschädigen sämtlicher Verkaufsgegenstände, welche gewogen und gemessen werden, mit Ausnahme der Zählwaren, ein Manko von höchstens . . . vom Hundert nachgesehen.

Ein sich bei der Inventur ergebendes höheres Manko wird dem Lagerhalter von der Kaution abgeschrieben, dagegen hat der Lagerhalter keinen Anspruch auf Auszahlung der Gutschrift der Differenz, wenn das sich ergebende Manko geringer ist.

Für einen bei der Dividendenmarkenkontrolle sich herausstellenden Fehlbetrag an Dividendenmarken hat der Lagerhalter den Betrag an Dividende der Genossenschalt zu ersetzen, welcher sich nach Abschluß der laufenden Geschäftsperiode für den ermittelten Fehlbetrag an Marken, der das zu ersetzende Warenmanko übersteigt, nach dem Dividendensatze des betreffenden Jahres ergibt, ebenso hat der Lagerhalter in Höhe dieses Dividendensatzes den Ersatz für ein vorhandenes Markenmanko zu leisten, wenn das festgestellte Warenmanko noch innerhalb der zugebilligten Warenmankoentschädigungsgrenze liegt, so daß er für das Warenmanko nicht ersatzpflichtig ist.[1])

§ 17.

Jeden Abend nach Schluß des Geschäftes hat Herr N. N. Kasse zu machen.

Die Kasse ist an jedem . . . Tage dem Kassierer gegen Quittung abzuliefern.

Auf Verlangen des Vorstandes muß Herr N. N. zu jeder Zeit Kassenabschluß machen und den vorhandenen Bestand abliefern.

§ 18.

Über die dem Herrn N. N. zum Verkauf übergebenen Waren ist genau Buch zu führen.

Nur durch den Vorstand darf Herr N. N. Waren in Empfang nehmen, jedesmal hat er über die erhaltenen Waren zu quittieren.

Formular 12.

Geschäftsanweisung für den Lagerhalter.[2])

Allgemeine Bestimmungen.

§ 1.

Für die Geschäftstätigkeit des Lagerhalters sind die in dem mit ihm geschlossenen Anstellungsvertrage, sowie die in der vorliegenden Geschäftsanweisung getroffenen Bestimmungen maßgebend.

Der Lagerhalter hat die ihm obliegenden, im Nachstehenden besonders aufgeführten Pflichten mit Sorgfalt zu erfüllen, er hat das Interesse der Genossenschaft in jeder Hinsicht wahrzunehmen. Er hat besonders den Mit-

---

[1]) Bei Vereinen, welche nicht das Dividendenmarkensystem, sondern Einkaufsbücher haben, fällt der Absatz 8 des § 16 weg. (Vgl. S. 59 ff.)

[2]) Alle die Dividendenmarken betreffenden Bestimmungen dieser Geschäftsanweisung (§§ 5, 17, 20 Abs. 2) müssen bei den Vereinen, die nicht dieses System, sondern die Einrichtung der Einkaufsbücher oder Registrierkassen haben, wegfallen.

gliedern der Genossenschaft gegenüber ein höfliches Benehmen zu beobachten. Den Mitgliedern des Vorstandes und des Aufsichtsrates hat er jederzeit jede auf seine Geschäftsführung bezügliche Auskunft zu geben.

§ 2.

Dem Lagerhalter ist streng verboten, irgend welche Waren zum Zwecke der Weiterveräußerung zu kaufen.

Zu Nebenerwerb anderer Art, der nicht unter obiges Verbot fällt, hat der Lagerhalter die Genehmigung des Vorstandes einzuholen.

§ 3.

Der Lagerhalter darf während der Geschäftsstunden im Lager nicht Tabak oder Zigarren rauchen; er darf dies auch außerhalb der Geschäftsstunden nicht in der Nähe von mit Waren gefüllten offenen Gefäßen, so der Butter- und Schmalzkübel &c.

§ 4.

Der Lagerhalter hat für die ausreichende Beleuchtung aller Lagerräume während der Geschäftszeit Sorge zu tragen.

§ 5.

Für einen bei der Dividendenmarkenkontrolle sich herausstellenden Fehlbetrag an Dividendenmarken hat der Lagerhalter den Betrag an Dividende der Genossenschaft zu ersetzen, welcher sich nach Abschluß der laufenden Geschäftsperiode für den ermittelten Fehlbetrag an Marken, der das zu ersetzende Warenmanko übersteigt, nach dem Dividendensatze des betreffenden Jahres ergibt; ebenso hat der Lagerhalter in Höhe dieses Dividendensatzes den Ersatz für ein vorhandenes Markenmanko zu leisten, wenn das festgestellte Warenmanko noch innerhalb der zugebilligten Warenmankoentschädigungsgrenze liegt, so daß er für das Warenmanko nicht ersatzpflichtig ist.[1])

Verkaufszeit.

§ 6.

Der Lagerhalter ist verpflichtet, das Lager in der Zeit vom 1. April bis 30. September von ... Uhr früh bis ... Uhr abends, in der Zeit vom 1. Oktober bis 31. März von ... Uhr früh bis ... Uhr abends geöffnet zu halten.[2])

An Sonntagen und an den zweiten Feiertagen der Feste hat er das Lager bis 10 Uhr vormittags geöffnet zu halten, an allen ersten Feiertagen bleibt das Lager geschlossen.[3])

Warenübernahme.

(Für Vereine, die kein Zentrallager haben.)

§ 7.

Sofort bei Einlieferung der Waren in das Verkaufslager hat der Lagerhalter sich von der Richtigkeit des Gewichtes bezw. Maßes und der sonstigen vertragsmäßigen Lieferung der Waren zu überzeugen.

Hat die gelieferte Ware geringeres Gewicht oder Maß, als auf dem Lieferzettel angegeben ist, so hat der Lagerhalter dies auf letzterem sofort zu vermerken und diesen Vermerk von dem abliefernden Kutscher, Arbeiter, Boten &c. bestätigen zu lassen.

---

[1]) Vgl. S. 59 f.

[2]) Vgl. S. 98 ff. und Anhang 10.

[3]) Die Bestimmungen über die Arbeit an Sonntagen und den Festen Weihnachten, Ostern und Pfingsten (§§ 41 a, 105 b und 105 c und e der Gewerbeordnung) sind zu beobachten. (Vgl. S. 98.)

Lieferungen, welche von geringerer als der vertragsmäßigen Güte sind, hat der Lagerhalter entweder sofort zurückzuweisen, oder aber er hat, falls die sofortige Zurückweisung nicht möglich ist, unverweilt eine Anzeige bezüglich derselben an den Vorstand gelangen zu lassen, damit dieser solche den Bedingungen nicht entsprechende Waren dem betr. Lieferanten rechtzeitig zur Verfügung stellen kann. Die übernommenen Waren hat der Lagerhalter sofort in das von ihm geführte Warenbuch nach Art und Gewicht oder Maß einzutragen.

(Für Vereine, die ein Zentrallager haben.)

§ 7.

Sofort bei Empfang der Waren aus dem Zentrallager hat der Lagerhalter sich von der Richtigkeit des Gewichtes bezw. Maßes und von der guten Beschaffenheit der ihm übergebenen Waren zu überzeugen.

Ausstellungen, welche er gegen das Gewicht oder Maß einer Lieferung aus dem Zentrallager etwa zu machen hat, sind von ihm sofort auf dem Begleitzettel oder in dem Begleitbuch, in welchem dem Zentrallager die Empfangsbescheinigung des Lagerhalters zu erteilen ist, zu vermerken, und diesen Vermerk hat der Lagerhalter von dem die Ware aus dem Zentrallager überführenden Kutscher, Arbeiter, Boten 2c. bestätigen zu lassen.

Ausstellungen gegen die Güte einer aus dem Zentrallager empfangenen Lieferung hat der Lagerhalter unverzüglich beim Vorstande anzubringen, damit dieser wegen Prüfung der Ausstellung das Erforderliche veranlassen kann.

Die übernommenen Waren hat der Lagerhalter sofort in das von ihm geführte Warenbuch nach Art und Gewicht oder Maß einzutragen.

§ 8.

Der Lagerhalter ist verpflichtet, den Bedarf an Waren so zeitig vor dem voraussichtlichen Ausgang des letzten Quantums derselben in das Bestellbuch einzutragen, daß der Vorstand die erforderliche Ergänzung rechtzeitig auszuführen imstande ist.

§ 9.

Verhandlungen mit Lieferanten über den Wareneinkauf für die Genossenschaft sind dem Lagerhalter streng verboten. Warenangebote, die dem Lagerhalter von Lieferanten zugehen, hat er dem Vorstande zu übergeben.

Geschenke irgend welcher Art von Lieferanten anzunehmen, ist dem Lagerhalter streng verboten.

Warenaufbewahrung.

§ 10.

Der Lagerhalter hat die ihm übergebenen Waren in den Lagerräumen, Kellern 2c. nach Anweisung des Vorstandes aufzubewahren und sorgfältig darauf zu achten, daß die Waren nicht dem Verderben ausgesetzt sind.

§ 11.

Die Lagerräume, Keller 2c. hat der Lagerhalter in ordentlichem, sauberen Zustande zu halten; die Waren sind in den Repositorien, Schränken, Kästen, Standgläsern, Fässern, Flaschen 2c. 2c. ordnungsmäßig und so zu lagern, daß sie für den Verkauf leicht zur Hand sind.

Repositorien, Schränke, Gläser, überhaupt alle Inventarienstücke, welche dem Lagerhalter nach einem vom Vorstande aufgestellten, von ihm durch Unterschrift anerkannten Verzeichnis übergeben worden sind, hat der Lagerhalter sorgfältig zu behandeln und in sauberem Zustande zu erhalten.

Von den infolge der Benutzung des Inventars notwendig werdenden Ergänzungen und Reparaturen hat der Lagerhalter dem Vorstande rechtzeitig Anzeige zu machen, damit derselbe das Erforderliche veranlassen kann.

Warenverkauf.

§ 12.

Der Lagerhalter darf nur an die Mitglieder der Genossenschaft oder deren Vertreter Waren aus dem Genossenschaftslager verkaufen; er hat, falls ihm die Käufer nicht unzweifelhaft als Mitglieder der Genossenschaft oder deren Vertreter bekannt sind, sich die Mitgliedslegitimation derselben vorzeigen zu lassen (entweder das auf den Namen des Mitgliedes ausgestellte Einkaufsbuch oder die Legitimationskarte).

Verstöße gegen diese Bestimmung der Geschäftsanweisung können mit sofortiger Entlassung des Lagerhalters bestraft werden.[1])

§ 13.

Der Lagerhalter hat bei dem Verkauf der Waren an die Mitglieder die größte Sorgfalt auf die Verabreichung richtigen Maßes und Gewichtes zu verwenden; er hat die Waren nach dem Nettogewicht zu verabfolgen, die Umhüllung der Waren, Einschlagpapier, Düten, darf nicht mitgewogen werden.

Zum Zwecke der sorgfältigen und genauen Abwägung und Messung der Waren beim Verkauf an die Mitglieder hat der Lagerhalter die ihm vom Vorstande übergebenen, vorschriftsmäßig geaichten Gewichte und Maße in ordnungsmäßigem, den gesetzlichen Vorschriften entsprechendem Zustande zu erhalten und jede Beschädigung derselben unverzüglich dem Vorstande zu melden.

§ 14.

Der Lagerhalter hat die ihm übergebenen Waren so, wie sie ihm überliefert worden sind, ohne eine Veränderung, Mischung oder dergl. an denselben vorzunehmen — wenn dies nicht etwa von dem Vorstande ausdrücklich angeordnet wird — an die Mitglieder der Genossenschaft zu verkaufen.

Ein Zuwiderhandeln gegen diese Bestimmung der Geschäftsanweisung zieht die sofortige Entlassung des Lagerhalters nach sich.

§ 15.

Der Lagerhalter darf nur gegen bare Zahlung Waren an die Mitglieder verkaufen; er darf unter keinen Umständen Waren auf Borg an die Mitglieder abgeben.

§ 16.

Der Lagerhalter muß beim Verkauf der Waren an die Mitglieder diejenigen Preise berechnen, welche der Vorstand für die einzelnen Warengattungen vorgeschrieben hat und welche aus dem Warenbuch des Lagerhalters ersichtlich sind.

§ 17.

Der Lagerhalter hat den Mitgliedern für den Geldbetrag der entnommenen Waren Dividendenmarken einzuhändigen (oder, wo Einkaufsbücher geführt werden: Der Lagerhalter hat den Betrag der von den Mitgliedern entnommenen Waren in die Einkaufsbücher derselben einzutragen).

---

[1]) Auf die nachstehende Strafbestimmung in § 152 des Genossenschaftsgesetzes sei verwiesen: „Personen, welche für einen Konsumverein den Warenverkauf bewirken, werden, wenn sie der Vorschrift des § 8 Absatz 4 zuwider wissentlich oder ohne Beobachtung der nach § 31 von dem Vorstande erlassenen Anweisung Waren an andere Personen als an Mitglieder oder deren Vertreter verkaufen, mit Geldstrafe bis zu einhundertfünfzig Mark bestraft" . . . .

§ 18.

Der Lagerhalter hat sich beim Verkaufe der Waren der ihm überwiesenen Inventarienstücke — Schaufeln, Butterstecher 2c. — zu bedienen und das Anfassen der Waren mit den Händen zu vermeiden.

§ 19.

Die Abfertigung der kaufenden Mitglieder hat der Lagerhalter so schnell als möglich zu besorgen; während der Expedition des betr. Käufers hat er seine ganze Aufmerksamkeit auf diese zu richten und sich der Gespräche mit anderen Anwesenden zu enthalten.

Warenverbrauch des Lagerhalters.

§ 20.

Den Betrag für die Waren, welche der Lagerhalter zu seinem persönlichen Verbrauch dem Lager entnimmt, hat derselbe in ein Verbrauchsbuch einzutragen; nach diesen Eintragungen wird seine Dividende am Schlusse der Geschäftsperiode berechnet.

Dividendenmarken für seinen persönlichen Warenverbrauch darf der Lagerhalter nicht entnehmen.

Beobachtung polizeilicher Vorschriften bei der Verwaltung des Lagers.

§ 21.

Der Lagerhalter hat, den gesetzlichen Bestimmungen entsprechend, zur Aufbewahrung von „Margarine" ausschließlich die dafür bestimmten, mit der deutlich sichtbaren Inschrift „Margarine" versehenen Gefäße, und für den Verkauf dieser Ware in dem von dem Verkaufsraume der anderen Waren abgetrennten Raume ausschließlich Umhüllungen zu benutzen, welche die gleiche Inschrift in der gleichen Weise tragen.

Bei den polizeilichen Maß- und Gewichtsrevisionen muß der Lagerhalter der von den revidierenden Beamten geforderten Vorlegung der Maße und Gewichte nachkommen; von der stattgehabten Revision und ihrem Ergebnis hat der Lagerhalter dem Vorstande unverzüglich Mitteilung zu machen.

Entnahme von Warenproben aus den Lagerbeständen durch Polizeibeamte zum Zwecke der amtlichen Untersuchung auf Grund des Nahrungsmittelgesetzes hat der Lagerhalter zu gestatten.

Er hat darauf zu achten, daß der betreffende Beamte eine Bescheinigung über den Empfang der Warenproben ausstellt und daß ein Teil der entnommenen Warenproben von dem Beamten mit amtlichem Siegel verschlossen dem Lagerhalter zurückgelassen wird.

Von solchen polizeilichen Warenprobenentnahmen hat der Lagerhalter dem Vorstande sofort Mitteilung zu machen.

Führung der Lagerbücher und der Lagerkasse.

§ 22.

Der Lagerhalter hat seine Lager- und Kassenbücher sauber zu führen; alle Buchungen hat er sofort nach den betreffenden Geschäftsvorfällen ordnungsmäßig zu machen, so daß alle Bücher stets auf dem Laufenden sind.

Der Lagerhalter hat die Kasseneinnahme dem Kassierer auf dessen Verlangen zu übergeben; er hat den Kassenbestand ohne Aufforderung an den Kassierer abzuführen, wenn derselbe den Betrag von . . . Mark erreicht hat.

Auf Verlangen hat der Lagerhalter die von ihm geführten Bücher, die Kassenbestände und Beläge den Mitgliedern des Vorstandes, des Aufsichtsrates und den bestellten Revisionskommissionen jederzeit zur Einsicht und Prüfung vorzulegen.

Ordnungsstrafen.

§ 23.

Bei wiederholten Verstößen gegen die Bestimmungen dieser Geschäftsanweisung tritt, sofern nicht auf die Verletzung einzelner Punkte derselben bereits die Entlassungsstrafe gesetzt ist, eine Ordnungsstrafe in Höhe von ... Mark, in weiteren Fällen von ... Mark ein, welche der Vorstand festzusetzen hat.

Gegen die von dem Vorstand festgesetzte Ordnungsstrafe, sowie gegen die nach § 6 des mit ihm geschlossenen Vertrages verfügte Entlassung steht dem Lagerhalter die Berufung an ein Schiedsgericht zu, zu welchem der Lagerhalter einen Schiedsrichter, der Vorstand den zweiten Schiedsrichter bestimmt, während sich über den Obmann die beiden Schiedsrichter zu verständigen haben. Kommt diese Verständigung nicht zustande, so ernennt den Obmann der Anwalt des Allgemeinen deutschen Genossenschaftsverbandes. Die Berufung an die Generalversammlung ist in solchen Streitigkeiten ausgeschlossen.

Der Lagerhalter ist für die Verstöße seines Hilfspersonals gegen die Bestimmungen dieser Geschäftsanweisung so verantwortlich, als ob er diese Verstöße selbst begangen hätte. Ordnungsstrafen 2c. infolge solcher Verstöße werden gegen den Lagerhalter selbst verhängt.

Formular 13.

Anleitung zur Aufnahme der Waren- und Dividendenmarken-Bestände in Konsumvereinen.

§ 1.

Die Aufnahme der Warenvorräte behufs Aufstellung der Bilanz hat in der Weise zu erfolgen, daß die Waren zu den Selbstkosten zuzüglich der Transportspesen berechnet werden, auch wenn sie inzwischen im Preise gestiegen sind, daß sie aber, falls der Preis inzwischen heruntergegangen sein sollte oder falls sie durch Alter, Lagerung oder sonstige Umstände minderwertig geworden, nicht mit den Selbstkosten, sondern so niedrig zur Berechnung gestellt werden, wie man sie zur Zeit der Inventur in dieser Beschaffenheit kaufen könnte.

§ 2.

Der Abrechnung mit den Lagerhaltern werden lediglich die Verkaufspreise zugrunde gelegt. Minderwertig gewordene Waren sind zur Berücksichtigung bei der Bilanzaufstellung getrennt zu notieren.

§ 3.

Die Inventuren sind nie anders als unter Mitwirkung des Lagerhalters oder eines von ihm Bevollmächtigten vorzunehmen. Der Dienstvertrag des Lagerhalters hat die Bestimmung zu enthalten, daß letzterer gesetzliche Inventuren zu jeder Zeit, auch an Sonn- und Festtagen, zu gestatten und sonst bei allen Inventuren in Gemäßheit dieser Instruktion mitzuwirken hat.

§ 4.

Außerordentliche Inventuren, die lediglich eine Kontrollierung der Geschäftsführung des Lagerhalters bezwecken, sind letzterem erst unmittelbar mit Beginn derselben anzumelden; es ist dabei mit der Zählung resp. Abführung der Ladenkasse zu beginnen.

§ 5.

Allen Inventuren haben mehrere Aufsichtsratsmitglieder anzuwohnen, welche die Richtigkeit der Aufnahme überwachen. In besonders dringenden Fällen kann der Vorstand außerordentliche Inventuren allein anordnen und vornehmen.

§ 6.

Der Vorstand hat jede Inventur vorzubereiten:

a) durch Herstellung von zwei genau übereinstimmenden Inventurlisten für jedes Lager. In diesen Listen müssen die sämtlichen vom Verein geführten Artikel verzeichnet sein. Zur Einzeichnung der Quantitäten können zweckmäßigerweise mehrere Rubriken vorhanden sein, so daß z. B. die im Keller lagernden Waren in die erste, die in den örtlich getrennten Niederlagen lagernden und die im Verkaufslokal vorhandenen Waren getrennt in die weiteren Rubriken eingetragen werden. Mindestens sollte man die Listen mit den Rubriken aa außerhalb des Ladens, bb im Laden — einrichten. Eine letzte Rubrik dient dann zur Einzeichnung des vorgefundenen Gesamtbestandes jedes einzelnen Artikels. Ferner muß die Liste Rubriken für die Selbstkostenpreise (vgl. § 1) und für die am Inventurtage geltenden Verkaufspreise enthalten;

b) durch Herstellung eines Taraverzeichnisses für die auf Lager befindlichen und noch nicht entleerten Originalfässer, Kübel, Kisten, Säcke usw. Ein solches Verzeichnis ist jeder Liste beizufügen.

c) Regalkasten und sonstige zu dauerndem Gebrauch bestimmten Behälter wägbarer Waren sind mit einer deutlichen Auszeichnung ihrer Tara zu versehen, um in allen Fällen das Nettogewicht feststellen zu können, ohne Störungen und verlustbringende Umschüttungen oder Umfüllungen vornehmen zu müssen.

§ 7.

Die Leitung der Inventur führt das derselben anwohnende Vorstandsmitglied.

§ 8.

Bei der Aufnahme sind zwei Inventurlisten zu führen und zwar die eine für den Verein, die andere für den Lagerhalter. Letzterer hat seine Liste selbst zu führen oder durch einen Bevollmächtigten führen zu lassen.

§ 9.

Die Eintragungen in die betreffenden Rubriken der Listen erfolgen sofort — also nicht erst provisorisch auf Zetteln.

§ 10.

Die Warenaufnahme findet nicht gruppenweise an verschiedenen Stellen zugleich, sondern immer nur an einem Lagerungsorte statt, und zwar nicht nach der Ordnung der Inventurliste, sondern einzig und allein nach der Reihenfolge des Standortes oder der Lagerung im Lokale. — Jeder Posten ist in diejenige Rubrik der Liste einzutragen, deren Kopf die Bezeichnung des Lagerungsortes angibt.

§ 11.

Die Aufnahme von in Fässern vorhandenen Flüssigkeiten erfolgt entweder durch Gewichtsermittelung mit nachheriger Reduktion, oder durch Berechnung des kubischen Inhalts mittelst Maßstab.

§ 12.

Zum Schluß der Inventur findet eine vollständige Vergleichung der beiden Listen statt, welche sich auch auf die eingetragenen Einheitspreise — die Verkaufspreise, mit welchen der Lagerhalter belastet ist — erstrecken muß. Abweichungen oder Unrichtigkeiten sind sofort richtig zu stellen.

§ 13.

Die Richtigkeit der gemachten Aufzeichnungen ist gleich nach beendigter Inventur von sämtlichen Mitwirkenden, auch vom Lagerhalter resp. dessen Bevollmächtigten, durch Unterzeichnung beider Inventurlisten anzuerkennen. Im Falle der späteren Feststellung der Verkaufswertsummen aller Bestände ist über letztere noch ein besonderes Anerkenntnis vom Lagerhalter zu verlangen.

§ 14.

Die Markeninventur hat mit der Aufnahme der Bestände der Lagerkasse zu beginnen; sodann sind die in Händen des Lagerhalters befindlichen Dividendenmarken nachzuzählen und ihr Bestand ist festzustellen; darauf ist aus dem Kassenablieferungsbuch des Lagerhalters und dem Kassenbuch des Vereins festzustellen, welche Kassenbeträge der Lagerhalter im Laufe der Geschäftsperiode an den Kassierer abgeführt hat; schließlich ist aus dem darüber zu führenden Dividendenmarkenkonto festzustellen, welche Beträge an Dividendenmarken dem Lagerhalter im Laufe der Geschäftsperiode vom Vorstande übergeben worden sind.

Die Summe der Lagerkasse, des Dividendenmarkenbestandes und der abgeführten Kassenbeträge soll gleich dem Betrage an Dividendenmarken sein, welche der Lagerhalter im Laufe der Geschäftsperiode vom Vorstande empfangen hat.

§ 15.

Die Richtigkeit der Markeninventur ist sofort nach erfolgter Beendigung derselben unter der in einem Buche zu machenden Aufstellung von den dabei beteiligten Vorstands- und Aufsichtsratsmitgliedern und vom Lagerhalter durch Namensunterschrift anzuerkennen.

Formular 13a.

Inventurprotokoll eines Konsumvereins.[1])

(In drei Teilen.)

A.

. . . . . ., den 30. September 1901.

Nachdem in der Sitzung des Vorstandes und Aufsichtsrates vom 26. September d. J. folgende Verteilung der Arbeiten für die Jahresinventur des Konsumvereins zu S . . . ., eingetragene Genossenschaft mit beschränkter Haftpflicht, beschlossen worden war:

1. die Feststellung des Kassenbestandes beim Kassierer, der eigenen Effekten des Vereins, der Anlagen bei Banken und sonstiger Forderungen, sowie des Wertes des Vereinshauses und der im Vereinskassenzimmer befindlichen Utensilien soll seitens des Vorstandes durch den Kassierer und seitens des Aufsichtsrates durch die Herren Hahn, Wangenheim und Röficke;

---

[1]) Das vorstehende Inventurprotokoll setzt einen Konsumverein voraus mit eigenem Vereinshause, zwei Lagern ohne Zentrallager und ohne eigene Produktion. Naturgemäß zerfällt in einem solchen Verein die Inventur räumlich mindestens in zwei oder — wie es hier gedacht ist — in drei Teile. Der in die Bilanz einzustellende Kassenbestand und ebenso der Utensilien- oder Mobilienbestand setzt sich zusammen aus den im Vereinsgeschäftszimmer und in den beiden Läden vorgefundenen Kassenbeständen und Mobilienbeständen, der in die Bilanz einzustellende Warenbestand aus den in den beiden Läden vorgefundenen Warenbeständen. Die sinngemäße Erweiterung dieser Protokolle für größere Vereine mit drei und mehr Läden dürfte sich von selbst ergeben. Allerdings kann dann nicht an jeder Ladeninventur auch ein Vorstandsmitglied teilnehmen, sondern es wird eine Vertretung durch Vereinsbeamte hierbei nötig werden. Das ist ein unvermeidlicher Übelstand.

II. die Feststellung der Warenbestandes im Lager I, des Kassenbestandes daselbst, sowie der Utensilien daselbst seitens des Vorstandes durch den Geschäftsführer, seitens des Aufsichtsrates durch die Herren Herold, Hitze und Speck unter Mitwirkung des Lagerhalters Liebig;

III. die Feststellung des Warenbestandes im Lager II, des Kassenbestandes daselbst sowie der Utensilien daselbst seitens des Vorstandes durch den Kontrolleur, seitens des Aufsichtsrates durch die Herren Stumm, Metzner und Kaiser unter Mitwirkung des Lagerhalters Patzig erfolgen, —

begaben sich heute vormittags 7 Uhr die unter I genannten Vertreter des Aufsichtsrates nach dem Vereinskassenzimmer, woselbst sie den Kassierer schon vorfanden. Es wurde:

1. Der Kassenbestand vom Kassierer vorgelegt, mit 470,34 Mark nämlich

2 Reichsbanknoten zu je 100 Mk.	200,— Mk.
Gold (20 Mark- und 10 Mark-Stücke)	130,— „
Taler	15,— „
Anderes Silbergeld (2 Mark-, 1 Mark- und 1/2 Mark-Stücke)	84,50 „
Nickel und Kupfer	40,84 „
Summa wie oben	470,34 Mk.

Der Abschluß des Kassenbuches, welches durch die monatlichen Revisionen bis zum 1. September 1901 revidiert war, ergab

Einnahmen in 1900/1901 zuzüglich des Kassenbestandes vom 1. Oktober 1900	169725,78 Mk.
Ausgabe vom 1. Oktober 1900 bis 30. September 1901	169255,44 „
mithin Kassenbestand am 30. Sept. 1901	470,34 Mk.

übereinstimmend mit dem Ist-Bestande.

2. Der Bestand an eigenen Effekten des Vereins war gemäß dem vom Vorstand aufgestellten speziellen Verzeichnis der Stücke

an Preußisch. 3 1/2 pCt. konsol. Anleihe zum Nennwert von . . . . 20000 Mk.

Die Ermittelung des in die Bilanz einzustellenden Wertes bleibt bis nach Feststellung des Kurswertes vom 30. September 1901 für die Revision der Jahresrechnung vorbehalten.

Der Nennwert ergibt sich auch übereinstimmend aus dem Effektenkonto.

Es wurde ferner den Revisoren vorgelegt ein Kontokorrentbuch des hiesigen Vorschußvereins, e. G. m. u. H., lautend über 5000 Mk. zu 2 pCt. Zins und ein Sparkassenbuch desselben Vereins, lautend über 10000 Mk. zu 3 1/3 pCt. Zins und dreimonatlicher Kündigung. Beide Forderungen sind als vollwertig anzuerkennen, und bleibt die Zinsenberechnung für dieselben bis zur Revision der Jahresberechnung vorbehalten.

Dann berichtete der Kassierer über die Forderung an den früheren Lagerhalter Elster in Höhe von 860,25 Mk.

Die Forderung ist durch die vorgelegte Abrechnung mit Elster erwiesen und besteht nach Ansicht der Revisoren zu Recht. Da indes die vom Verein noch einbehaltene Kaution des Elster nur 500 Mk. beträgt, und Elster allgemein für vermögenslos gilt, empfehlen die Revisoren, von vorstehender Forderung von 860,25 Mk. 360,25 Mk. als uneinbringlich in Abgang zu stellen.

3. Darauf besichtigen die Revisoren das Vereinsgebäude und die anstoßende Remise nebst Schuppen in allen Teilen.

Es ergibt sich:

a) daß im Vereinshause die Bodentreppe einer Reparatur bedarf;

b) daß ebenda die vorn heraus gelegenen Kellerfenster eines wirksameren Schutzes gegen Diebe bedürfen;

c) daß in der Remise die Tür der Erneuerung bedarf.

Die hieraus erwachsenden Unkosten sind jedoch nach Ansicht der Revisoren nicht so erheblich, um eine besondere Abschreibung vom Buchwert der Immobilien zu rechtfertigen, der mit . . . . Mk. 21500,—
schon unter den Feuerkassenwert heruntergebracht ist. Vielmehr wird die regelmäßige Abschreibung von 2 pCt., nach oben abgerundet zu . . . . „ 500,—
völlig ausreichen, so daß in die Bilanz einzustellen sein würden . . . . Mk. 21000,—

4. Die im Vereinskassenzimmer befindlichen Mobilien, von denen der Geldschrank das wertvollste Stück ist, wurden nach dem darüber vorliegenden bis auf die Gegenwart fortgeführten Verzeichnis vollständig und wohlerhalten vorgefunden. Ihr Wert darf auf Mk. 500,— geschätzt werden, jedenfalls höher als der Buchwert, der mit dem Buchwert der anderen Mobilien auf einem Konto zusammengefaßt ist.

V. g. u.

Beyer, Kassierer. L. Hahn. J. Wangenheim. A. Rösicke.

B.

. . . . ., den 30. September 1901.

Nachdem in der Sitzung des Vorstandes und Aufsichtsrates vom 26. September d. J. folgende Verteilung der Arbeiten für die Jahresinventur des Konsumvereins zu G . . ., eingetragene Genossenschaft mit beschränkter Haftpflicht beschlossen worden war:

I.
II. } wie oben unter A.
III.

begaben sich heute vormittag 6 Uhr der Geschäftsführer und die unter II genannten Vertreter des Aufsichtsrates nach dem Lager I, woselbst sie den Lagerhalter Liebig vorfanden, und begannen sogleich

1. die Aufnahme des Warenbestandes, indem eine Inventurliste für die im Laden und dem anstoßenden Raum sowie in der Remise lagernden Waren der Geschäftsführer und für die im Keller, auf dem Boden und im Schuppen lagernden Waren das Aufsichtsratsmitglied Herold, die andere Inventurliste der Lagerhalter Liebig führte.

Die Waren wurden in beiden Listen nach den vorgefundenen Mengen und den Einheitspreisen im Verkauf, in der für den Verein geführten Liste außerdem auch nach den Einheitspreisen im Einkauf zuzüglich der Frachten aufgeführt, jedoch blieb die Ausrechnung der Geldbeträge bis nach der Inventur vorbehalten.

Minderwertig gewordene Waren sind im Anhang der Inventurliste getrennt nach den Geldbeträgen nachgewiesen.

Zum Schluß dieses Teiles der Inventur wurden die beiden Listen vollständig miteinander verglichen, dabei einzelne Schreibfehler sofort richtig gestellt und dann beide Listen von allen Teilnehmern an der Inventur einschl. des Lagerhalters durch Unterschrift anerkannt.

2. Demnächst wurde von den Revisoren die Ladenkasse des Lagers I festgestellt und damit in Verbindung die Markeninventur gemacht. Es fand sich ein Bestand vor von 81,23 Mk.

nämlich in Gold	20,— Mk.		
1 Kassenschein des Reiches .	5,— „		
Taler	24,— „		
Anderes Silbergeld . . .	26,50 „		
Nickel und Kupfer . . .	5,73 „		
Summa wie oben			81,23 Mk.

Der Dividendenmarkenbestand betrug . . .	215,60 Mk.
Die vom Lagerhalter in 1900/01 abgelieferte bare Kasse war nach dem in seinen Händen befindlichen Quittungsbuch	114722,— „
Zusammen:	115018,83 Mk.
Dagegen hat nach dem Dividendenmarkenkonto der Lagerhalter Liebig in 1900/01 an Dividendenmarken vom Vorstand erhalten	115800,— Mk.
Mithin ergab sich ein Fehlbetrag an Marken von welche der Lagerhalter Liebig zu vertreten hat.	781,17 Mk.,

3. Schließlich wurden die im Lager I und den dazu gehörigen Räumen vorhandenen Utensilien mit dem darüber vorliegenden bis auf die Gegenwart fortgeführten Verzeichnis verglichen und vollständig und wohlerhalten befunden. Ihr Wert darf auf . . . . 750,— Mk. geschätzt werden, jedenfalls höher als der Buchwert, der mit dem Buchwert der anderen Mobilien auf einem Konto zusammengefaßt ist.

V. g. u.

Billig, Geschäftsführer. A. Herold. G. Speck. H. Hitze.

Unter Anerkennung der Richtigkeit der Bestandsaufnahme:

Liebig, Lagerhalter.

C.

. . . ., den 30. September 1901.

Nachdem in der Sitzung des Vorstandes und Aufsichtsrates vom 26. September d. J. folgende Verteilung der Arbeiten für die Jahresinventur des Konsumvereins zu G . . . ., e. G. m. b. H., beschlossen worden war,

I.
II. } wie oben unter A.
III.

begaben sich heute vormittag 6 Uhr der Kontrolleur und die unter III genannten Vertreter des Aufsichtsrates nach dem Lager II, woselbst sie den Lagerhalter Patzig und dessen Tochter vorfanden und begannen sogleich

1. die Aufnahme des Warenbestandes, indem eine Inventurliste für die im Laden und der daneben gelegenen Kammer aufbewahrten Waren der Kontrolleur und für die im Keller und auf dem Boden aufbewahrten Waren das Aufsichtsratsmitglied Stumm, die andere Inventurliste die Tochter des Lagerhalters Patzig in dessen Auftrage führte, der Lagerhalter Patzig selbst wirkte auch bei der Inventur mit.

Die Waren wurden in beiden Listen nach den vorgefundenen Mengen und den Einheitspreisen im Verkauf, in der für den Verein geführten Liste außerdem auch nach den Einheitspreisen im Einkauf zuzüglich der Frachten aufgeführt, die Ausrechnung der Geldbeträge erfolgte nur für die im Laden aufbewahrten Waren, übrigens bleibt die Ausrechnung der Geldbeträge bis nach der Inventur vorbehalten.

Minderwertig gewordene Waren sind im Anhang der Inventurliste getrennt nach den Geldbeträgen nachgewiesen.

Zum Schluß dieses Teiles der Inventur wurden die beiden Listen vollständig miteinander verglichen, dabei Irrtümer berichtigt und dann beide Listen von allen Teilnehmern an der Inventur einschl. des Lagerhalters und seiner Tochter durch Unterschrift anerkannt.

2. Hiernach wurde von den Revisoren die Ladenkasse des Lagers II

festgestellt und damit in Verbindung die Markeninventur gemacht. Es fand sich ein

Bestand vor von		48,17 Mk.
nämlich Gold	10,— Mk.	
Taler	15,— „	
anderes Silbergeld	7,50 „	
Nickel und Kupfer	15,67 „	
Summa wie oben	48,17 Mk.	
Der Dividendenmarkenbestand betrug . . .		165,40 „
Die vom Lagerhalter in 1900/01 abgelieferte bare Kasse nach dem in seinen Händen befindlichen Quittungsbuch von		30790,— „
zusammen		31003,57 Mk.
Dagegen hat nach dem Dividendenmarkenkonto der Lagerhalter Patzig in 1900/01 an Dividendenmarken vom Vorstande erhalten		30890,— „
Mithin ergab sich ein Überschuß an Marken von		113,57 Mk.,

welcher dadurch erklärt wird, daß Marken unter 10 Pfg. nicht ausgegeben werden.

3. Schließlich wurden die im Lager II und Zubehör vorhandenen Utensilien mit dem darüber bis auf die Gegenwart geführten Verzeichnis verglichen und vollständig und wohlerhalten gefunden. Ihr Wert darf auf 410 Mk. geschätzt werden, jedenfalls höher als der Buchwert, der mit dem Buchwert der anderen Mobilien auf einem Konto zusammengefaßt ist.

V. g. u.

Petrich, Kontrolleur. Stumm. Metzner. Kaiser.

Unter Anerkennung der Richtigkeit der Bestandsaufnahme:

L. Patzig, Lagerhalter. Antonie Patzig.

Formular 14.

Anleitung zur Lagerung der wichtigsten Warenartikel eines Konsumvereins.

Badeschwämme dürfen nicht feucht liegen, weil sie sonst üblen Geruch und rote Farbe annehmen. Gute Schwämme sind regelmäßig geformt, blaßgelb, kleinporig und feinfaserig.

Bier muß stets in kühlen Kellerräumen aufbewahrt werden; Bier in Flaschen: stehend.

Branntwein und Liköre müssen in gut verschlossenen Gefäßen in kühlen Kellern liegen.

Butter muß fest in die Verkaufsgefäße — Tonnen, Kübel 2c. — eingedrückt werden, damit sich nicht Höhlungen bilden, die das Ranzigwerden fördern; sie muß in gut verschlossenen Gefäßen an einem möglichst kalten, nicht dumpfigen und völlig geruchlosen Orte stehen. Die hölzernen Gefäße dürfen nicht von harzigem Holze sein und müssen, ehe die Butter hineingetan wird, mit Salzwasser getränkt und wieder ausgetrocknet werden.

Dextrin (Stärkegummi) muß an trockenen Orten aufbewahrt werden.

Essig darf nicht in Metallgefäßen aufbewahrt werden.

Fische. Alle gesalzenen Fische, namentlich Heringe, müssen in Tonnen an einem kühlen Orte gelagert, die ungeöffneten Tonnen müssen von Zeit zu Zeit gewendet werden, so daß die oben befindlichen Fische nach unten kommen, wohin sich die Lake zieht. Die Schichten dürfen nicht unnötig aufgerissen und sie müssen immer wieder fest verpackt werden. — Geräucherte und gedörrte Fische müssen sehr trocken und luftig, vor Feuchtigkeit und Insekten geschützt, aufbewahrt werden. — Marinierte Fische müssen in fest verschlossenen Gefäßen kalt unter der Sauce liegen und nach dem Oeffnen der Gefäße schnell verbraucht werden.

Fleisch und Wurstwaren sind an kühlen, luftigen, trockenen Orten aufzubewahren.

Gewürze müssen in möglichst dicht verschlossenen, dem Staube nicht zugänglichen Gefäßen an einem trockenen und kühlen Orte aufbewahrt werden.

Graupen, Gries, Fadennudeln und dgl. müssen sehr trocken, namentlich gegen Staub, Würmer und Mäuse geschützt, aufbewahrt werden; sie sind öfter umzuschütten.

Heringe, siehe Fische.

Honig muß kühl aufbewahrt werden, da er sonst in Gährung übergeht.

Hülsenfrüchte müssen trocken und kühl aufbewahrt werden.

Kaffee muß ein reines, trockenes und geruchloses Lager, soweit als möglich von stark riechenden Waren entfernt, haben.

Kapern müssen gut verdeckt und stets unter Essig gehalten werden; beim Verdunsten ist guter, abgekochter, aber erkalteter Weinessig nachzugießen.

Käse bewahre man in einem kühlen Keller auf und bedecke ihn mit sauberen Leinentüchern, die in Salzwasser oder Wein getaucht sind; zum Abhalten der Maden kann man ihn mit Spreu, ausgelaugter Holzasche oder Hopfen umgeben; der letztere verbessert den Geschmack.

Korinthen müssen kühl, können etwas feucht gelagert werden und in festgestampftem Zustande bis zum Verkaufe bleiben; sie sind öfter zu lüften.

Lakritzen muß trocken und kühl aufbewahrt werden.

Leinöl ist in gut verschlossenen und völlig gefüllten Gefäßen aufzubewahren.

Leinsamen muß trocken und kühl aufbewahrt werden.

Mandeln müssen an einem trockenen und kühlen Orte aufbewahrt und öfter gesiebt werden, um die Bildung von Milben zu verhindern.

Margarine ist ebenso wie Butter zu behandeln.

Mehl muß an luftigen, trockenen Orten aufbewahrt werden.

Mineralöl, Petroleum muß in einem abgeschlossenen Raume gelagert werden und darf mit anderen Waren nicht in Berührung kommen.

Mohnöl und Olivenöl (Provenceröl) ist an kühlen Orten aufzubewahren, die Gefäße sind völlig zu füllen und möglichst dicht zu verschließen.

Nudeln sind an trockenen, luftigen Orten aufzubewahren.

Obst, getrocknetes oder gebackenes, — Aepfel, Birnen, Pflaumen — ist an einem kühlen Orte aufzubewahren.

Pflaumenmus ist in kühlen Räumen, im Keller aufzubewahren.

Reis ist an trockenen, nicht zu warmen Orten aufzubewahren.

Rosinen sind wie Korinthen aufzubewahren.

Rüböl ist kühl aufzubewahren.

Sago ist wie Graupen aufzubewahren.

Salz ist an einem trockenen, luftigen Orte zu lagern (nicht im Keller).

Sauerkraut ist stets unter Salzlake zu halten, die ergänzt werden muß.

Seifen, harte, müssen an trockenen Orten aufbewahrt werden; es ist darauf zu achten, daß sie trocken geliefert werden.

Desgl. weiche sind im Keller aufzubewahren.

Selterswasser, in Flaschen gefüllt, ist liegend im Keller aufzubewahren.

Senf, zu Mostrich bereitet, ist gut verschlossen in kühlen Räumen, im Keller, aufzubewahren.

Soda ist kühl und trocken aufzubewahren.

Stärke muß sehr trocken, gegen Luft und Staub geschützt, gelagert werden.

Tabak, Schnupftabak muß einen kühlen und feuchten Aufbewahrungsort haben, der aber nicht dumpfig sein darf. — Kautabak ist in verschlossenen Büchsen an feuchtem Orte aufzubewahren. — Zigarren und Rauchtabake sind trocken, aber nicht in stark geheizten Räumen aufzubewahren, da sie sonst dürr und strohig werden.

Zigarren und Rauchtabake sollten nicht mit Material- und Kolonialwaren, die einen starken Geruch entwickeln, zusammen aufbewahrt werden, da sie leicht diese Gerüche annehmen.

Tee ist in gutschließenden Blechkisten oder Glasgefäßen trocken aufzubewahren und vor dem Einwirken starker Gerüche zu schützen.

Weine in Flaschen sind kühl zu lagern; die gehaltreicheren können höhere Temperatur vertragen. Die Flaschen sind liegend aufzubewahren, Ungarweine und schwere Südweine stehend.

Zimmet, Kaneel, wie alle Gewürze, in verschlossenen Gefäßen, trocken aber kühl.

Zitronen müssen an einem kalten Orte aufbewahrt werden; die beschädigten sind herauszusuchen. Zum Einzelverkauf halte man eine Anzahl in frischem Wasser und erneuere dieses, wenn es warm wird; die Zitronen halten sich dadurch frisch und werden vor Fäulnis geschützt.

Zucker darf nicht zu trocken aufbewahrt werden.

Formular 15.

Arbeitsordnung

für den Spar- und Konsumverein Stuttgart.[1])

Nachstehende, auf Grund des § 194a der Gewerbeordnung erlassene Arbeitsordnung vertritt die Stelle eines zwischen dem Verein und seinen Arbeitern abgeschlossenen Arbeitsvertrags.

§ 1.
Aufnahme der Arbeiter.

1. Die Aufnahme der Arbeiter in die Vereinsgeschäfte erfolgt durch den Vorstand auf Antrag der betreffenden Betriebsleiter nach Maßgabe der gegenwärtigen Arbeitsordnung, welche jedem Arbeiter bei seinem Eintritt in die Beschäftigung gegen Unterschrift ausgehändigt wird.

2. Die Arbeitsordnung ist in den Arbeitsräumen ausgehängt.

§ 2.
Ausweispapiere.

1 Jeder Arbeiter ist verpflichtet, vor dem Eintritt dem Vorstand seine Ausweispapiere (Arbeitsbuch, Zeugnisse), sowie die Quittungskarte über die zur Invaliditäts- und Altersversicherung gezahlten Beiträge zu übergeben.

2. Die Arbeitsbücher der Arbeiter unter 21 Jahren bleiben bis zum Austritt in der Verwahrung des Vorstands.

§ 3.
Krankenkasse.

1. Jeder Arbeiter muß der Ortskrankenkasse oder einer eingeschriebenen Hilfskasse angehören. Bei Krankheitsfällen findet für die ersten drei Tage kein Lohnabzug statt, wenn über den Befund der Krankheit ein ärztliches Zeugnis an den Vorstand eingesandt worden ist.

---

[1]) Diese Arbeitsordnung erstreckt sich auf alle Arbeiter, welche in dem vielseitigen Geschäftsbetriebe des Spar- und Konsumvereins Stuttgart, e. G. m. b. H., beschäftigt sind.

2. Bei Krankheiten von längerer Dauer und zwar bis zur Höhe von vier Wochen wird vom Verein die Differenz vergütet, wenn erkrankte Lohnarbeiter weniger Unterstützung aus einer der gesetzlich vorgeschriebenen Krankenkassen erhalten, als wie sie Wochenlohn beziehen.

3. Die Beiträge zur Invaliditäts- und Altersversicherung werden vom Verein ganz bezahlt.

§ 4.

Dauer des Arbeitsverhältnisses.

1. Während der ersten vierzehn Tage nach dem Eintritt kann der Arbeiter jederzeit vom Vorstand entlassen werden oder seine Entlassung nehmen.

2. Die gegenseitige Aufkündigung ist eine vierzehntägige und hat am Samstag zu erfolgen.

3. Im übrigen sind die §§ 123 und 124 der Gewerbeordnung (siehe Anhang) maßgebend.

§ 5.

Ordentliche Arbeitszeiten und Pausen.

1. An Sonn- und Festtagen im Sinne der Gewerbeordnung ruht die Arbeit.

2. Die tägliche regelmäßige Arbeitszeit ist eine $9^1/_2$stündige und dauert das ganze Jahr von 7—12 Uhr und von $^1/_2$2—6 Uhr mit einer Vesperpause am Vormittag von 9—$^1/_2$10 Uhr.

3. Für das Fuhrwerk ist der Beginn der Arbeitszeit des vormittags $^1/_2$ Stunde früher mit der Maßnahme, daß jeden Tag die erhaltenen Aufträge ausgeführt werden müssen.

4. Für die Bäckerei kann eine durchgehende Arbeitszeit angeordnet werden. Dieselbe darf jedoch, im Sommer und Winter ineinander gerechnet, auch nicht mehr als 57 Stunden pro Woche betragen.

§ 6.

Arbeit zu außergewöhnlicher Zeit.

Etwaigen Aufforderungen zur Arbeit außerhalb der ordentlichen Arbeitsstunden. sowie auch an Sonn- und Festtagen, letztere innerhalb der durch die Gewerbeordnung gezogenen Grenzen, haben die Arbeiter nachzukommen. Eine Entschädigung für solche Arbeit findet jedoch nur statt, wenn dieselbe mit Wissen des Vorstandes durch die Betriebsleiter angeordnet worden ist und über eine halbe Stunde betragen hat.

§ 7.

Verhalten während der Arbeit.

1. Der Arbeiter hat überall auf Reinlichkeit und Ordnung zu halten.

2. Die erhaltenen Materialien hat er nur zu dem hierbei angegebenen Arbeitszweck zu verwenden, dabei tunliche Sparsamkeit zu beobachten, und bezüglich der übrig bleibenden Materialien die Anordnung des Vorgesetzten zu beachten. Kommen ihm Material oder Geräte abhanden, zeigen sich Fehler im Material oder zeigen sich sonst Schäden, so hat er davon dem betreffenden Betriebsleiter unverzüglich Anzeige zu machen.

3. Dem Arbeiter ist untersagt, ohne Erlaubnis des Vorstandes Fremde in die Arbeitsräume einzuführen und Besuche daselbst anzunehmen.

4. Jeder Arbeiter hat den Anordnungen der Vorstandes sowie der Betriebsleiter Folge zu leisten.

§ 8.

Lohn.

1. Der Lohn wird nach der Arbeitswoche festgestellt; als Arbeitswoche gilt der Zeitraum vom Montag bis Samstag. Die Arbeitswoche wird bei

sämtlichen Arbeitern zu sechs Tagen gerechnet. Erreicht die Arbeitsdauer eine Arbeitswoche nicht, so wird — sofern nicht ein Taglohn besonders vereinbart ist — der Lohn nach dem Verhältnis der geleisteten Arbeitszeit aus dem Wochenlohn berechnet.

2. Für die volle ordentliche Arbeitszeit (§ 5) wird der vereinbarte Wochenlohn bezahlt. Für innerhalb der sechs Arbeitstage fallende Festtage oder für vom Verein angeordnete Feiertage findet kein Abzug statt. Abzüge am Wochenlohn treten ein, wenn ein Arbeiter in der ordentlichen Arbeitszeit, ohne krank gewesen zu sein (s. § 3, Abs. 1), nicht gearbeitet hat oder ohne genügenden Grund zu spät zur Arbeit erscheint.

3. Für die über die ordentliche Tagesarbeitszeit hinaus, sowie an Sonn- und Festtagen geleistete Arbeit, sofern die längere Dauer der Arbeit mehr als eine halbe Stunde beträgt oder die Überzeit häufiger zu leisten ist, wird der auf die betreffenden Arbeitsstunden kommende Teil vom ordentlichen Wochenlohn im $1^1/_2$fachen Betrag berechnet; dasselbe gilt für Inventuren nach Feierabend.

§ 9.

Lohnauszahlung.

Die Abrechnung über das Verdienstguthaben und die an demselben zu machenden Abzüge (Krankenkassenbeiträge usw.) findet für jede Arbeitswoche (§ 8) am Samstag Abend statt. Die Lohnauszahlung wird von jedem einzelnen Betriebsleiter besorgt.

§ 10.

Beschädigungen und Ersatzleistungen.

1. Beschädigungen an Gebäuden (Zerbrechen von Fensterscheiben und dgl.), an Maschinen, Werkzeugen, Geräten, Ausstattungsgegenständen, sowie an Arbeitsgegenständen und Material müssen von dem Arbeiter, der hierzu Veranlassung gab oder Zeuge davon war, dem Vorgesetzten angezeigt werden. Wenn bei den Beschädigungen grobe Fahrlässigkeit, Ungehorsam oder böswillige Absicht vorliegt, so wird Kostenersatz für den angerichteten Schaden zuerkannt.

2. Verunreinigung der Vereinsgebäude, der Hofräume, der Ausstattungsgegenstände 2c. ist untersagt. Bei Zuwiderhandlung hat der Betreffende entweder die Reinigung selbst vorzunehmen oder die Kosten hierfür zu tragen.

3. Ersatzleistungen (Abs. 1) werden durch den Vorstand auf Antrag des betreffenden Betriebsleiters ausgesprochen.

4. Gegen die Ersatzforderungen steht dem Beteiligten ein binnen der Frist von acht Tagen auszuübendes Beschwerderecht an den Aufsichtsrat zu, welcher endgültig entscheidet.

§ 11.

Feuer und Licht.

Jeder Arbeiter ist verpflichtet, sowohl sparsam wie sorgfältig mit Feuer und Licht umzugehen; das Rauchen in den Arbeitsräumen ist verboten.

§ 12.

Verhütung von Unglücksfällen.

1. Zur Sicherung eines gefahrlosen Betriebes und Verhütung von Unglücksfällen sind von den Berufsgenossenschaften der Speditions-, Speicherei- und Kellerei-, sowie der Nahrungsmittelindustrie besondere Vorschriften erlassen, welche in den Arbeitsräumen angeschlagen und genau zu beachten sind.

2. Trifft einem Arbeiter ein Unfall, so ist sofort dem Vorstand Kenntnis davon zu geben.

§ 13.

Arbeitsverhinderung. Urlaub.

1. Der Eintritt einer Arbeitsverhinderung durch Krankheit oder andere unvorhergesehene Ereignisse ist dem Vorgesetzten sofort mündlich oder schriftlich anzuzeigen.

2. Beabsichtigt ein Arbeiter von der Arbeit wegzubleiben, so hat er zuvor durch Vermittelung des betreffenden Betriebsleiters beim Vorstand Urlaub einzuholen.

3. Eigenmächtiges Wegbleiben von der Arbeit ist nicht gestattet.

4. In sämtlichen Betrieben des Vereins erhalten die Arbeiter bei einer Tätigkeit von über einem Jahr drei Tage, bei zwei Jahren und mehr eine Woche Urlaub bei voller Lohnzahlung.

§ 14.

Zeugnis.

Beim Abgang kann der Arbeiter ein Zeugnis über die Art und Dauer seiner Beschäftigung fordern. Dieses Zeugnis ist auf Verlangen des Arbeiters auch auf seine Führung und seine Leistungen auszudehnen.

§ 15.

Arbeiterausschuß.

Die Arbeiter in den einzelnen Geschäftszweigen des Vereins wählen unter sich einen Arbeiterausschuß, der etwaige Wünsche beim Vorstande vorbringen kann.

Vorstehende Arbeitsordnung tritt am 1. September 1900 in Kraft.

Formular 15a.

Geschäftsanweisung

für die Backmeister des Breslauer Konsumvereins.[1])

§ 1.

Stellung des Backmeisters.

Der Backmeister ist der Vorgesetzte sämtlicher in der Bäckerei beschäftigten Bäckergesellen, gleichviel welche Arbeiten ihnen obliegen, sowie sonstiger Arbeitsgehilfen, sofern nicht die in § 2 erwähnte Einschränkung Platz greift. Er selbst untersteht der Direktion, deren Mitgliedern und der von derselben mit einzelnen Funktionen betrauten Beamten. Letzteren jedoch nur bezüglich Wahrnehmung der ihnen seitens der Direktion erteilten Aufträge.

§ 2.

Dem Backmeister liegt die Verwaltung des technischen Bäckereibetriebes nach Maßgabe dieser Instruktion ab. Es wird ihm daher die Pflicht der Beaufsichtigung auch derjenigen Angestellten auferlegt, deren direkter Vorgesetzter er nicht ist. Hierher gehören die Kesselheizer, die Brotkutscher und -verlader.

§ 3.

Abnahme und Prüfung des Mehles.

Das von den Lieferanten gelieferte Mehl ist hinsichtlich der Qualität und Quantität zu prüfen.

---

[1]) Im Breslauer Konsumverein hat sich der Erlaß ausführlicher, in die Einzelheiten eingehender Geschäftsanweisungen für die verschiedenen Klassen von Beamten und Angestellten des Vereins durchaus bewährt.

Es sind von jeder Fuhre wenigstens 5 Sack nachzuwiegen. Bei sich ergebendem Mindergewicht ist sofort unter Anzeige an die Direktion die ganze Sendung zu wiegen und über die ermittelte Menge Empfangsbescheinigung auszustellen.

An jedem Dienstag morgen ist eine Übersicht des Bestandes und der von den einzelnen Lieferanten bis dahin noch nicht gelieferten Quantitäten der Direktion einzureichen.

Die Qualität ist durch Wasserprobe, unter Vergleichung mit dem bisher aus der betreffenden oder einer andern leistungsfähigen Mühle stammenden Mehle, zu kontrollieren.

Die Annahme des sich gering erweisenden Mehles ist unter sofortiger Mitteilung an die Direktion zu verweigern.

Nach Abnahme des Mehles ist jeder Posten mit einer den Datum des Einganges, die Anzahl der Säcke und die Firma des Lieferanten angebenden Tafel zu versehen und in das Eingangskontrollbuch einzutragen.

Zum Zwecke der Feststellung der Backfähigkeit und Ausbeute jeder Mehlsorte sind allmonatlich Versuche anzustellen und deren Ergebnisse unter Vorlegung des aus jedem Mehl erzielten Gebäckes der Direktion mitzuteilen.

§ 4.

Mischen des Mehles.

Der Backmeister hat die richtige Mischung der verschiedenen Mehle zu kontrollieren.

Für dieselbe sind die Ergebnisse der Wasser- und Backproben maßgebend. In der Regel ist dafür zu sorgen, daß Mehle aus wenigstens vier verschiedenen Mühlen zu einer Mehlsorte innig durchgemengt werden. In keinem Falle darf eine Mischung hinsichtlich der Farbe, Backfähigkeit usw. der bisherigen Mischung nachstehen. Eine Änderung durch Beimischung anderen. z. B. Weizenmehles, ist nur mit Zustimmung der Direktion gestattet.

§ 3.

Sauerteig.

Der Backmeister hat für rechtzeitige und gute Herstellung des Sauer zu sorgen.

§ 6.

Teigmacher.

Der Backmeister hat darauf zu sehen, daß die Teigmacher nur diejenige Menge Mehl und Wasser in die Knetmaschinen nehmen, welche einschließlich des Sauerteiges die zur Füllung eines jeden Ofens erforderliche Anzahl Brote liefert, so daß ein Zurückwerfen des Teiges für die nächste Knetung tunlichst vermieden wird.

Nur diejenige Menge Sauerteig ist zu nehmen, welche für jede Brotsorte erforderlich ist. Nur solches Wasser ist in den Bassins zu halten, welches bei der Temperatur des Mehles und der atmosphärischen Luft des Backsaales zur Erzielung einer tadellosen Teiggärung notwendig ist.

Die Teige sind nur in derjenigen Konsistenz herzustellen, welche der Ergiebigkeit der entsprechenden Mehlsorte entspricht.

§ 7.

Abwieger, Wirker.

Der Backmeister hat die Abwieger zu überwachen, damit sie zu rechter Zeit den zum Abwiegen genügend gereiften Teig an den Wirktisch bringen, und das Teigabwiegen gewissenhaft geschieht. Betreffs des Wirkens ist darauf zu achten, daß durch gehöriges Durchwirken die Großporigkeit des Gebäckes vermieden und dessen Geschmack durch geeignete Verwendung des Streumehles gehoben wird.

Der Backmeister hat namentlich auch darauf zu achten, daß jedes Brot deutlich mit der Kontrollnummer resp. das dunkle Brot mit dem Sternstempel versehen wird.

§ 8.
Schieber.

Auch die Schieber hat der Backmeister zu kontrollieren, namentlich daß dieselben das Brot in dem Augenblick auf die Platte bringen, in welchem die zweite Gärung des Teiges gehörig vorgeschritten ist, sowie daß nur sauberes frisches Wasser zum Bestreichen des Brotes verwendet wird.

§ 9.
Heizer, Ausbäcker.

Die Heizer und Ausbäcker sind zu instruieren, daß das Heizen unter Beobachtung der für die vorhandenen Pyrometer und Manometer gegebenen Vorschriften geschieht, und daß das Ausbacken auf Grund der durch Wiegen und Beklopfen der Brote zu ermittelnden Vollendung des Backprozesses erfolgt.

§ 10.
Brotkontrolle.

Der Backmeister hat darauf zu achten, daß die Anzahl der von den Abwiegern ermittelten Brote auf den Kontrolltafeln richtig aufgezeichnet wird, daß ferner die fertigen Brote in vollen Abkühlwagen (144 Stück zu 2 Kilo usw.) und der Rest einer jeden Brotsorte in einem besonderen Wagen an das Brotmagazin resp. an die Verladestelle abgeliefert werden.

Die Brotaufzieher sind für die an den vollen Wagen fehlenden Brote haftbar zu machen. Die Gesamtzahl der verladenen, der vorhandenen und der Deputatbrote muß mit der Anzahl der vom Tage vorher als Bestand übernommenen und der an das Brotmagazin resp. die Verladestelle abgegebenen Brote übereinstimmen.

Etwaige Differenzen sind sofort aufzuklären und der Direktion mitzuteilen. Letzteres hat auch zu geschehen, wenn bei Berücksichtigung des vom Tage vorher übernommenen und gegenwärtigen Bestandes, sowie der etwa bei dem Belegen der Herdplatten in die Teigknetmaschinen zurückgeworfenen Teiglaibe die Anzahl der abgewogenen und der buchmäßig abgegebenen nicht übereinstimmt.

Es ist endlich die Anzahl der in jedem Schuß fertiggestellten und der sich hierbei als Ausschuß ergebenden Brote täglich zusammenzustellen und zu buchen.

§ 11.
Deputat-Ausschußbrote.

Zu Deputatbroten sind zunächst immer die Ausschußbrote zu verwenden. Soweit die letzteren dabei nicht Verwendung finden, sind sie an das von der Direktion bezeichnete Lager gegen Quittung des Lagerhalters abzugeben und ist diese Quittung täglich der Direktion einzureichen.

An die Bäckergesellen erfolgt die Verabfolgung von Deputatbroten nur beim Schichtwechsel und zwar Montags und Freitags mit je 2 Kilo und Mittwochs mit 1 Kilo durch den Backmeister.

An die Backmeister, Mehlmischer, Brotzieher, Brotverlader, Heizer, den Maschinisten und Stallmeister geschieht die Abgabe des vertragsmäßigen Deputatbrotes durch das geschäftsführende Direktionsmitglied oder durch einen von diesem beauftragten Beamten, und zwar Montags, Mittwochs und Freitags nachmittags 6 Uhr.

Diese letztere Verteilung hat gleichfalls der Backmeister vorzubereiten, auch für das Erscheinen der Empfänger Sorge zu tragen.

Nachträgliche Forderungen zur Erlangung von nicht rechtzeitig empfangenen Deputatbroten sind abzulehnen.

§ 12.

Der Backmeister hat seinen Untergebenen gegenüber ein ruhiges, jedoch entschiedenes Auftreten zu beachten. Er darf von denselben keine Geschenke irgend welcher Art annehmen oder Bevorzugungen einzelner eintreten lassen.

Er selbst hat vor Beginn des Betriebes in der Bäckerei zu erscheinen, die Betriebsräume zu öffnen resp. die Schlüssel an die betreffenden Angestellten abzugeben. Er muß während des Betriebes in der Bäckerei stets zugegen sein, muß namentlich auch die in der Nacht zum Sonntage erfolgende Fabrikation des Vor- und Vollsauerteiges leiten und darf die Räume erst nach Beendigung des Betriebes verlassen. Von ihm sind die Räume zu schließen und die Schlüssel auf Grund besonderer hierüber erteilter Instruktion aufzubewahren.

§ 13.

Annahme und Entlassung der Gesellen.

Dem Backmeister liegt die Annahme und Entlassung der Gesellen und sonstigen Arbeitsgehilfen ob, vorbehaltlich der Genehmigung der Direktion.

Die Annahme erfolgt nur gegen Beibringung der Altersversorgungs- und Invaliditätskarte, gegen Unterzeichnung eines Reverses, nach welchem beiden Teilen eine sofortige Aufkündigung des Dienstes zusteht, und nach Aufnahme der zur Anmeldung bei der Krankenkasse erforderlichen Angaben.

Alle diese Schriftstücke sind sofort dem Direktionsbureau einzureichen.

§ 14.

Kontrolle der Gesellen.

Der Backmeister ist verpflichtet, das ihm unterstehende Personal zu kontrollieren und zu instruieren. Untüchtige, zanksüchtige oder den bestehenden Vorschriften sich nicht fügende Arbeiter sind bis zur Entscheidung der Direktion von der Weiterarbeit auszuschließen. Alle Angestellten haben pünktlich zur Arbeit zu erscheinen und dürfen die Betriebsräume während derselben (z. B. zum Ankauf von Speisen &c.) nicht verlassen.

In der weiteren Überwachung der verschiedenen Funktionen des Bäckereipersonals, insbesondere des Abwiegens, Wirkens, Ausbackens &c., wird der Backmeister durch die in § 7 vorgeschriebene Stempelung der Brote mit Nummern unterstützt, indem die Nummern der etwa zu Anständen Veranlassung gebenden Brote seitens der Lagerhalter in den wöchentlich der Direktion einzureichenden Brotberichten aufgeführt werden. Die alle drei Monate auf Grund dieser Berichte vom Backmeister vorzunehmende Gruppierung der sich für den einzelnen etwa ergebenden Monita ist der Direktion vorzulegen, welche diese auf der im Backsaal aushängenden Verwarnungstafel summarisch vermerkt, etwaige Vorschläge des Backmeisters betreffs Änderung der Beschäftigungsweise, Lohnbezüge &c. der betreffenden entgegennimmt bezw. die nötigen Anordnungen trifft.

Die Entlassung der Gesellen ist zu beantragen, wenn dieselben trotz ergangener Verwarnung sich nicht mindestens $1/2$ Stunde vor Beginn der Schicht im Wasch- und Umkleideraum einfinden und sich daselbst nicht die Hände und Arme gründlich waschen und ebenso bei jedem Austritt aus dem Backsaal nicht die am Saaleingang vorhandene Wascheinrichtung benutzen.

§ 15.

Wäsche.

Durch den Backmeister ist jedem Gesellen bei seinem Eintritt gegen Quittung einzuhändigen: ein Handtuch, ein Mantel oder eine Schürze, eine Mütze.

An jedem Mittwoch und Sonnabend nachmittag ist jedem Gesellen, Mehlmischer, Brotzieher, Heizer, Maschinisten, Stallmeister gegen Rückgabe des unsauberen Handtuches ein reines zu übergeben.

Die Nummer des Handtuches muß stets mit der Platz- resp. Kontrollnummer eines jeden Empfängers übereinstimmen.

Der Backmeister hat darauf zu achten, daß jeder Geselle usw. nach Vollendung seiner Arbeitsschicht die Vereinskleidung mit seiner eigenen wechselt und sich event. unter Benutzung der Badeeinrichtung gehörig reinigt, sowie daß mindestens an jedem Sonntage jeder Bäcker in sauberer Kleidung und Wäsche einschließlich Mütze zur Arbeit erscheint.

Alle diese den Arbeitern übergebenen Kleidungs- und Inventarienstücke bleiben Eigentum des Vereins und hat der Backmeister dieselben ausscheidenden Gesellen abzunehmen und der Ausgabestelle zurückzureichen.

Der Backmeister hat dafür zu sorgen, daß die Waschvorrichtungen im Klosettraum und im Backsaale täglich mit reinen Handtüchern versehen, auch die für die Wäscherin bestehenden Kontrollmaßregeln beachtet werden.

§ 16.

Lohnliste, Lohnzahlung.

Der Backmeister hat an jedem Freitag nachmittag die Lohnliste vorzubereiten.

Bei Feststellung der einzelnen Positionen, an welchen der die tägliche Brotabrechnung als Bevollmächtigter der Direktion besorgende Beamte mitwirkt, sind, sofern nicht andere Bestimmungen durch die Direktion getroffen werden, die Lohnsätze der Vorwoche in Ansatz zu bringen.

Abweichungen hiervon sind auch dann ausgeschlossen, wenn Gesellen Arbeiten überwiesen worden sind, auf welche vorher ein höherer Lohnsatz entfiel.

In Krankheitsfällen erhält jeder Geselle vom ersten Tage der Krankheit ab ohne Rücksicht auf die Höhe seines Wochenlohnes bis auf weiteres 15 Mark für die Woche.

Die Lohnzahlung findet Sonnabends um 11 Uhr statt gegen Quittung des Empfängers.

Von dem zu verzahlenden Lohne sind in Abzug zu bringen a) die Beiträge für die Alters- und Invaliditätsversicherung mit je 15 Pf. und b) der Krankenkassenbeitrag, sowie c) in Krankheitsfällen die von der Krankenkasse gezahlte Entschädigung vom vierten Tage ab.

Diese Entschädigung (zu c) beträgt täglich für die I. Lohnklasse: 2,25 Mark; für Lohnklasse II: 1,97 Mark; für Lohnklasse III: 1,70 Mark; für Lohnklasse IV: 1,40 Mark und für Lohnklasse V: 1,13 Mark.

Diese Entschädigung ist durch pünktliches Notieren der Erkrankungstage des betreffenden Arbeiters zu kontrollieren und sind die erfolgten Abzüge an den während der Lohnzahlung anwesenden Bureaubeamten abzuführen.

Die Unterlagen zur Revision der Krankenkassenentschädigung sind dem Kontrolleur auf dessen Verlangen stets zur Verfügung zu stellen.

Die Beiträge zur Alters- und Invaliditätsversicherung (a) sind sofort nach Abzug dem mit Bearbeitung sämtlicher Versicherungsangelegenheiten betrauten Bureaubeamten (Kontrolleur) abzuliefern.

§ 17.

Vorschriften zur Verhütung von Unfällen.

Dem Backmeister liegt die Befolgung sämtlicher Bestimmungen über die Sonntagsruhe und Unfallversicherung ob. Er hat alle Maßnahmen zu treffen, welche geeignet sind, Leben und Gesundheit seiner Untergebenen zu schützen.

Insbesondere ist unbedingt verboten:

a) das Auflegen von Treibriemen während des Ganges der Betriebsmaschine;

b) das Schmieren aller Läger, in deren Nähe Treibriemen oder nicht verdeckte Räder oder Scheiben laufen;

c) Personenbeförderung mittelst der Aufzüge und Fahrstühle.

§ 18.

Fahrstühle, Aufzüge und Hebekräne.

Für die Fahrstühle gilt nachstehende Anweisung und ist das dieselben gebrauchende Personal demgemäß zu instruieren:

I. Aufzug für Brotwagen.

Vor Ingangsetzung des Fahrstuhles hat der denselben in Gebrauch nehmende Arbeiter sich davon zu überzeugen, ob der Fahrstuhl in allen Stockwerken frei ist. Stets ist vor dem Gebrauch mit dem Sprachrohr eine Warnung vorauszuschicken.

Bei dem Herabgehen der Fahrschale dürfen auf der Schachtsohle sich keine Gegenstände befinden, welche das vollständige Niedergehen der Schale und damit das Ausrücken zum Stillstande derselben verhindern, da hierdurch eine Beschädigung oder gänzliche Zerstörung des Fahrstuhles herbeigeführt werden kann.

Die Bremsscheibe auf dem Windevorgelege ist frei von Öl und Schmiere zu halten und daher öfter zu reinigen, damit der Ausrücker stets gut funktioniert.

Es sind ferner die gleitenden Teile, namentlich die Leerscheibe und das Schneckenräderlager gut zu schmieren, auch ist das Tragseil des Fahrstuhles zeitweise zu fetten.

II. Sackaufzug.

Außer der Beachtung sämtlicher zu I gegebenen Vorschriften sind namentlich auch die Ritter der Friktionsscheiben stets rein zu halten.

Sämtliche Fahrstühle sind an jedem Sonnabend nachmittag unter Zuziehung des Maschinenmeisters genau zu revidieren. Es sind namentlich die Tragseile, Gurte, Fangvorrichtung, die Ketten der Hebekräne auf ihre Haltbarkeit zu prüfen. Sich ergebende Mängel sind sofort behufs Abhilfe der Direktion zu melden.

§ 19.

Reparaturen.

Es ist Pflicht des Backmeisters, etwa erforderliche Reparaturen und Renovationen der Gebäude, Maschinen, Utensilien und Inventarienstücke der Direktion rechtzeitig zu melden, bezw. sich davon zu überzeugen, ob dies seitens des Maschinenmeisters bereits geschehen ist. Es ist namentlich von ihm darauf zu achten, daß die in allen Stockwerken der Bäckerei vorhandenen Hydranten und Schläuche stets in gebrauchsfähigem Zustande sind.

Im Falle des Bruches von Dampf- oder Wasserleitungsröhren oder im Falle des sofortigen Haltens der Betriebsmaschine hat der Backmeister, falls der Maschinenmeister nicht sogleich zur Stelle ist, die bezüglichen Ventile zu schließen und sich daher über Ort und Handhabung der Absperrventile informiert zu halten.

§ 20.

Sorge für Sauberkeit.

Der Backmeister hat für die größte Ordnung und Sauberkeit in allen Räumen der Bäckerei und der Utensilien zu sorgen.

Täglich sind in der hierfür festzusetzenden Zeit die Badeeinrichtung, der Ankleideraum, das Klosett, das Treppenhaus und der Hof des Bäckereigrundstückes zu reinigen. Außerdem hat jeden Sonnabend nachmittag eine außerordentliche Reinigung zu erfolgen. Es sind hierbei namentlich die Wirktische, Teigkasten, Gärständer, Knetmaschinen, Wasserbassins, die zum Bestreichen der Brote bestimmten Wasserbehälter, die Backschüsseln, Fenster und Türen gehörig zu scheuern und zu schaben.

Die Mischmaschinen und die Mehlzuführungen für die Siebmaschinen sind namentlich in den Ecken sorgfältig auszukehren, die Siebe der Siebmaschinen sind von Sackfasern usw. zu befreien, Staub und Schmiere von dem Läutewerk für die selbsttätige Mehlzuführung und von dem Aus- und Einrückmechanismus zu entfernen und beides neu zu ölen. Es sind die über den Knetmaschinen oder in deren Nähe laufenden Treibriemen gehörig zu säubern, die Verschlüsse der Backöfen durch Beseitigung der angetrockneten Schmiere leicht beweglich zu machen, die Fußböden namentlich in ihren Ecken und Winkeln zu reinigen usw. Zeigt sich Ungeziefer, so ist dessen Vertilgung durch den kontraktlich hierzu verpflichteten Kammerjäger sofort zu veranlassen.

§ 21.

Materialien.

Der Backmeister hat dafür zu sorgen, daß sämtliche für den Bäckereibetrieb erforderlichen Materialien stets in genügender Menge vorhanden sind.

Über eingehende Kohlen, Kümmel, Salz, Backschüsseln, Streumehl, Schmieröl, Putzwolle, Besen, Petroleum, Treibriemen usw. ist nach Prüfung der Güte und Menge Quittung zu leisten und die sofortige Eintragung in das Eingangskontrollbuch zu bewirken.

Dasselbe gilt auch von den zur Verwendung kommenden Glühlampen.

Infolge schlechter Beschaffenheit beanstandete Materialien sind nicht abzunehmen und ist hiervon wie von jedem Bedarf der Direktion Mitteilung zu machen.

Der Backmeister darf Bestellungen irgendwelcher Art nicht direkt machen, auch nicht mit Handwerkern, Lieferanten usw. in direkte Korrespondenz treten.

§ 22.

Geschenke.

Die Annahme von Geschenken irgendwelcher Art ist streng verboten, mögen dieselben in Geld, Naturalien oder sonstigen Freigebigkeiten bestehen. Auch die Annahme von dergleichen Zuwendungen seitens der Familienglieder ist untersagt. Ebenso die Heranziehung der durch den Verein gelohnten Arbeitskräfte zu persönlichen Dienstleistungen.

§ 23.

Leere Säcke, Sackgeld.

Leere Säcke sind stets in der Anzahl der eingegangenen vollen nach gehöriger Ausstaubung sogleich zurückzugeben.

Das bis auf weiteres von den Lieferanten noch gezahlte Sackgeld, über welches ein genaues Verzeichnis zu führen ist, ist aufzusammeln und wird am Monatsschluß an sämtliche bei diesem in Arbeit stehende Gesellen und die Mehlmischer zu gleichen Teilen verteilt.

§ 24.

Diebstahl.

Der Backmeister hat genau darauf zu achten, daß Diebstähle an Mehl, Salz usw. nicht vorkommen. Gegebenenfalls ist unter Anzeige an die Direktion der Schuldige sofort zu entlassen.

§ 25.

Genuß von Speisen und Getränken.

Der Genuß von Speisen und Getränken ist nur in den hierzu bestimmten Räumen und Ruhepausen gestattet.

§ 26.

Besuch.

Der Zutritt Fremder, auch der Frauen oder Kinder der in der Bäckerei beschäftigten Personen in den Betriebsräumen ist verboten.

§ 27.

Zuwiderhandlungen gegen diese Geschäftsanweisung haben, wenn nicht sofortige Entlassung, Kündigung zur Folge.

§ 28.

Die Direktion behält sich jederzeitige Abänderungen dieser Geschäftsanweisung vor.

Formular 15b.

Arbeitsordnung[1])

für die Bäcker des Konsumvereins zu X . . . .,
eingetragene Genossenschaft mit beschränkter Haftpflicht.

Für die Bäcker des Konsumvereins zu X . . . . ., e. G. m. b. H., tritt vom . . . . . ab folgende Arbeitsordnung in Kraft:

§ 1.

Der Backmeister des Vereins nimmt die Gesellen nach vorhergegangener Zustimmung des Vorstandes zu den vom Vereinsvorstande festgestellten Wochenlohnsätzen an.

§ 2.

Der Eintretende hat in einem Buche durch Namensunterschrift zu erklären, daß er sich dieser Arbeitsordnung unterwirft. Ein Abdruck derselben wird ihm eingehändigt.

§ 3.

Der Eintretende hat sein Krankenkassenbuch, sowie die Quittungskarte der Invaliden- und Altersversicherungsanstalt im Kontor zur Verwahrung und Aushändigung bei Abgang abzugeben.

§ 4.

Die Löhne für die abgelaufene Woche werden stets Freitags gezahlt. Für den einzelnen Tag wird der siebente Teil des Wochenlohnes gerechnet.

§ 5.

Die Gesellen werden teils in einer Nachttour, teils in einer Tagtour beschäftigt.

§ 6.

Die in der Nachttour beschäftigten Gesellen treten abends 9 Uhr zur Arbeit an. An Pausen sind vorgesehen: eine halbstündige um Mitternacht und eine halbstündige zwischen zwölf und fünf Uhr morgens. Schluß der Arbeitszeit 8 Uhr morgens. In der Nacht vom Sonnabend zum Sonntag beginnt die Arbeit um 8 Uhr abends und endet 7 Uhr morgens.

---

1) Nach der Arbeitsordnung des Konsumvereins Neustadt, e. G. m. b. H., Magdeburg-Neustadt.

§ 7.

Die in der Tagtour beschäftigten Gesellen haben an den Werktagen von morgens 6 Uhr bis abends 6 Uhr regelmäßige Arbeitszeit mit folgenden Pausen: eine halbstündige Frühstückspause, eine einstündige Mittagspause und eine halbstündige Vesperpause.

Ein Teil dieser Mannschaften muß jedoch auch Sonntags von 5 bis 9 Uhr morgens zur Arbeit anwesend sein, ein anderer Teil Sonntags von 5 bis 6½ Uhr nachmittags.

§ 8.

Erfordern es die Umstände, daß einzelne Gesellen der Nachttour morgens noch weiter arbeiten müssen, so werden sie dafür besonders bezahlt.

§ 9.

Die Gesellen der Nachttour sind in 13 Kolonnen geteilt; indem in jeder Nacht je eine Kolonne die Arbeit aussetzt, hat jeder Geselle im Verlaufe von 13 Tagen eine ununterbrochene Pause von 37 resp. 36 Stunden.

§ 10.

Für die den Gesellen gewährte Ruhenacht wird ein Abzug am Lohne nicht gemacht.

§ 11.

An den dem 1. Ostertage, dem 1. Pfingsttage und dem 1. Weihnachtstage vorhergehenden Sonnabenden, sowie am 1. Oster-, 1. Pfingst- und 1. Weihnachtstage fällt die Nachtarbeit aus. Die Tagtour setzt an den obengenannten ersten Festtagen die Arbeit gänzlich aus und erledigt an den zweiten Festtagen nur die Arbeiten, welche zum Anheizen der Backöfen erforderlich sind.

§ 12.

Gegenseitige Aufkündigung des Arbeitsverhältnisses kann nur mit einer Frist von 14 Tagen erfolgen und muß am Löhnungstage ausgesprochen werden. Der Geselle hat die Aufkündigung beim Meister oder in dessen Abwesenheit bei dem anwesenden Obergesellen anzubringen. Dem Gesellen gegenüber besteht die Aufkündigung zu Recht, wenn sie vom Meister oder in dessen Abwesenheit vom anwesenden Obergesellen ausgesprochen ist.

§ 13.

Jeder Geselle hat zur festgesetzten Zeit pünktlich zur Arbeit zu erscheinen. Ein Umkleiden vor und nach der Arbeit findet nur in dem dazu bestimmten Raume statt.

Die Bekleidung, in welcher der Geselle in den Arbeitsräumen erscheint, darf nicht zerrissen und muß sauber gehalten sein. Dem Beginn der Teigarbeiten muß unbedingt eine gehörige Abwaschung, namentlich der Hände und Arme, vorhergehen. In den Arbeitsräumen und auf den Mehlböden darf nicht gegessen werden; auch das Tabakrauchen, -Kauen und -Schnupfen während der Arbeit und in den genannten Räumen ist verboten.

§ 14.

Jeder Geselle hat den Anordnungen des Backmeisters oder des in der Arbeit ihm vorgesetzten Nebengesellen pünktlich Folge zu leisten.

§ 15.

Jede in der Bäckerei vorkommende Arbeit muß pünktlich und gewissenhaft ausgeführt werden.

Ist dem Geschäft durch Schuld eines Gesellen ein Schaden erwachsen, so ist der betreffende Geselle zum Schadenersatz verpflichtet.

§ 16.

Wer einen Fehler im Betriebe und namentlich bei Bereitung des Teiges und Herstellung der Backwaren bemerkt oder nach Art seiner Beschäftigung bemerkt haben muß und von diesem Fehler nicht ohne weiteres einem Vorgesetzten Kenntnis gibt, hat seine Kündigung zu gewärtigen. Gleichgültig ist hierbei, ob der Fehler durch den Betreffenden selbst oder durch einen der Mitgesellen, oder auch durch besondere Umstände herbeigeführt worden ist.

§ 17.

Wer sich eines Diebstahls, einer Entwendung, einer Unterschlagung oder eines Betruges schuldig macht, wird sofort entlassen.

§ 18.

Ein anständiges Betragen und zuvorkommendes Verhalten sowohl den Mitgliedern des Vorstandes und Aufsichtsrates und den Vereinsbeamten, als auch dem in der Bäckerei verkehrenden Publikum gegenüber, wird als selbstverständlich vorausgesetzt.

Die Gesellen haben jeden Zank und Streit unter sich streng zu vermeiden. Glaubt jemand, daß ihm von seinem Vorgesetzten Unrecht geschehen, so kann er sich deshalb bei dem Geschäftsführer beschweren, hat sich aber jeder ungeziemenden Widerrede oder Widersetzlichkeit gegen seinen Vorgesetzten zu enthalten.

§ 19.

Es ist streng verboten, die Mehlböden mit brennender Zigarre oder offenem Licht zu betreten.

§ 20.

Die Unfallverhütungsvorschriften der Nahrungsmittelindustrieberufsgenossenschaft sind genau zu befolgen und wird den bei der Knetmaschine, der Siebvorrichtung und der Winde beschäftigten Gesellen größte Vorsicht und Aufmerksamkeit zur Pflicht gemacht.

Der Aufenthalt unter der Winde beim Abwinden von Mehl ist untersagt.

§ 21.

Die Benutzung des elektrischen Lichtes muß eine vorsichtige sein. Jeder unnötige Strom-(Licht-)Verbrauch ist zu vermeiden. Vorsätzliche und rechtswidrige Beschädigung der elektrischen Lichtleitung und der maschinellen Einrichtung wird mit sofortiger Entlassung bestraft.

§ 22.

Jeder Geselle hat sich pünktlich zur Arbeit einzufinden. darf dieselbe nicht ohne eine durch seine Beschäftigung gebotene Veranlassung oder ohne Erlaubnis verlassen und nicht vor der bestimmten Zeit mit der Arbeit aufhören, insbesondere nicht vorher schon mit dem Reinigen, Ankleiden 2c. beginnen.

§ 23.

Im allgemeinen soll es betreffs der Gründe, aus welchen die Entlassung und der Austritt aus der Arbeit erfolgen darf, bei den gesetzlichen Bestimmungen sein Bewenden haben.

§ 24.

In allen den Fällen, welche mit sofortiger Entlassung bedroht sind, werden die Gesellen durch den Backmeister oder dessen Stellvertreter zunächst von der Arbeit suspendiert; zu der Entlassung ist die Zustimmung des Geschäftsführers einzuholen.

X . . ., den . . . . . . 19 . .

Der Vorstand des Konsumvereins zu X . . .,
eingetragene Genossenschaft mit beschränkter Haftpflicht.
(Unterschriften.)

Formular 15c.

Bestimmungen über Leitung und Betrieb der Schlächterei des Konsumvereins zu X. . .,[1]) e. G. m. b. H.

§ 1.

Die oberste Leitung der Schlächterei hat der Geschäftsführer, welcher dem ersten Fleischer die für den Betrieb nötigen allgemeinen Anweisungen zu erteilen hat.

Der Geschäftsführer hat den Einkauf des Schlachtviehes zu besorgen, die Arbeitseinteilungen vorzunehmen und die Ausführung der nötigen Arbeiten an den Schlachttagen, Verkaufstagen und Arbeitstagen zu kontrollieren.

§ 2.

Der Geschäftsführer hat dafür Sorge zu tragen, daß alle zum Aufbewahren der Fleischwaren dienenden Räume genügend verschlossen gehalten werden. Am Schlusse eines jeden Verkaufstages hat der Geschäftsführer darauf zu achten, daß alle noch in den Verkaufsräumen vorhandenen Fleischwaren aus denselben entfernt und unter Verschluß gebracht werden. In den Verkaufs- und Arbeitsräumen dürfen an anderen als Verkaufstagen nur solche Fleischwaren vorhanden sein, welche zum Vorarbeiten bestimmt sind.

§ 3.

Dem Geschäftsführer liegt ob, Buch und Rechnung über den Betrieb der Schlächterei zu führen und in der zweiten Sitzung eines jeden Monats Bericht an den Aufsichtsrat zu erstatten. Dieser Bericht soll umfassen:

1. die Anzahl der geschlachteten Schweine unter Angabe der Lieferanten, des Einkaufspreises und des Gesamtbetrages;
2. den Gesamterlös im Monat und
3. die am Anfang des Monats vorhandenen, sowie am Ende des Monats verbliebenen Fleischwaren nach Gewicht, Stückzahl und Verkaufswert, sowie Aufwand für Löhne und Unkosten.

§ 4.

Der Geschäftsführer ist verpflichtet, ein Kontrollbuch darüber zu führen:

a) welche Fleischwaren — nach Sorten, Stückzahl und Gewicht — an den Verkaufstagen zum Verkaufe vorhanden waren;
b) wieviel nach Beendigung des Verkaufes davon übrig geblieben ist;
c) wie hoch der Zugang bezw. Abgang in den Fleischfässern, der Räucherei und dem Lager gewesen ist;
d) wieviel Fleisch zu Bratwurst bezw. Hackfleisch verwendet worden ist, unter Angabe des Gewichts vor und nach der Verarbeitung.

---

[1]) Nach der Schlächtereiordnung des Konsumvereins zu Meerane (Königreich Sachsen). Aus den letzten Jahren liegen uns keine Nachrichten über die dortige Schlächterei vor.

§ 5.

Die Verantwortung für die sorgfältige Ausführung der praktischen Arbeiten des Schlächtereibetriebes liegt dem ersten Fleischer ob; er haftet dem Konsumverein für allen durch seine Schuld entstandenen Schaden.

§ 6.

Der erste Fleischer weist dem ihm unterstehenden Hilfspersonal die zum Fleischereibetrieb nötigen Arbeiten zu, er hat darüber zu wachen, daß diese Arbeiten mit der erforderlichen Fachkenntnis ausgeführt werden.

Derselbe ist für alle von ihm angeordneten und vom Hilfspersonal nach seiner Anordnung ausgeführten Arbeiten verantwortlich.

Der erste Fleischer hat sich mit den Bestimmungen des Nahrungsmittelgesetzes bekannt zu machen und unter seiner Verantwortung dafür zu sorgen, daß die in diesem Gesetz für den Betrieb der Schlächterei getroffenen Bestimmungen genau innegehalten und ausgeführt werden.

§ 7.

Über das dem ersten Fleischer übergebene Fleisch, nämlich:

a) das zur Verarbeitung von Bratwurst,
b) zum Einpökeln,
c) zum Räuchern bestimmte, und
d) das auf Lager befindliche,

hat derselbe ein Kontrollbuch zu führen, worin der Zu- und Abgang des Fleisches nach Gewicht und Stückzahl genau verzeichnet werden muß.

Der erste Fleischer ist verpflichtet, das zur Verarbeitung für Bratwurst bestimmte Fleisch von dem Geschäftsführer wiegen und nach Füllung der Würste Stückzahl und Gewicht von letzterem feststellen zu lassen.

Bei der Verarbeitung von Fett ist die entsprechende gleiche Kontrolle auszuüben.

§ 8.

Für das dem ersten Fleischer zur Verarbeitung von Bratwurst, zum Einpökeln, zum Räuchern, zur Fettverarbeitung oder für die Aufbewahrung auf dem Lager übergebene Fleisch ist derselbe allein verantwortlich, er hat darauf zu sehen, daß dieses Fleisch, sobald dasselbe sich seiner Beobachtung entzieht, gehörig unter Verschluß gebracht wird, damit eine Veruntreuung nicht stattfinden kann. Die Schlüssel zu den Aufbewahrungsräumen hat der erste Fleischer in Verwahrung zu nehmen; er hat auch dafür zu sorgen, daß das ihm übergebene Fleisch dem Verderben nicht unterliegt.

§ 9.

An den Verkaufstagen hat der erste Fleischer dafür zu sorgen, daß nach Beendigung des Verkaufes alle Fleischwaren aus dem Verkaufsraume in den Vorratsraum überführt werden, nachdem zuvor das Gewicht und bezw. die Stückzahl derselben festgestellt und verbucht worden ist.

§ 10.

Die von dem ersten Fleischer geführten Kontrollbücher sind im Verkaufsraume des Schlachthauses so aufzubewahren, daß von den Revisionsbeamten des Vereins jederzeit die geschehene Verbuchung eingesehen werden kann.

§ 11.

Die Arbeitszeit wird für die Schlächterei wie folgt festgesetzt:

vom 1. April bis Ende September
- an den Schlachttagen:
  - von früh $^1/_2$7 Uhr ohne Unterbrechung bis zur Beendigung der zum Schlachten erforderlichen Arbeiten;
- an den Verkaufstagen:
  - früh $^1/_2$7 bis mittags 12 Uhr,
  - nachmittags $^3/_4$2 bis 7 Uhr.

Nach Beendigung des Verkaufes hat die Aufnahme und das Wegbringen der vom Verkauf übrig gebliebenen Fleischwaren stattzufinden, ehe die Arbeit geschlossen wird.

An den Arbeitstagen (für Wurstanfertigung, Einpökeln 2c.):
früh 1/2 7 bis mittags 12 Uhr,
nachmittags 1/2 2 bis 7 Uhr.

In den sechs Monaten vom 1. Oktober bis Ende März findet in der Arbeitszeit insofern eine Änderung statt, als früh statt um 1/2 7 Uhr erst um 1/2 8 Uhr angefangen wird.

§ 12.

Sollten Fälle eintreten, daß im Schlächtereibetrieb für die zu diesem Geschäftszweige bestimmten Personen nicht genügende Beschäftigung ist, so ist der erste Fleischer verpflichtet, dies dem Geschäftsführer zu melden, welcher Bestimmungen darüber zu treffen hat, auf welche Weise diese Personen anderweit zu beschäftigen sind. Ein früheres Weggehen vor Ablauf obiger Arbeitszeiten ist nicht gestattet.

§ 13.

An den Schlachttagen ist es den in der Schlächterei tätigen Personen gestattet, von den vorhandenen Fleischwaren so viel zu genießen, als sie zu ihrem persönlichen Bedarf nötig haben und zwar als Entschädigung für den Verlust der Mittagspause; zu anderen Tagen ist der Genuß von Fleischwaren streng verboten.

§ 14.

Die Schlüssel zu den Arbeitsräumen sind nach Schluß der Arbeitszeit dem Geschäftsführer zu übergeben und morgens vor Beginn der Arbeit von demselben abzuholen.

Alle Türen und Fenster müssen vor Schluß der Arbeitszeit, des Mittags und Nachts über, geschlossen werden. Die Verantwortung hierfür hat der erste Fleischer.

§ 15.

Zur Erleichterung der Kontrolle über die auf Lager befindlichen Fleischwaren wird bestimmt, daß die vorhandenen Fleischfässer sowie die Räuchereiabteilungen mit fortlaufenden Nummern zu versehen sind und der Inhalt derselben besonders zu verbuchen ist, so daß jede einzelne Nummer ein besonderes Konto für sich hat.

Formular 16.

Vertrag mit Lieferanten zur direkten Lieferung von Waren an die Mitglieder.

Zwischen dem Konsumverein zu X . . . . ., eingetragene Genossenschaft mit beschränkter Haftpflicht, vertreten durch seinen Vorstand, und
dem Schlächtermeister Herrn . . . .
ist nachstehender Vertrag abgeschlossen worden.

§ 1.

Herr . . . . verkauft seine Fleischwaren an die Mitglieder des Konsumvereins gegen sofortige bare Bezahlung unter Aushändigung von Quittungsmarken in Höhe der **Hälfte** des Betrages des Preises der entnommenen Waren.[1])

---

[1]) Es ist hier angenommen, daß der Verein im Durchschnitt auf mehrere (etwa fünf) Jahre 8 % Dividende gezahlt hat, während der Lieferant nur 5 % Rabatt gewährt; davon zieht der Verein 1 % auf allgemeine Unkosten für sich ab, während 4 %, also die Hälfte der Durchschnittsdividende den Mitgliedern zufließen.

§ 2.

Diese Quittungsmarken erhält Herr . . . . . . während der Geschäftsstunden von dem Konsumverein gegen sofortige Zahlung eines Rabatts, welcher zunächst auf 5% des Preises der Waren, für welchen die Marken ausgehändigt werden, festgesetzt wird. Da nach § 1 dieses Vertrages die Aushändigung der Marken in Höhe der **Hälfte** des Warenpreises stattfinden soll, so hat Herr . . . . . . für je 50 Mark Quittungsmarken 5 Mark Rabatt zu zahlen.

Die Änderung des Verhältnisses der Quittungsmarkenbeträge zu den Preisbeträgen der Waren in § 1 und im vorstehenden Absatz dieses Paragraphen behält sich der Konsumverein vor; Herr . . . erklärt sich ausdrücklich damit einverstanden, von dem Tage der Mitteilung durch den Konsumverein an Marken in dem bez. abgeänderten Verhältnis entnehmen, bezw. verausgaben zu wollen.

§ 3.

Herr . . . . ist berechtigt, von den Käufern, welche Quittungsmarken bei Einkäufen beanspruchen, sich die Legitimation als Mitglied des Konsumvereins vorzeigen zu lassen.

§ 4.

Herr . . . . verpflichtet sich, seine Waren in derselben Güte und zu denselben Preisen an die Mitglieder des Konsumvereins abzugeben, wie an seine sonstigen Kunden.

Herr . . . . gestattet dem Vorstande des Konsumvereins, sich von der Güte der von ihm geführten Waren jederzeit zu überzeugen.

§ 5.

Herr . . . . verpflichtet sich, in seinem Verkaufsladen eine ihm von dem Konsumvereine zu liefernde Papptafel mit der Aufschrift „Lieferant des Konsumvereins zu X . . . ., eingetragene Genossenschaft mit beschränkter Haftpflicht", an deutlich sichtbarer Stelle aufzuhängen.

§ 6.

Beiden Vertragschließenden steht die Lösung dieser Geschäftsverbindung nach erfolgter vierwöchentlicher Kündigung zu; doch behält sich der Konsumverein bei einem Zuwiderhandeln des Herrn . . . . gegen §§ 4 und 5 den sofortigen Rücktritt ohne vorherige Kündigung vor.

Ein Übergang des Geschäftes in anderen Besitz hebt diesen Vertrag ohne weiteres auf.

Dieser Vertrag ist in einem Exemplar ausgefertigt, welches in Händen des unterzeichneten Vereins bleibt. Eine Abschrift desselben erhält Herr . . . Die Kosten des Stempels tragen beide Vertragschließenden zu gleichen Teilen.

X . . . ., den . . . . 19 . .

Konsumverein zu X . . . .,
eingetragene Genossenschaft mit beschränkter Haftpflicht.
(Unterschriften.)
N. N.,
Schlächtermeister.

Formular 17.

Sparordnung

des Konsumvereins zu X . . . ., eingetragene Genossenschaft mit beschränkter Haftpflicht.

Nach Maßgabe der nachstehenden Bedingungen werden Spareinlagen von Mitgliedern bei dem Konsumverein zu X . . . ., eingetragene Genossenschaft mit beschränkter Haftpflicht, angenommen, verzinst und zurückbezahlt.

§ 1.

Für die Spareinlagen und Zinsen haftet die Genossenschaft mit ihrem ganzen Vermögen und ihre Mitglieder nach den Bestimmungen des Genossenschaftsgesetzes.

§ 2.

Jede Spareinlage muß mindestens . . . Mark betragen.

Einzahlungen in einem Posten werden nur bis zum Höchstbetrage von . . . Mark angenommen. Das durch Einzahlungen und Zuschrift von Zinsen angesammelte Guthaben eines Sparers darf die Summe von . . . Mark nicht übersteigen.[1])

Sobald diese Summe erreicht ist, werden weitere Einzahlungen nicht mehr angenommen.

Eine Verzinsung des diese Summe übersteigenden Guthabens findet nicht statt.

§ 3.

Die Spareinlagen werden, soweit sie volle Mark betragen, mit . . . vom Hundert jährlich verzinst.

Die Verzinsung beginnt mit dem ersten Tage des der Einzahlung folgenden Monats und endet mit dem Schlusse des der Auszahlung vorangehenden Monats.

Die Zinsen werden — abgesehen von dem Falle der gänzlichen Rückzahlung der Spareinlagen — alljährlich berechnet, soweit sie vom Sparer nicht erhoben werden, dem Kapital zugeschlagen und mit diesem vom Beginn des neuen Geschäftsjahres an verzinst.

Änderungen des Zinsfußes, sowie dieser Sparordnung sind für jeden Sparer verbindlich, sobald sie mindestens einen Monat vor dem Zeitpunkte, von welchem an sie eintreten sollen, in den statutenmäßig für die Veröffentlichungen der Genossenschaft bestimmten Blättern bekannt gemacht sind.

§ 4.

Spareinlagen werden auf Verlangen der Sparer in der Regel nach Ablauf einer Kündigungsfrist zurückbezahlt, die für Beträge von . . . bis . . . Mark eine Woche, von . . . bis . . . Mark einen Monat, für höhere Beträge drei Monate umfaßt.

Die erfolgte Kündigung ist im Sparbuche zu vermerken.

Der Vorstand ist befugt, innerhalb der vom Aufsichtsrate genehmigten Grenzen nach Lage der Verhältnisse Rückzahlungen ohne Kündigung oder mit abgekürzten Kündigungsfristen zu leisten.

§ 5.

Die Genossenschaft hat das Recht, ihrerseits Spareinlagen mit Frist von einem Monate zur Rückzahlung zu kündigen.

---

[1]) In Preußen wird es wegen der sonst drohenden Stempelpflichtigkeit der Sparbücher nicht ratsam sein, auf ein Sparbuch insgesamt mehr als 150 Mk. Einlagen anzunehmen.

Diese Kündigung kann durch zweimalige Bekanntmachung in den statutenmäßig für die Veröffentlichungen der Genossenschaft bestimmten Blättern erfolgen.

Mit Ablauf der Kündigungsfrist hört die Verzinsung des gekündigten Kapitales auf.

§ 6.

Einzahlungen für die Sparkasse und Auszahlungen aus der Sparkasse erfolgen im Kassenlokale der Genossenschaft außer an Sonn- und Feiertagen jederzeit in den Stunden von . . . bis . . . Uhr vormittags und von . . . bis . . . Uhr nachmittags.

§ 7.

Jeder Sparer erhält ein mit dem Vereinsstempel versehenes, auf seinen Namen ausgefertigtes Sparbuch mit Sparordnung, deren Bestimmungen er dadurch als für sich verbindlich anerkennt.

In dieses Sparbuch ist jede Einzahlung und jede Auszahlung von dem Vorstande oder von den dazu bestimmten Beamten, deren Namen durch Aushang im Geschäftslokale bekannt zu machen sind, unter Angabe des Datums einzutragen.

§ 8.

Auszahlungen von Sparguthaben werden nur gegen Vorlage des Sparkassenbuches geleistet; sie können an jeden Vorzeiger des Sparbuches geleistet werden, solange nicht von dem Sparer, dessen Vertreter oder Rechtsnachfolger gegen diese Auszahlung bei dem Vorstande der Genossenschaft schriftlich Einsprache erhoben ist. Solche Einsprache ist in den Büchern der Genossenschaft zu vermerken.

Die Genossenschaft hat jedoch in jedem Falle das Recht, die Legitimation des Vorzeigers das Sparbuches zu prüfen, und ist dazu verpflichtet, wenn gegen die Auszahlung Einsprache erhoben ist.

Jeder Sparer hat deshalb in seinem eigenen Interesse sein Sparbuch sorgfältig zu verwahren und einen vorkommenden Verlust des Buches dem Vorstande der Genossenschaft sofort anzuzeigen.

§ 9.

Die Übertragung der durch das Buch bekundeten Forderung an einen Dritten muß der Genossenschaft angezeigt und von dieser auf dem Sparbuche und in den Büchern der Genossenschaft vermerkt werden.

Sparbücher, die vollständig ausgezahlt sind, bleiben in Verwahrung der Genossenschaft.

§ 10.

Wird der Verlust oder die gänzliche Vernichtung eines Sparbuches von dem Sparer oder seinem Rechtsnachfolger behauptet, so erfolgt ein Aufgebot des Buches durch einmaligen Aufruf desselben in den statutenmäßig vorgeschriebenen Blättern der Genossenschaft auf Kosten des Spareinlegers. Meldet sich innerhalb sechs Wochen nach Ausgabe der betreffenden Zeitungen niemand mit dem Buch, und werden auch von anderer Seite keine Ansprüche auf das Sparkassenguthaben bei der Genossenschaft geltend gemacht, so gilt das alte Buch für kraftlos erklärt und wird ein neues Buch ausgestellt.

§ 11.

Wenn auf ein Sparbuch während 25 Jahren weder Einzahlungen noch Auszahlungen geleistet sind, hört die Verzinsung auf und wird das Guthaben gekündigt. Erfolgt die Erhebung nicht, so kann nach Ablauf der gesetzlichen Verjährungsfrist das Guthaben für den Reservefonds der Genossenschaft eingezogen werden.

§ 12.

Nach Schluß eines jeden Geschäftsjahres wird eine tabellarische Zusammenstellung aller Spareinlagen mit Angabe der Nummer und des Guthabens jedes einzelnen Sparkontos im Kassenlokale zur Einsicht ausgelegt und dies in den statutenmäßig vorgeschriebenen Blättern angezeigt.

Formular 18.

Hausanteilschein

Nr. . . .

über . . . . Mark für . . . .

. . . . Mark (in Buchstaben) sind dem unterzeichneten Konsumverein zu X. . . ., eingetragene Genossenschaft mit beschränkter Haftpflicht, von oben bezeichnetem Inhaber dieses Hausanteilscheines unter den umstehenden Bedingungen bar geliehen. Der Konsumverein zu X. . . ., eingetragene Genossenschaft mit beschränkter Haftpflicht, haftet den gesetzlichen Bestimmungen gemäß mit seinem Vermögen für das gezahlte Kapital und die Zinsen.

X. . . ., den . . . . 19 . .

Konsumverein zu X. . . .,
eingetragene Genossenschaft mit beschränkter Haftpflicht.
(Unterschriften des Vorstandes.)

(Auf der Rückseite der Hausanteilscheine.)

Bedingungen

über Rückzahlung und Verzinsung der nach dem Beschlusse der Generalversammlung des Konsumvereins zu X. . ., eingetragene Genossenschaft mit beschränkter Haftpflicht, vom . . . . 19 . . aufgenommenen . . prozentigen unkündbaren Hausanleihe von . . . . . Mark.

§ 1.

Die im Gesamtbetrage von . . . . . Mark aufgenommene Anleihe dient zum Erwerb des Hausgrundstückes in der . . . . straße Nr. . .

Für die Verzinsung und Rückzahlung dieser Hausanleihe gelten folgende Bedingungen, die sowohl für die Darleiher, als für den Konsumverein zu X. . . ., e. G. m. b. H., verbindlich sind.

§ 2.

Die Hausanleihe ist in Teilen von . . . . . Mark aufgenommen worden, über welche Scheine ausgestellt worden sind; die Hausanteilscheine lauten auf die Namen der Darleiher, sie tragen fortlaufende Nummern.

§ 3.

Der Vorstand des Konsumvereins zu X. . . ., e. G. m. b. H., führt ein Buch über die Hausanteilscheine, in welches die laufenden Nummern und die Namen der Inhaber eingetragen werden, und welches Spalten für die Eintragung des Tages der Auslosung und der Rückzahlung enthält.

§ 4.

Die Hausanteile sind seitens der Erwerber solange unkündbar, als der Konsumverein seinen Verpflichtungen bezüglich Tilgung und Verzinsung der Hausanteile pünktlich nachkommt.

§ 5.

Die Verzinsung der Hausanteile erfolgt mit . . Prozent für das Jahr; die Auszahlung der Zinsen findet halbjährlich an der Kasse des Konsumvereins zu X. . . . , e. G. m. b. H. statt.

§ 6.

Zinsen, welche innerhalb fünf Jahren, vom Tage der Fälligkeit ab gerechnet, nicht abgehoben sind, verjähren zugunsten des Grundstückserwerbsfonds.

§ 7.

Von dem Gesamtbetrage der Hausanleihe werden alljährlich in einer gemeinschaftlichen Sitzung von Vorstand und Aufsichtsrat mindestens . . Prozent zur Rückzahlung ausgelost. Die Auslosung findet spätestens einen Monat vor dem Termine zur Rückzahlung statt, welcher mit dem Termine der Zinsenzahlung am . . . . jeden Jahres zusammenfällt. Die Verzinsung der ausgelosten Anteile hört mit dem Rückzahlungstermine auf, zu welchem dieselben ausgelost werden.

Der Konsumverein zu X. . . . . , e. G. m. b. H., ist berechtigt, einen höheren Teil der Hausanleihe, als oben angegeben, zur Auslosung zu bringen, er kann auch spätestens einen Monat vor einem der beiden Zinstermine den noch ungetilgten Restbetrag der Hausanleihe zur Rückzahlung aufrufen.

§ 8.

Die Nummern der ausgelosten Hausanteilscheine, bezw. die Kündigung des Restbetrages der ganzen Anleihe ist durch Aushang im Kassenlokale des Konsumvereins zu X. . . . , e. G. m. b. H., (durch die . . . . Zeitung) bekannt zu machen.

§ 9.

Die Auszahlung der Zinsen erfolgt gegen Vorzeigung und diejenige des Darlehns gegen Rückgabe des Anteilscheines und gegen Quittung.

Sie kann an jeden Vorzeiger des Anteilscheines geleistet werden, solange nicht der Darlehnsgeber, sein Vertreter oder Rechtsnachfolger bei dem Vorstande der Genossenschaft schriftlich Einsprache erhoben hat. Ohne eine solche Einsprache ist der Verein nicht verpflichtet, wohl aber berechtigt, die Legitimation des Vorzeigers zum Geldempfange zu prüfen.

§ 10.

Die Abtretung von Hausanteilscheinen an andere Personen ist im Kassenlokale des Konsumvereins zu X. . . . , e. G. m. b. H., durch schriftlichen Vermerk auf den Hausanteilscheinen zu bewirken. Der Vorstand des Konsumvereins hat seine Kenntnis der Abtretung auf den Hausanteilscheinen zu bestätigen und in dem Hausanteilbuche die Abtretung einzutragen.

§ 11.

Der Verlust von Hausanteilscheinen ist sofort dem Konsumvereine anzuzeigen, damit die Anhaltung der verlorengegangenen Schuldurkunden bei Vorlegung veranlaßt und das Aufgebotverfahren eingeleitet werden kann; die Kosten des letzteren hat der Eigentümer der in Verlust geratenen Urkunden zu tragen. Wird der Verlust oder die gänzliche Vernichtung eines Hausanteilscheines von dem Darleiher oder seinem Rechtsnachfolger behauptet, so erfolgt ein Aufgebot des Anteilscheins durch einmaligen Aufruf desselben in den statutenmäßig vorgeschriebenen Blättern der Genossenschaft auf Kosten des Darleihers. Meldet sich niemand innerhalb sechs Wochen nach der Ausgabe der betreffenden Blätter mit dem Hausanteilschein und werden auch von anderer Seite keine Ansprüche auf das Darlehen bei der Genossenschaft geltend gemacht, so gilt die alte Urkunde für kraftlos erklärt und wird eine neue ausgestellt.

X . . . ., den . . . . . 19 . .

Konsumverein zu X . . . . .,
eingetragene Genossenschaft mit beschränkter Haftpflicht.
(Unterschriften des Vorstandes.)

Formular 19.

Beitrittserklärung.

a) Die Beitrittserklärung zu einer Genossenschaft mit beschränkter Haftpflicht hat zu lauten:

Ich erkläre hierdurch meinen Beitritt zu dem unter der Firma Konsumverein zu X . . . . ., eingetragene Genossenschaft mit beschränkter Haftpflicht, bestehenden Konsumverein.

X . . . ., den . . . . . . 19 . .

N. N.
(Angabe des Vor- und Zunamens, Standes und Wohnortes.)

b) Die Beitrittserklärung für eine Genossenschaft mit unbeschränkter Haftpflicht hat nach § 120 des Ges. zu lauten:

Ich erkläre hierdurch meinen Beitritt zu dem unter der Firma Konsumverein zu X . . ., eingetragene Genossenschaft mit unbeschränkter Haftpflicht, bestehenden Konsumverein, dessen einzelne Genossen für die Verbindlichkeiten der Genossenschaft dieser sowie den Gläubigern derselben nach Maßgabe des Gesetzes mit ihrem ganzen Vermögen haften.

X . . ., den . . . . . . 19 . .

N. N.
(Angabe des Vor- und Zunamens, Standes und Wohnortes.)

Formular 20.

Erklärung über Beteiligung mit einem weiteren Geschäftsanteil.

Ich erkläre, daß ich mich auf einen zweiten (oder dritten usw.) Geschäftsanteil bei dem Konsumverein zu X . . . . ., eingetragene Genossenschaft mit beschränkter Haftpflicht, beteiligen will.

X . . ., den . . . . . . 19 . .

(Unterschrift des Mitgliedes.)

Formular 21.

Kündigung.

Ich kündige hiermit meine Mitgliedschaft bei dem Konsumverein zu X . . ., eingetragene Genossenschaft mit . . beschränkter Haftpflicht.

X . . ., den . . . . . . 19 . .

Unterschrift.
(Vor- und Zuname, Stand — unter Angabe des Standes bei Erwerb der Mitgliedschaft, falls Änderung eingetreten ist.)

Formular 22.

Übertragung des Geschäftsguthabens.

Der Schlosser M. zu X. überträgt hiermit sein Geschäftsguthaben bei dem Konsumverein zu X . . ., e. G. m. b. H., im Betrage von . . . Mark . . Pf. unter Anwendung des § 76 des Genossenschaftsgesetzes an das Mitglied Töpfer N. zu X. derselben Genossenschaft, welches die Uebertragung annimmt.

X . . ., den . . . . . . 19 . .

(Unterschrift beider Mitglieder.)

Wenn der Erwerber nicht Mitglied ist, fallen die Worte „an das Mitglied" fort und der Erwerber hat die Beitrittserklärung auszustellen.

Im ersten Falle hat der Vorstand bei Einreichung an das Gericht zur Eintragung noch zu erklären:

Wir versichern, daß das Geschäftsguthaben des Herrn N. in X. mit dem ihm nach der Übereinkunft mit Herrn M. zu X. zuzuschreibenden Betrag den Geschäftsanteil — oder bei Genossenschaften mit beschränkter Haftpflicht und Zulassung des Erwerbes mehrerer Geschäftsanteile: „die der höchsten Zahl der Geschäftsanteile entsprechende Gesamtsumme" — nicht übersteigt.

X . . ., den . . . . . . 19 . .

Konsumverein zu X. . . ., e. G. m. b. H.

(Unterschriften des Vorstandes.)

Formular 23.

Anweisung an den Lagerhalter zur Prüfung der Legitimation.

(Für Konsumvereine, welche die Beträge für entnommene Waren in Einkaufsbücher der Mitglieder eintragen.)

Die Angestellten des Konsumvereins zu X . . ., eingetragene Genossenschaft mit beschränkter Haftpflicht, werden angewiesen, Waren nur an solche Personen abzugeben, die ihnen als Mitglieder bezw. als von diesen zum Wareneinkauf bevollmächtigt, persönlich bekannt sind und die sich durch Vorlage des Einkaufsbuches als Mitglied bezw. als Vertreter des Mitgliedes zum Einkaufe der Waren legitimieren.

X . . ., den . . . . . . 19 . .

Konsumverein zu X . . .,
eingetragene Genossenschaft mit beschränkter Haftpflicht.

(Unterschriften des Vorstandes.)

(Für Konsumvereine, welche für die entnommenen Waren Quittungs-(Dividenden-)Marken ausgeben.)

Die Angestellten des Konsumvereins zu X . . ., e. G. m. b. H., werden angewiesen, Waren nur an solche Personen abzugeben, die ihnen entweder als Mitglieder bezw. als von diesen zum Wareneinkauf bevollmächtigt, persönlich bekannt sind, oder sich durch Vorlage der Legitimationskarte als Mitglied bezw. als Vertreter des Mitgliedes, zum Einkauf der Waren legitimieren.

X . . ., den . . . . . . 19 . .

Konsumverein zu X . . .,
eingetragene Genossenschaft mit beschränkter Haftpflicht.

(Unterschriften des Vorstandes.)

Formular 24.

Legitimationen der Mitglieder.

a) Konsumvereine, welche die Beträge für entnommene Waren in Einkaufsbücher der Mitglieder eintragen, haben dem Titelblatt der Einkaufsbücher folgenden Aufdruck zu geben:

Einkaufsbuch
für
. . . .
(Namen des Mitgliedes.)
Nr. . . (Nummer der Liste der Genossen.)
Konsumverein . . . . , ...
(Firma der Genossenschaft.)
Der Vorstand.
(Unterschriften der Vorstandsmitglieder.)

Zur Beachtung.

Nach § 152 des Gesetzes betreffend die Erwerbs- und Wirtschaftsgenossenschaften wird mit Geldstrafe bis zu 150 Mark bestraft:

Das Mitglied, welches seine Legitimation, durch die es zum Warenkauf berechtigt wird, — als solche Legitimation gilt dieses Buch — einem Dritten zum Zweck unbefugter Warenentnahme überläßt.

Dritte, welche von solcher Legitimation zu demselben Zweck Gebrauch machen oder auf andere Weise zu unbefugter Warenabgabe zu verleiten unternehmen, werden in gleicher Weise bestraft.

b) Konsumvereine, welche für die entnommenen Waren Quittungs- (Dividenden-)Marken ausgeben, haben ihren Mitgliedern Legitimationskarten mit folgendem Aufdruck einzuhändigen:

(Vorderseite.)

Legitimationskarte
für
. . . .
(Name des Mitgliedes.)
Nr. . . (Nummer der Liste der Genossen.)
Konsumverein . . . .
(Firma der Genossenschaft.)
Der Vorstand.
(Unterschriften der Vorstandsmitglieder.)

(Rückseite.)

Zur Beachtung.

Nach § 152 des Gesetzes betreffend die Erwerbs- und Wirtschaftsgenossenschaften wird mit Geldstrafe bis zu 150 Mark bestraft:

Das Mitglied, welches seine Legitimation, durch die es zum Warenkauf berechtigt wird, — als solche Legitimation gilt diese Legitimationskarte — einem Dritten zum Zweck unbefugter Warenentnahme überläßt.

Dritte, welche von solcher Legitimation zu demselben Zweck Gebrauch machen, oder auf andere Weise zu unbefugter Warenabgabe zu verleiten unternehmen, werden in gleicher Weise bestraft.

Einige Formulare für den Verkehr mit dem Gericht.[1])

Formular 25.

Schriftliche Anmeldung des Statuts.

An das Königliche Amtsgericht X . . . ., den 3. April 1900.
zu X . . . .

Wir melden den hierselbst durch Statut vom 2. März 19 . . begründeten Konsumverein zu X . . . , eingetragene Genossenschaft mit beschränkter Haftpflicht, behufs Eintragung in das Genossenschaftsregister an. In Gemäßheit des § 11 des Genossenschaftsgesetzes fügen wir bei:

1. das Statut der Genossenschaft im Original und in Abschrift;
2. eine Liste der Genossen;
3. eine Abschrift der Urkunden über die Bestellung des Vorstandes und des Aufsichtsrates.

Wir, die gewählten Vorstandsmitglieder, werden unsere Unterschrift zeichnen wie hierunter geschieht.

Karl Mettner. Heinrich Hübner. Franz Sauer.

Die vorstehenden, vor mir vollzogenen Unterschriften beglaubige ich.

(L. S.) Müller,
3. April 1900. Gemeindevorsteher von X . . . .

Formular 26.

Einreichung der Beitrittserklärungen.

An das Königliche Amtsgericht X . . . ., 30. April 1900.
zu X . . . .

Anliegend überreichen wir die Beitrittserklärungen der

1. Philipp Kraus, Tischler,
2. Gustav Himmelreich, Töpfer,
3. Adolf Kraus, Sattler, sämtlich zu X . . . .,

behufs Eintragung in die Liste der Genossen.

Konsumverein zu X . . . .,
eingetragene Genossenschaft mit beschränkter Haftpflicht.
Karl Mettner. Heinrich Hübner.

Formular 27.

Einreichung der Kündigungen von Genossen.

An das Königliche Amtsgericht X . . . ., 10. November 1900.
zu X . . . .

Wir überreichen die Kündigungserklärungen der unter den beigefügten Nummern in die Liste der Genossen eingetragenen Mitglieder:

---

1) Die Formulare sind mit geringen Abänderungen dem Formularbuch zum Reichsgesetz, betreffend die Erwerbs- und Wirtschaftsgenossenschaften von Ludolf Parisius und Dr. Hans Crüger (8. Auflage, Berlin, Verlag von J. Guttentag) entnommen, dessen Benutzung den Verkehr mit dem Gericht nicht nur ungemein erleichtert, sondern auch vielfach zu Kostenersparnis führt.

Nr. 6. Eisenbahnschaffner Hans Neumann,
Nr. 7. Gastwirt Eduard Lehmann, beide zu X . . . .,
behufs Eintragung in die Liste der Genossen.

Wir geben die Versicherung ab, daß die Aufkündigung in beiden Fällen rechtzeitig erfolgt ist.

Unterschrift wie bei Formular 26.

Formular 28.

Einreichung des Ausschließungsbeschlusses.

An das Königliche Amtsgericht X . . . ., 10. November 1900.
zu X . . . .

Wir überreichen in Abschrift den in gemeinsamer Sitzung von Vorstand und Aufsichtsrat gefaßten Beschluß vom 7. Oktober 1900, durch welchen der Schlosser Karl Meier aus X . . . ., eingetragen unter Nr. 101 der Liste, ausgeschlossen wird, behufs Eintragung des Ausscheidens in die Liste der Genossen.

Unterschrift wie bei Formular 26.

Wenn nach dem Statut die Ausschließung durch die Generalversammlung zu beschließen ist, ist in vorstehender Anzeige statt der Worte: „in gemeinsamer Sitzung von Vorstand und Aufsichtsrat gefaßten Beschluß vom 7. Oktober 1900" zu setzen: „in der Generalversammlung gefaßten Beschluß vom . . . . ."

Formular 29.

Einreichung der Übereinkunft wegen Übertragung des Geschäftsguthabens an einen Nicht-Genossen.

An das Königliche Amtsgericht X . . . ., 1. Juli 1900.
zu X . . . .

Wir überreichen

1. die zwischen dem unter Nr. 44 der Liste der Genossen eingetragenen Maurer Wilhelm Meier aus X . . . . und dem Tischler Ernst Müller aus X . . . ., wegen der Übertragung des Geschäftsguthabens an letzteren geschlossene Übereinkunft.

2. die Beitrittserklärung des Tischlers Ernst Müller aus X . . . behufs Eintragung des Ausscheidens des Wilhelm Meier und des Erwerbes der Mitgliedschaft des Ernst Müller.

Unterschrift wie bei Formular 26.

Formular 30.

Einreichung der Übereinkunft wegen Übertragung des Geschäftsguthabens an einen Genossen bei Zulassung von mehreren Geschäftsanteilen.

An das Königliche Amtsgericht X . . . ., 1. Juli 1900.
zu X . . . .

Wir überreichen

1. die zwischen dem unter Nr. 44 der Liste der Genossen eingetragenen Maurer Wilhelm Meier aus X . . . . und dem unter Nr. 65 der Liste der Genossen eingetragenen Tischler Ernst Müller aus X . . . . wegen Übertragung des Geschäftsguthabens an letzteren geschlossene Übereinkunft,

2. die Beteiligungserklärung des Tischler Ernst Müller auf einen zweiten Geschäftsanteil
behufs Eintragung des Ausscheidens des Maurer Wilhelm Meier und des Erwerbes eines zweiten Geschäftsanteils bei dem Tischler Ernst Müller.

Wir geben die Versicherung ab, daß der erste Geschäftsanteil des Tischler Ernst Müller erreicht ist, und daß das bisherige Geschäftsguthaben desselben mit dem ihm zuzuschreibenden Betrage die der höchsten Zahl der Geschäftsanteile entsprechende Gesamtsumme nicht übersteigt.

Unterschrift wie bei Formular 26.

Formular 31.

Anmeldungen von Wahlen von Vorstandsmitgliedern.

An das Königliche Amtsgericht zu X . . . . — X . . . ., 2. Januar 1900.

Wir melden die in der ordnungsmäßig berufenen Generalversammlung vom 20. Dezember 1899 nach den Vorschriften des Statuts vollzogene Wahl der

1. Maurer Karl Mettner,
2. Lehrer Heinrich Hübner

zu Vorstandsmitgliedern unter Beifügung einer Abschrift des Wahlprotokolls behufs Eintragung in das Genossenschaftsregister an.

Aus dem Vorstande ausgeschieden sind

1. Ernst Meier,
2. Franz Müller.

Die Gewählten werden, wie hierunter geschehen ist, zeichnen[1])

Konsumverein zu X . . . .,
eingetragene Genossenschaft mit beschränkter Haftpflicht.

Karl Mettner. Heinrich Hübner. Franz Sauer.

Die vorstehenden, vor mir vollzogenen Unterschriften beglaubige ich.

(L. S.) — Müller,
2. Januar 1900. — Gemeindevorsteher zu X . . . .

Formular 32.

Einreichung der Beteiligungserklärung eines Genossen auf einen weiteren Geschäftsanteil.

An das Königliche Amtsgericht zu X . . . . — X . . . ., 1. April 1900.

Wir überreichen die Beteiligungserklärung des Schuhmachers Karl Meier zu X . . . ., eingetragen unter Nr. 25 der Liste, auf den zweiten Geschäftsanteil behufs Eintragung in die Liste der Genossen. Wir geben die Versicherung ab, daß der erste Geschäftsanteil erreicht ist.

Unterschrift wie bei Formular 26.

---

[1]) Nur Neuwahlen sind anzumelden, nicht auch Wiederwahlen.

Anhang.

Auszüge aus Gesetzen, Verordnungen, Bundesratsbeschlüssen 2c.

1. § 33 der Reichsgewerbeordnung, betreffend Einholung der Erlaubnis zum Betriebe der Gastwirtschaft, Schankwirtschaft oder des Kleinhandels mit Branntwein oder Spiritus.

§ 33.

Wer Gastwirtschaft, Schankwirtschaft oder Kleinhandel mit Branntwein oder Spiritus betreiben will, bedarf dazu der Erlaubnis.

Diese Erlaubnis ist nur dann zu versagen:

1. **wenn gegen den Nachsuchenden Tatsachen vorliegen, welche die Annahme rechtfertigen, daß er das Gewerbe zur Förderung der Völlerei, des verbotenen Spiels, der Hehlerei oder der Unsittlichkeit mißbrauchen werde;**
2. **wenn das zum Betriebe des Gewerbes bestimmte Lokal wegen seiner Beschaffenheit oder Lage den polizeilichen Anforderungen nicht genügt.**

Die Landesregierungen sind befugt, außerdem zu bestimmen, daß

a) **die Erlaubnis zum Ausschänken von Branntwein oder zum Kleinhandel mit Branntwein oder Spiritus allgemein,**

b) **die Erlaubnis zum Betriebe der Gastwirtschaft oder zum Ausschänken von Wein, Bier oder anderen, nicht unter a fallenden, geistigen Getränken in Ortschaften mit weniger als 15000 Einwohnern, sowie in solchen Ortschaften mit einer größeren Einwohnerzahl, für welche dies durch Ortsstatut (§ 142) festgesetzt wird,**

von dem Nachweis eines vorhandenen Bedürfnisses abhängig sein solle.

Vor Erteilung der Erlaubnis ist die Ortspolizei- und die Gemeindebehörde gutachtlich zu hören.

Die vorstehenden Bestimmungen finden auf Vereine, welche den gemeinschaftlichen Einkauf von Lebens- und Wirtschaftsbedürfnissen im großen und deren Absatz im kleinen zum ausschließlichen und hauptsächlichen Zweck haben, einschließlich der bereits bestehenden, auch dann Anwendung, wenn der Betrieb auf den Kreis der Mitglieder beschränkt ist.

Die Landesregierungen können anordnen, daß die vorstehenden Bestimmungen, mit Ausnahme derjenigen im Absatz 3 unter b, auch auf andere Vereine, einschließlich der bereits bestehenden, selbst dann Anwendung finden, wenn der Betrieb auf den Kreis der Mitglieder beschränkt ist.

---

2. Beschluß des Bundesrats vom 27. Februar 1896, betreffend Konzessionsfreiheit des Verkaufes von denaturiertem Spiritus.

1. Auf den Kleinhandel mit denaturiertem Branntwein findet § 33 der Gewerbeordnung keine Anwendung.

2. Wer mit denaturiertem Branntwein handeln will, hat dies 14 Tage vor Eröffnung des Handels der zuständigen Steuerbehörde und der Ortspolizeibehörde anzumelden. Über die erfolgte Anmeldung erteilt die Steuerbehörde eine Bescheinigung.

3. Denaturierter Branntwein, dessen Stärke weniger als 80 Gewichtsprozente beträgt, darf nicht verkauft oder feilgehalten werden.

4. Wer mit denaturiertem Branntwein handelt, hat in seinem Verkaufslokal an einer in die Augen fallenden Stelle und in deutlicher Schrift eine Bekanntmachung[1]) auszuhängen, wonach es verboten ist:

a) denaturierten Branntwein, dessen Stärke weniger als 80 Gewichtsprozente beträgt, zu verkaufen oder feilzuhalten;

b) aus denaturiertem Branntwein das Denaturierungsmittel ganz oder teilweise wieder auszuscheiden, oder dem denaturierten Branntwein Stoffe beizufügen, durch welche die Wirkung des Denaturierungsmittels in bezug auf Geschmack oder Geruch verändert wird, und solchen Branntwein zu verkaufen oder feilzuhalten.

5. Der Handel mit denaturiertem Branntwein kann seitens der Steuerbehörde untersagt werden, wenn Tatsachen vorliegen, welche die Unzuverlässigkeit des Gewerbetreibenden in bezug auf diesen Gewerbebetrieb wahrscheinlich machen. Gegen die Entscheidung ist die Beschwerde an die Direktivbehörde und die oberste Landesfinanzbehörde zulässig. Die Entscheidung der letzteren ist endgültig. Von jeder Untersagung ist der Ortspolizeibehörde Mitteilung zu machen.

6. Die Beamten der Zoll- und Steuer-, sowie der Polizeiverwaltung sind befugt, in die Räumlichkeiten, in welchen denaturierter Branntwein feilgehalten wird, während der üblichen Geschäftsstunden oder während die Räumlichkeiten dem Verkehr geöffnet sind, einzutreten, den daselbst feilgehaltenen oder verkauften, denaturierten oder undenaturierten Branntwein zu untersuchen und Proben zum Zwecke der Untersuchung gegen Empfangsbescheinigung zu entnehmen. Auf Verlangen ist dem Besitzer ein Teil der Probe amtlich verschlossen oder versiegelt zurückzulassen. Für die entnommene Probe ist Entschädigung in Höhe des üblichen Kaufpreises zu leisten.[2])

Die weitergehenden Befugnisse, welche der Steuerverwaltung im § 15 Absatz 2 des Regulativs, betreffend die Steuerfreiheit des Branntweins zu gewerblichen Zwecken eingeräumt sind, werden hiervon nicht berührt. Diejenigen Gewerbetreibenden, welche bereits mit denaturiertem Branntwein handeln und diesen Handel fortsetzen wollen, haben die in Ziffer 2 vorgeschriebenen Anzeigen bis zum 20. März 1896 einzureichen.

---

3. Reichsgesetz betreffend den Verkehr mit Butter, Käse, Schmalz und deren Ersatzmitteln. Vom 15. Juni 1897 (Margarinegesetz). — Ausführungsbestimmungen dazu und vom Reichskanzler-Amt aufgestellte „Grundsätze".

§ 1.

Die Geschäftsräume und sonstigen Verkaufsstellen, einschließlich der Marktstände, in denen Margarine, Margarinekäse oder Kunstspeisefett ge-

---

[1]) Die Bekanntmachung hat zu lauten:

Auszug aus dem Beschluß des Bundesrats
vom 27. Februar 1896.

Es ist verboten:

a) denaturierten Branntwein, dessen Stärke weniger als 80 Gewichtsprozente beträgt, zu verkaufen oder feilzuhalten;

b) aus denaturiertem Branntwein das Denaturierungsmittel ganz oder teilweise wieder auszuscheiden, oder dem denaturierten Branntwein Stoffe beizufügen, durch welche die Wirkung des Denaturierungsmittels in bezug auf Geschmack oder Geruch verändert wird, und solchen Branntwein zu verkaufen oder feilzuhalten.

[2]) Zuwiderhandlungen werden nach § 43e des Branntweinsteuergesetzes vom 17. 6. 95 mit Geldstrafe bis 150 Mark oder mit Haft bestraft. — Wegen Zuwiderhandlungen kann auch der Lagerhalter bestraft werden (§ 151 Reichsgewerbeordnung), ebenso wie die Mitglieder des Vorstandes und zwar jedes einzelne.

werbsmäßig verkauft oder feilgehalten wird, müssen an in die Augen fallender Stelle die deutliche, nicht verwischbare Inschrift „Verkauf von Margarine", „Verkauf von Margarinekäse", „Verkauf von Kunstspeisefett" tragen.

Margarine im Sinne dieses Gesetzes sind diejenigen, der Milchbutter oder dem Butterschmalz ähnlichen Zubereitungen, deren Fettgehalt nicht ausschließlich der Milch entstammt.

Margarinekäse im Sinne dieses Gesetzes sind diejenigen käseartigen Zubereitungen, deren Fettgehalt nicht ausschließlich der Milch entstammt.

Kunstspeisefett im Sinne dieses Gesetzes sind diejenigen, dem Schweineschmalz ähnlichen Zubereitungen, deren Fettgehalt nicht ausschließlich aus Schweinefett besteht. Ausgenommen sind unverfälschte Fette bestimmter Tier- oder Pflanzenarten, welche unter den ihrem Ursprung entsprechenden Bezeichnungen in den Verkehr gebracht werden.

§ 2.

Die Gefäße und äußeren Umhüllungen, in welchen Margarine, Margarinekäse oder Kunstspeisefett gewerbsmäßig verkauft oder feilgehalten wird, müssen an in die Augen fallenden Stellen die deutliche, nicht verwischbare Inschrift „Margarine", Margarinekäse", „Kunstspeisefett" tragen. Die Gefäße müssen außerdem mit einem stets sichtbaren, bandförmigen Streifen von roter Farbe versehen sein, welcher bei Gefäßen bis zu 35 Zentimeter Höhe mindestens 2 Zentimeter, bei höheren Gefäßen mindestens 5 Zentimeter breit sein muß.

Wird Margarine, Margarinekäse oder Kunstspeisefett in ganzen Gebinden oder Kisten gewerbsmäßig verkauft oder feilgehalten, so hat die Inschrift außerdem den Namen oder die Firma des Fabrikanten, sowie die von dem Fabrikanten zur Kennzeichnung der Beschaffenheit seiner Erzeugnisse angewendeten Zeichen (Fabrikmarke) zu enthalten.

Im gewerbsmäßigen Einzelverkaufe müssen Margarine, Margarinekäse und Kunstspeisefett an den Käufer in einer Umhüllung abgegeben werden, auf welcher die Inschrift „Margarine", „Margarinekäse", „Kunstspeisefett" mit dem Namen oder der Firma des Verkäufers angebracht ist.

Wird Margarine oder Margarinekäse in regelmäßig geformten Stücken gewerbsmäßig verkauft oder feilgehalten, so müssen dieselben von Würfelform sein, auch muß denselben die Inschrift „Margarine", „Margarinekäse" eingepreßt sein.

§ 3.

Die Vermischung von Butter oder Butterschmalz mit Margarine oder anderen Speisefetten zum Zwecke des Handels mit diesen Mischungen ist verboten.

Unter diese Bestimmung fällt auch die Verwendung von Milch oder Rahm bei der gewerbsmäßigen Herstellung von Margarine, sofern mehr als 100 Gewichtsteile Milch oder eine dementsprechende Menge Rahm auf 100 Gewichtsteile der nicht der Milch entstammenden Fette in Anwendung kommen.

§ 4.

In Räumen, woselbst Butter oder Butterschmalz gewerbsmäßig hergestellt, aufbewahrt, verpackt oder feilgehalten wird, ist die Herstellung, Aufbewahrung, Verpackung oder das Feilhalten von Margarine oder Kunstspeisefett verboten. Ebenso ist in Räumen, woselbst Käse gewerbsmäßig hergestellt, aufbewahrt, verpackt oder feilgehalten wird, die Herstellung, Aufbewahrung, Verpackung oder das Feilhalten von Margarinekäse untersagt.

In Orten, welche nach dem endgültigen Ergebnisse der letztmaligen Volkszählung weniger als 5000 Einwohner hatten, findet die Bestimmung des vorstehenden Absatzes auf den Kleinhandel und das Aufbewahren der für den Kleinhandel erforderlichen Bedarfsmengen in öffentlichen Verkaufsstätten, sowie auf das Verpacken der daselbst im Kleinhandel zum Verkaufe gelangenden Waren keine Anwendung. Jedoch müssen Margarine, Margarinekäse und Kunstspeisefett innerhalb der Verkaufsräume in besonderen Vorratsgefäßen und an besonderen Lagerstellen, welche von den zur Aufbewahrung von Butter, Butterschmalz und Käse dienenden Lagerstellen getrennt sind, aufbewahrt werden.

Für Orte, deren Einwohnerzahl erst nach dem endgültigen Ergebnis einer späteren Volkszählung die angegebene Grenze überschreitet, wird der Zeitpunkt, von welchem ab die Vorschrift des zweiten Absatzes nicht mehr Anwendung findet, durch die nach Anordnung der Landes-Zentralbehörde zuständigen Verwaltungsstellen bestimmt. Mit Genehmigung der Landes-Zentralbehörde können diese Verwaltungsstellen bestimmen, daß die Vorschrift des zweiten Absatzes von einem bestimmten Zeitpunkt ab ausnahmsweise in einzelnen Orten mit weniger als 5000 Einwohnern nicht Anwendung findet, sofern der unmittelbare räumliche Zusammenhang mit einer Ortschaft von mehr als 5000 Einwohnern ein Bedürfnis hierfür begründet.

Die auf Grund des dritten Absatzes ergehenden Bestimmungen sind mindestens sechs Monate vor dem Eintritt des darin bezeichneten Zeitpunktes öffentlich bekannt zu machen.

§ 5.

In öffentlichen Angeboten, sowie in Schlußscheinen, Rechnungen, Frachtbriefen, Konnossementen, Lagerscheinen, Ladescheinen und sonstigen im Handelsverkehr üblichen Schriftstücken, welche sich auf die Lieferung von Margarine, Margarinekäse oder Kunstspeisefett beziehen, müssen die diesem Gesetz entsprechenden Warenbezeichnungen angewendet werden.

§ 6.

Margarine und Margarinekäse, welche zu Handelszwecken bestimmt sind, müssen einen die allgemeine Erkennbarkeit der Ware mittelst chemischer Untersuchung erleichternden, Beschaffenheit und Farbe derselben nicht schädigenden Zusatz enthalten.

Die näheren Bestimmungen hierüber werden vom Bundesrat erlassen und im Reichsgesetzblatte veröffentlicht.

§ 7.

Wer Margarine, Margarinekäse oder Kunstspeisefett gewerbsmäßig herstellen will, hat davon der nach den landesrechtlichen Bestimmungen zuständigen Behörde Anzeige zu erstatten, hierbei auch die für die Herstellung, Aufbewahrung, Verpackung und Feilhaltung der Waren dauernd bestimmten Räume zu bezeichnen und die etwa bestellten Betriebsleiter und Aufsichtspersonen namhaft zu machen.

Für bereits bestehende Betriebe ist eine entsprechende Anzeige binnen zwei Monaten nach Inkrafttreten dieses Gesetzes zu erstatten.

Veränderungen bezüglich der der Anzeigepflicht unterliegenden Räume und Personen sind nach Maßgabe der Bestimmung des Absatzes 1 der zuständigen Behörde binnen drei Tagen anzuzeigen.

§ 8.

Die Beamten der Polizei und die von der Polizeibehörde beauftragten Sachverständigen sind befugt, in die Räume, in denen Butter, Margarine, Margarinekäse oder Kunstspeisefett gewerbsmäßig hergestellt wird, jederzeit, in die Räume, in denen Butter, Margarine, Margarinekäse oder Kunstspeisefett aufbewahrt, feilgehalten oder verpackt wird, während der Geschäftszeit einzutreten und daselbst Revisionen vorzunehmen, auch nach ihrer Auswahl Proben zum Zwecke der Untersuchung gegen Empfangsbescheinigung zu entnehmen. Auf Verlangen ist ein Teil der Probe amtlich verschlossen oder versiegelt zurückzulassen und für die entnommene Probe eine angemessene Entschädigung zu leisten.

§ 9.

Die Unternehmer von Betrieben, in denen Margarine, Margarinekäse oder Kunstspeisefett gewerbsmäßig hergestellt wird, sowie die von ihnen bestellten Betriebsleiter und Aufsichtspersonen sind verpflichtet, der Polizeibehörde oder deren Beauftragten auf Erfordern Auskunft über das Verfahren bei Herstellung der Erzeugnisse, über den Umfang des Betriebes und über die zur Verarbeitung gelangenden Rohstoffe, insbesondere auch über deren Menge und Herkunft zu erteilen.

§ 10.

Die Beauftragten der Polizeibehörde sind, vorbehaltlich der dienstlichen Berichterstattung und der Anzeige von Gesetzwidrigkeiten, verpflichtet, über die Tatsachen und Einrichtungen, welche durch die Ueberwachung und Kontrolle der Betriebe zu ihrer Kenntnis kommen, Verschwiegenheit zu beobachten und sich der Mitteilung und Nachahmung der von den Betriebsunternehmern geheim gehaltenen, zu ihrer Kenntnis gelangten Betriebseinrichtungen und Betriebsweisen, solange als diese Betriebsgeheimnisse sind, zu enthalten.

Die Beauftragten der Polizeibehörde sind hierauf zu beeidigen.

§ 11.

Der Bundesrat ist ermächtigt, das gewerbsmäßige Verkaufen und Feilhalten von Butter, deren Fettgehalt nicht eine bestimmte Grenze erreicht oder deren Wasser- oder Salzgehalt eine bestimmte Grenze überschreitet, zu verbieten.

§ 12.

Der Bundesrat ist ermächtigt,

1. nähere, im Reichsgesetzblatte zu veröffentlichende Bestimmungen zur Ausführung der Vorschriften des § 2 zu erlassen;
2. Grundsätze aufzustellen, nach welchen die zur Durchführung dieses Gesetzes, sowie des Gesetzes vom 14. Mai 1879, betreffend den Verkehr mit Nahrungsmitteln, Genußmitteln und Gebrauchsgegenständen (Reichsgesetzbl. S. 145), erforderlichen Untersuchungen von Fetten und Käsen vorzunehmen sind.

§ 13.

Die Vorschriften dieses Gesetzes finden auf solche Erzeugnisse der im § 1 bezeichneten Art, welche zum Genusse für Menschen nicht bestimmt sind, keine Anwendung.

§ 14.

Mit Gefängnis bis zu sechs Monaten und mit Geldstrafe bis zu eintausendfünfhundert Mark oder mit einer dieser Strafen wird bestraft:

1. wer zum Zwecke der Täuschung im Handel und Verkehr eine der nach § 3 unzulässigen Mischungen herstellt;
2. wer in Ausübung eines Gewerbes wissentlich solche Mischungen verkauft, feilhält oder sonst in Verkehr bringt;
3. wer Margarine oder Margarinekäse ohne den nach § 6 erforderlichen Zusatz vorsätzlich herstellt oder wissentlich verkauft, feilhält oder sonst in Verkehr bringt.

Im Wiederholungsfalle tritt Gefängnisstrafe bis zu sechs Monaten ein, neben welcher auf Geldstrafe bis zu eintausendfünfhundert Mark erkannt werden kann; diese Bestimmung findet nicht Anwendung, wenn seit dem Zeitpunkt, in welchem die für die frühere Zuwiderhandlung erkannte Strafe verbüßt oder erlassen ist, drei Jahre verflossen sind.

§ 15.

Mit Geldstrafe bis zu eintausendfünfhundert Mark oder mit Gefängnis bis zu drei Monaten wird bestraft, wer als Beauftragter der Polizeibehörde unbefugt Betriebsgeheimnisse, welche kraft seines Auftrages zu seiner Kenntnis gekommen sind, offenbart, oder geheimgehaltene Betriebseinrichtungen oder

Betriebsweisen, von denen er kraft seines Auftrages Kenntnis erlangt hat, nachahmt, solange dieselben noch Betriebsgeheimnisse sind.

Die Verfolgung tritt nur auf Antrag des Betriebsunternehmers ein.

§ 16.

Mit Geldstrafe von fünfzig bis zu einhundertfünfzig Mark oder mit Haft wird bestraft:

1. wer den Vorschriften des § 8 zuwider den Eintritt in die Räume, die Entnahme einer Probe oder die Revision verweigert;
2. wer die in Gemäßheit des § 9 von ihm erforderte Auskunft nicht erteilt oder bei der Auskunfterteilung wissentlich unwahre Angaben macht.

§ 17.

Mit Geldstrafe bis zu einhundertfünfzig Mark oder mit Haft bis zu vier Wochen wird bestraft:

1. wer den Vorschriften des § 7 zuwiderhandelt;
2. wer bei der nach § 9 von ihm erforderten Auskunftserteilung aus Fahrlässigkeit unwahre Angaben macht.

§ 18.

Außer den Fällen der §§ 14 bis 17 werden Zuwiderhandlungen gegen die Vorschriften dieses Gesetzes sowie gegen die in Gemäßheit der §§ 11 und 12 Ziffer 1 ergehenden Bestimmungen des Bundesrats mit Geldstrafe bis zu einhundertfünfzig Mark oder mit Haft bestraft.

Im Wiederholungsfall ist auf Geldstrafe bis zu sechshundert Mark, oder auf Haft, oder auf Gefängnis bis zu drei Monaten zu erkennen. Diese Bestimmung findet keine Anwendung, wenn seit dem Zeitpunkt, in welchem die für die frühere Zuwiderhandlung erkannte Strafe verbüßt oder erlassen ist, drei Jahre verflossen sind.

§ 19.

In den Fällen der §§ 14 und 18 kann neben der Strafe auf Einziehung der verbotswidrig hergestellten, verkauften, feilgehaltenen oder sonst in Verkehr gebrachten Gegenstände erkannt werden, ohne Unterschied, ob sie dem Verurteilten gehören oder nicht.

Ist die Verfolgung oder Verurteilung einer bestimmten Person nicht ausführbar, so kann auf die Einziehung selbständig erkannt werden.

§ 20.

Die Vorschriften des Gesetzes, betreffend den Verkehr mit Nahrungsmitteln, Genußmitteln und Verbrauchsgegenständen, vom 14. Mai 1879 (Reichsgesetzbl. S. 145) bleiben unberührt. Die Vorschriften in den §§ 16, 17 desselben finden auch bei Zuwiderhandlungen gegen die Vorschriften des gegenwärtigen Gesetzes mit der Maßgabe Anwendung, daß in den Fällen des § 14 die öffentliche Bekanntmachung der Verurteilung angeordnet werden muß.

§ 21.

Die Bestimmungen des § 4 treten mit dem 1. April 1898 in Kraft.

Im übrigen tritt dieses Gesetz am 1. Oktober 1897 in Kraft. Mit diesem Zeitpunkte tritt das Gesetz, betreffend den Verkehr mit Ersatzmitteln für Butter, vom 12. Juli 1887 (Reichsgesetzbl. S. 375) außer Kraft.

Bekanntmachung, betreffend Bestimmung zur Ausführung des Gesetzes über den Verkehr mit Butter, Käse, Schmalz und deren Ersatzmitteln. Vom 4. Juli 1897.

Zur Ausführung der Vorschrift in § 2 und § 6 Absatz 1 des Gesetzes betreffend den Verkehr mit Butter, Käse, Schmalz und deren Ersatzmitteln vom 15. Juni 1897 (Reichsgesetzbl. S. 475) hat der Bundesrat in Gemäßheit der § 12 Nr. 1 und § 6 Absatz 2 dieses Gesetzes die nachstehenden Bestimmungen beschlossen:

1. Um die Erkennbarkeit von Margarine und Margarinekäse, welche zu Handelszwecken bestimmt sind, zu erleichtern (§ 6 des Gesetzes betreffend den Verkehr mit Butter, Käse, Schmalz und deren Ersatzmitteln, vom 15. Juni 1897), ist den bei der Fabrikation zur Verwendung kommenden Fetten und Ölen Sesamöl zuzusetzen. In 100 Gewichtsteilen der angewandten Fette und Öle muß die Zusatzmenge bei Margarine mindestens 10 Gewichtsteile, bei Margarinekäse mindestens 5 Gewichtsteile Sesamöl betragen.

Der Zusatz des Sesamöls hat bei dem Vermischen der Fette vor der weiteren Fabrikation zu erfolgen.

2. Das nach Nr. 1 zuzusetzende Sesamöl muß folgende Reaktion zeigen:

Wird ein Gemisch von $0{,}5$ Raumteilen Sesamöl und $99{,}5$ Raumteilen Baumwollsamenöl oder Erdnußöl mit 100 Raumteilen rauchender Salzsäure vom spezifischen Gewicht $1{,}19$ und einigen Tropfen einer zweiprozentigen alkoholischen Lösung von Furfurol geschüttelt, so muß die unter der Ölschicht sich absetzende Salzsäure eine deutliche Rotfärbung annehmen.

Das zu dieser Reaktion dienende Furfurol muß farblos sein.

3. Für die vorgeschriebene Bezeichnung der Gefäße und äußeren Umhüllungen, in welchen Margarine, Margarinekäse oder Kunstspeisefett gewerbsmäßig verkauft oder feilgehalten wird (§ 2 Absatz 1 des Gesetzes), sind die anliegenden Muster mit der Maßgabe zum Vorbilde zu nehmen, daß die Länge der die Inschrift umgebenden Einrahmungen nicht mehr als das Siebenfache der Höhe, sowie nicht weniger als 30 Zentimeter und nicht mehr als 50 Zentimeter betragen darf. Bei runden oder länglich runden Gefäßen, deren Deckel einen größten Durchmesser von weniger als 35 Zentimeter hat, darf die Länge der die Inschrift umgebenden Einrahmung bis auf 15 Zentimeter ermäßigt werden.

4. Der bandförmige Streifen von roter Farbe in einer Breite von mindestens 2 Zentimetern bei Gefäßen bis zu 35 Zentimetern Höhe und in einer Breite von mindestens 5 Zentimetern bei Gefäßen von größerer Höhe (§ 2 Absatz 1 des Gesetzes) ist parallel zur unteren Randfläche und mindestens 3 Zentimeter von dem oberen Rande entfernt anzubringen. Der Streifen muß sich oberhalb der unter Nr. 3 bezeichneten Inschrift befinden und ohne Unterbrechung um das ganze Gefäß gezogen sein. Derselbe darf die Inschrift und deren Umrahmung nicht berühren und auf den das Gefäß umgebenden Reifen oder Leisten nicht angebracht sein.

5. Der Name oder die Firma des Fabrikanten, sowie die Fabrikmarke (§ 2 Absatz 2 des Gesetzes) sind unmittelbar über, unter oder neben der in Nr. 3 bezeichneten Inschrift anzubringen, ohne daß sie den in Nr. 4 erwähnten roten Streifen berühren.

6. Die Anbringung der Inschriften und der Fabrikmarke (Nr. 3 und 5) erfolgt durch Einbrennen oder Aufmalen. Werden die Inschriften aufgemalt, so sind sie auf weißem oder hellgelbem Untergrunde mit schwarzer Farbe herzustellen. Die Anbringung des roten Streifens (Nr. 4) geschieht durch Aufmalen. Bis zum 1. Januar 1898 ist es gestattet, die Inschrift „Margarinekäse", „Kunstspeisefett", die Fabrikmarke und den roten Streifen auch mittelst Aufklebens von Zetteln oder Bändern anzubringen.

7. Die Inschriften und die Fabrikmarke (Nr. 3 und 5) sind auf den Seitenwänden des Gefäßes an mindestens zwei sich gegenüberliegenden Stellen, falls das Gefäß einen Deckel hat, auch auf der oberen Seite des letzteren, bei Fässern auch auf beiden Böden anzubringen.

8. Für die Bezeichnung der würfelförmigen Stücke (§ 2 Absatz 4 des Gesetzes) sind ebenfalls die anliegenden Muster zum Vorbilde zu nehmen. Es findet jedoch eine Beschränkung hinsichtlich der Größe, Länge und Höhe der Einrahmung nicht statt. Auch darf das Wort „Margarine" in zwei, das Wort „Margarinekäse" in drei unter einander zu setzende, durch Bindestriche zu verbindende Teile getrennt werden.

9. Auf die beim Einzelverkaufe von Margarine, Margarinekäse und Kunstspeisefett verwendeten Umhüllungen (§ 2 Absatz 3 des Gesetzes) findet die Bestimmung unter Nr. 3 Satz 1 mit der Maßgabe Anwendung, daß die Länge der die Inschrift umgebenden Einrahmung nicht weniger als 15 Zentimeter betragen darf. Der Name oder die Firma des Verkäufers ist unmittelbar über, unter oder neben der Inschrift anzubringen.

Grundsätze für die Trennung der Geschäftsräume für Butter 2c. und Margarine 2c.

(§ 4 des Gesetzes, betreffend den Verkehr mit Butter, Käse, Schmalz und deren Ersatzmitteln, vom 15. 6. 1897.) — Vom Reichskanzleramt aufgestellt. —

Die Verkaufsstätten für Butter oder Butterschmalz einerseits und für Margarine oder Kunstspeisefett andererseits müssen, falls diese Waren nebeneinander in einem Geschäftsbetriebe feilgehalten werden, derart getrennt sein, daß ein unauffälliges Hinüber- und Herüberschaffen der Ware während des Geschäftsbetriebes verhindert und insbesondere die Möglichkeit, an Stelle von Butter oder Butterschmalz unbemerkt Margarine oder Kunstspeisefett dem kaufenden Publikum zu verabreichen, tunlichst ausgeschlossen wird. Die Entscheidung darüber, in welcher Weise diesen Anforderungen entsprochen wird, kann nur unter Berücksichtigung der besonderen Verhältnisse jedes Einzelfalles und namentlich der Beschaffenheit der dabei in Betracht kommenden Räume erfolgen. Doch werden im allgemeinen folgende Grundsätze zur Richtschnur dienen können.

1. Es ist nicht erforderlich, daß die Räume je einen besonderen Zugang für das Publikum besitzen. Es ist vielmehr zulässig, daß ein gemeinschaftlicher Eingang für die verschiedenen Räume besteht.

2. Wenn auch die Scheidewände nicht aus feuerfestem Material hergestellt zu sein brauchen, so müssen sie immerhin einen so dichten Abschluß bilden, daß jeder unmittelbare Zusammenhang der Räume, soweit er nicht durch Durchgangsöffnungen hergestellt ist, ausgeschlossen wird. Als ausreichend sind beispielsweise zu betrachten abschließende Wände aus Brettern, Glas, Zement- oder Gipsplatten. Dagegen können Lattenverschläge, Vorhänge, weitmaschige Gitterwände, verstellbare Abschlußvorrichtungen nicht als genügend betrachtet werden. Bei offenen Verkaufsständen auf Märkten können jedoch auch Einrichtungen der letzteren Art geduldet werden. Die Scheidewände müssen in der Regel vom Fußboden bis zur Decke reichen und den Raum auch in seiner ganzen Breite und Tiefe abschließen.

3. Die Verbindung zwischen den abgetrennten Räumen darf mittelst einer oder mehrerer Durchgangsöffnungen hergestellt sein. Derartige Oeffnungen sind in der Regel mit Türverschluß zu versehen.

Die vorstehenden Grundsätze finden sinngemäße Anwendung auf die Räume zur Aufbewahrung und Verpackung der bezeichneten Waren.

Nach den gleichen Gesichtspunkten ist die Trennung der Geschäftsräume für Käse und Margarinekäse zu beurteilen.

---

4. §§ 41a, 105b, Absatz 2 und 3, 105c und 105e, Absatz 1, der Reichsgewerbeordnung, Sonntagsarbeit und Sonntagsruhe betreffend.

§ 41a. Soweit nach den Bestimmungen der §§ 105b bis 105h Gehilfen, Lehrlinge und Arbeiter im Handelsgewerbe an Sonn- und Festtagen nicht beschäftigt werden dürfen, darf in offenen Verkaufsstellen ein Gewerbebetrieb an diesen Tagen nicht stattfinden.

Diese Bestimmung findet auf den Geschäftsbetrieb von Konsum- und anderen Vereinen entsprechende Anwendung. Weitergehenden landesgesetzlichen Beschränkungen des Gewerbebetriebes an Sonn- und Festtagen steht diese Bestimmung nicht entgegen.

§ 105b Absatz 2 und 3. Im Handelsgewerbe dürfen Gehilfen, Lehrlinge und Arbeiter am ersten Weihnachts-, Oster- und Pfingsttage überhaupt nicht, im übrigen an Sonn- und Festtagen nicht länger als fünf Stunden beschäftigt werden. Durch statutarische Bestimmung einer Gemeinde oder eines weiteren Kommunalverbandes (§ 142) kann diese Beschäftigung für alle oder einzelne Zweige des Handelsgewerbes auf kürzere Zeit eingeschränkt oder ganz untersagt werden. Für die letzten vier Wochen vor Weihnachten, sowie für einzelne Sonn- und Festtage, an welchen örtliche Verhältnisse einen erweiterten Geschäftsverkehr erforderlich machen, kann die Polizeibehörde eine Vermehrung der Stunden, während welcher die Beschäftigung stattfinden darf, bis auf zehn Stunden zulassen. Die Stunden, während welcher die Beschäftigung stattfinden darf, werden unter Berücksichtigung der für den öffentlichen Gottesdienst bestimmten Zeit, sofern die Beschäftigungszeit durch statutarische Bestimmungen eingeschränkt worden ist, durch letztere, im übrigen von der Polizeibehörde festgestellt. Die Feststellung kann für verschiedene Zweige des Handelsgewerbes verschieden erfolgen.

Die Bestimmungen des Absatzes 2 finden auf die Beschäftigung von Gehilfen, Lehrlingen und Arbeitern im Geschäftsbetriebe von Konsum- und anderen Vereinen entsprechende Anwendung.

§ 105c. Die Bestimmungen des § 105b finden keine Anwendung:

1. auf Arbeiten, welche in Notfällen oder im öffentlichen Interesse unverzüglich vorgenommen werden müssen;
2. für einen Sonntag auf Arbeiten zur Durchführung einer gesetzlich vorgeschriebenen Inventur;
3. auf die Bewachung der Betriebsanlagen, auf Arbeiten zur Reinigung und Instandhaltung, durch welche der regelmäßige Fortgang des eigenen oder eines fremden Betriebes bedingt ist, sowie auf Arbeiten, von welchen die Wiederaufnahme des vollen werktägigen Betriebes abhängig ist, sofern nicht diese Arbeiten an Werktagen vorgenommen werden können;
4. auf Arbeiten, welche zur Verhütung des Verderbens von Rohstoffen oder des Mißlingens von Arbeitserzeugnissen erforderlich sind, sofern nicht diese Arbeiten an Werktagen vorgenommen werden können;
5. auf die Beaufsichtigung des Betriebes, soweit er nach Ziffer 1 bis 4 an Sonn- und Festtagen stattfindet.

Gewerbetreibende, welche Arbeiter an Sonn- und Festtagen mit Arbeiten der unter Ziffer 1 bis 5 erwähnten Art beschäftigen, sind verpflichtet, ein Verzeichnis anzulegen, in welches für jeden einzelnen Sonn- und Festtag die Zahl der beschäftigten Arbeiter, die Dauer ihrer Beschäftigung, sowie die Art der vorgenommenen Arbeiten einzutragen sind. Das Verzeichnis ist auf Erfordern der Ortspolizeibehörde, sowie dem im § 139b bezeichneten Beamten[1]) jederzeit zur Einsicht vorzulegen.

Bei den unter Ziffer 3 und 4 bezeichneten Arbeiten, sofern dieselben länger als 3 Stunden dauern oder die Arbeiter am Besuche des Gottesdienstes hindern, sind die Gewerbetreibenden verpflichtet, jeden Arbeiter entweder an jedem dritten Sonntage volle sechsunddreißig Stunden, oder an jedem zweiten Sonntage mindestens in der Zeit von 6 Uhr morgens bis 6 Uhr abends von der Arbeit frei zu lassen.

Ausnahmen von den Vorschriften des vorstehenden Absatzes darf die untere Verwaltungsbehörde gestatten, wenn die Arbeiter am Besuche des sonntäglichen Gottesdienstes nicht gehindert werden und ihnen an Stelle des Sonntages eine vierundzwanzigstündige Ruhezeit an einem Wochentage gewährt wird.

---

[1]) dem Gewerbeaufsichtsbeamten.

§ 105e Abs. 1. Für Gewerbe, deren vollständige oder teilweise Ausübung an Sonn- und Festtagen zur Befriedigung täglicher oder an diesen Tagen besonders hervortretender Bedürfnisse der Bevölkerung erforderlich ist, sowie für Betriebe, welche ausschließlich oder vorwiegend mit durch Wind oder unregelmäßige Wasserkraft bewegten Triebwerken arbeiten, können durch Verfügung der höheren Verwaltungsbehörde Ausnahmen von den im § 105b getroffenen Bestimmungen zugelassen werden. Die Regelung dieser Ausnahmen hat unter Berücksichtigung der Bestimmungen des § 105c Abs. 3 zu erfolgen.[1])

---

5. Bekanntmachung, betreffend den Betrieb von Bäckereien und Konditoreien. Vom 4. März 1896.

Auf Grund des § 120e Abs. 3 der Gewerbeordnung hat der Bundesrat nachstehende Vorschriften über den Betrieb von Bäckereien und Konditoreien erlassen:

I. Der Betrieb von Bäckereien und solchen Konditoreien, in denen neben den Konditorwaren auch Bäckerwaren hergestellt werden, unterliegt, sofern in diesen Bäckereien und Konditoreien zur Nachtzeit zwischen achteinhalb Uhr abends und fünfeinhalb Uhr morgens Gehilfen oder Lehrlinge beschäftigt werden, folgenden Beschränkungen:

1. Die Arbeitsschicht jedes Gehilfen darf die Dauer von zwölf Stunden oder, falls die Arbeit durch eine Pause von mindestens einer Stunde unterbrochen wird, einschließlich dieser Pause die Dauer von dreizehn Stunden nicht überschreiten. Die Zahl der Arbeitsschichten darf für jeden Gehilfen wöchentlich nicht mehr als sieben betragen.

   Außerhalb der zulässigen Arbeitsschichten dürfen die Gehilfen nur zu gelegentlichen Dienstleistungen und höchstens eine halbe Stunde lang bei der Herstellung des Vorteigs (Hefestücks, Sauerteigs), im übrigen aber nicht bei der Herstellung von Waren verwendet werden. Erstreckt sich die Arbeitsschicht tatsächlich über eine kürzere als die in Absatz 1 bezeichnete Dauer, so dürfen die Gehilfen während des an der zulässigen Dauer der Arbeitsschicht fehlenden Zeitraumes auch mit anderen als gelegentlichen Dienstleistungen beschäftigt werden.

   Zwischen je zwei Arbeitsschichten muß den Gehilfen eine ununterbrochene Ruhe von mindestens acht Stunden gewährt werden.

2. Auf die Beschäftigung von Lehrlingen finden die vorstehenden Bestimmungen mit der Maßgabe Anwendung, daß die zulässige Dauer der Arbeitsschicht im ersten Lehrjahre zwei Stunden, im zweiten Lehrjahre eine Stunde weniger beträgt, als die für die Beschäftigung von Gehilfen zulässige Dauer der Arbeitsschicht, und daß die nach Ziffer 1 Absatz 3 zu gewährende ununterbrochene Ruhezeit sich um eben diese Zeiträume verlängert.

3. über die unter den Ziffern 1 und 2 festgesetzte Dauer dürfen Gehilfen und Lehrlinge beschäftigt werden:

   a) an denjenigen Tagen, an welchen zur Befriedigung eines bei Festen oder sonstigen besonderen Gelegenheiten hervortretenden Bedürfnisses die untere Verwaltungsbehörde überarbeit für zulässig erklärt hat;

---

[1]) Diese Ausnahmen sind sowohl für das Handelsgewerbe (§ 105b Abs. 2), als auch für den übrigen Gewerbebetrieb (§ 105b Abs. 1) zulässig. Für das Handelsgewerbe sind dieselben in Preußen, Bayern, Sachsen, Württemberg, Baden, Hessen geregelt, sie gelten nach § 105b Abs. 3 der Reichs-Gewerbeordnung auch für Konsumvereine.

b) außerdem an jährlich zwanzig der Bestimmung des Arbeitgebers überlassenen Tagen. Hierbei kommt jeder Tag in Anrechnung, an dem auch nur ein Gehilfe oder Lehrling über die unter den Ziffern 1 und 2 festgesetzte Dauer beschäftigt worden ist.

Auch an solchen Tagen, mit Ausnahme des Tages vor dem Weihnachts-, Oster- und Pfingstfest, muß zwischen den Arbeitsschichten den Gehilfen eine ununterbrochene Ruhe von mindestens acht Stunden, den Lehrlingen eine solche von mindestens zehn Stunden im ersten Lehrjahre, mindestens neun Stunden im zweiten Lehrjahre gewährt werden.

Die untere Verwaltungsbehörde darf die Überarbeit (a) für höchstens zwanzig Tage im Jahre gestatten.

4. Der Arbeitgeber hat dafür zu sorgen, daß an einer in die Augen fallenden Stelle der Betriebsstätte ausgehängt ist:
a) eine mit dem polizeilichen Stempel versehene Kalendertafel, auf der jeder Tag, an dem Überarbeit auf Grund der Bestimmung unter Ziffer 3b stattgefunden hat, noch am Tage der Überarbeit mittelst Durchlochung oder Durchstreichung mit Tinte kenntlich zu machen ist;
b) eine Tafel, welche in deutlicher Schrift den Wortlaut dieser Bestimmungen (I bis V) wiedergibt.

5. An Sonn- und Festtagen darf die Beschäftigung von Gehilfen und Lehrlingen auf Grund des § 105c der Gewerbeordnung und der in den §§ 105e und 105f a. a. O. vorgesehenen Ausnahmebewilligungen nur insoweit erfolgen, als dies mit den Bestimmungen unter den Ziffern 1 bis 3 vereinbar ist.

In Betrieben, in denen den Gehilfen und Lehrlingen für den Sonntag eine mindestens vierundzwanzigstündige, spätestens am Sonnabend abend um 10 Uhr beginnende Ruhezeit gewährt wird, dürfen die an den zwei vorhergehenden Werktagen endigenden Schichten um je zwei Stunden über die unter den Ziffern 1 und 2 bestimmte Dauer hinaus verlängert werden. Jedoch muß auch dann zwischen je zwei Arbeitsschichten den Gehilfen eine ununterbrochene Ruhezeit von mindestens acht Stunden, den Lehrlingen eine solche von mindestens zehn Stunden im ersten Lehrjahre, mindestens neun Stunden im zweiten Lehrjahre gelassen werden.

II. Als Gehilfen und Lehrlinge im Sinne der Bestimmungen unter I gelten solche Personen, welche unmittelbar bei der Herstellung von Waren beschäftigt werden. Dabei gelten Personen unter sechzehn Jahren, welche die Ausbildung zum Gehilfen nicht erreicht haben, auch dann als Lehrlinge, wenn ein Lehrvertrag nicht abgeschlossen ist.

Die Bestimmungen über die Beschäftigung von Gehilfen finden auch auf gewerbliche Arbeiter Anwendung, welche in Bäckereien und Konditoreien lediglich mit der Bedienung von Hilfsvorrichtungen (Kraftmaschinen, Beleuchtungsanlagen und dergleichen) beschäftigt werden.

III. Die Bestimmungen unter I finden keine Anwendung auf Gehilfen und Lehrlinge, die zur Nachtzeit überhaupt nicht oder doch nur mit der Herstellung oder Herrichtung leicht verderblicher Waren, die unmittelbar vor dem Genuß hergestellt oder hergerichtet werden müssen (Eis, Crêmes und dergleichen) beschäftigt werden.

IV. Die Bestimmungen unter I finden ferner keine Anwendung:
1. auf Betriebe, in denen regelmäßig nicht mehr als dreimal wöchentlich gebacken wird;
2. auf Betriebe, in denen eine Beschäftigung von Gehilfen oder Lehrlingen zur Nachtzeit lediglich in einzelnen Fällen zur Befriedigung eines bei Festen oder sonstigen besonderen Gelegenheiten hervortretenden Bedürfnisses mit Genehmigung der unteren Verwaltungsbehörde stattfindet.

Diese Genehmigung darf die untere Verwaltungsbehörde für höchstens zwanzig Nächte im Jahre erteilen.

V. Die vorstehenden Bestimmungen treten am 1. Juli 1896 in Kraft. Während der Zeit vom 1. Juli bis 31. Dezember 1896 darf Überarbeit auf Grund der Bestimmung unter I Ziffer 3a für höchstens zehn Tage und Nachtarbeit auf Grund der Bestimmung unter IV Ziffer 2 für höchstens zehn Nächte gestattet werden, sowie Überarbeit auf Grund der Bestimmung unter I Ziffer 3b an höchstens zehn Tagen stattfinden.

---

6. Gesetz, betreffend den Verkehr mit Nahrungsmitteln, Genußmitteln und Gebrauchsgegenständen. Vom 14. Mai 1879.

§ 1.

Der Verkehr mit Nahrungs- und Genußmitteln, sowie mit Spielwaren, Tapeten, Farben, Eß-, Trink- und Kochgeschirr und mit Petroleum unterliegt der Beaufsichtigung nach Maßgabe dieses Gesetzes.

§ 2.

Die Beamten der Polizei sind befugt, in die Räumlichkeiten, in welchen Gegenstände der in § 1 bezeichneten Art feilgehalten werden, während der üblichen Geschäftsstunden oder während die Räumlichkeiten dem Verkehr geöffnet sind, einzutreten.

Sie sind befugt, von den Gegenständen der in § 1 bezeichneten Art, welche in den angegebenen Räumlichkeiten sich befinden, oder welche an öffentlichen Orten, auf Märkten, Plätzen, Straßen oder im Umherziehen verkauft oder feilgehalten werden, nach ihrer Wahl Proben zum Zwecke der Untersuchung gegen Empfangsbescheinigung zu entnehmen. Auf Verlangen ist dem Besitzer ein Teil der Probe amtlich verschlossen oder versiegelt zurückzulassen. Für die entnommene Probe ist Entschädigung in Höhe des üblichen Kaufpreises zu leisten.

§ 3.

Die Beamten der Polizei sind befugt, bei Personen, welche auf Grund der §§ 10, 12, 13 dieses Gesetzes zu einer Freiheitsstrafe verurteilt sind, in den Räumlichkeiten, in welchen Gegenstände der in § 1 bezeichneten Art feilgehalten werden, oder welche zur Aufbewahrung oder Herstellung solcher zum Verkaufe bestimmter Gegenstände dienen, während der in § 2 angegebenen Zeit Revisionen vorzunehmen.

Diese Befugnis beginnt mit der Rechtskraft des Urteils und erlischt mit dem Ablauf von drei Jahren von dem Tage an gerechnet, an welchem die Freiheitsstrafe verbüßt, verjährt oder erlassen ist.

§ 4.

Die Zuständigkeit der Behörden und Beamten zu den in §§ 2 und 3 bezeichneten Maßnahmen richtet sich nach den einschlägigen landesrechtlichen Bestimmungen.

Landesrechtliche Bestimmungen, welche der Polizei weitergehende Befugnisse als die in §§ 2 und 3 bezeichneten geben, bleiben unberührt.

§ 5.

Für das Reich können durch Kaiserliche Verordnung mit Zustimmung des Bundesrates zum Schutze der Gesundheit Vorschriften erlassen werden, welche verbieten:

1. bestimmte Arten der Herstellung, Aufbewahrung und Verpackung von Nahrungs- und Genußmitteln, die zum Verkaufe bestimmt sind;

2. das gewerbsmäßige Verkaufen und Feilhalten von Nahrungs- und Genußmitteln von einer bestimmten Beschaffenheit oder unter einer der wirklichen Beschaffenheit nicht entsprechenden Bezeichnung;
3. das Verkaufen und Feilhalten von Tieren, welche an bestimmten Krankheiten leiden, zum Zwecke des Schlachtens, sowie das Verkaufen und Feilhalten des Fleisches von Tieren, welche mit bestimmten Krankheiten behaftet waren;
4. die Verwendung bestimmter Stoffe und Farben zur Herstellung von Bekleidungsgegenständen, Spielwaren, Tapeten, Eß-, Trink- und Kochgeschirr, sowie das gewerbsmäßige Verkaufen und Feilhalten von Gegenständen, welche diesem Verbote zuwider hergestellt sind;
5. das gewerbsmäßige Verkaufen und Feilhalten von Petroleum von einer bestimmten Beschaffenheit.

§ 6.

Für das Reich kann durch Kaiserliche Verordnung mit Zustimmung des Bundesrats das gewerbsmäßige Herstellen, Verkaufen und Feilhalten von Gegenständen, welche zur Fälschung von Nahrungs- oder Genußmitteln bestimmt sind, verboten oder beschränkt werden.

§ 7.

Die auf Grund der §§ 5, 6 erlassenen Kaiserlichen Verordnungen sind dem Reichstag, sofern er versammelt ist, sofort, anderenfalls bei dessen nächstem Zusammentreffen vorzulegen. Dieselben sind außer Kraft zu setzen, soweit der Reichstag dies verlangt.

§ 8.

Wer den auf Grund der §§ 5, 6 erlassenen Verordnungen zuwiderhandelt, wird mit Geldstrafe bis zu einhundertfünfzig Mark oder mit Haft bestraft.

Landesrechtliche Vorschriften dürfen eine höhere Strafe nicht androhen.

§ 9.

Wer den Vorschriften der §§ 2 bis 4 zuwider den Eintritt in die Räumlichkeiten, die Entnahme einer Probe oder die Revision verweigert, wird mit Geldstrafe von fünfzig bis zu einhundertfünfzig Mark oder mit Haft bestraft.

§ 10.

Mit Gefängnis bis zu sechs Monaten und mit Geldstrafe bis zu eintausendfünfhundert Mark oder mit einer dieser Strafen wird bestraft:
1. wer zum Zwecke der Täuschung im Handel und Verkehr Nahrungs- oder Genußmittel nachmacht oder verfälscht;
2. wer wissentlich Nahrungs- oder Genußmittel, welche verdorben oder nachgemacht oder verfälscht sind, unter Verschweigung dieses Umstandes verkauft oder unter einer zur Täuschung geeigneten Bezeichnung feilhält.

§ 11.

Ist die im § 10 Nr. 2 bezeichnete Handlung aus Fahrlässigkeit begangen worden, so tritt Geldstrafe bis zu einhundertfünfzig Mark oder Haft ein.

§ 12.

Mit Gefängnis, neben welchem auf Verlust der bürgerlichen Ehrenrechte erkannt werden kann, wird bestraft:
1. wer vorsätzlich Gegenstände, welche bestimmt sind, anderen als Nahrungs- oder Genußmittel zu dienen, derart herstellt, daß der Genuß derselben die menschliche Gesundheit zu beschädigen geeignet ist, ingleichen, wer wissentlich Gegenstände, deren Genuß die menschliche Gesundheit zu beschädigen geeignet ist, als Nahrungs- oder Genußmittel verkauft, feilhält oder sonst in Verkehr bringt;

2. wer vorsätzlich Bekleidungsgegenstände, Spielwaren, Tapeten, Eß-, Trink- oder Kochgeschirr oder Petroleum derart herstellt, daß der bestimmungsgemäße oder vorauszusehende Gebrauch dieser Gegenstände die menschliche Gesundheit zu beschädigen geeignet ist, ingleichen wer wissentlich solche Gegenstände verkauft, feilhält oder sonst in Verkehr bringt.

Der Versuch ist strafbar.

Ist durch die Handlung eine schwere Körperverletzung oder der Tod eines Menschen verursacht worden, so tritt Zuchthausstrafe bis zu fünf Jahren ein.

§ 13.

War in den Fällen des § 12 der Genuß oder Gebrauch des Gegenstandes die menschliche Gesundheit zu zerstören geeignet und war diese Eigenschaft dem Täter bekannt, so tritt Zuchthausstrafe bis zu zehn Jahren, und wenn durch die Handlung der Tod eines Menschen verursacht worden ist, Zuchthausstrafe nicht unter zehn Jahren oder lebenslängliche Zuchthausstrafe ein.

Neben der Strafe kann auf Zulässigkeit von Polizeiaufsicht erkannt werden.

§ 14.

Ist eine der in den §§ 12, 13 bezeichneten Handlungen aus Fahrlässigkeit begangen worden, so ist auf Geldstrafe bis zu eintausend Mark oder Gefängnisstrafe bis zu sechs Monaten und, wenn durch die Handlung ein Schaden an der Gesundheit eines Menschen verursacht worden ist, auf Gefängnisstrafe bis zu einem Jahre, wenn aber der Tod eines Menschen verursacht worden ist, auf Gefängnisstrafe von einem Monat bis zu drei Jahren zu erkennen.

§ 15.

In den Fällen der §§ 12 bis 14 ist neben der Strafe auf Einziehung der Gegenstände zu erkennen, welche den bezeichneten Vorschriften zuwider hergestellt, verkauft, feilgehalten oder sonst in Verkehr gebracht sind, ohne Unterschied, ob sie dem Verurteilten gehören oder nicht, in den Fällen der §§ 8, 10, 11 kann auf die Einziehung erkannt werden.

Ist in den Fällen der §§ 12 bis 14 die Verfolgung oder die Verurteilung einer bestimmten Person nicht ausführbar, so kann auf die Einziehung selbständig erkannt werden.

§ 16.

In dem Urteil oder dem Strafbefehl kann angeordnet werden, daß die Verurteilung auf Kosten des Schuldigen öffentlich bekannt zu machen sei.

Auf Antrag des freigesprochenen Angeschuldigten hat das Gericht die öffentliche Bekanntmachung der Freisprechung anzuordnen; die Staatskasse trägt die Kosten, insofern dieselben nicht dem Anzeigenden auferlegt worden sind.

In der Anordnung ist die Art der Bekanntmachung zu bestimmen.

Sofern infolge polizeilicher Untersuchung von Gegenständen der im § 1 bezeichneten Art eine rechtskräftige strafrechtliche Verurteilung eintritt, fallen dem Verurteilten die durch die polizeiliche Untersuchung erwachsenen Kosten zur Last. Dieselben sind zugleich mit den Kosten des gerichtlichen Verfahrens festzusetzen und einzuziehen (Zusatz zu § 16 durch Gesetz vom 29. Juni 1887.

§ 17.

Besteht für den Ort der Tat eine öffentliche Anstalt zur technischen Untersuchung von Nahrungs- und Genußmitteln, so fallen die auf Grund dieses Gesetzes auferlegten Geldstrafen, soweit dieselben dem Staate zustehen, der Kasse zu, welche die Kosten der Unterhaltung der Anstalt trägt.

7. Gesetz, betreffend den Verkehr mit blei- und zinkhaltigen Gegenständen. Vom 25. Juni 1887.

§ 1.

Eß-, Trink- und Kochgeschirr sowie Flüssigkeitsmaße dürfen nicht
1. ganz oder teilweise aus Blei oder einer in 100 Gewichtsteilen mehr als 10 Gewichtsteile Blei enthaltenden Metallegierung hergestellt,
2. an der Innenseite mit einer in 100 Gewichtsteilen mehr als einen Gewichtsteil Blei enthaltenden Metallegierung verzinnt oder mit einer in 100 Gewichtsteilen mehr als 10 Gewichtsteile Blei enthaltenden Metallegierung gelötet,
3. mit Email oder Glasur versehen sein, welche bei halbstündigem Kochen mit einem in 100 Gewichtsteilen 4 Gewichtsteile Essigsäure enthaltenden Essig an den letzteren Blei abgeben.

Auf Geschirre und Flüssigkeitsmaße aus bleifreiem Britanniametall findet die Vorschrift in Ziffer 7 betreffs des Lotes nicht Anwendung.

Zur Herstellung von Druckvorrichtungen zum Ausschank von Bier, sowie von Siphons für kohlensäurehaltige Getränke und von Metallteilen für Kindersaugflaschen dürfen nur Metallegierungen verwendet werden, welche in 100 Gewichtsteilen nicht mehr als einen Gewichtsteil Blei enthalten.

§ 2.

Zur Herstellung von Mundstücken für Saugflaschen, Saugringen und Warzenhütchen darf blei- oder zinkhaltiger Kautschuk nicht verwendet sein.

Zur Herstellung von Trinkbechern und von Spielwaren, mit Ausnahme der massiven Bälle, darf bleihaltiger Kautschuk nicht verwendet sein.

Zu Leitungen für Bier, Wein oder Essig dürfen bleihaltige Kautschukschläuche nicht verwendet werden.

§ 3.

Geschirre und Gefäße zur Verfertigung von Getränken und Fruchtsäften dürfen in denjenigen Teilen, welche bei dem bestimmungsgemäßen oder vorauszusehenden Gebrauche mit dem Inhalt in unmittelbare Berührung kommen, nicht den Vorschriften des § 1 zuwider hergestellt sein.

Konservenbüchsen müssen auf der Innenseite den Bedingungen des § 1 entsprechend hergestellt sein.

Zur Aufbewahrung von Getränken dürfen Gefäße nicht verwendet sein, in welchen sich Rückstände von bleihaltigem Schrote befinden. Zur Packung von Schnupf- und Kautabak, sowie Käse dürfen Metallfolien nicht verwendet sein, welche in 100 Gewichtsteilen mehr als einen Gewichtsteil Blei enthalten.

§ 4.

Mit Geldstrafe bis zu einhundertfünfzig Mark oder mit Haft wird bestraft:
1. wer Gegenstände der im § 1, § 2 Absatz 1 und 2, § 3 Absatz 1 und 2 bezeichneten Art den daselbst getroffenen Bestimmungen zuwider gewerbsmäßig herstellt,
2. wer Gegenstände, welche den Bestimmungen im § 1, § 2 Absatz 1 und 2 und § 3 zuwider hergestellt, aufbewahrt oder verpackt sind, gewerbsmäßig verkauft oder feilhält,
3. wer Druckvorrichtungen, welche den Vorschriften im § 1 Absatz 3 nicht entsprechen, zum Ausschank von Bier oder bleihaltige Schläuche zur Leitung von Bier, Wein oder Essig gewerbsmäßig verwendet.

§ 5.

Gleiche Strafe trifft denjenigen, welcher zur Verfertigung von Nahrungs- oder Genußmitteln bestimmte Mühlsteine unter Verwendung von Blei oder bleihaltigen Stoffen an der Mahlfläche herstellt oder derartig hergestellte Mühlsteine zur Verfertigung von Nahrungs- oder Genußmitteln verwendet.

§ 6.

Neben der in den §§ 4 und 5 vorgesehenen Strafe kann auf Einziehung der Gegenstände, welche den betreffenden Vorschriften zuwider hergestellt, verkauft, feilgehalten oder verwendet sind, sowie der vorschriftswidrig hergestellten Mühlsteine erkannt werden.

Ist die Verfolgung oder Verurteilung einer bestimmten Person nicht ausführbar, so kann auf die Einziehung selbständig erkannt werden.

§ 7.

Die Vorschriften des Gesetzes, betreffend den Verkehr mit Nahrungsmitteln, Genußmitteln und Gebrauchsgegenständen vom 14. Mai 1879 (Reichs-Gesetzbl. S. 145) bleiben unberührt. Die Vorschriften in den §§ 16, 17 desselben finden auch bei Zuwiderhandlungen gegen die Vorschriften des gegenwärtigen Gesetzes Anwendung.

§ 8.

Dieses Gesetz tritt am 1. Oktober 1888 in Kraft.

---

8. Gesetz betreffend die Verwendung gesundheitsschädlicher Farben bei der Herstellung von Nahrungsmitteln, Genußmitteln und Gebrauchsgegenständen. Vom 5. Juli 1887.

§ 1.

Gesundheitsschädliche Farben dürfen zur Herstellung von Nahrungs- und Genußmitteln, welche zum Verkauf bestimmt sind, nicht verwendet werden.

Gesundheitsschädliche Farben im Sinne dieser Bestimmung sind diejenigen Farbstoffe und Farbzubereitungen, welche Antimon, Arsen, Baryum, Blei, Kadmium, Chrom, Kupfer, Quecksilber, Uran, Zink, Zinn, Gummigutti, Korallin, Pikrinsäure enthalten.

Der Reichskanzler ist ermächtigt, nähere Vorschriften über das bei der Feststellung des Vorhandenseins von Arsen und Zinn anzuwendende Verfahren zu erlassen.

§ 2.

Zur Aufbewahrung oder Verpackung von Nahrungs- und Genußmitteln, welche zum Verkauf bestimmt sind, dürfen Gefäße, Umhüllungen oder Schutzbedeckungen, zu deren Herstellung Farben der im § 1 Absatz 2 bezeichneten Art verwendet sind, nicht benutzt werden.

Auf die Verwendung von
- schwefelsaurem Baryum (Schwerspat, blanc fixe),
- Barytfarblacken, welche von kohlensaurem Baryum frei sind,
- Chromoxyd,
- Kupfer, Zinn, Zink und deren Legierungen als Metallfarben,
- Zinnober,
- Zinnoxyd,
- Schwefelzinn als Musivgold,
- sowie auf alle in Glasmassen, Glasuren oder Emails eingebrannte Farben und auf den äußeren Anstrich von Gefäßen aus wasserdichten Stoffen

findet diese Bestimmung nicht Anwendung.

§ 3.

Zur Herstellung von kosmetischen Mitteln (Mitteln zur Reinigung, Pflege oder Färbung der Haut, des Haares oder der Mundhöhle), welche zum Verkauf bestimmt sind, dürfen die im § 1 Absatz 2 bezeichneten Stoffe nicht verwendet werden.

Auf schwefelsaures Baryum (Schwerspat, blanc fixe), Schwefelkadmium, Chromoxyd, Zinnober, Zinkoxyd, Zinnoxyd, Schwefelzink, sowie auf Kupfer, Zinn, Zink und deren Legierungen in Form von Puder findet diese Bestimmung nicht Anwendung.

§ 4.

Zur Herstellung von zum Verkauf bestimmten Spielwaren (einschließlich der Bilderbogen, Bilderbücher und Tuschfarben für Kinder), Blumentopfgittern und künstlichen Christbäumen dürfen die im § 1 Absatz 2 bezeichneten Farben nicht verwendet werden.

Auf die im § 2 Absatz 2 bezeichneten Stoffe, sowie auf

Schwefelantimon und Schwefelkadmium als Färbemittel der Gummimasse,

Bleioxyd in Firnis,

Bleiweiß als Bestandteil des sogenannten Wachsgusses, jedoch nur, sofern dasselbe nicht ein Gewichtsteil in 100 Gewichtsteilen der Masse übersteigt,

chromsaures Blei (für sich oder in Verbindung mit schwefelsaurem Blei) als Öl- oder Lackfarbe oder mit Lack- oder Firnisüberzug,

die in Wasser unlöslichen Zinkverbindungen, bei Gummispielwaren jedoch nur, soweit sie als Färbemittel der Gummimasse, als Öl- oder Lackfarben oder mit Lack- oder Firnisüberzug verwendet werden,

alle in Glasuren oder Emails eingebrannten Farben

findet diese Bestimmung nicht Anwendung.

Soweit zur Herstellung von Spielwaren die in den §§ 7 und 8 bezeichneten Gegenstände verwendet werden, finden auf letztere lediglich die Vorschriften der §§ 7 und 8 Anwendung.

§ 5.

Zur Herstellung von Buch- und Steindruck auf den in den §§ 2, 3 und 4 bezeichneten Gegenständen dürfen nur solche Farben nicht verwendet werden, welche Arsen enthalten.

§ 6.

Tuschfarben jeder Art dürfen als frei von gesundheitsschädlichen Stoffen beziehungsweise giftfrei nicht verkauft oder feilgehalten werden, wenn sie den Vorschriften im § 4 Absatz 1 und 2 nicht entsprechen.

§ 7.

Zur Herstellung von zum Verkauf bestimmten Tapeten, Möbelstoffen, Teppichen, Stoffen zu Vorhängen oder Bekleidungsgegenständen, Masken, Kerzen, sowie künstlichen Blättern, Blumen und Früchten dürfen Farben, welche Arsen enthalten, nicht verwendet werden.

Auf die Verwendung arsenhaltiger Beizen oder Fixierungsmittel zum Zweck des Färbens oder Bedruckens von Gespinsten oder Geweben findet diese Bestimmung nicht Anwendung. Doch dürfen derartig bearbeitete Gespinnste oder Gewebe zur Herstellung der im Absatz 1 bezeichneten Gegenstände nicht verwendet werden, wenn sie das Arsen in wasserlöslicher Form oder in solcher Menge enthalten, daß sich in 100 Quadratzentimeter des fertigen Gegenstandes mehr als zwei Milligramm Arsen vorfinden. Der Reichskanzler ist ermächtigt, nähere Vorschriften über das bei der Feststellung des Arsengehalts anzuwendende Verfahren zu erlassen.

§ 8.

Die Vorschriften des § 7 finden auch auf die Herstellung von zum Verkauf bestimmten Schreibmaterialien, Lampen- und Lichtschirmen sowie Lichtmanschetten Anwendung.

Die Herstellung der Oblaten unterliegt den Bestimmungen im § 1, jedoch sofern sie nicht zum Genusse bestimmt sind, mit der Maßgabe, daß die Verwendung von schwefelsaurem Baryum (Schwerspat, blanc fixe), Chromoxyd und Zinnober gestattet ist.

§ 9.

Arsenhaltige Wasser- oder Leimfarben dürfen zur Herstellung des Anstrichs von Fußböden, Decken, Wänden, Türen, Fenstern der Wohn- oder Geschäftsräume, von Roll-, Zug- oder Klappläden oder Vorhängen, von Möbeln und sonstigen häuslichen Gebrauchsgegenständen nicht verwendet werden.

§ 10.

Auf die Verwendung von Farben, welche die im § 1 Absatz 2 bezeichneten Stoffe nicht als konstituierende Bestandteile, sondern nur als Verunreinigungen, und zwar höchstens in einer Menge enthalten, welche sich bei dem in der Technik gebräuchlichen Darstellungsverfahren nicht vermeiden läßt, finden die Bestimmungen der §§ 2 bis 9 nicht Anwendung.

§ 11.

Auf die Färbung von Pelzwaren finden die Vorschriften dieses Gesetzes nicht Anwendung.

§ 12.

Mit Geldstrafe bis zu einhundertundfünfzig Mark oder mit Haft wird bestraft:

1. wer den Vorschriften der §§ 1 bis 5, 7, 8 und 10 zuwider Nahrungsmittel, Genußmittel oder Gebrauchsgegenstände herstellt, aufbewahrt oder verpackt, oder derartig hergestellte, aufbewahrte oder verpackte Gegenstände gewerbsmäßig verkauft oder feilhält;
2. wer der Vorschrift des § 6 zuwiderhandelt;
3. wer der Vorschrift des § 9 zuwiderhandelt, ingleichen wer Gegenstände, welche dem § 9 zuwider hergestellt sind, gewerbsmäßig verkauft oder feilhält.

§ 13.

Neben der im § 12 vorgesehenen Strafe kann auf Einziehung der verbotswidrig hergestellten, aufbewahrten, verpackten, verkauften oder feilgehaltenen Gegenstände erkannt werden, ohne Unterschied, ob sie dem Verurteilten gehören oder nicht.

Ist die Verfolgung oder Verurteilung einer bestimmten Person nicht ausführbar, so kann auf die Einziehung selbständig erkannt werden.

§ 14.

Die Vorschriften des Gesetzes, betreffend den Verkehr mit Nahrungsmitteln, Genußmitteln und Gebrauchsgegenständen, vom 14. Mai 1879 (Reichs-Gesetzbl. S. 145) bleiben unberührt. Die Vorschriften in den §§ 16, 17 desselben finden auch bei Zuwiderhandlungen gegen die Vorschriften des gegenwärtigen Gesetzes Anwendung.

§ 15.

Dieses Gesetz tritt mit dem 1. Mai 1888 in Kraft; mit demselben Tage tritt die Kaiserliche Verordnung, betreffend die Verwendung giftiger Farben, vom 1. Mai 1882 (Reichs-Gesetzbl. S. 55) außer Kraft.

---

9. Verordnung über das gewerbsmäßige Verkaufen und Feilhalten von Petroleum. Vom 24. Februar 1882.

§ 1.

Das gewerbsmäßige Verkaufen und Feilhalten von Petroleum, welches unter einem Barometerstande von 760 Millimetern, schon bei einer Erwärmung auf weniger als 21 Grade des hundertteiligen Thermometers entflammbare Dämpfe entweichen läßt, ist nur in solchen Gefäßen gestattet, welche an in die Augen fallender Stelle auf rotem Grunde in deutlichen Buchstaben die nicht verwischbare Inschrift „Feuergefährlich“ tragen.

Wird derartiges Petroleum gewerbsmäßig zur Abgabe in Mengen von weniger als 50 Kilogramm feilgehalten oder in solchen geringeren Mengen verkauft, so muß die Inschrift in gleicher Weise noch die Worte: „Nur mit besonderen Vorsichtsmaßregeln zu Brennzwecken verwendbar“ enthalten.

§ 2.

Die Untersuchung des Petroleums auf seine Entflammbarkeit im Sinne des § 1 hat mittelst des Abelschen Petroleumprobers unter Beobachtung der von dem Reichskanzler wegen Handhabung des Probers zu erlassenden näheren Vorschriften zu erfolgen.

Wird die Untersuchung unter einem anderen Barometerstande als 760 Millimeter vorgenommen, so ist derjenige Wärmegrad maßgebend, welcher nach einer vom Reichskanzler zu veröffentlichenden Umrechnungstabelle unter dem jeweiligen Barometerstande dem im § 1 bezeichneten Wärmegrade entspricht.

§ 3.

Diese Verordnung findet auf das Verkaufen und Feilhalten von Petroleum in den Apotheken zu Heilzwecken nicht Anwendung.

§ 4.

Als Petroleum im Sinne dieser Verordnung gelten das Rohpetroleum und dessen Destillationsprodukte.

§ 5.

Diese Verordnung tritt mit dem 1. Januar 1883 in Kraft.

---

10. §§ 139c bis 139g der Reichs-Gewerbeordnung, betreffend Gehilfen, Lehrlinge und Arbeiter in offenen Verkaufsstellen.

§ 139c.

In offenen Verkaufsstellen und den dazu gehörenden Schreibstuben (Kontoren) und Lagerräumen ist den Gehilfen, Lehrlingen und Arbeitern nach Beendigung der täglichen Arbeitszeit eine ununterbrochene Ruhezeit von mindestens zehn Stunden zu gewähren.

In Gemeinden, welche nach der jeweilig letzten Volkszählung mehr als 20000 Einwohner haben, muß die Ruhezeit in offenen Verkaufsstellen, in denen zwei oder mehr Gehilfen und Lehrlinge beschäftigt werden, für diese mindestens elf Stunden betragen; für kleinere Ortschaften kann diese Ruhezeit durch Ortsstatut vorgeschrieben werden.

Innerhalb der Arbeitszeit muß den Gehilfen, Lehrlingen und Arbeitern eine angemessene Mittagspause gewährt werden. Für Gehilfen, Lehrlinge und Arbeiter, die ihre Hauptmahlzeit außerhalb des die Verkaufsstelle enthaltenden Gebäudes einnehmen, muß diese Pause mindestens $1^1/_2$ Stunden betragen.

§ 139d.

Die Bestimmungen des § 139c finden keine Anwendung:

1. auf Arbeiten, die zur Verhütung des Verderbens von Waren unverzüglich vorgenommen werden müssen,
2. für die Aufnahme der gesetzlich vorgeschriebenen Inventur sowie bei Neueinrichtungen und Umzügen,
3. außerdem an jährlich höchstens 30 von der Ortspolizeibehörde allgemein oder für einzelne Geschäftszweige zu bestimmenden Tagen.

§ 139e Abs. 1—3.

Von 9 Uhr abends bis 5 Uhr morgens müssen offene Verkaufsstellen für den geschäftlichen Verkehr geschlossen sein. Die beim Ladenschluß im Laden schon anwesenden Kunden dürfen noch bedient werden.

Über 9 Uhr abends dürfen Verkaufsstellen für den geschäftlichen Verkehr geöffnet sein:

1. für unvorhergesehene Notfälle,
2. an höchstens 40 von der Ortspolizeibehörde zu bestimmenden Tagen, jedoch bis spätestens 10 Uhr abends,
3. nach näherer Bestimmung der höheren Verwaltungsbehörde in Städten, welche nach der jeweilig letzten Volkszählung weniger als 2000 Einwohner haben, sowie in ländlichen Gemeinden, sofern in denselben der Geschäftsverkehr sich vornehmlich auf einzelne Tage der Woche oder auf einzelne Stunden des Tages beschränkt.

Die Bestimmungen der §§ 139c und 139d werden durch die vorstehenden Bestimmungen nicht berührt. . .

§ 139f Abs. 1—3.

Auf Antrag von mindestens $^2/_3$ der beteiligten Geschäftsinhaber kann für eine Gemeinde oder mehrere örtlich unmittelbar zusammenhängende Gemeinden durch Anordnung der höheren Verwaltungsbehörde nach Anhörung der Gemeindebehörden für alle oder einzelne Geschäftszweige angeordnet werden, daß die offenen Verkaufsstellen während bestimmter Zeiträume oder während des ganzen Jahres auch in der Zeit zwischen 8 und 9 Uhr abends und zwischen 5 und 7 Uhr morgens für den geschäftlichen Verkehr geschlossen sein müssen. Die Bestimmungen der §§ 139c und 139d werden hierdurch nicht berührt.

Auf Antrag von mindestens $^1/_3$ der beteiligten Geschäftsinhaber hat die höhere Verwaltungsbehörde die beteiligten Geschäftsinhaber durch ortsübliche Bekanntmachung oder besondere Mitteilung zu einer Äußerung für oder gegen die Einführung des Ladenschlusses im Sinne des vorstehenden Absatzes aufzufordern. Erklären sich $^2/_3$ der Abstimmenden für die Einführung, so kann die höhere Verwaltungsbehörde die entsprechende Anordnung treffen.

Der Bundesrat ist befugt, Bestimmungen darüber zu erlassen, in welchem Verfahren die erforderliche Zahl von Geschäftsinhabern festzustellen ist.[1]) . .

§ 139g.

Die Polizeibehörden sind befugt, im Wege der Verfügung für einzelne offene Verkaufsstellen diejenigen Maßnahmen anzuordnen, welche zur Durchführung der in § 62 Abs. 1 des Handelsgesetzbuchs[2]) enthaltenen Grundsätze in Ansehung der Einrichtung und Unterhaltung der Geschäftsräume und der für den Geschäftsbetrieb bestimmten Vorrichtungen und Gerätschaften sowie in Ansehung der Regelung des Geschäftsbetriebes erforderlich und nach der Beschaffenheit der Anlage ausführbar erscheinen.

Die Bestimmungen in § 120d Abs 2 bis 4 finden entsprechende Anwendung.

---

1) Vgl. Anhang 11.

2) Vgl. Anhang 12.

11. Bekanntmachung des Reichskanzlers betr. das Verfahren bei Anträgen auf Verlängerung der Ladenschlußzeit. Vom 25. Januar 1902.

Auf Grund von § 139f Abs. 3 der Gewerbeordnung hat der Bundesrat über das Verfahren bei Anträgen auf Verlängerung der Ladenschlußzeit folgende Bestimmungen erlassen:

§ 1.

Zur Feststellung der bei Anträgen gemäß § 139f Abs. 1, 2 der Gewerbeordnung[1]) erforderlichen Zahl von $^2/_3$ (Abs. 1) oder $^1/_3$ (Abs. 2) der beteiligten Geschäftsinhaber hat die höhere Verwaltungsbehörde, sofern es nach den Umständen des Einzelfalles geboten erscheint, einen Kommissar zu bestellen. Als solcher kann auch der Gemeindevorsteher oder ein Mitglied des Gemeindevorstandes und, wenn es sich um Anträge für mehrere örtlich unmittelbar zusammenhängende Gemeinden handelt, der Gemeindevorsteher oder ein Mitglied des Gemeindevorstandes einer der beteiligten Gemeinden bestellt werden.

Die Bestellung des Kommissars ist in der für die amtlichen Bekanntmachungen der Behörde üblichen Form zu veröffentlichen.

§ 2.

Der Kommissar hat auf Grund der gemäß § 14 Abs. 1 der Gewerbeordnung erstatteten Anzeigen und in sonst geeigneter Weise unter Zuziehung der Gemeinde- oder Ortspolizeibehörde nach den im § 7 bezeichneten Grundsätzen eine Liste der beteiligten Geschäftsinhaber aufzustellen und darin ersichtlich zu machen, welche den Antrag gestellt haben. Die Liste ist für die Dauer von zwei Wochen zur öffentlichen Einsicht auszulegen.

Zeit und Ort der Auslegung sind von dem Kommissar in ortsüblicher Weise mit dem Hinzufügen bekannt zu machen, daß Einsprüche gegen die Richtigkeit und Vollständigkeit der Liste von den beteiligten Geschäftsinhabern bis zum Ablaufe der Frist schriftlich oder zu Protokoll erhoben werden können und nach Ablauf der Frist vorgebrachte Einsprüche unberücksichtigt bleiben.

§ 3.

Über die erhobenen Einsprüche entscheidet der Kommissar. Die Entscheidung hat schriftlich zu erfolgen.

Gegen die Entscheidung des Kommissars über die Einsprüche ist binnen zwei Wochen die Beschwerde an die höhere Verwaltungsbehörde zulässig. Die Entscheidung über die Beschwerde ist endgültig.

§ 4.

Nach Erledigung der Einsprüche hat der Kommissar die Liste zu schließen und der höheren Verwaltungsbehörde einzureichen, welche auf Grund der Liste feststellt, ob der Antrag in den Fällen des § 139f Abs. 1 von $^2/_3$, in den Fällen des § 139f Abs. 2 von $^1/_3$ der beteiligten Geschäftsinhaber gestellt ist.

§ 5.

Ist gemäß § 139f Abs. 2 der Antrag auf eine Abstimmung über die Verlängerung der Ladenschlußzeit von mindestens $^1/_3$ der beteiligten Geschäftsinhaber gestellt, so hat die höhere Verwaltungsbehörde die beteiligten Geschäftsinhaber einschl. der Antragsteller durch ortsübliche Bekanntmachung oder besondere Mitteilung zur Abgabe ihrer Äußerung unter Angabe der Zeit und des Ortes für deren Entgegennahme aufzufordern. Dabei ist darauf hinzuweisen, daß bei der Feststellung der für die Abänderung der

---

[1]) Vgl. Anhang 10.

Ladenschlußzeit erforderlichen Mehrheit von $^2/_3$ nur diejenigen Geschäftsinhaber gezählt werden, welche eine bestimmte Äußerung für oder gegen die Änderung innerhalb der gesetzten Frist abgegeben haben.

Die Entgegennahme der Äußerungen ist einem Kommissar zu übertragen. Die Äußerungen können schriftlich oder zu Protokoll abgegeben werden.

Der Kommissar hat zu prüfen, ob diejenigen, welche eine Äußerung abgeben, zu den beteiligten Geschäftsinhabern gehören und zutreffendenfalls ihre Äußerung in die Liste (§ 2 Abs. 1) einzutragen.

Nach Ablauf der Frist ist die Liste für die Dauer von zwei Wochen zur öffentlichen Einsicht auszulegen. Das weitere Verfahren bestimmt sich nach § 2 Abs. 2 und § 3.

§ 6.

Nach Erledigung der Einsprüche hat der Kommissar die Liste zu schließen und der höheren Verwaltungsbehörde einzureichen, welche auf Grund der Liste feststellt, ob $^2/_3$ der Abstimmenden sich für die Abänderung der Ladenschlußzeit erklärt haben.

§ 7.

Als beteiligte Geschäftsinhaber im Sinne dieser Bestimmungen gelten:

1. sofern die Ausdehnung des gesetzlichen Ladenschlusses für sämtliche Geschäftszweige einer oder mehrerer örtlich unmittelbar zusammenhängender Gemeinden erfolgen soll, die Inhaber aller offenen Verkaufsstellen der Gemeinde bezw. der örtlich unmittelbar zusammenhängenden Gemeinden,
2. sofern die Ausdehnung nur für einzelne Geschäftszweige beantragt ist, die Inhaber aller offenen Verkaufsstellen, welche Waren der in Frage kommenden Art führen, auch wenn sie außerdem noch andere Waren feilhalten.

§ 8.

Die vorstehenden Bestimmungen treten mit dem Tage ihrer Verkündung in Kraft.

---

12. § 62 Abs. 1 des Handelsgesetzbuchs; § 139h der Reichs-Gewerbeordnung, und Bekanntmachung des Reichskanzlers betr. die Einrichtung von Sitzgelegenheit für Angestellte in offenen Verkaufsstellen.

§ 62 Abs. 1 des Handelsgesetzbuchs.

Der Prinzipal ist verpflichtet, die Geschäftsräume und die für den Geschäftsbetrieb bestimmten Vorrichtungen und Gerätschaften so einzurichten und zu erhalten, auch den Geschäftsbetrieb und die Arbeitszeit so zu regeln, daß der Handlungsgehilfe gegen eine Gefährdung seiner Gesundheit, soweit die Natur des Betriebes es gestattet, geschützt und die Aufrechterhaltung der guten Sitten und des Anstandes gesichert ist. . . .

§ 139h der Reichs-Gewerbeordnung.

Durch Beschluß des Bundesrats können Vorschriften darüber erlassen werden, welchen Anforderungen die Laden-, Arbeits- und Lagerräume und deren Einrichtung sowie die Maschinen und Gerätschaften zum Zwecke der Durchführung der im § 62 Abs. 1 des Handelsgesetzbuchs enthaltenen Grundsätze zu genügen haben. Die Bestimmung im § 120e Abs. 4 findet Anwendung.

Soweit solche Vorschriften durch Beschluß des Bundesrats nicht erlassen sind, können sie durch Anordnung der im § 120e Abs. 2 bezeichneten Behörden erlassen werden.

Bekanntmachung des Reichskanzlers vom 28. November 1900: Auf Grund von § 139h Abs. 1 der Gewerbeordnung hat der Bundesrat über die Einrichtung von Sitzgelegenheit für Angestellte in offenen Verkaufsstellen folgende Bestimmungen erlassen:

1. In denjenigen Räumen der offenen Verkaufsstellen, in welchen die Kundschaft bedient wird, sowie in den zu solchen Verkaufsstellen gehörenden Schreibstuben (Kontoren) muß für die daselbst beschäftigten Gehilfen und Lehrlinge eine nach der Zahl dieser Personen ausreichende geeignete Sitzgelegenheit vorhanden sein. Für die mit der Bedienung der Kundschaft beschäftigten Personen muß die Sitzgelegenheit so eingerichtet sein, daß sie auch während kürzerer Arbeitsunterbrechungen benutzt werden kann.

   Die Benutzung der Sitzgelegenheit muß den bezeichneten Personen während der Zeit, in welcher sie durch ihre Beschäftigung nicht daran gehindert sind, gestattet werden.
2. Unberührt bleibt die Befugnis der zuständigen Behörden, im Wege der Verfügung für einzelne offene Verkaufsstellen (§ 139g der Gewerbeordnung) oder durch allgemeine Anordnung für die offenen Verkaufsstellen ihres Bezirks (§ 139h Abs. 2 a. a. O.) zu bestimmen, welchen besonderen Anforderungen die Sitzgelegenheit mit Rücksicht auf die Zahl der Personen, für welche sie bestimmt ist, sowie hinsichtlich ihrer Lage und Beschaffenheit genügen muß.
3. Die vorstehenden Bestimmungen treten mit dem 1. April 1901 in Kraft.

Der „Verkehr mit Arzneimitteln" ist geregelt durch eine Kaiserliche Verordnung vom 22. Oktober 1901, welche noch eine Vervollständigung erfahren hat durch eine mit dem 1. Januar 1904 in Kraft getretene Bekanntmachung des Reichskanzlers. Konsumvereine, welche auch „Drogen" auf Lager führen, müssen sich mit den dort aufgeführten zahlreichen „Zubereitungen", die fernerhin bei Strafe nur in Apotheken feilgehalten werden dürfen, genau bekannt machen.

Sachregister.

(Die Zahlen verweisen auf die Seiten.)

A.

B.

G.

H.

Druck von A. W. Hayn's Erben, Berlin und Potsdam.

FSC
www.fsc.org
MIX
Papier | Fördert gute Waldnutzung
FSC® C083411

Kolibri 360 GmbH
Ferdinand-Jühlke-Straße 7
99095 Erfurt, Deutschland
produktsicherheit@kolibri360.de